CB077397

O Cotidiano de uma Lenda

Coleção: *Perspectivas*
Direção: *J. Guinsburg*
Assessoria Editorial: *Plínio Martins Filho*
Revisão: *Cristina Ayumi Futida*
Índice Onomástico: *Juliana Siani Simionato*
Projeto Gráfico: *Ricardo Assis*
Capa: *Sérgio Kon*
Editoração Eletrônica: *Heloisa Hernandez e Adriana Kamura*
Produção: *Ricardo W. Neves, Heda Maria Lopes e Raquel Fernandes Abranches*

Cristiane Layher Takeda

O Cotidiano de uma Lenda
CARTAS DO TEATRO DE ARTE DE MOSCOU

FAPESP

EDITORA PERSPECTIVA

Dados Internacionais de Catalogação na Publicação (CIP)
(Câmara Brasileira do Livro, SP, Brasil)

Takeda, Cristiane Layher
   O cotidiano de uma lenda: cartas do Teatro de Arte de Moscou / Cristiane Layher Takeda. -- São Paulo : Perspectiva: Fapesp, 2003. -- (Perspectivas)

   Bibliografia.
   ISBN 85-273-0339-6 (Perspectiva)
   ISBN 85-86956-11-2 (Fapesp)
   1. Cartas russas – Crítica e interpretação 2. Stanislávski, Konstantin, 1863 – 1938 3. Teatro de Arte de Moscou 4. Teatro russo – História e crítica I. Título II. Título: Cartas do Teatro de Arte de Moscou III. Série.

03 – 0751 CDD – 927.92

Índices para catálogo sistemático:
1.Teatro russo: História e crítica 891.7209

Direitos reservados à
EDITORA PERSPECTIVA S.A.
Av. Brigadeiro Luís Antônio, 3025
01401-000 – São Paulo – SP – Brasil
Telefax: (0--11) 3885-8388
www.editoraperspectiva.com.br
2003

para
Sylvia Hedwig Layher Takeda,
minha mãe,
que sempre me incentivou e acompanhou

SUMÁRIO

 11 Apresentação – *Armando Sérgio da Silva*
 13 Os Trabalhos e os Dias – *Sílvia Fernandes*
 19 Introdução
 23 As Cartas do Teatro de Arte de Moscou (TAM)
 31 As Cartas e o Processo de Criação no TAM
 43 Coletânea Epistolar
367 Breve Índice Biográfico dos Missivistas
371 Desdobramentos das Cartas: Um Exemplo
405 Bibliografia
417 Índice Onomástico

APRESENTAÇÃO

O que mais me motivou a orientar *O Cotidiano de uma Lenda: Cartas do Teatro de Arte de Moscou* foi o fato de que tal empreitada estava a cargo de Cristiane Takeda, entusiasmada, alegre, carinhosa e de uma organização e disciplina ímpares. Foi das melhores alunas a que ensinei na graduação. Lembro-me particularmente de sua Lady Macbeth no segundo ano de Interpretação e de seu relatório sobre o processo de abordagem da personagem, que guardo comigo até os dias de hoje. Some-se às suas qualidades a excelente idéia contida neste projeto. A "lenda" em torno do monumento erguido por inúmeros talentos, liderados por Konstantin Stanislávski, causou incansáveis polêmicas durante o século passado, motivadas por uma cisão entre seguidores aficionados e críticos dos mais severos, principalmente por entenderem os últimos que o seu sistema levaria obrigatoriamente a um resultado estético próximo do naturalismo ou do realismo. Muitos o criticavam exatamente por terem conhecido o mestre russo por fontes secundárias, por meio de trabalhos realizados por seguidores que, não raro, entenderam ou traduziram seu "sistema" a *vol d'oiseau*. Uma descrição proporcionada pela seleção epistolar nos parecia fundamental para que alguns preconceitos pudessem ser afastados. Com efeito, a carta é um meio de comunicação, via de regra, dos mais verdadeiros visto que, por princípio, se constitui em espécie de confidência a uma pessoa da mais alta confiança e não raro expõe dúvidas e desabafos, matérias indispensáveis para o desvendamento de ações e posturas que nem sempre ficam claras quando seus autores fazem relatos formais, por meio de depoimentos ou livros, enfim, quando editam mais suas certezas do que suas dúvidas.

A pesquisa acabou por enumerar 1.177 cartas. O material, fascinante, foi, no período de dois anos, traduzido, analisado e filtrado. A bolsa da Fundação de Amparo à Pesquisa do Estado de São Paulo mostrou-se de extrema utilidade durante toda a empreitada.

Foi bastante feliz a idéia de deixar as cartas falarem com intervenções textuais muito discretas. Todo o empenho de Cristiane Layher Takeda concentrou-se na seleção e, principalmente, no ordenamento das missivas. Ela construiu o seu trabalho como se ele se tratasse de um diálogo... as cartas dialogam na seqüência, criando um clima dramático cercado de detalhes, que são verdadeiras pérolas para os estudiosos de teatro. Por vezes textos que aparentemente não enfocam as técnicas, a estética ou a ética do Teatro de Arte de Moscou são os grandes reveladores de tais conceitos. Basta verificar as abordagens sobre os problemas financeiros ou as discordâncias entre autor e diretor, atores e mestres, as inseguranças para se compreender a magnitude dessas informações, que vão de verdadeiras piadas, passam por momentos de grande lirismo e chegam mesmo a profundas discussões artísticas e pedagógicas. Interessante é que, ao permitir que as cartas falassem, Cristiane deixou para o público a tomada de partido. Com efeito, os leitores dividem-se a respeito de quem é a grande personagem da coletânea. Cristiane tem uma queda por um deles; eu, na qualidade de orientador, sei quem é, entretanto não revelo... para que você, caro leitor, também possa optar.

ARMANDO SÉRGIO DA SILVA
Departamento de Teatro, ECA-USP

OS TRABALHOS E OS DIAS

Em carta de 28 de junho de 1898, incluída nesta primorosa coletânea organizada, traduzida e comentada por Cristiane Layher Takeda, Vsievólod Meierhold, o grande precursor da encenação contemporânea, transmite à esposa Olga Munt suas primeiras impressões sobre Konstantin Stanislávski, diretor do Teatro de Arte de Moscou e inventor do método que ainda hoje fundamenta a formação de uma parcela considerável de atores: "Não é talento que Aleksieiev possui, não, é genialidade, este diretor-professor. Que erudição, que imaginação".

O reconhecimento da pedagogia e do talento, da erudição e da imaginação como constituintes básicas do maior mestre de atores do século XX funciona como índice das antinomias que freqüentam as quase trezentas páginas de relatos epistolares sobre um dos períodos mais fecundos do teatro moderno. Ao eleger como motivo condutor deste conjunto o lendário TAM, delimitado pelas datas de 7 de junho de 1897, pouco anterior à fundação da companhia, e 8 de agosto de 1938, o dia seguinte à morte de Stanislávski, a autora flagra instantâneos do teatro e da vida de alguns dos maiores criadores do século passado. Dramaturgos, atores e encenadores como Stanislávski, Dântchenko, Meierhold, Tchékhov, Górki, Olga Knípper, Maeterlinck, Isadora Duncan, Gordon Craig e Copeau apresentam com voz própria, não raro nublada de afetos, o dia-a-dia da cena russa das primeiras décadas do século XX, que nos acostumamos a ver como um sistema frio de determinações históricas, técnicas de interpretação e traços estilísticos ligados ao naturalismo, ao simbolismo ou às vanguardas. A história das cartas, ao contrário, é feita da vida miúda dos principais protagonistas dessa cena, de onde surge o princípio fascinante da modernidade teatral.

Na composição dessa história das gentes, o trabalho de Takeda é exaustivo. De um corpo inicial de 1177 cartas compulsadas a partir de 22 coletâneas epistolares em francês, inglês e espanhol, a tradutora selecionou 431, de que destacou as 283 constantes do volume. Informações sobre os missivistas e localização do contexto dos eventos, um cuidadoso levantamento de dados biográficos e fontes, além do registro das transliterações adotadas na versão para o português, são traços reveladores do rigor da investigação, que empresta vários procedimentos da pesquisa genética. É visível que a matéria epistolar selecionada guarda vestígios da "poética do processo" a que se refere Lebrave e, em muitas passagens, é tratada pela autora como verdadeiro prototexto da criação. Talvez por isso as cartas se projetem como diagramas de um processo teatral que se prepara no rascunho escrito, trocado entre os missivistas, chegando a complementar informações lacunares de especialistas em teatro russo do porte de Béatrice Picon-Vallin.

Se é inigualável o sabor da descoberta dos processos criativos em sua gênese, é indiscutível o valor desses manuscritos literários para a história teatral. No que se refere à encenação e à interpretação modernas, por exemplo, é um privilégio para o leitor brasileiro acompanhar a esclarecedora troca epistolar entre Nemiróvitch-Dântchenko e Konstantin Stanislávski, iniciada em cartão de visitas de 1897, em que o primeiro agenda a longa reunião do Slaviánski Bazar, onde começa a história do Teatro de Arte de Moscou. A regularidade da correspondência mantém-se até 1907, quando Stanislávski se afasta do conselho do teatro por divergências com seu parceiro. Nas cartas que mapeiam esse percurso, o trabalho conjunto é esmiuçado, resultando no esboço de quase todo o repertório da companhia, desde o naturalismo histórico-arqueológico do espetáculo de abertura, *Tsar Fiódor*, estreado em outubro de 1898. Versando sobre a montagem, uma das cartas de Dântchenko é especialmente significativa por alertar Stanislávski sobre os riscos da dedicação exclusiva aos clássicos, que poderia, talvez, distanciar a companhia da vida contemporânea, acabando por torná-la "um cemitério acadêmico". Na correspondência posterior dos dois artistas persiste o registro das produções, com comentários sobre o drama de atmosfera de Tchékhov, seminal para as futuras pesquisas stanislavskianas do intérprete – *A Gaivota*, símbolo da companhia, estréia em 1898, *Tio Vânia* no ano seguinte, *As Três Irmãs* em 1901 e *O Jardim das Cerejeiras* em 1904. Fazendo menção ao realismo social de Górki – *Pequenos Burgueses* e *No Fundo* são apresentados em 1902 –, as cartas prodigalizam comentários sobre o famoso Teatro Estúdio da rua Povarskaia, criado por Stanislávski em 1905 para financiar a pesquisa teatral de Meierhold. Nesse momento, o criador do construtivismo é um verdadeiro pomo de discórdia entre os fundadores do TAM. Certamente influenciado pelas pesquisas meierholdianas, Stanislávski passa a recorrer a improvisações na condução dos processos criativos, como acontece em *O Drama da Vida*, de Knut Hamsun. Mas a profunda contrariedade de Nemiróvitch-Dântchenko com os novos rumos da companhia é motivada especialmente pelo trabalho de Meierhold, o que é perceptível no tom ácido de uma carta de junho de 1905, em que dirige ao inventor da biomecânica admoestações familiares a quem pesquisa teatro experimental:

> Agora Meierhold, que eu conheço desde o primeiro ano como estudante, nunca demonstrou qualquer sinal de genialidade e atualmente me parece ser somente um daqueles poetas da nova arte que estão a favor da novidade simplesmente porque são incapazes de fazer qualquer coisa digna de nota [...]

Sem tomar posição nas desavenças que registra, Takeda usa um estratagema inteligente para abrir ao leitor novos ângulos de visão do período, quando o Teatro de Arte, via estúdios, abre-se à experimentação cênica mais radical. Por meio da seqüência inteligente das missivas, a organizadora envolve os protagonistas do TAM em diálogos epistolares que se cruzam. O resultado é uma espécie de dramaturgia das cartas, em que missivistas distintos discorrem sobre os mesmos temas. Esse procedimento crítico de organização, em parte caudatário da narrativa épica, é um recurso eficaz de ampliação do espectro de leituras em pauta, pois municia o leitor com versões distintas do mesmo fato, compondo uma espécie de caleidoscópio epistolar.

Voltando aos conflitos entre Stanislávski e Dântchenko, percebe-se, na sucessão da correspondência, que o primeiro não esmorece na política ousada de estímulo à pesquisa teatral, como fica evidente no endosso fervoroso ao projeto de encenação de Gordon Craig para *Hamlet*, que estréia em 1912. As cartas trocadas entre Isadora Duncan e o criador do TAM, ou entre este e Craig, documentam o processo de montagem desde o início, em 1908, e registram de modo inequívoco o papel da dançarina na aproximação dos dois maiores representantes das vertentes realista e simbolista da encenação, unidos num espetáculo que consome quase quatro anos de trabalho e alguns milhares de rublos na produção. Na troca epistolar entre os principais protagonistas dessa história, é visível a divergência de concepções estéticas e notável o respeito de Stanislávski pelas propostas de Craig, que se distanciam bastante de sua leitura da peça de Shakespeare. Para esclarecer os meandros desse confronto, é imprescindível ler o instigante ensaio de Takeda que finaliza a coletânea e discrimina as exegeses de *Hamlet* ensaiadas pelos dois fundadores da cena moderna.

Tão emocionante quanto o registro da pesquisa de Craig é o acompanhamento dos primeiros passos do futuro "Sistema" de Stanislávski, referidos por seu autor em carta de 1910, em que reconhece a necessidade de um método que auxilie o ator na análise psicológica, fisiológica e social da personagem, sempre levando em conta os objetivos práticos da representação pois, como ressalta, "teoria sem concretização não é minha esfera[...]".

A correspondência também faz justiça a Stanislávski-encenador, deixando entrever as detalhadas partituras de direção compostas para a dramaturgia de Tchékhov, que J. Guinsburg e Claudine Amiard Chevrel analisam em *Stanislávski e o Teatro de Arte de Moscou* e *Le Théâtre Artistique de Moscou (1898-1917)*, respectivamente, e Raymond Williams no capítulo dedicado à *Gaivota* de seu livro *Drama in Performance*. Segundo Williams, as indicações cênicas de Stanislávski são comentários de sentimento que não têm contrapartida nas falas de Tchékhov e informam o ator e o espectador sobre o movimento emotivo que subjaz à peça. As críticas constantes de Tchékhov a Stanislávski, que aparecem nas cartas a Dântchenko e a Olga Knípper, são mais uma prova da autonomia do texto cênico stanislavskiano, que prevê uma infinidade de detalhes para a criação da "atmosfera" da peça, como os efeitos realistas de luz, som e movimento, a essa altura considerados imprescindíveis. E excessivos, como observa Tchékhov em várias cartas, que registram seu desagrado com as interferências do encenador. É o caso da resposta a uma missiva de novembro de 1903, época em que Stanislávski ensaia *O Jardim das Cerejeiras* e lhe pede permissão para incluir no espetáculo "um trem atravessando com pequenas lufadas de fumaça" e um "concerto de sapos e codornas no final do ato". É extremamente divertido para o leitor, que a essa altura já conhece as opiniões do dramaturgo, ver a ironia implícita na reprovação das soluções, que Tchékhov justifica com base nos pressupostos realistas de seu interlocutor: "Normalmente, a preparação do feno acontece por volta de 20 a 25 de junho, período no qual as codornas e os sapos encerraram, ao que parece, sua música de verão e ficam em silêncio".

Sem dúvida a ironia aguda, a inteligência e a sensibilidade extremas transformam Tchékhov, talvez à revelia da organizadora, no principal protagonista da compilação. Sua correspondência com Dântchenko, Stanislávski, Meierhold, Górki e especialmente com a atriz Olga Knípper, com quem se casa em 1901, são modelos de equilíbrio entre a esfera privada e a pública, e envolvem num halo de veracidade e intimidade a criação de alguns paradigmas da dramaturgia moderna. É o que acontece com o *Jardim das Cerejeiras*, cuja primeira menção é feita em carta de fevereiro de 1903, quando Tchékhov afirma que o texto "já está totalmente pronto em minha cabeça". E passa a descrever a inesquecível imagem-tutelar do drama, que expressa a condição comum de uma classe em nova forma dramática: a "massa branca" do pomar de cerejas que as "senhoras vestidas de branco" vêem da janela.

No caso da correspondência com Olga, as cartas são registro do intenso afeto que adoça os esclarecimentos sobre as personagens e a natureza dos textos. Pela troca de missivas, acompanhamos as aflições de Knípper no processo de construção das figuras complexas que Tchékhov projeta, como Macha, de *As Três Irmãs*, ou Elena, de *Tio Vânia*, "toda em semitons", que a atriz lastima ter criado de maneira brusca e sem simplicidade.

Nas cartas a Górki, admirador e discípulo, Tchékhov ensina, sem sucesso, a economia de adjetivos e advérbios, e sente-se à vontade para recomendar silêncio nas peças ou até mesmo, no caso de personagens falantes como Tetiériev, de *Pequenos Burgueses*, uma composição "por pedaços, pois de qualquer forma pessoas assim são sempre episódicas, na vida e em cena". É pela voz de Górki que sabemos da morte prematura de Tchékhov, em 2 de julho de 1904, "esse homem maravilhoso, esse artista refinado que lutou a vida inteira contra a vulgaridade, achando-a em todos os lugares, iluminando todas as manchas podres com uma luz delicada, repreensiva, como a luz da Lua [...]".

Como não poderia deixar de ser, é outra morte que encerra o cotidiano epistolar organizado por Cristiane Takeda. No fechamento do ciclo, a autora dá a Vsievólod Meierhold, discípulo infiel, a palavra final sobre o Teatro de Arte de Moscou. Em carta de 8 de agosto de 1938, o encenador encomenda a um amigo uma coroa de flores, com a inscrição: "Ao meu querido grande mestre K. Stanislávski".

Sílvia Fernandes
Departamento de Teatro, ECA-USP

INTRODUÇÃO

Moscou, 22 de junho de 1897: uma conversa entre dois homens de teatro, marcada no restaurante Slaviánski Bazar[1], revolucionou a História do Teatro ocidental.

O encontro entre Konstantin Serguiéievitch Aleksieiev – pseudônimo Stanislávski – e Vladímir Nemiróvitch-Dântchenko durou dezoito horas e lançou as bases do que seria o Teatro de Arte de Moscou (TAM), iniciando um capítulo decisivo da cena moderna.

Para o teatro ocidental, o TAM é uma referência fundamental para a compreensão da atividade teatral do século XX, não só porque em suas realizações encontram-se as raízes de procedimentos artísticos que vigoram ainda hoje, mas também porque o debate sobre o fazer teatral promovido inicialmente por seus fundadores tocou de tal forma a essência do trabalho cênico que continuamos a procurar as respostas para as mesmas questões discutidas há mais de cem anos.

Além de marco teatral, o TAM constitui uma lenda do imaginário de todos os que mantêm alguma relação com as artes cênicas, tamanha mag-

---

1. Um restaurante em Moscou. A tradução do nome seria Mercado Eslavo.

nitude artística que alcançou e diversidade de talentos que fizeram parte de sua trajetória.

Essa dimensão mítica desdobra-se quando se tem a oportunidade de conhecer o TAM *in loco*; andar pelos seus corredores, subir os degraus gastos pelo uso, tatear suas paredes e vislumbrar a cortina do proscênio, já tantas vezes remendada. Essa vivência institui a dimensão do real e do concreto, uma experiência que revela não a existência de ações mágicas e feitos fantásticos, mas de um cotidiano de homens e mulheres que ali viveram e trabalharam, construindo um enredo completamente humano e possível.

Eu tive a oportunidade de vivenciar o encontro dessas diferentes dimensões. E gostaria que todos que prezam e amam a atividade teatral também pudessem fazê-lo.

Foi assim que nasceu a idéia de compor uma coletânea epistolar, anotada e comentada, apresentando o processo de criação da companhia russa sob o ponto de vista de quem fez parte de sua história.

Este livro é o resultado desse projeto, que foi realizado e apresentado em sua forma original como dissertação de mestrado à Escola de Comunicações e Artes da Universidade de São Paulo.

No capítulo inicial, apresento as características da coletânea, bem como algumas particularidades da escrita epistolar que considero fundamentais para a compreensão das cartas.

No capítulo seguinte, seleciono três eixos (interpretação, direção e dramaturgia) para a exploração de certas questões referentes ao processo de criação que o conteúdo das cartas revelam.

A coletânea figura como o grande núcleo do trabalho, seguida de uma breve referência biográfica dos missivistas.

No apêndice, está exposto um exemplo das possibilidades de interpretação que o material apresenta, o que chamei de desdobramentos das cartas: uma reflexão que extrapola o universo epistolar, mas que, no entanto, é inspirada e alimentada pela leitura da coletânea.

A realização desse trabalho só foi possível graças ao envolvimento de diversas pessoas e entidades, e a elas eu gostaria de registrar meu agradecimento: à Fundação de Amparo à Pesquisa do Estado de São Paulo (FAPESP), pela bolsa de mestrado concedida, essencial para o desenvolvimento do projeto; ao meu orientador, o prof. dr. Armando Sérgio da Silva, pela possibilidade de realizar este trabalho; aos professores, funcionários e colegas do

Departamento de Artes Cênicas da ECA, companheiros nesta trajetória; ao prof. dr. Jacó Guinsburg, cujo livro *Stanislávski e o Teatro de Arte de Moscou* alimentou durante anos o meu sonho de um dia ir à Rússia para conhecer de perto o TAM; à Maria Thaís Lima Santos, a Euro de Barros Couto Junior, à profa. dra. Maria Cecília Queiroz de Moraes Pinto e a Nelson Ferrara, pela preciosa contribuição bibliográfica; ao prof. dr. Philippe Willemart e aos colegas do Laboratório do Manuscrito Literário-FFLCH, que me acolheram, cativando-me com suas pesquisas no campo da crítica genética e cujas reflexões tanto enriqueceram este trabalho; ao prof. dr. Ariovaldo Vidal e à profa. dra. Silvia Fernandes da Silva Telesi pelo incentivo, pela imensa generosidade e pelas inúmeras conversas instigantes que alimentaram, e muitas vezes redirecionaram, este projeto; à minha família, especialmente minha mãe, que compartilhou comigo cada passo desta pesquisa; e, finalmente, à minha cara-metade, Alexei Kuznetsov, pelo apoio, pela compreensão e paciência na espera da conclusão deste trabalho.

AS CARTAS DO TEATRO DE ARTE DE MOSCOU (TAM)

Pela trajetória do TAM passaram grandes missivistas, só os arquivos de Górki reúnem cerca de nove mil cartas; a correspondência entre Tchékhov e Olga Knípper foi organizada em três volumes; há milhares de cartas de Stanislávski, Meierhold, Nemiróvitch-Dântchenko, Sulerjítski, apenas para citar alguns exemplos. Essa grandiosidade apresenta, além da riqueza do material, o limite incontestável do projeto: esta coletânea representará sempre, qualquer que seja seu tamanho, apenas um pequeno fragmento da correspondência dos envolvidos.

A seleção deste pequeno fragmento foi baseada no seguinte critério: selecionaram-se as cartas que se referem ao cotidiano da companhia e ao processo de criação do teatro no período de 1897 (gênese do TAM) a 1938 (morte de Konstantin Stanislávski).

As cartas apresentadas aqui foram publicadas anteriormente em coletâneas e artigos de revistas especializadas, em inglês, francês e espanhol. O material, portanto, não é inédito e possui sempre o filtro dado pela publicação. Mesmo as coletâneas russas são recortadas, o que constitui, assim, um filtro já no próprio original. Dessa forma, trabalhar com fontes não-russas não significa um problema, é antes uma característica do trabalho, uma vez que o acesso direto às informações só seria possível mediante a consulta dos manuscritos dos envolvidos, as cartas *per se,* que estão espalhadas em arquivos na Rússia, Inglaterra, França, Alemanha, Itália e nos Estados Unidos.

Foram reunidas ao longo do trabalho de pesquisa 1177 cartas, das quais apenas 184 eram repetidas, provenientes de 22 fontes distintas. Após a realização de várias leituras e análise do material, foi possível chegar a um *corpus* de 431 cartas, e, finalmente, durante a última fase do trabalho foram selecionadas 283 cartas para compor esta coletânea.

Dois princípios orientaram o trabalho: dar voz àqueles que participaram da trajetória do TAM e abordar o processo de criação dos envolvidos. O primeiro princípio refere-se à própria natureza da carta, ou seja, temos os fatos contados por aqueles que os vivenciaram, sem nenhuma intervenção externa; o relato individual de um acontecimento que muitas vezes pode ter várias versões, construindo uma multiplicidade de pontos de vista. O segundo princípio seleciona o tipo de correspondência que nos interessa: cartas que fazem parte dos chamados arquivos de criação, aquelas que apresentam o registro de alguma faceta do processo de elaboração artística dos envolvidos. Assim, ficam de fora as cartas de amor, as cartas comerciais ou as que relatam fatos não ligados ao projeto artístico desses artistas.

Da aplicação desses princípios resultam algumas características da coletânea. A primeira delas é que não existem capítulos ou ensaios entre uma carta e outra. O discurso epistolar fica, assim, preservado. As cartas "falam" por si, e esse diálogo direto com o leitor foi mantido. Desse modo, não há textos de apresentação nem comentários que introduzam as cartas, e os apontamentos analíticos e a interpretação dos dados ficam confinados aos capítulos que acompanham a coletânea. Outra característica é o tipo de intervenção admitida na disposição das cartas, que se configura de três maneiras: pela seleção, pela supressão de trechos das cartas e pelas notas de rodapé.

A seleção implica uma escolha e a formação de uma coletânea que reflete esse olhar exterior. Por menos aparente que seja, existe uma orquestração do diálogo que as cartas estabelecem entre si.

A supressão ocorre ora na exclusão de fragmentos que não correspondem ao recorte adotado por esta pesquisa, ora na impossibilidade de acesso ao texto integral da carta, uma vez que ela se apresenta já editada em sua publicação. A exclusão feita para este trabalho está indicada por [...] e a supressão contida na fonte por (...).

As notas de rodapé procuram atenuar a ausência de informações contextuais, a qual é própria da escrita epistolar, fornecendo dados que possam ajudar na leitura da carta ou na recuperação do contexto de produção da escrita. Visam, dessa forma, resgatar os ecos dos acontecimentos relatados, capturando esse passado que no momento da escrita se constituía em presente vivido e partilhado pelos missivistas, não precisando por isso ser explicitado. As notas atuam, portanto, sobre as arestas da carta, fazendo com que a vivência compartilhada entre remetente e destinatário possa chegar também até nós. Pela sua própria disposição, deslocada do corpo do texto, elas podem ser excluídas da leitura se o leitor assim o desejar. As notas encontradas na fonte da carta recolhida e que foram aproveitadas nesta coletânea estão identificadas por N.F.. (nota da fonte).

As cartas estão colocadas em ordem cronológica, embora o conceito de processo de criação tenha como característica a não obediência a uma ordem sucessiva linear, já que é feito de saltos, recuos e aglutinações, que vão formando um sistema complexo de associações.

A escolha da ordem cronológica como critério para a disposição das cartas foi determinada pela importância que tem para o trabalho a noção de cotidiano: as ações diárias, as idas e vindas do processo criativo, assim como as relações pessoais que se estabelecem e amadurecem com o passar dos anos ficariam melhor representadas se fosse mantida a sucessão temporal das missivas.

A coletânea consegue compor certa regularidade da correspondência até 1907, época em que Stanislávski solicita afastamento do Conselho do Teatro, em virtude das divergências com Nemiróvitch-Dântchenko. A partir desse momento, os intervalos entre as cartas coletadas vão ficando cada vez maiores, e já não é possível estabelecer as várias fases do processo de criação de cada espetáculo. As cartas apresentadas então passam a apenas pontuar alguns fatos relevantes da trajetória do TAM.

Cada carta apresenta um número de identificação na coletânea, os missivistas, a data, o local de produção da escrita – quando há o registro – e a indicação da fonte (F), numerada por algarismos romanos, e cuja referência completa se encontra na Bibliografia.

A tradução é indireta, nos casos de missivistas russos, e a publicação russa foi consultada para esclarecer dados confusos ou contraditórios entre as versões coletadas. No caso das cartas repetidas, foi escolhida uma das fontes como base, havendo quando necessário o acréscimo de eventuais trechos pertinentes contidos nas outras versões, a fim de tornar o texto final o mais completo possível.

Palavras encontradas na fonte em itálico ou em outra língua permaneceram com estas características na tradução aqui apresentada.

As cartas, consideradas como testemunho da criação de uma obra, abrem perspectivas para a abordagem de todo um universo que existe ao redor da criação artística, o universo da crítica genética[1]. Embora esta coletânea não seja genética, dada a ausência dos manuscritos e adoção de outra metodologia para a condução do trabalho, o instrumental teórico fornecido por essa nova abordagem mostrou-se fundamental para o tratamento das informações contidas no material reunido.

A crítica genética investiga a gênese de uma obra, expõe os mecanismos que acionam o processo de criação, desmonta o seu fazer, procura compreender o ato criador enquanto construção, em oposição à idéia da divina musa inspiradora. Assim, criar é trabalho, é tentativa e erro, é o esboço, o caderno de anotações, o projeto, o rascunho, a rasura, a constante luta da idéia com a matéria e a procura insaciável por uma forma capaz de exprimi-la. Toda essa atividade deixa rastros: são anotações, diários, cartas e tantos outros índices que cristalizam o momento da criação e nos permitem percorrer os caminhos da elaboração de uma obra.

Assim como o canto da sereia atrai a sua presa, somos também capturados pela leitura de tal material, pois temos a ilusão de que estamos lá, lado a lado com ele, o criador, acompanhando passo a passo o mistério da criação da obra que tanto admiramos. Quando se trata de material epistolar então, o encanto é redobrado: somos imediatamente sugados para o interior de uma intimidade e passamos a fazer parte dela, pois a carta tem o poder de dialogar diretamente com aquele que a lê. Somos nós e Tchékhov, nós e Stanislávski, nós e Górki, nós e tantos outros. Fascinante aventura.

Tal qual as memórias, a autobiografia e o diário, a carta faz parte do que se convencionou denominar gênero híbrido ou gênero de fronteira, ou seja, é a escrita que apresenta um desvanecimento dos limites entre realidade

---

1. Para a compreensão dos elementos articuladores e o campo de atuação da crítica genética, vide as obras de Philippe Willemart, fundador da crítica genética no Brasil e coordenador do Laboratório do Manuscrito Literário da FFLCH/USP, e de Cecília Almeida Salles.

e ficção, expressão imediata e formalização estética, comunicação direta e atividade simbólica.

Trata-se de uma literatura testemunhal, na qual memória, tempo e sujeito estão intrinsecamente vinculados na representação escrita. O eu está na fronteira do acontecimento: o eu narrador é também o eu da experiência vivida, e a fidelidade ao acontecimento diz respeito à capacidade de esse eu construir a realidade, pois o acontecimento está ligado à memória e é permeado por um indivíduo. A escrita é sempre mediação: a experiência vivida vai ser transformada em palavras, vai ser elaborada em discurso textual, vai ser encenada. A realidade empírica é selecionada, seus elementos são articulados para a formação de uma realidade textual que faz surgir um universo de formas pelas quais o eu se apresenta.

O resultado é um mundo que nos chega por meio da palavra escrita, cujas estruturas podem ser detectadas e analisadas. É assim que, apesar do elo comum, cada uma dessas manifestações (carta, diário, memórias, etc.) possui traços específicos que a caracterizam.

No caso do discurso epistolar, podemos apontar primeiramente que a carta é um ato de comunicação: há algo para ser dito a alguém, talvez por isso muitas vezes ela se pareça com uma conversa. Um diálogo por escrito que pressupõe o outro. Ela existe, portanto, em função de um outro.

Dessa dependência que se estabelece entre o eu epistolar e o outro decorre outro traço característico: a mobilidade de encenação do eu. A presença virtual do destinatário influi no tom da linguagem que lhe é endereçada, e o sujeito da escrita transforma-se para melhor representar como quer ser visto pelo outro. Há então uma modalização do sujeito conforme o destinatário de sua mensagem. Um pedido de informação endereçado a uma pessoa desconhecida vai ser diferente do escrito a um amigo ou parente. A partir da presente coletânea, é possível traçar essas diferenças, já que há vários remetentes que escrevem para diferentes destinatários, muitas vezes sobre um mesmo assunto. A correspondência entre Nemiróvitch-Dântchenko e Stanislávski, por exemplo, é marcada por uma formalidade que se mantém durante os quarenta anos de relacionamento. Os dois diretores empregam o pronome Вы (senhor), que corresponde ao uso do pronome *vous* francês. Já na correspondência entre Nemiróvitch-Dântchenko e Tchékhov, em janeiro de 1896, está registrada a mudança do uso do pronome Вы para Ты, este sendo equivalente ao pronome *tu* em francês. São duas maneiras diferentes de constituição do sujeito e de relacionamento com seu interlocutor.

Outro traço característico é que a forma epistolar tem o poder de legitimar conteúdos, carregando consigo uma noção de veracidade e sinceridade que dificilmente é contestada. Esses elementos, no entanto, devem ser considerados também representações que fazem parte de uma construção textual, que podem ou não refletir a realidade empírica. O maior ou menor grau de veracidade ou sinceridade decorre da habilidade do sujeito da escrita em representá-las. Há um fato curioso do uso consciente das potencialidades da carta que ilustra bem essa noção de verdade incontestável e testemunho sincero atribuídos à forma epistolar. O diretor inglês Edward Gordon Craig publica em sua revista *The Mask* duas cartas que havia escrito a John Semar, um colaborador exigente da revista, sob o título de "O Teatro na Alemanha, na Rússia e na Inglaterra"[2]. Nas cartas, Craig opina sobre a situação do teatro na Europa e divulga seu contato com o Teatro de Arte de Moscou, que na época negociava a realização de um espetáculo em parceria com ele. Tudo seria natural não fosse um detalhe: a inexistência do destinatário. John Semar é apenas um das dezenas de pseudônimos usados por Craig durante sua vida. Ele criava essas personalidades e pedia-lhes publicamente a colaboração por meio de artigos para serem publicados em sua revista, que ficava assim recheada de referências importantes do mundo das artes (que só ele conhecia): um ensaísta conceituado, um crítico de teatro renomado e assim por diante. Alguns colaboradores realmente existiram, mas grande parte deles era invenção de Craig, que usava desse artifício para veicular e divulgar suas idéias no meio artístico. No lugar de publicar um artigo polêmico assinado por ele e provocar as mais diversas reações, ele criava uma personagem respeitável e escrevia para esse destinatário imaginário cartas pessoais, em cujo conteúdo expunha suas opiniões acerca da situação teatral da época. Ele conseguia com isso credibilidade, já que a carta pressupõe um relato "sincero" e espontâneo, desvinculado de qualquer interesse que o envolva. O exemplo serve de alerta aos que atribuem à escrita epistolar veracidade incontestável. É uma ilusão achar que tudo o que está escrito em

---

2. As cartas foram publicadas posteriormente em artigo do mesmo nome no livro de Craig de 1911, *On the Art of the Theatre*.

uma carta é verdade. Tudo o que está escrito em uma carta é representação de uma realidade, é texto, é construção.

Outra característica da escrita epistolar é que o outro para quem se escreve encontra-se ausente, daí a impossibilidade de conversa e a carta surgir então como uma forma de se ultrapassar essa ausência e vencer distâncias, sejam elas geográficas ou emocionais. A carta resgata o outro e faz reviver sua presença.

O caráter de intimidade é outro traço. Estamos invadindo a esfera do privado, do particular e do compartilhado. Em princípio, em sua gênese, a carta não é escrita para ser publicada, ela não prevê sua divulgação, e o leitor de cartas torna-se assim um intruso nesse diálogo íntimo entre duas pessoas.

É desse mundo compartilhado que surge outro atributo da escrita epistolar: a carta é cheia de espaços vazios, de arestas, que correspondem às vivências comuns que não precisam ser explicitadas e à intimidade entre remetente e destinatário que escapam ao leitor-invasor.

O eu recorta o mundo, seleciona fragmentos e recria-o à sua maneira. As cartas, assim como o diário, constituem pedaços de vida que são fixados em uma transposição imediata da realidade. Esse registro situa-se então no domínio da escrita fragmentária, na qual o inacabado se torna dinâmico e a unidade de sentido se realiza na multiplicidade, ou seja, para além dos fragmentos[3].

A diversidade é outro ponto característico. A carta é uma mistura de tudo: relato de acontecimentos, espaço de reflexão, testemunho de uma época, registro do nascimento de uma idéia, de um projeto, momento de desabafo, confissão. O espaço epistolar comporta o âmbito do grande e do pequeno, miudezas do cotidiano misturam-se facilmente com as grandes reflexões sem que isso nos cause espanto.

Essas são algumas características da escrita epistolar que foram apresentadas aqui com o intuito de esclarecer especificidades sobre sua natureza e proporcionar condições para uma leitura mais cuidadosa do material.

---

3. Georges Gusdorf, "Le journal: dire ma vérité", *Les écritures du moi*, Paris, Odile Jacob, 1991.

AS CARTAS E O PROCESSO DE CRIAÇÃO NO TAM

Nas cartas, o fenômeno teatral aparece representado em todos os seus elementos constituintes: a escrita do texto dramatúrgico, a construção da personagem pelo ator, a articulação da encenação, a produção do espetáculo, a recepção do público e da crítica.

As cartas apresentam o testemunho de práticas artísticas que regem a poética de diferentes artistas. O processo de criação envolve, portanto, diversas áreas do fazer teatral, revelando o percurso da elaboração de diversas escritas cênicas.

O conceito de escrita adotado aqui não se restringe ao texto escrito, mas é tomado em sua acepção mais ampla como o ato ou efeito de representar as idéias, submetendo-as a um código determinado, sendo ele gráfico, gestual, sonoro ou pictórico, pois a linguagem cênica comporta diferentes sistemas semióticos. A escrita consiste, portanto, em esculpir, imprimir, em marcar sobre um material determinado, seja ele o espaço vazio da cena, seja ele o cérebro dos espectadores diante do ato teatral.

O texto escrito, no caso do teatro, é o desencadeador de outros textos: o falado, o dramatizado no corpo e na voz do ator, o encenado no tempo e no espaço da representação, enfim, uma resultante de todas as colaborações na construção do ato cênico, que envolve, inclusive, o espectador como um criador. É nessa perspectiva que podemos então falar em escrita cênica de determinado ator, a escrita da luz para determinado espetáculo, a escrita sonora, a escrita das marcações do diretor e assim sucessivamente.

As diversas escritas cênicas abrem múltiplas possibilidades de abordagem do material aqui apresentado, dependendo do olhar que repousamos sobre ele. Seria possível traçar por intermédio das cartas, por exemplo, a elaboração de uma escrita cênica voltada para determinado espetáculo, ou a escrita de Stanislávski como encenador no decorrer da trajetória do teatro, ou a escrita cenográfica das diferentes fases da companhia, e assim sucessivamente.

Embora a diversidade seja um dos traços marcantes da coletânea, iremos nos ater à exploração de certos aspectos pertinentes do processo de criação artística dos membros do Teatro de Arte de Moscou, organizando-os segundo três eixos: interpretação, direção e dramaturgia. Os números indicados entre colchetes referem-se às cartas da coletânea.

Interpretação

A fundação do Teatro de Arte de Moscou apóia-se no combate à linguagem cênica estereotipada. Esse é o primeiro desafio do ator do TAM: despojar-se do clichê [13,14] e articular outra escrita capaz de comunicar sua personagem.

Para que isso seja possível, dois princípios são acionados como uma espécie de protocolo da companhia: ensaio e autenticidade.

A prática do ensaio, incomum para a época, opera uma transformação profunda no fazer teatral, instaurando uma nova rotina de trabalho [14], que visa a conquista de uma escrita cênica do conjunto e uma qualidade jamais vista antes nos palcos russos.

A autenticidade pode ser sintetizada na fala de Stanislávski durante os ensaios: Не Верю! (ni vieriu!)[1] e refere-se à capacidade do ator de ser verdadeiro, de transmitir seus atos e sua fala de forma convincente, independentemente de sua filiação estética.

Esse é um ponto importante para a compreensão e desmitificação da

---

1. Não acredito [nisso]!

obra de Konstantin Stanislávski, pois fica claramente representado nas cartas o caráter de investigação e a exploração de meios expressivos para o ator [118], que não se limitam à estética realista. A fundação dos diversos estúdios para a pesquisa da linguagem cênica, o reconhecimento da importância do trabalho desenvolvido pelo encenador inglês Gordon Craig, em uma época em que este estava praticamente desacreditado no meio teatral, são apenas alguns índices reveladores de uma prática que não se atém aos limites de "ismos".

A verdade cênica, portanto, é um dos eixos que articula a escrita cênica de Konstantin Stanislávski, como ator ou diretor [114].

Outro eixo de sua poética é o trabalho de interpretação. Para ele, o ator é a base do fenômeno teatral, e é em torno dele que tudo se articula, dos adereços, à marcação do espetáculo, à luz, ao cenário.

Seu conceito de Beleza está atrelado ao trabalho do ator [118], o que significa que, para Stanislávski, não basta produzir belos espetáculos, é preciso que neles apareça a presença viva do ator em cena. A interpretação é o foco de todos os processos. Stanislávski considera-se "por natureza" um ator e não um diretor [226]. Talvez seja por isso que todas as investigações que ele realiza estejam voltadas para o desenvolvimento e a formação do ator, não só em termos técnicos, mas também em termos éticos [114].

Essa procura pela expressividade do ator apresenta uma dinâmica que parte do individual para chegar ao coletivo. Stanislávski quer ser um ator melhor [136], e, com o passar do tempo, esse impulso é direcionado para o outro [251]: já não basta se destacar sozinho do conjunto, é preciso que o elenco todo seja expressivo.

Vários elementos articulam essa transformação: a luta contra a fossilização, o combate ao clichê, o caráter incessante de investigação, a demanda do contexto teatral da época por um novo ator, capaz de responder cenicamente à dramaturgia contemporânea, e a compreensão de que o verdadeiro legado do TAM não estaria na montagem de belos espetáculos, mas na capacidade de seus atores interpretarem intensamente qualquer espetáculo. Em vez de priorizar o resultado, ele se voltou cada vez mais para o processo de geração do produto, deixando ferramentas que possibilitassem ao ator desenvolver sua expressividade, ou seja, deixando uma técnica de interpretação [279]. Stanislávski estava certo: a herança passou de geração a geração e espalhou-se por todo o Ocidente.

Essa mudança de foco do eu para o outro é marcada por conflitos e tensões: Stanislávski encontra muita resistência de seus colegas [238] e fica desacreditado [252] no bojo de seu próprio teatro. Nesse combate, desabrocha aos poucos a figura do Stanislávski pedagogo [252, 256, 278], do mestre Stanislávski – característica que Meierhold soube tão bem antecipar já em seus primeiros contatos [15] –, que desenvolve uma linguagem muito particular, recheada de exemplos e metáforas, que procura transmitir ao ator-aluno a arte de representar.

O percurso une dois pólos: do diretor que declara não gostar de conduzir inicialmente os atores na abordagem de suas personagens [10] ao mestre dos intérpretes a que todos recorrem para solucionar um problema cênico [256, 276].

Dessa trajetória surge uma teoria para o trabalho do ator apoiada pela prática e enraizada na experiência [256], o chamado sistema, termo traduzido erroneamente para o Ocidente como método Stanislávski.

Ele nunca pretendeu deixar regras ou cartilhas sobre como interpretar, essa é uma distorção que deve ser atribuída aos que não conhecem sua obra. Os problemas com a publicação de seus escritos no Ocidente colaboraram muito para que essa idéia equivocada fosse divulgada, mas bastaria uma rápida leitura em suas cartas para constatar que seu ponto de vista nunca vislumbrou a fixação de preceitos: cada ator é único, e cada papel é um novo universo que se articula, não existindo uma receita pronta que assegure ao ator um bom desempenho. Existe a procura, a investigação, o exercício contínuo, o talento associado à técnica, a afinação constante do instrumento de trabalho, o estímulo à imaginação do ator, enfim, trabalho, disciplina e dedicação.

Outro ponto que as cartas iluminam é a unicidade que existe, na concepção de Stanislávski, entre universo interior e exterior do processo de construção de uma personagem. A separação que existe entre o ato de interiorizar e o de exteriorizar é de ordem didática [256] e serve para apontar momentos diferentes do ato criador. Os dois movimentos são complementares e devem formar um todo orgânico e expressivo, ao contrário do que divulga a versão geralmente assimilada na qual haveria uma ênfase excessiva, por parte de Stanislávski, no universo psicológico e interior da personagem. Para ele, o trabalho do ator é uma atividade psicossomática, dinâmica e contínua, já que o ato teatral se completa diante do público e o ator tem que, assim, recriar seu papel a cada apresentação, mantê-lo vivo e expressivo mesmo depois da centésima *performance*.

Até o último momento, em seu leito de morte, Stanislávski registra, dita, corrige os manuscritos, refaz seu pensamento e tenta transpor em palavras setenta anos de experiência teatral, setenta anos de aprendizagem [279].

Direção

A trajetória do TAM registra a afirmação e emancipação do conceito moderno de *metteur en scène*, função que surgiu na segunda metade do século XIX delegando ao encenador o poder centralizador e a responsabilidade da criação de uma unidade do conjunto teatral, da articulação de uma linguagem capaz de reunir todos os elementos da cena em um discurso coeso e harmonioso. A direção deixa de ser mera coordenação e passa a ter o estatuto de criação artística.

Um dos primeiros representantes da encenação moderna foi o Duque de Meiningen, George II, cujos espetáculos encantaram a Europa e serviram de modelo para o trabalho de diversas companhias teatrais, dentre as quais o Teatro de Arte de Moscou.

Precisão histórica minuciosa na construção do universo da peça encenada, uso de plataformas que articulavam vários níveis do espaço cênico e dinamizavam a ação, utilização de cenários tridimensionais, iluminação e efeitos sonoros para a criação da atmosfera da cena, formação de um elenco coeso que substituía o sistema vigente do ator-estrela, emprego de disciplina rigorosa na condução dos trabalhos; tais eram algumas das características da companhia teatral do duque, que excursionou pela Europa, passando por Moscou em 1890, sete anos antes do projeto de fundação do TAM.

Na época, Stanislávski assistiu entusiasmado a todos os espetáculos, procurando saber quais eram os procedimentos que moviam o processo de criação da companhia alemã, os quais seriam imitados posteriormente em sua rotina de trabalho na Sociedade de Arte e Literatura, grupo fundado por ele e do qual fazia parte como ator e diretor.

A influência de Meiningen em sua poética é decisiva e fornece uma base sólida para o desenvolvimento de sua própria escrita cênica, pois, no ato de imitar o diretor alemão, há a imposição de um nível técnico e de uma organização do conjunto teatral nunca vistos antes. Para a época, a simples reprodução do estilo de Meiningen já era garantia de destaque no contexto teatral vigente. Assim, o TAM abre sua primeira temporada encenando, na maior parte de seu repertório, peças históricas, montadas no melhor estilo de George Méiningen [13].

Ao mesmo tempo que o TAM adquire "carpintaria teatral" com a encenação de tais peças, há a superação muito rápida dessa fase, construída paralelamente à criação dos chamados espetáculos históricos. Trata-se da outra parte do repertório, formada por peças de autores contemporâneos capazes de refletir artisticamente a sociedade da época [12], estabelecendo um diálogo direto com o público. Daí a escolha d'*A Gaivota*, de Anton Tchékhov, última peça da primeira temporada, que inaugura outra fase na linguagem cênica da companhia.

A dramaturgia de Tchékhov é revolucionária, desconcertante e propõe novos parâmetros que precisam ser respondidos pela cena, ou seja, a escrita cênica precisa reinventar-se para dialogar com a escrita de Tchékhov. É exatamente isso o que ocorre durante a primeira temporada do TAM.

"Reabilitar Tchékhov", depois do fracasso que suas peças tiveram em São Petersburgo, essa é a missão que Nemiróvitch-Dântchenko se impõe [7,19]. O espetáculo é dirigido a quatro mãos: ele na condução das linhas gerais e apresentação do universo da peça e Stanislávski na concretização cênica desse universo.

A luta pela adequação da cena ao texto é fascinante: Stanislávski não entende a nova dramaturgia, mas, mesmo sentindo-se perdido no processo de criação do universo tchekhoviano [20, 24], consegue projetar uma encenação primorosa da peça [39], capaz de mostrar ao mundo a potencialidade, a beleza e a expressividade da dramaturgia de Anton Tchékhov. Há aqui o exemplo vivo de como o sentido do texto escrito, no caso do teatro, está intrinsecamente ligado à escrita cênica e vice-versa. Não houve cortes, mudanças de cenas ou personagens: o texto encenado no TAM era o mesmo que havia sido montado em São Petersburgo no Teatro Aleksandrínski, mas a escrita cênica era outra.

A assimilação das linguagens é impressionante: se de um lado temos um Stanislávski vacilante e confuso na primeira montagem da peça de Tchékhov, de outro, encontramos um Stanislávski completamente à vontade na concretização cênica desse universo com *O Jardim das Cerejeiras*, última peça do autor, e o diretor passa então a entender como ninguém o universo tchekhoviano [189].

É possível perceber nas cartas um outro dado desse diálogo entre cena e texto. Na última peça de Tchékhov, a escrita cênica de Stanislávski já está tão amadurecida que chega a ganhar certa autonomia e muitas vezes entra em atrito com a idéia projetada do autor. O discurso da cena respeita o autor, mas já não se submete cegamente a ele e passa a ser articulado não mais como reprodução, mas também como criação [205, 212].

É nesse sentido que podemos acompanhar na trajetória do TAM o amadurecimento do conceito moderno de encenação e a afirmação do *metteur en scène* como criador, uma escrita a mais para o discurso cênico.

Essa evolução é gradual e culmina com o convite feito a Gordon Craig, na época representante máximo dessa autonomia que adquire o encenador[2].

A parceria de Craig e Stanislávski constitui um dos encontros mais notáveis da história da encenação moderna.

Na época, Stanislávski pesquisava novas formas de expressão. Depois de passar pelo realismo histórico das primeiras montagens do TAM, de trabalhar com o universo mergulhado de múltiplas sugestões do realismo psicológico das peças de Tchékhov e, finalmente, abordar o teatralismo em uma época em que todas as artes abandonavam a imitação para evocar o invisível, era preciso fundar outra etapa dentro da evolução do Teatro de Arte. Era preciso não só uma nova escrita cênica, mas um novo ator capaz de realizar a presença do inefável em cena.

É nesse exato momento de indagações e procuras que Stanislávski vislumbra a concretização dessas referências do universo abstrato na arte de Isadora Duncan [243, 244]. É por meio dela que Stanislávski toma conhecimento do trabalho de Gordon Craig.

A investigação de Craig indicava novas possibilidades da escrita cênica com a articulação de um universo de formas abstratas, que adquiriam vida e expressão conforme sua disposição espacial em cena e a iluminação.

Graças ao empenho de Isadora em reunir os dois encenadores, o convite é feito e, em novembro de 1908, Craig desembarca em Moscou iniciando um projeto que se estenderá por três anos e afirmará uma nova etapa na constituição da natureza do trabalho do encenador moderno: o espetáculo *Hamlet* no Teatro de Arte de Moscou.

---

2. O encontro entre Craig e o TAM é analisado no Desdobramentos das Cartas: Um Exemplo, p. 371.

É possível acompanhar pelas cartas outro aspecto da direção: o próprio funcionamento da atividade do encenador em seus primórdios. O primeiro passo é a determinação das linhas gerais que ordenarão o discurso cênico e a concepção das personagens, informações que são apresentadas ao grupo em encontros de discussão sobre o universo da peça e seu conteúdo. A seguir, o encenador projeta todo espetáculo escrevendo os chamados "planos de direção", que envolvem não só a marcação inteira da peça, como também os movimentos de luz, cenário e as interferências sonoras. A etapa seguinte constitui a concretização, pelos atores e pela equipe técnica, desse espetáculo virtual.

A prática desses procedimentos gera um dos principais pontos de tensão na montagem dos espetáculos: a pré-elaboração da personagem pelo diretor e sua subseqüente assimilação pelo ator, tema que até hoje apresenta desafios para profissionais do mundo inteiro.

De um lado, há os atores que reclamam da imposição do desenho da personagem pelo diretor e reivindicam sua criação [40]. De outro, o próprio diretor reclama da passividade dos atores, que esperam receber tudo pronto e não são capazes de desenvolver a elaboração de suas personagens [229, 237].

Essa pré-elaboração da personagem pelo diretor condicionava o trabalho de criação do ator principalmente a uma ação de preenchimento dessa virtualidade cênica apresentada. Ou seja, atuar significava preencher, de maneira expressiva, a personagem com sua própria individualidade, dentro dos parâmetros fornecidos pelo diretor. Se o ator se limitasse a apenas executar as marcações de seu papel, ele jamais conseguiria atingir a expressividade. Era preciso que ele criasse dentro desses parâmetros, dotasse de vida essa partitura do diretor. Assim, uma personagem nunca era somente ela, mas uma associação inseparável entre personagem e ator. Havia, então, o Fiódor/Meierhold, o Fiódor/Moskvín, o Shilock/Stanislávski, o Shilock/Dárski, todos obedecendo à mesma partitura cênica, mas cada um imprimindo vida própria ao papel [13, 16].

Daí a escolha do elenco ser outra tarefa fundamental do diretor para a concretização em cena de seu universo virtual. Cabe a ele formar um conjunto harmonioso, delegando as personagens segundo o leque de possibilidades interpretativas de cada ator. A distribuição dos papéis levava em conta, portanto, além do talento, características psicofísicas dos atores [22, 25].

A necessidade de assimilação, por parte do ator, dessa pré-elaboração da personagem pelo diretor vai conduzir a outra transformação no ofício do diretor teatral: além das habilidades de organização dos elementos cênicos, torna-se imperativo que ele saiba também trabalhar com o universo do ator, conhecendo seus mecanismos de criação e auxiliando-o na expressão viva de seu papel. Dirigir passa a significar, então, fazer desabrochar no ator a personagem.

Com o tempo, no lugar de apresentar a forma pronta e acabada, o diretor vai indicar apenas os princípios articuladores da personagem, suas motivações e necessidades, fazendo com que o ator participe ativamente da construção do desenho final a ser elaborado em conjunto na sala de ensaio [274].

É possível perceber nas cartas que Stanislávski, na sua atividade como diretor, vai de um pólo a outro: da imposição da concepção de uma personagem [18] à elaboração com o ator do desenho de seu papel [274].

Dramaturgia

As cartas coletadas registram uma das grandes vocações do Teatro de Arte de Moscou: impulsionar a dramaturgia nacional e revelar para o mundo importantes dramaturgos, tais como Tchékhov, Górki, Andrêiev, Bulgákov, entre outros. Alguns deles escreveram especialmente para o TAM, como Górki, Andrêiev; enquanto outros, inclusive estrangeiros, tiveram sua dramaturgia revelada a partir das encenações da companhia, como Tchékhov e Maeterlinck (em *O Pássaro Azul*), por exemplo. No caso específico de Anton Tchékhov, estão presentes as duas vertentes: um novo olhar que revela o texto já publicado e a criação de novas obras elaboradas especialmente para o TAM [65]. Se o Teatro de Arte não existisse, dificilmente teríamos *As Três Irmãs* e *O Jardim das Cerejeiras*, peças que hoje são consideradas obras clássicas do repertório mundial.

A dramaturgia desempenha, assim, um importante papel na trajetória da companhia e provoca profundos debates sobre a natureza do fenômeno teatral. Para Nemiróvitch-Dântchenko, teatro é literatura [160], devendo a cena subordinação máxima ao texto. Stanislávski, apesar de dedicar profundo respeito ao texto, considera a cena uma outra escrita a ser criada, outra linguagem [24] tão importante quanto a dramaturgia. Nessa perspectiva, o "plano de direção" vai se configurar como um outro texto [24], que dialoga com o texto dramatúrgico, ao mesmo tempo que cria outro universo, o da escrita cênica, uma síntese de todos os textos.

É precisamente nessa junção de discursos que aparece outro aspecto interessante registrado nas cartas: o embate entre a escrita dramatúrgica e a escrita cênica. Podemos acompanhar como a cena enfrenta e responde à nova dramaturgia proposta por Tchékhov. O fracasso inicial da peça *A Gaivota* em São Petersburgo não era uma derrota do autor, mas do panorama teatral de então, como tão bem Nemiróvitch-Dântchenko diagnosticou [7,19]. O texto exigia novas formas de representação, uma nova cena, que só seria possível com um novo teatro capaz de estabelecer procedimentos de elaboração cênica diferentes dos que vigoravam na prática da época. A estréia de *A Gaivota* no TAM inaugura outra etapa da evolução cênica do século XX.

Também é possível apontar na coletânea como a dramaturgia de Tchékhov incorpora a cena: nos ensaios do espetáculo *As Três Irmãs*, Stanislávski sugere mudanças para a passagem de Tuzenbákh [100, 103], Nemiróvitch-Dântchenko pede cortes de monólogos inteiros [108] e a cena vai determinando assim qual o melhor arranjo para a fruição do texto.

O melhor laboratório para a escrita é o contato direto com a cena, daí Tchékhov aconselhar Górki a se aproximar do TAM, assistir aos ensaios, impregnar-se do ato vivo que é o teatro para compreender melhor a articulação da linguagem cênica e incorporá-la ao seu próprio texto [74, 75].

O diálogo entre os dois dramaturgos é surpreendente. De um lado, Tchékhov desenvolve os princípios de sua arte colocando-os em funcionamento no olhar que repousa sobre os textos de Górki [34]. Sua leitura crítica apresenta noções lapidares sobre o ato de escrever, bem como impulsiona o colega-autor em direção à escrita teatral [76, 124]. Foi graças à influência de Tchékhov que Górki se aventura na dramaturgia.

Por outro lado, é impressionante a percepção afinada que Górki possui da dramaturgia de Tchékhov [33, 35]. Em uma época em que a grande maioria renegava ou estranhava a ausência do desenvolvimento aristotélico da ação nas peças do autor, Górki disseca as potencialidades da escrita tchekhoviana, revelando não só sua poesia, mas principalmente a modernidade contida nela [68]. Tchékhov tem em Górki um leitor privilegiado, que está além de seu tempo na recepção de sua obra.

Foram apresentados aqui, de maneira genérica e introdutória, alguns pontos que as cartas iluminam, questões essenciais que reverberam até hoje. Fica registrado o desejo de que as cartas sejam inspiradoras de uma reflexão pertinente que nos leve a compreender melhor a nossa própria atividade teatral.

Boa leitura!

Emblema do Teatro de Arte de Moscou.
FONTE A

COLETÂNEA EPISTOLAR

1 ~ De Nemiróvitch-Dântchenko para Stanislávski

7 de junho de 1897
Neskútchnoe¹

Ilustre Konstantin Serguiêievitch,

O senhor encontra-se em Moscou? Rascunhei uma longa carta para o senhor, mas, como estarei em breve em Moscou, não vou remetê-la. (...) Se esta carta lhe chegar e o senhor estiver fora de Moscou, então eu enviarei a que escrevi anteriormente. Mas para onde?
Deverei estar em Moscou entre 21 e 26 de junho.

Vl. Nemiróvitch-Dântchenko

F II)

---

1. Nemiróvitch-Dântchenko encontrava-se na fazenda que pertencia à sua esposa. (N.F.)

2 ∽ De Nemiróvitch-Dântchenko para Stanislávski[1]

17 de junho de 1897
Moscou

O senhor recebeu minha carta?
Ouvi dizer que o senhor estará em Moscou amanhã, quarta-feira. Eu estarei no Slaviánski Bazar[2] a uma hora – podemos nos encontrar? Ou então me avise, no endereço acima, quando e onde[3]. (...)

F II)

1. Cartão de visitas de Nemiróvitch-Dântchenko. Na frente, seu nome e endereço. No verso, texto manuscrito. As palavras Slav. Bazar, a localidade do futuro encontro, estão sublinhadas.
2. Restaurante em Moscou. A tradução seria Mercado Eslavo.
3. Stanislávski respondeu com um telegrama: "Terei prazer em esperá-lo junho 21 às 2 horas no Slavianski Bazar". O encontro realizou-se somente no dia 22 de junho de 1897.

3 ∽ De Nemiróvitch-Dântchenko para Stanislávski

12 de julho de 1897
Ialta

(...)
Seria bom mostrar aos nossos capitalistas[1] que nosso empreendimento não é efêmero, mas baseado não somente em considerações artísticas como também em considerações comerciais. Se as negociações fracassarem com nossos acionistas capitalistas, então deveremos assumir inteiramente o risco e custear o empreendimento durante os primeiros anos. Nosso teatro só precisará realmente de capitalistas em seu terceiro ano.

F II)

1. Comanditários. Seriam os sócios capitalistas ou fornecedores de fundos em uma sociedade com fim econômico, na qual os associados não tomam parte na gestão dos negócios e cuja responsabilidade não excede o capital subscrito.

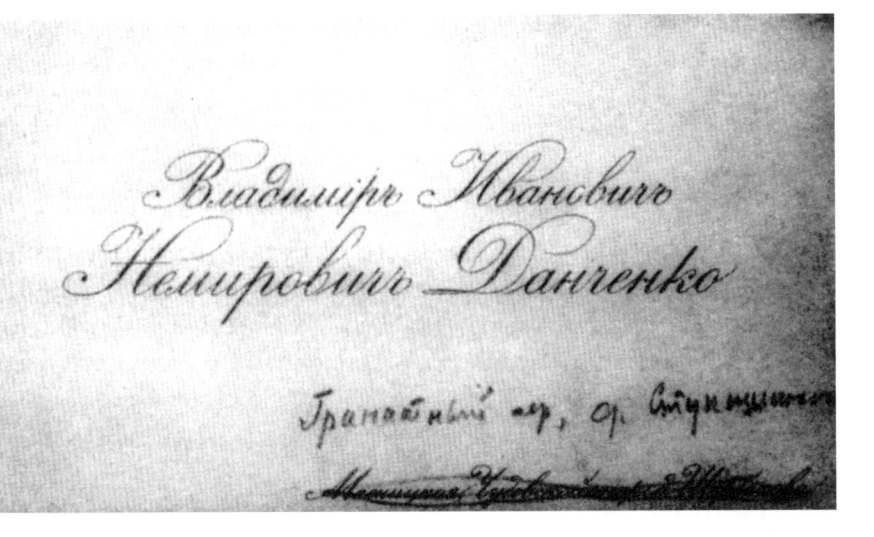

Cartão de visita de Nemiróvitch-Dântchenko, em cujo verso ele escreve a proposta de encontro com Konstantin Stanislávski.
FONTE A

4 ∽ De Stanislávski para Nemiróvitch-Dântchenko

19 de julho de 1897
Moscou

[...]
No que se refere à carta de Kochevérov[1], penso que é uma ótima notícia; acredito que esse homem é sério e deseja trabalhar.[...] Se ele é talentoso, devemos aceitar sua proposta e tentar de todos os modos mantê-lo perto de nós. Como tornar sua situação material mais suportável? Eu poderia acertar na Sociedade[2] um contrato para ele nesta temporada, por cem rublos mensais ou por vinte e cinco rublos por apresentação. Isso significaria para ele certa ajuda. Ao participar dos espetáculos da Sociedade, teria acesso a uma boa prática e poderia preparar bem e sem dificuldades alguns papéis (com um número suficiente de ensaios). Não tenho dúvidas de que com esse trabalho, pouco difícil para um ator verdadeiro, ele terá tempo suficiente para estudar com o senhor. [...]

Lamentavelmente, não tive oportunidade de ver Chuválov em seu novo trabalho. Recordo-me dos pequenos papéis que interpretava no Teatro Korch, mas a impressão que então me causou foi tão pobre que agora não posso imaginar qual foi o milagre que transformou aquele ator pequeno e comum no trágico Chuválov. Julgando pela carta, o senhor conserva dele recordações totalmente diferentes, e estou disposto a acreditar nele já que um ator desse tipo é completamente necessário em nossa companhia. Não dê muita importância às minhas opiniões sobre Chuválov; eu mesmo reconheço que essas impressões podem ser erradas. Nos últimos anos, também me interessei por ele, tanto que perguntei aos atores das províncias, bem como a alguns conhecidos meus que vivem nas cidades onde ele tem atuado, o que acham dele. As opiniões que recolhi são todas bem parecidas. Disseram-me que é um grande trabalhador, um ator de repertório magnífico, capaz de trabalhar diariamente se for necessário, um ator bastante bom, embora falte-lhe gênio; como companheiro, alguns o elogiam e outros não... Não o conheço bem, mas tive a oportunidade de observá-lo bastante durante o congresso[3]. Ele me pareceu ali bastante grosseiro, opinião que reafirmei depois devido a seu comportamento tolo e a sua falta de tato durante as reuniões quando, em companhia de Smitof, fez tolices e coisas de gente inoportuna e sem graça. Na aparência, seu aspecto exterior promete pouco para a cena. Repito que essas não são mais que impressões, que podem desaparecer sem deixar rastros e mudar totalmente depois da primeira aparição do artista em cena, razão pela qual seria desejável, e até mesmo necessário, viajar durante a temporada, quero dizer, no inverno, e vê-lo interpretar alguns papéis. Ele não se apresentará durante o mês de outubro em alguma das cidades do trajeto entre Moscou e Sebastopol? Eu me programaria para vê-lo atuar durante meu regresso da Criméia. [...]

Por que Chuválov não participa de nossa companhia? Se ele o quisesse, não teríamos o direito de impedi-lo. De uma forma ou de outra, quero encontrar depressa alguém que nos convenha e para mim tanto faz se for ele ou outra pessoa; a única coisa que quero é que o dito ator não seja tolo, seja talentoso e não seja um descarado. Por exemplo, eu contrataria Azagárova[4], certamente que em condições convenientes, não por seu talento, mas por sua honestidade e por ser uma pessoa de bom tom... isso é tão necessário e raro no meio! No caso de Iákovliev[5] estar de acordo com nossas condições (o que eu duvido), também o contrataria; parece ser um ator sério, com vontade de trabalhar e, como me disseram, um homem honrado. [...]

Concordo com o senhor que será melhor organizar a primeira viagem para cidades pequenas. A julgar pelas conversas com Solotsóv[6], não convém se entusiasmar muito com Kiev, já que ali é necessário saber organizar bem as coisas. Pode ser que Solotsóv não esteja nos dizendo a verdade ou que me tenham transmitido de forma incorreta a opinião dele (não o conheço pessoalmente), embora os atores de sua companhia com os quais pude falar sobre isso reafirmam as palavras de seu empresário. O senhor escreve mais adiante que, no caso de haver um atraso na aquisição das ações, poderíamos dirigir o negócio por nossa própria conta e risco. Tendo em mente nosso acordo de falarmos nossas opiniões abertamente, devo gastar algum tempo neste ponto de sua carta para afirmar clara e corretamente minha opinião. Uma experiência amarga fez-me jurar que nunca mais assumiria novamente o risco de um empreendimento teatral sozinho[7]. Não tenho o direito de fazer isso, em parte porque não sou rico o bastante (meu capital corresponde a aproximadamente 300 mil rublos, que se encontram totalmente vinculados na empresa[8]) e, em parte, porque tenho uma família e sou da opinião de que esse dinheiro não pertence somente a mim, mas a todos os membros de minha família. Como posso arriscar o dinheiro de outras pessoas? Naturalmente, eu assumirei ações no valor de 5 mil ou até mesmo

10 mil[9] e, dadas as circunstâncias, como acionista no negócio, estou preparado para perder essa quantia se o pior acontecer; não podemos esquecer que as perdas de um empresário privado ou de um negócio são sempre imprevisíveis. Além disso, todo empreendimento privado tem aos olhos do público o caráter de empresa teatral convencional, o que empresta ao nosso empreendimento um caráter completamente diferente. Uma companhia pública é um assunto social, inclusive educativo; ao passo que a empresa teatral comum é considerada uma simples fonte de ingressos. É assim que as pessoas julgarão isso, na minha opinião.

Quanto à possibilidade das nossas damas da sociedade poderem participar do empreendimento como atrizes, estou disposto a responder quase com total segurança que sim. No entanto, falarei com elas sobre o assunto cuidadosamente.

Com uma delas, precisamente com Poiret, já falei e sua resposta foi: "viajarei para onde for necessário e farei tudo o que estiver ao meu alcance. Espero que os honorários sejam tais que permitam viver decentemente". [...]

Schultz, o empresário de Barnay[10], do Teatro Lessing de Berlim e de outros, veio me ver hoje. Ele está alugando o Teatro Paradiz durante o inverno, reconstruindo-o, *i.e.*, renovando-o, limpando-o, instalando luz elétrica. Réjane[11] estará se apresentando lá de 14 a 22 de outubro; de 22 de outubro a 15 de novembro o teatro está vago; de 15 de novembro a 1º de dezembro apresenta-se Coquelin[12]; de 1º de dezembro a 12 de dezembro o teatro está vago; de 12 a 22 apresenta-se a companhia do Teatro Lessing. Do dia 22 de dezembro em diante, durante a época das festas, o teatro está vago. Então, com interrupções, Matkovski[13], Sonnenthal e outros estarão se apresentando lá. Ele propôs, em condições muito favoráveis à nossa Sociedade, que esta ocupasse o teatro durante os períodos em que estiver vago; ele aceita encarar o empreendimento, assumindo os riscos, mas deixando a iniciativa nas mãos da Sociedade. Em um primeiro momento, pareceu-me que aí se escondia algum tipo de *schwindel*[14], por tudo o que ele consentia e pelas condições muito favoráveis, até pensei se ele não estaria nos passando para trás... Mas ele me deu uma explicação que julguei ser bastante convincente: apresentar um artista estrangeiro atrás do outro, sem descanso, é perigoso para o negócio, pois pode aborrecer o público. "A quem poderia pedir que se apresentasse nesses intervalos? À companhia de Cherepánov[15], ou a um elenco medíocre de operetas que acabou de se formar? Não há outra alternativa. Isso não seria conveniente e, o que é pior, arruinaria a reputação do teatro, já que todo o sistema de excursões só interessa às platéias informadas. Por isso, estou oferecendo-lhe o teatro sem nenhuma vantagem para mim porque sei que o senhor atrairá para o teatro esse público que desejo. Ou seja, com a ajuda de sua Sociedade, darei a todo meu empreendimento um ar de respeitabilidade." Assim pensa Schultz, e parece-me que disse a verdade. Ele quer, entre outras coisas, apresentar *O Sino Submerso* e *A Ascensão de Hannele*[16]. Nossa Sociedade quis produzir esses dois espetáculos, mas teve que adiá-los, pois o palco do Clube dos Caçadores[17] é muito pequeno. Talvez fosse uma boa idéia se, paralelamente às produções do Clube dos Caçadores, encenássemos as peças de Hauptmann no Paradiz (ou Teatro Internacional como será chamado a partir desta temporada). Pense se esse não poderia ser o começo de nosso empreendimento. Não deveríamos chamar atores como Petrovskaia e Kochevérov para se juntarem ao núcleo da Sociedade? Não deveríamos considerar o fato de que nós poderíamos usar um bom teatro, não teríamos a obrigação de representar diariamente e, durante todo o inverno, poderíamos mostrar algumas peças bem ensaiadas e dirigidas para nosso próprio proveito? Ao mesmo tempo, mataríamos três coelhos com uma cajadada só: 1. aumentar o núcleo da companhia com dois membros muito importantes, um amador e uma atriz dramática que talvez, determinado o tamanho do teatro, possa ser paga corretamente; 2. preparar um repertório de peças no Clube dos Caçadores para a excursão de verão; 3. mostrar para toda a cidade de Moscou que somos capazes de produzir e interpretar decentemente obras teatrais. Parece-me que Moscou ficará mais impressionada com isso do que com um sucesso no interior e na periferia, sobre o qual as pessoas irão somente ler relatos escassos na imprensa, aos quais não prestarão a atenção devida, uma vez que não poderão ver nossos espetáculos. Poderiam dizer que obter êxito nas províncias é uma coisa, mas aqui na cidade é algo bem diferente[18]... Espero notícias suas o mais rápido possível, já que, dentro de dez dias, devo dar uma resposta a Schultz. [...]

F XXI)

1. Aleksandr Serguiêievitch Kochevérov estudou com Nemiróvitch-Dântchenko e integrou o elenco do TAM (1898-1902). (N.F.)
2. Sociedade de Arte e Literatura, fundada em 1888 por Stanislávski e outros, com o objetivo de incentivar atividades culturais dos associados, realizando saraus, exposições, concertos, espetáculos teatrais, entre outras atividades. A área musical ficou a cargo de Teodor Komissarjévski, tenor mui-

to conhecido da época; Fiódor Sologub, posteriormente um dos principais nomes do movimento simbolista russo, responsabilizou-se pela área de artes plásticas, e Aleksander Fedótov, ator, diretor e dramaturgo, encarregou-se das atividades dramáticas.

3. Stanislávski e Nemiróvitch-Dântchenko participaram do I Congresso Russo de Teatro (março de 1897). (N.F.)
4. Anna Azagárova, atriz do Teatro Korch de Moscou. (N.F.)
5. A. M. Iakovliev, ator do Teatro Korch de Moscou. (N.F.)
6. Nikolai N. Solotsov (1857-1902), ator, empresário e diretor teatral de Kiev. (N.F.)
7. Fedotov e Komissarjévski desentenderam-se e saíram da Sociedade. Stanislávski assumiu o grupo dramático e cobriu com seu próprio dinheiro o pesado déficit financeiro que a associação havia adquirido.
8. Stanislávski era empresário do setor fabril.
9. Rublos. Alguns preços do final do século XIX em Moscou para referência: moradia/aluguel – 120 rublos por ano; salário de um criado – 2 rublos por mês; média que um operário gastava para alimentar sua família – trezentos rublos por ano; valor do ingresso para teatro em um bom lugar – dois rublos; o quilo de frutas ou legumes – 0,05 rublo ou cinco copeques.
10. Ludwig Barnay (1842-1924), ator alemão, integrou a companhia de Meiningen. Fundou seu próprio teatro, o Teatro de Berlim, em 1887. Excursionou pela Rússia em 1896.
11. Atriz francesa (1856-1920). Tornou-se uma das mais brilhantes atrizes do teatro de *boulevard* e foi a primeira francesa a interpretar Nora na peça *Casa de Bonecas*, de Ibsen.
12. Constant Coquelin (1841-1909), ator francês que estreou na Comédie Française, trabalhou com Sarah Bernhardt e atuou no teatro de *boulevard*. Escreveu um importante manual de atuação em 1880, no qual enfatiza a necessidade de controle que o ator deve ter sobre seu instrumento de expressão.
13. Adalbert Matkóvski (1857-1909), ator alemão considerado por seus contemporâneos o "último ator romântico".
14. Em alemão, embuste, história mentirosa.
15. Cherepánov era, na época, empresário de uma companhia teatral de terceira categoria. (N.F.)
16. Peças de Gerhart Hauptmann (1862-1946), dramaturgo alemão. Apesar de ser considerado o líder do naturalismo do teatro alemão, experimentou outras formas tais como a alegoria, a fantasia, o drama histórico e a tragédia. A alegoria *O Sino Submerso* foi largamente representada na época. Os títulos das obras citadas apresentam variações nas traduções brasileiras, podendo ser encontradas como *O Sino Imerso* e, para a segunda peça citada, *A Ascensão de Hannezinha*, *Ascensão de Hânele*, ou ainda, *Ascensão de Joaninha*.
17. Local onde eram apresentados os espetáculos da Sociedade de Arte e Literatura.
18. Nemiróvitch-Dântchenko propusera que, enquanto não possuíssem um edifício próprio em Moscou, atuassem uma parte da temporada nas províncias e o restante em uma sala alugada na cidade. (N.F.)

Stanislávski, 1899.

FONTE B

*Vladímir Ivánovitch Nemiróvitch-Dântchenko
na época do encontro com Stanislávski, 1898.*
FONTE B

5 ∾ De Nemiróvitch-Dântchenko para Stanislávski

2 de agosto de 1897
Moscou

Não posso concordar completamente com o senhor (embora eu respeite sua decisão sem reservas) com relação ao "risco pessoal" e à "companhia de acionistas". Por esta simples razão: o que me atrai nesse negócio é o lado socioeducacional, e não uma preocupação em ganhar dinheiro. O fato é que, quanto a este lado – o social, artístico –, eu acredito em mim e encontrei um homem em quem posso também acreditar – o senhor. Mas acionistas, por sua própria natureza, carregam consigo a noção intrínseca de lucro, e temo que uma companhia de acionistas, criada inicialmente com propósitos educacionais, possa se degenerar, em última instância, em uma companhia puramente comercial...

Se o empreendimento começar (eu estou falando dos riscos iniciais) como uma companhia de acionistas, essa característica ditará o programa para o senhor. Mas, se o negócio for iniciado pelo senhor, então a companhia será formada para apoiar sua iniciativa. A diferença crucial está entre o senhor montar uma companhia pública para iniciar um negócio ou apoiar algo que já foi começado. O senhor deve entender que a personalidade das pessoas que adquirem as ações não desempenha nenhum papel nisso. Trata-se de ações, que podem mudar de dono; não podem mudar as pessoas.

É por essa razão que, quanto mais eu penso nisso, mais me inclino para um teatro aberto e não simplesmente um teatro de arte.

F II)

6 ∾ De Stanislávski para Nemiróvitch-Dântchenko

19 de agosto de 1897
Moscou

Estimado Vladímir Ivánovitch,
(...) A principal diferença entre nós, na minha opinião, é que o senhor está iniciando algo que é novo para o senhor, enquanto eu tenho estado

ativo por dez anos. O senhor quer reunir uma companhia e criar um *ensemble*. Possivelmente, estou sendo levado por meu próprio entusiasmo, mas me parece que já tenho uma companhia experiente, embora pequena. Confiante nessa convicção, estou tentando impulsionar algo que já está em andamento e desenvolver isso aqui em Moscou. Se eu tiver entendido mal, então devo admitir que avaliei tudo erradamente e que seu plano é o correto: a criação de uma companhia nas províncias. Seria impossível não concordar que seu plano é provavelmente mais do que correto, mas, ainda assim, como já lhe falei, eu só poderia participar dele indiretamente. No momento, não posso cogitar a idéia de abandonar meu escritório e passar o inverno inteiro nas províncias sem algo seguro em termos comerciais. Eu poderia agir assim no caso de uma companhia pública, mas não no caso de um empreendimento de risco nas províncias.

(...) A sociedade moscovita não confiará em uma empresa privada nem vai levá-la a sério, ou, se o fizer, será muito tarde, quando nossos bolsos estiverem vazios e as portas do teatro forem fechadas com tábuas. Moscou rotulará minha participação em um esquema privado – vide Mámontov[1] – como tirania comercial barata. A criação de uma companhia limitada e, mais ainda, de um teatro de preço popular iria me dotar com o mérito – é assim que eles chamarão isso – de ser um educador, de trabalhar em nome da caridade artística e educacional. Conheço os empresários de Moscou. Em primeiro lugar, *por princípio*, eles boicotarão o teatro e depois, por *mero hábito*, deixarão uma pilha de dinheiro para apoiar *algo que eles tenham criado*.

Soube recentemente que Mamontov formulou estatutos para um teatro de ópera dramático a preços populares e quer submetê-los ao Ministério. É desnecessário dizer que não perdi tempo projetando um encontro aparentemente acidental. Ele prometeu me enviar os estatutos nos próximos dias. Parece que essas companhias públicas são a novidade.

F II)

1. Mecenas russo, construtor de ferrovias e milionário apaixonado pelas artes cênicas, patrocinava espetáculos de ópera em sua mansão em Moscou. Escreveu peças, desenhou cenários e investiu no desenvolvimento de uma arte nacional russa.

7 ~ De Nemiróvitch-Dântchenko para Anton Tchékhov

25 de abril de 1898
Moscou

Caro Anton Pávlovitch,
Você[1] já sabe, é claro, que eu me lancei em um empreendimento teatral. No momento, nós (Aleksieiev[2] e eu) estamos criando exclusivamente um teatro de arte. Para esse fim, alugamos o Hermitage (na rua Karietni). Pensamos montar *Tsar Fiódor Ioannovitch*[3], *O Mercador de Veneza*, *Júlio César*, *Hannele*, algumas peças de Ostróvski e a melhor parte do repertório da Sociedade de Arte e Literatura. Entre os autores contemporâneos, decidi cultivar *somente* os mais talentosos e ainda insuficientemente compreendidos... E o espectador russo ainda não o conhece. Só um homem de letras de bom gosto, capaz de apreciar a beleza de seus trabalhos e que seja ao mesmo tempo um diretor eficiente, pode apresentá-lo a esse espectador. Considero que *eu sou* tal pessoa. Tornei esse um assunto de meu interesse e pretendo demonstrar o que penso serem os quadros maravilhosos da vida em trabalhos como *Ivanóv* e *A Gaivota*. Esta última peça desperta especialmente meu entusiasmo, e estou mais do que pronto e disposto a afirmar que o drama oculto e a tragédia em *cada* personagem nas peças, dada uma produção habilidosa, que não seja gasta, e extremamente bem realizada do começo ao fim, provocará também o entusiasmo da platéia. Pode ser que a peça não provoque uma enxurrada de aplausos, mas o que posso garantir é que uma produção autêntica, com um *frescor* de qualidade, *livre de toda a rotina*, será um triunfo artístico. O que nos detém é sua permissão[4].

Devo dizer-lhe que quis montar *A Gaivota* como uma das peças de encerramento de ano na Escola[5]. Fui atraído mais ainda à idéia pelo fato de que meus alunos adoraram a peça. Mas fui detido por Sumbátov e Lenski, que me disseram que eles pretendiam produzi-la no Mali... Eu repliquei que os melhores atores do Mali estavam presos a um certo modelo e que não seriam capazes de se apresentarem para o público sob uma nova luz, nem de criarem a atmosfera, o sabor e humor nos quais as personagens da peça estão envoltas. Mas eles insistiram que eu não deveria montar *A Gaivota*. Entretanto, ainda não produziram *A Gaivota* no Mali. Agradeça a Deus por isso – digo isso porque idolatro seu talento. Assim, dê-me a peça. Eu lhe asseguro, você não encontrará um diretor que o idolatre ou uma companhia que o admire mais. Não posso lhe pagar muito por causa do orçamento. Mas, acredite-me, farei tudo o que puder para satisfazê-lo nesse ponto.

Nosso teatro está começando a provocar uma forte... antipatia no Teatro Imperial. Eles sabem que estamos começando uma batalha contra a rotina teatral, o clichê e as índoles instituídas, etc. E sentem que aqui todas as forças estão sendo direcionadas para se criar um teatro de arte. É por isso que eu sentiria muito se não pudesse contar com seu apoio.

Seu,
Vl. Nemiróvitch-Dântchenko

Uma resposta rápida[6] é essencial; basta uma nota dizendo que você me dá permissão para montar *A Gaivota* quando for conveniente.

F II)

1. Na correspondência, Tchékhov e Nemiróvitch-Dântchenko empregam o pronome de tratamento *Ns*, correspondente ao *Tu* francês e ao nosso você ou tu, desde janeiro de 1896.
2. Stanislávski era o pseudônimo artístico de Konstantin Serguiêievitch Alieksieiev.
3. Peça de Aleksiei Konstantinovitch Tolstói (1817-1875). Diplomata russo, poeta e dramaturgo, escreveu, entre outros textos, uma trilogia histórica (*A Morte de Ivan, o Terrível, Tsar Fiódor Ioánnovitch* e *Tsar Bóris*), na qual idealizava a Rússia feudal. É considerado o maior dramaturgo histórico russo do século XIX.
4. Depois do fracasso da peça em São Petersburgo, Tchékhov proibiu a montagem da peça em Moscou, outro grande centro cultural e artístico.
5. Nemiróvitch-Dântchenko era o encarregado do curso de teatro da Escola Filarmônica de Moscou.
6. As negociações continuaram sem resultados. Tchékhov ficou de dar uma resposta por meio de sua irmã Maria Pávlovna. Nemiróvitch-Dântchenko volta a lhe escrever em 12 de maio, pedindo uma definição. No mesmo dia, este recebe uma carta de Tchékhov negando a permissão de montagem. Nemiróvitch-Dântchenko volta a lhe escrever, para mostrar-lhe que a peça era montada em outras cidades, como Odessa e Kharkov, sem a necessidade de sua permissão e que somente Moscou estava privada de ter uma montagem dessa obra. Nemiróvitch-Dântchenko finaliza a carta dizendo que os argumentos não eram convincentes e que talvez Tchékhov estivesse escondendo o verdadeiro motivo da recusa: não acreditar que ele fosse capaz de montar um bom espetáculo – "Se o senhor acredita que posso, então o senhor não me pode dizer não". Tchékhov admirava Nemiróvitch-Dântchenko, que havia recebido em 1896 o Prêmio Griboiédov, o maior prêmio literário concedido na Rússia. Assim, ficava cada vez mais difícil manter sua recusa.

8 ∾ De Tchékhov para Nemiróvitch-Dântchenko

16 de maio de 1898
Mélikhovo[1]

Meu caro Vladímir Ivánovitch, repito-lhe suas palavras. Você escreve: "eu irei visitá-lo antes dos ensaios para discutir". Então, por favor, venha realmente! Venha, aqui está um bom companheiro! Não posso lhe dizer o quão ansioso estou para vê-lo, e, simplesmente pelo prazer de poder vê-lo e falar-lhe, estou pronto a lhe dar todas as minhas peças. Portanto, venha. (...)

Seu,
A. Tchékhov

F II)

1. Casa de campo dos Tchékhovs, situada a duas ou três horas de trem de Moscou.

9 ∾ De Nemiróvitch-Dântchenko para Stanislávski

5 de junho de 1898
Neskútchnoe

Caro Konstantin Serguiêievitch,
[...]
É terrivelmente difícil fixar um repertório definitivo e uma seqüência de apresentação tendo em vista, primeiro, os espetáculos no Clube[1] e, segundo, porque não conhecemos realmente bem alguns deles e não me sinto seguro em relação a eles. E, assim, fico procurando quem interpretará o quê e qual será a ordem das apresentações de forma que 1. nós possamos manter o interesse no teatro; 2. não queimemos toda nossa munição de uma vez, o que seria um grande engano; 3. não sejamos arrastados pela novidade e 4. não sobrecarreguemos alguns atores enquanto outros não fazem quase nada etc., etc.

Estive ocupado com isso e nada mais durante dez dias, grudado à minha escrivaninha oito horas por dia.

[...] Terminarei o plano completo em alguns dias e vou enviá-lo ao senhor. Decidi fazer *A Dama do Mar*. Tudo bem?

[...] Em relação às outras peças sobre as quais não discutimos: (...) li, do italiano, Na *Cidade de Roma*² em dois atos. Há um protagonista excelente para o senhor. A disposição em cena é muito interessante e *nova*. Somente um cenário. Não é difícil. (...)

Minha esposa e eu lemos *Fiódor* em voz alta no outro dia e gritamos como um par de idiotas. Que peça maravilhosa. É um presente dos céus.

Mas como o senhor interpreta Fiódor?

Tenho um pedido muito sério para lhe fazer. Para essa peça, deixe que *eu* conduza – e não Kalújski ou Schonberg³ – os atores em seus papéis separadamente. Não conheço nenhum outro trabalho de literatura, não excluindo *Hamlet*, que esteja assim tão perto de meu coração. Tentarei incutir nos atores todos os sentimentos e idéias que essa peça incita em mim (...).

F II)

1. Stanislávski quis organizar apresentações tanto no Clube dos Caçadores, onde a Sociedade se apresentava, como também no Hermitage. A idéia mostrou-se impraticável. (N.F.)
2. Peça de Gerolamo Rovetta (1851-1910), dramaturgo italiano identificado com o naturalismo. O título italiano original, *Na Cidade de Roma*, foi adaptado na versão russa, sendo a peça conhecida pelo público russo com o título *De Passagem* (*Vt;le Ltkjv*).
3. Trata-se de Aleksandr Akímovitch (Schonberg) Sânin, ator e diretor no TAM.

10 ~ De Stanislávski para Nemiróvitch-Dântchenko

12 de junho de 1898
Moscou

Ilustríssimo Vladímir Ivánovitch,

(...) Eis meu relatório sobre o que temos feito.

1. O teatro¹ está pronto e ficou bom, mas custou mais do que havíamos planejado. O frio inesperado nos deu um susto. As paredes interiores tiveram de ser cobertas com papelão, cânhamo e depois com papel de parede para esconder tudo. Do lado de fora, o calor havia envergado as tábuas, provocando rachaduras tais que tiveram de ser pintadas. Não contratamos pintores, pois seria muito caro. Fizemos isso do modo mais barato: compramos nosso próprio material. Burdjalov supervisionou o emplastramento, Arkhipov comprou o material. Isso ficou em aproximadamente duzentos rublos. Em nosso orçamento original, havíamos nos esquecido do tapeceiro, do material para o pavilhão... Cortinas para o terraço são necessárias, caso contrário não

se pode usá-lo em dias ensolarados. Cortinas para as janelas do teatro (do contrário assa-se com o sol). Fomos muito econômicos. Compramos lona, que talvez possa ser usada para os cenários... O material custou quarenta rublos (eu mesmo o comprei). A mobília – mesas, sofás, armários – mostrou-se muito cara para a compra (duzentos rublos aproximadamente), assim, decidi alugá-la de Gennert por 75 rublos (vinte somente para o transporte). Tivemos que comprar escovas, pentes, um samovar, toalhas de mesa... Acho que isso ficará em 50-75 rublos. Ultrapassamos o orçamento sem querer. Temos que cobrir a quantia com nossas apresentações em Púchkino[2]. [...]

3. O material sobre história russa custa uma quantia exorbitante, por exemplo, uma edição completa de Solntsev fica por 550 rublos. Preferi contratar um artista gráfico por 35 rublos que já esboçou todos os elementos de que precisamos. Ele também está me aliviando do trabalho de esboçar os figurinos e adereços que não posso fazer.

4. Achamos que seria vantajoso contratar um aderecista aqui em vez de comprar os adereços fora. Encontramos e contratamos o melhor aderecista da Rússia, que fará coisas maravilhosas para nós por cinqüenta rublos por mês. Considero esse tipo de despesa uma economia e não um acréscimo nas estimativas.

5. *O Mercador de Veneza* está pronto. Deverá ser bem impressionante. Os modelos de Simov são ideais, exatamente o que tinha em mente.

6. Quase todos os modelos para *Fiódor* estão prontos. Não vi nada mais original ou mais belo. Agora estou tranqüilo e posso garantir que uma Antiga Rússia tão autêntica como esta jamais foi vista por aqui. Este é o passado *real* e não o que eles imaginaram no Teatro Mali. (...)

11. A produção de *Fiódor* está começando a tomar forma e acredito que ficará muito interessante e, o mais importante, sem clichês. (...)

16. *Tartufo*? Eu odeio essa peça. Não acredito que nós tenhamos um Tartufo na companhia. Não seria melhor substituí-lo por *Les Femmes Savantes*?[3] (...)

19. Sobre *Na Cidade de Roma*: eu conheço a peça. Talvez valha a pena, mas precisaremos de muito dinheiro para encená-la. Sem uma encenação adequada, receio que a peça ficará chata. Falemos sobre isso no nosso próximo encontro, já que não poderemos começar a peça até que os espetáculos importantes da temporada estejam prontos. (...)

22. (...) O senhor sabe o que as pessoas ouvem por todos os lados: que

Púchkino.
FONTE B

nosso teatro é bom por causa de seu repertório. *Antígone, Fiódor, O Mercador, Hannele* mostram o perfil do teatro, e essas peças são interessantes e profundas. (...) Não abalaríamos esse perfil montando (...) *Na Cidade de Roma*, etc. ? Talvez o senhor esteja certo; sem essas peças o repertório seria enfadonho para as massas. [...]

24. Eu ficaria muito contente se, em *Tsar Fiódor* e em outras peças, o senhor conduzisse de início os atores individualmente em seus papéis. Não gosto desse trabalho e não posso fazê-lo. Mas o senhor é um mestre nisso. E há algo de que eu gostaria: deixe-me dar forma, esboçar a peça como ela surge... livremente... Depois o senhor pode corrigir as coisas se eu tiver feito algo sem sentido... Tenho sempre receio de cair sob qualquer tipo de influência. Então meu trabalho fica desinteressante e dominado por clichês. Há ocasiões em que não consigo por algum tempo dar forma a algo do qual possuo apenas uma leve noção. Freqüentemente, isso transforma-se na melhor parte de tudo. Se eu for teimoso e deixar que isso fique no inconsciente, porque meu instinto me diz que devo fazê-lo assim, então seja paciente, dê-me algum tempo para que minhas idéias fiquem mais claras e alcancem forma mais compreensível. São esses detalhes, sugeridos pelo instinto, que concedem à peça um colorido especial. Sinto que haverá muito disso em *Fiódor* e que nós conseguiremos nos afastar da rotina, a qual estamos tão acostumados, na interpretação de peças russas. Para mim é insuportável que elas sejam interpretadas desse modo... temos que ir além. Isso leva tempo. Até que o senhor chegue, apenas exploraremos *Tsar Fiódor* e teremos uma idéia do tom geral. Não escalarei o elenco até que os atores tenham sido testados. A pergunta principal é: quem irá interpretar Fiódor? Até o momento, o único que vejo se adequar ao papel é Meierhold[4]. Os outros são muito simplórios para isso. (...)

Seu,
K. Aleksieiev

F II)

1. Na cidade de Púchkino, local dos ensaios de preparação para a primeira temporada. Cidade rural localizada a 120 quilômetros ao sul de Moscou. N. A. Arkhipov, um dos membros da Sociedade de Arte e Literatura, havia colocado à disposição do grupo um galpão em sua fazenda, que foi transformado em um pequeno teatro: palco, platéia e dois quartos, um para os homens e outro para as mulheres.
2. Originalmente, pretendia-se fazer apresentações em Púchkino antes da estréia em Moscou. Essa idéia foi abandonada. (N.F.)
3. *As Sabichonas* na versão brasileira.
4. Na ocasião, seis atores leram o papel, que finalmente foi interpretado por Moskvín. (N.F.)

11 ~ De Nemiróvitch-Dântchenko para Stanislávski

19 de junho de 1898
Moscou

Caro Konstantin Serguiêievitch,
[...]
Suas despesas não me preocupam nada. Eu *acredito* no sucesso financeiro de nosso empreendimento, quaisquer que sejam os infortúnios, tenho fé em sua inteligência, em seu bom gosto e em seu amor por este negócio. O orçamento está subindo, mas o maior gasto será coberto pelos rendimentos. O período crítico será setembro quando, sem dúvida, nós teremos que *obter um empréstimo de* 10 mil. Eu mesmo o farei. Creio que seria melhor sondar outro acionista. Em todo caso, não haverá nenhum déficit, até mesmo com despesas acima de 106 mil. Como imaginei, tudo está indo bem. (...)

F II)

12 ~ De Nemiróvitch-Dântchenko para Stanislávski

21 de junho de 1898
Neskútchnoe

[...] Se o teatro se dedicar exclusivamente ao repertório clássico e falhar totalmente em refletir a vida contemporânea, então caminhará depressa para um cemitério acadêmico.
O teatro não é um livro ilustrado que pode ser retirado da estante ao bel prazer. Por sua natureza verdadeira, o teatro deve prover as necessidades espirituais do público contemporâneo. Ou o teatro conhece as exigências do público ou as dirige para novas metas, novos gostos, tão logo o caminho tenha sido revelado a esse público. Entre as necessidades do público está a oportunidade para responder ao que nós chamamos de "beleza eterna", mas – e especialmente no caso das platéias russas contemporâneas, cujas mentes estão repletas de dúvidas e perguntas – até mesmo em um nível mais elevado há uma necessidade de respostas para seus sofrimentos privados.
Se o repertório contemporâneo fosse tão rico e variado em cores e forma como o clássico, então o teatro poderia apresentar somente peças

contemporâneas e sua missão seria mais clara e mais frutífera do que com um repertório misto.

Novas peças atraem público em todos os lugares porque ele descobre nelas respostas novas para os problemas da vida. (...)

E, assim, um bom teatro deveria montar ou peças que estão entre os clássicos, que refletem as mais nobres idéias contemporâneas, ou aquelas do repertório contemporâneo nas quais a vida é refletida de uma forma artística.

Não estamos em posição de aderir só ao primeiro tipo, pois não temos meios ou atores. Não podemos aderir ao segundo devido à ausência de um repertório de peças contemporâneas que valha a pena. Assim, traçamos um caminho entre dois perigos. E, em particular, em Moscou, onde ambos os tipos de peças são montadas tão mal e, especialmente no primeiro ano, quando temos que nos estabelecer.

Fiódor e *Antígone* fazem parte do primeiro tipo esplendidamente. Não entra aí *Acosta*[1], para a qual o senhor conseguiu uma nova *forma*, mas não um conteúdo. Não entra *O Mercador*, pois, da maneira como será encenado em nosso teatro, será considerado uma criação de pura arte e, acredite-me, não terá nada a dizer às cabeças e aos corações das platéias modernas, que não conseguirão reagir *sinceramente* à bela história romântica de Pórcia (por isso acredito que essa peça seja mais adequada para apresentações de caridade, com seu público refinado e contente, que tenta evitar qualquer exibição em cena da vida contemporânea).(...)

As outras peças clássicas que selecionamos, como *Muito Barulho por Nada*, *Noite de Reis* ou *A Megera Domada* ou Molière – com a exceção de seu maravilhoso *Tartufo* – podem somente parecer sérias, todas elas, aos olhos dos jovens que ainda têm que aprender sobre questões sociais, que são parte da vida pessoal. Para os adultos que freqüentam o teatro, essas peças são um bom substituto para os *vaudevilles* de Sardou e Rostand[2]. (...)

Tenho que defender minha opinião sobre essas peças: são trivialidades, artística e formosamente bem feitas, mas nada mais. Precisamos delas porque há mais perícia e talento nelas do que nas trivialidades que o público desfruta normalmente e porque elas desenvolvem o gosto do público para a boa arte, mas ainda assim são trivialidades, e seria um crime dedicar-lhes toda a imaginação criativa e a energia de alguém. Até mesmo a mais séria dessas peças – *Tartufo* – está abarrotada de tais excessos, e no meu entender essa é apenas a mais inteligente e séria dessas trivialidades.

[...] Na minha opinião, é essencial assumir que, para um teatro moderno com pretensões a qualquer tipo de expressão, as peças de Hauptmann e até mesmo as do menos talentoso Ibsen são da maior seriedade e importância comparadas às trivialidades dos poetas de gênio como Shakespeare e Molière. É por isso que estou tão ansioso em incluir no repertório *O Sino Submerso, Hannele* e até mesmo *A Dama do Mar, Espectros, Casa de Bonecas*. (...)

Minha aliança com o senhor é ainda mais valiosa, pois vejo que o senhor tem as qualidades de um artista *par excellence*, qualidades que não possuo. Sou bastante perspicaz com relação ao conteúdo e seu significado para o público contemporâneo, mas, com relação à forma, tendo para o convencional, embora eu estime muito a originalidade. Não possuo nem a sua imaginação nem a sua habilidade profissional nesse assunto. Portanto, creio que realizaremos o melhor de nós com peças que eu aprecie por seu conteúdo e que dêem oportunidades para sua criatividade agir. A primeira entre essas é *Fiódor*.(...)

F XII)

1. *Uriel Acosta*, peça do dramaturgo alemão Karl Ferdinand Gutskov (1811-1878). Retrata de forma terrível a luta pela liberdade intelectual.
2. Victorien Sardou (1831-1908), dramaturgo francês cujos trabalhos dependem da exploração de uma fórmula de sucesso. Edmond Rostand (1868-1918), autor de *Cirano de Bergerac*, entre outros.

13 ~ DE MEIERHOLD PARA SUA ESPOSA OLGA[1]

22 de junho de 1898
Púchkino

(...)[2]

Os ensaios estão indo muito bem, graças a Aleksieiev. Como ele sabe despertar o interesse de todos com suas explicações, como ele sabe nos animar com as demonstrações divinas que ele cria! Que instinto artístico, que imaginação![3]

O Mercador de Veneza[4] será realizado à la Meiningen[5], com a atenção que se deve à exatidão histórica e etnográfica. A antiga Veneza emergirá como algo vivo diante do público. De um lado, o velho quarteirão judeu, escuro e sujo; do outro, a praça diante do palácio de Pórcia, lindo, poético, com uma vista para o mar que encanta os olhos. Escuridão aqui, claridade lá; aqui, tristeza e opressão; lá, brilho e alegria. O cenário sozinho expressa a idéia por trás da peça. Símov[6] é o responsável. Nós vimos as maquetes que ele fez e que Aleksieiev trouxe para o ensaio.

O elenco está bem distribuído: Aleksieiev e Dárski[7] vão se alternar no papel de Shilock.

E, você perguntará, como Dárski está se comportando nos ensaios, depois de todas as suas viagens sem fim e oito anos pelas províncias? É possível para ele submeter-se a uma disciplina que não lhe é familiar? O fato é que ele não só se submete à disciplina exterior, como está retrabalhando por completo o papel de Shilock, que ele representa há tanto tempo. A interpretação que Stanislávski dá a Shilock é tão livre de clichês, tão original, que Dárski não ousou, uma única vez, protestar; em vez disso, de maneira humilde, embora não cegamente (pois ele é inteligente demais para isso), está reaprendendo todo o papel, livrando-se de tudo o que é convencional e batido. Se você soubesse como isso é difícil! Ele representou essa personagem muitas vezes durante oito anos. Dárski realmente merece o nosso respeito.

Aleksieiev representará o papel melhor, é claro. Ele o tem aperfeiçoado por anos.

F XIV)

1. Meierhold casou-se com Olga Mikháilovna Munt, sua primeira esposa, em 17 de abril de 1896.
2. Béatrice Picon-Vallin não indica as supressões de trechos em seu trabalho. No entanto, as cartas apresentadas aqui, cuja fonte for F XIV), indicarão a supressão de trechos existentes, recuperados por meio da comparação com outras publicações.
3. Meierhold já admirava Stanislávski antes mesmo de trabalhar com ele. Dois anos antes, em uma carta para sua esposa, datada de 30 de janeiro de 1896, ele relata suas impressões sobre o espetáculo *Otelo*, encenado por Stanislávski na Sociedade de Arte e Literatura: "O espetáculo da Sociedade de Arte e Literatura me causou muito prazer. Stanislávski possui um imenso talento. Nunca vi um Otelo assim, e é pouco provável que torne a ver algo semelhante na Rússia. [...] Efetivamente, cada uma das personagens da multidão vivia em cena. O cenário era luxuoso.[...]"
4. Peça de William Shakespeare que estreou em 21 de outubro de 1898.
5. Companhia teatral alemã que exerceu profundo impacto nas duas vezes que passou pela Rússia, em 1885 e 1890 respectivamente. Era famosa pela exatidão histórica no tratamento de cenários e figurinos, como também pelas cenas de multidão, nas quais os atores interagiam em pequenos grupos, formando um conjunto vivo e orgânico. O Duque Meiningen introduziu a noção moderna do encenador, na qual o diretor possui um papel criativo e interpretativo. Stanislávski viu os Meininger por ocasião da segunda *tournée* da companhia em Moscou, em 1890.
6. Viktor Andrêievitch Símov (1858-1935), cenógrafo que trabalhou no TAM nos períodos de 1898 a 1912 e de 1925 a 1935. Foi responsável pelos cenários das peças de Tchékhov entre outros.
7. Pseudônimo de Mikhail Iegórovitch Psárov-Dárski (1865-1930). Antes de integrar o elenco fundador do TAM, dirigia um teatro em São Petersburgo. De 1894 a 1898 excursionou pelo interior

da Rússia interpretando Shakespeare e Schiller. Posteriormente será, junto com Meierhold, diretor nos Teatros Imperiais.

14 ∽ De Stanislávski para Nemiróvitch-Dântchenko

26 de junho de 1898
Moscou

Ilustríssimo Vladímir Ivánovitch,

[...] Aqui vão minhas opiniões em relação à companhia.

1. Dárski. Na primeira leitura, ele interpretou o papel da sua própria (assim chamada) maneira, o que eu e todos os outros achamos horrível. O senhor sabe que tipo de ator esse Dárski é nas províncias: uma paródia de Petrov, o modelo que ele está tentando seguir. Não consigo pensar em nada mais insensato e antiartístico. O senhor não pode avaliar do que um artista é capaz quando substitui a própria voz por assobios e chiados, a energia genuína por caretas abomináveis e uma maneira de falar que estala no ouvido. Não dormi por duas noites. Ele me pôs em tal estado que meus nervos consumiram o melhor de mim; fui para o extremo oposto, começando a ler o papel de maneira realista (muito mais do que era necessário). O resultado foi benéfico. Os outros atores, inclusive Dárski, perceberam a verdade no modo como li. Sei que depois dessa leitura (a ruína dele), Dárski ficou com o moral muito baixo. No princípio, ele discutiu, mais com os outros do que comigo. Declarou que era uma simplificação excessiva do papel, que não se pode tirar figuras centenárias de seus pedestais... Ele deu muito trabalho a Schonberg[1] no ensaio, defendendo toda a sua gritaria, mas, quando ficava sozinho, ele de fato trabalhava seriamente na direção que eu havia indicado. Pobre homem; emagreceu, ficou pálido, estava em desespero, mas... uma fala bem-sucedida, feita com simplicidade, puxou-o em outra direção e agora ele não é mais o Dárski de antes. Agora é um estudante com medo de dar um único passo em cena sem mim ou Aleksandr Akimóvitch. Ator mais incansável, atento e trabalhador eu não conheço. Ele aparece em todos os ensaios (até mesmo quando não está envolvido). Presta atenção às notas dadas aos outros e, apesar do abalo em seu orgulho na frente dos jovens, aprende o ABC. Recuperou a auto-estima que havia perdido na frente dos outros atores – bom para ele. Estou muito contente com ele. Se terá sucesso

adquirindo esse método de atuação que é novo para ele, é difícil dizer: se irá dominá-lo o bastante para se tornar criativo e não só imitador... difícil dizer também. Mas o que digo é que qualquer um que o tenha visto nas províncias não reconheceria agora seu Shilock. Consegui destruir o Shilock anterior tão completamente que ele nunca o apresentará novamente. Uma preocupação: ele deveria gastar menos tempo sendo inteligente e trabalhando mais no papel em casa. Ele tem um hábito incomum e prejudicial de sublinhar tudo, preocupando-se com cada detalhe. As informações estão à frente e os sentimentos são sufocados. Acredito que estou usando o método certo com ele. Estou fazendo com que atue mais do que realisticamente... de forma que ele esquecerá essas imagens idealizadas que tem. Então, procuraremos um modo intermediário. Sem dúvida ele tem personalidade (se não deixar isso murchar). Ele pode representar qualquer outra personagem, além de Shilock? Sim... será um excelente ator de tipos. Ele sabe como caracterizar. Temos somente que desenvolver a expressão facial dele. A face dele tem duas ou três expressões fixas. Reduzir o gestual (...). A menos que eu esteja errado, creio que acharemos mais trabalho para ele em nosso empreendimento do que havíamos imaginado.(...)

Knípper. Fez uma leitura plana como Irina[2], mas o papel ficará bom (...).

Meierhold é o meu preferido. Leu Aragon de maneira encantadora – um tipo de Dom Quixote, convencido, tolo, altivo, arrogante com uma boca enorme, falando de maneira ansiosa. Fiódor surpreendeu-me – as passagens delicadas ficaram ruins, rotineiras, sem imaginação. As passagens fortes, muito boas... Creio que não posso me esquivar de dar Fiódor a ele, embora alternando com outros.

Moskvín... que preciosidade... Ele coloca suas entranhas para fora. Só em algumas partes ele está muito comum para um nobre, mas isso virá (Salario). (Ele leu o escrevente em *Os Arbitrários*[3] maravilhosamente).

Lanskoi. Tolo mas agradável. (...)

O clima *geral* é de excitação. Tudo é novo para os atores. Os alojamentos comuns (uma *datcha*[4] que Schonberg e Burdjalov alugaram por conta própria para os colegas. Uma *datcha* encantadora e um lugar muito agradável para todos eles viverem), uma construção bem pequena e limpa que fica como parte do teatro. O ânimo geral é bom. Os ensaios são sérios e, mais importante, são um modo de trabalhar e atuar que eles não conheciam. Por exemplo, aqui está a opinião de Moskvín: "Quando me deram o papel de Salario e eu o li, achei-o chato, mas agora é meu favorito e também meu papel mais difícil". Os primeiros ensaios provocaram longas discussões nos alojamentos. Concordaram que isso não era um teatro mas uma universidade. Lanskoi bradou que ele tinha aprendido e aproveitado menos em três anos de escola que em um ensaio aqui (o que, claro, não diz muito a favor do ensino em Petersburgo). Em uma palavra, os jovens estão atônitos... e todos eles estão um pouco alarmados e assustados com o novo método de trabalho. A disciplina durante os ensaios foi exemplar (e, fico feliz em dizer, sem imposição professoral desnecessária), e houve companheirismo. Sem uma lista de deveres, nós estaríamos no caos completo, pois, no começo, não tínhamos pessoal de apoio (Kuznetsov, que tinha sido requisitado, desapareceu no dia da abertura). As pessoas de plantão limpam os cômodos, colocam o samovar, arrumam as mesas e fazem tudo com muita atenção, pois eu fui o primeiro em serviço e fiz tudo com muito cuidado[5]. Em uma palavra, o clima geral é bom. Os ensaios seguem muito lentamente porque as pessoas não se conhecem (embora já tenhamos aproximadamente 22). [...]

F II)

1. Vide carta 09, nota 3.
2. Esposa do tsar, na peça *Tsar Fiódor Ioánnovitch*.
3. Peça de A. F. Píssemski (1821-1881), escritor e dramaturgo russo que, juntamente com Ostróvski, trouxe para a cena personagens que retratavam pessoas comuns. As traduções brasileiras apresentam variações no título da obra, a qual pode ser encontrada como *Os Déspotas* ou ainda como *Homens acima da Lei*.
4. Casa de campo.
5. Em sua autobiografia, *Minha Vida na Arte*, Stanislávski escreveu: "Eu fui o primeiro a ser indicado para limpar e arrumar o local e absorver a ordem dos ensaios. Minha estréia não foi feliz. Enchi o samovar de carvão sem botar água, as partes soldadas derreteram e eu deixei a todos sem chá. Além disso, eu ainda não havia aprendido a varrer o chão, a manusear a pá, a tirar com rapidez a poeira das cadeiras, etc.", p. 246.

15 ∽ De Meierhold para sua esposa Olga

28 de junho de 1898
Púchkino

[...]
Não é talento que Aleksieiev possui, não, é *genialidade*, este diretor-professor. Que erudição, que imaginação... [...]

F XIV)

16 ∽ De Meierhold para sua esposa Olga

8 de julho de 1898
Púchkino

Ontem começamos os ensaios de *Tsar Fiódor*. Aleksieiev leu a peça e nos mostrou os modelos para os cenários[1]. Não se poderia ir além em termos de beleza, originalidade e verdade. É possível olhar os cenários durante horas a fio e não se cansar. E mais, gosta-se deles como algo real. O cenário para a segunda cena do Primeiro Ato, "um cômodo no palácio do tsar", é especialmente bom. Faz a gente se sentir em casa. É bom devido à sensação confortável que transmite e ao estilo. Entre os cenários originais estão "o jardim de Schuíski" e a "Ponte Iausa". "O jardim" foi idéia de Aleksieiev. Tem alguma idéia do que há de original neles? Existem árvores em toda a frente do palco, paralelas à ribalta. A ação acontece por trás das árvores. Você pode imaginar o efeito. Os degraus até a casa de Schuíski ficam visíveis por entre as árvores. O palco é iluminado pela lua. Fora o papel de Fiódor, estarei representando V. I. Schuíski (o traidor) de Starkov (também traidor). Assim, quando Platonov representar Fiódor, eu representarei Starkov; e Moskvín, Schuíski. E, quando Moskvín representar Fiódor, eu representarei Schuíski; e Platonov, Starkov[2].

F XIV)

1. Feitos por V. A. Símov (1858-1935).
2. Os três atores imprimiam diferentes características à personagem: Moskvín salientava a fraqueza física, Meierhold trabalhava com a agitação nervosa e as características herdadas do pai da personagem, Ivan, o terrível, e Platonov sublinhava o lado bondoso do tsar. Finalmente, o papel foi confiado definitivamente a Moskvín, e, apesar de Meierhold ter preparado o papel, nunca chegou a fazê-lo, o que lhe causou uma grande decepção, registrada na correspondência com sua esposa.

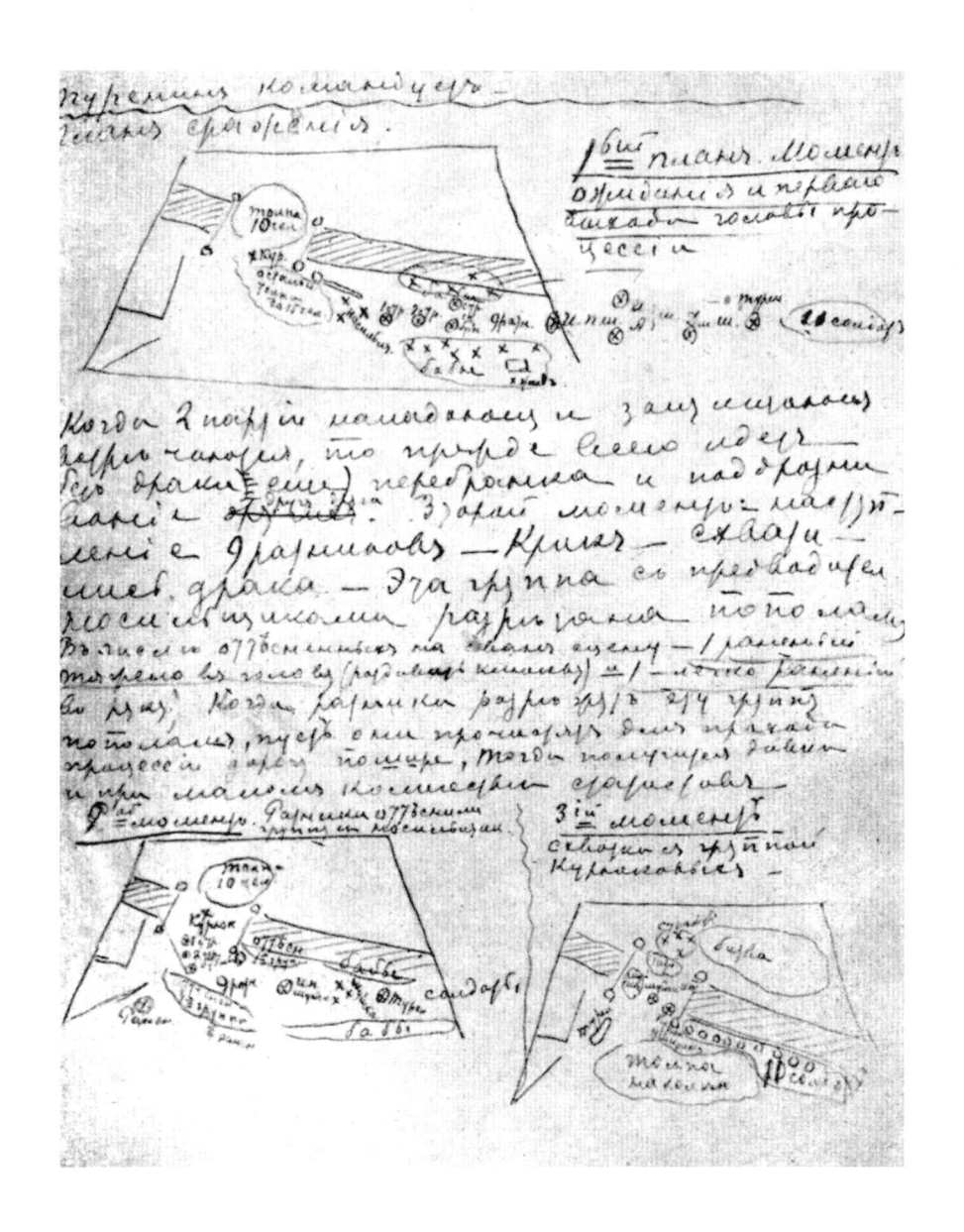

Manuscrito de Konstantin Stanislávski: plano de direção para a peça Tsar Fiódor Ioánnovitch de A. K. Tolstói.
FONTE A

A primeira aparição de Meierhold como ator foi com a personagem Treplióv, da peça de Anton Tchékhov *A Gaivota*.

17 ~ De Meierhold para sua esposa Olga

22 de julho de 1898
Púchkino

[...]
Hoje Aleksieiev leu *Hannele* para nós com o acompanhamento musical especialmente escrito para a peça e interpretado por seu compositor, Simon.

Chorei e tive vontade de fugir de lá. Só se fala aqui da forma. Beleza, beleza, beleza! Não há lugar aqui para a idéia da peça, e, quando eles falam sobre isso, é ultrajante. Meu Deus! Como essas pessoas bem alimentadas, esses capitalistas reunidos no Templo de Melpómene[1] para o seu próprio prazer, para isso e nada mais, realmente podem entender a idéia por trás de *Hannele*, de Hauptmann? Talvez possam, mas eles não o querem, nunca, infelizmente.

Quando Aleksieiev terminou a leitura, Katia[2] e eu ficamos lá parados, com os olhos cheios de lágrimas, enquanto os atores falavam sobre efeitos cênicos e momentos impressionantes de seus papéis, etc. [...]

F XIV)

1. Na mitologia grega, a musa da tragédia.
2. Cunhada de Meierhold, Ekaterina Mikháilovna Munt.

18 ~ De Meierhold para sua esposa Olga

25 de julho de 1898
Púchkino

(...)
Nemiróvitch-Dântchenko chegou hoje e assistiu aos ensaios de manhã (*Hannele*) e de tarde (*Os Arbitrários*). [...]

(...) Fiquei contente, primeiro porque estou acostumado com as exigências e táticas de Nemiróvitch-Dântchenko como diretor, e segundo porque é muito, muito difícil representar um papel como o de Fiódor para

Aleksieiev. Junto com as suas grandes virtudes, tais como uma imaginação brilhante e consciência técnica, ele tem um defeito enorme e desagradável, no que diz respeito aos atores: o modo dominador como ele empurra a interpretação de um papel para você.

Essa maneira arrogante é tolerável quando tudo que o papel exige é técnica, mas é inaceitável quando o papel exige análise psicológica e precisa estar completamente vivo, como o de Fiódor. (...)

F II)

19 ~ De Nemiróvitch-Dântchenko para Tchékhov

21 de agosto de 1898
Moscou

Já participei das discussões e leituras d'*A Gaivota*. (...)

Permita-me projetar os cenários de forma diferente da que você indica. Aleksieiev e eu passamos 48 horas debruçados sobre *A Gaivota*, pensando juntos como poderíamos reforçar melhor a *atmosfera* (que é tão importante na peça). O Primeiro Ato especialmente. Tenha certeza, em todo caso, de que tudo será feito para assegurar o sucesso da peça[1].

A primeira discussão com os atores estendeu-se por mais de quatro horas, e isso levando-se em conta só os dois primeiros atos (somente as linhas *gerais*).

Pouco a pouco, consegui estimular a mente deles de tal modo que nossa conversa assumiu um caráter vivaz, para não dizer apaixonado. Sempre começo um projeto com uma discussão de forma que todos os atores trabalhem com um fim comum. (...)

Esteja certo de que conosco você não experimentará nada semelhante ao que aconteceu com o espetáculo de São Petersburgo. Considerarei a "reabilitação" dessa peça uma das minhas maiores realizações.

Seu,
Vl. Nemiróvitch-Dântchenko

F II)

1. Segundo Nemiróvitch-Dântchenko, os dois diretores testavam os "tons e meio-tons" nos quais

a peça deveria ser encenada, escolhendo cuidadosamente os meios teatrais mais adequados para cativar o público (carta de 24 de agosto).

20 ∾ De Stanislávski para Nemiróvitch-Dântchenko

30 de agosto de 1898
Andrêievka, perto de Kharkov

(...)
Eu estava muito interessado no que o senhor tinha a dizer sobre *A Gaivota*. Estou começando a ler o papel de Dorn, mas até o momento não o entendo completamente e sinto muito por ter perdido a discussão sobre *A Gaivota*. Não estando familiarizado com Tchékhov, ou melhor, não estando envolvido, não consigo me aproximar dele da forma adequada. O papel me interessa, embora somente porque faz muito tempo que eu não interpreto uma personagem-tipo, mas, veja, não entendo, ou melhor, não percebo por que eu, e não Kalújski, por exemplo, deveria ser Dorn, por que todas essas pessoas que o senhor cita acham que sou a pessoa certa para o papel. Estou irritado com o fato de que não entendo o que as pessoas esperam de mim nesse papel. Receio que serei só adequado e nada mais. Receio que não esteja vendo o papel corretamente. Posso, por exemplo, me ver como Chamráev ou Sórin ou mesmo Trigórin *i.e.*, consigo sentir como eu me transformaria nessas personagens, mas posso interpretar Dorn somente de maneira tolerável, um tanto plano e nada mais. Inicialmente sempre se tem a impressão de que se pode fazer bem qualquer papel, exceto o papel que lhe foi determinado. Isso sempre ocorre comigo no começo. Lerei um pouco. O senhor não tem tempo algum, mas talvez outra pessoa, que, como o senhor diz, esteja impregnada com *A Gaivota*, Meierhold, por exemplo, possa me dar um resumo do que foi dito sobre Dorn durante a discussão e me relatar como ele imagina a personagem, com o que ela se parece. Ele me faria um grande favor e assim eu poderia preparar a personagem conforme as linhas que o senhor fixou. Pela mesma razão, *i.e.*, porque eu não estou impregnado com Tchékhov, pode ser que o plano de encenação que lhe enviei seja totalmente inútil. O trabalho foi bem fortuito... Estou preso no último ato. Nada me vem à mente, e não quero forçar isso. Vou ler a peça novamente na esperança de que os três atos que lhe enviei (registrado) manterão o senhor ocupado por muito tempo. (...)

Стр. 221

№1 Тригор. припадает
двумя пальцами за
крыло и сейчас же пре
зрительно бросил ея

№2 Триг садится на
скамью и вслушивает
книгу. Нина смотрит на
него пристально, добре при
сари смежит

№3 Пауза
Тригорин
пишет.

№4 Триго-
рин пи-
шет и го-
ворит. Ни-
на вся сделалась серьёзна
и вся жизнь рассказа №5 Пауза
секунд 10 — Тригорин доп-
исывает. Нина со задумчи-
вым лицом, пауз — прольется
смехом, рассадит чайка —
Голос Аркад., аби восстановит
Тригорин верит. Нина оглядыв-
но с сомнением. У дерева (скамьи
ст публика — Аркади...

Cena do espetáculo A Gaivota *de Anton Tchékhov, direção de Konstantin Stanislávski e Nemiróvitch-Dântchenko: Primeiro Ato, 1898.*

FONTE C

Manuscrito de Konstantin Stanislávski: plano de direção para a peça A Gaivota *de Anton Tchékhov.*
FONTE A

Respeitosamente seu,
K. Aleksieiev

F II)

21 ∾ De Nemiróvitch-Dāntchenko para Stanislávski

2 de setembro de 1898
Moscou

Não tenho muitas novidades, caro Konstantin Serguiêievitch!
Amanhã, dia três, recomeçaremos os ensaios. Eles não nos permitirão ensaiar as cenas de multidão no clube. Dizem que isso os perturba no jogo de cartas. Assim, ensaiaremos sem as cenas de multidão, que serão feitas *na escola*. Não há muito espaço lá, mas o que mais podemos fazer?

Recebi os três primeiros atos d'*A Gaivota* que o senhor me enviou. Refleti bastante sobre o primeiro ato, mas só passei rapidamente (porém com cuidado) pelo segundo e pelo terceiro.

O senhor se importa se eu não tentar colocar em cena certas coisas? Boa parte delas é incomparável, coisas em que eu nunca pensaria. Coisas audazes e interessantes, que dão vida à peça, mas que, na minha opinião, quebram um pouco o tom geral e vão contra a sutileza da atmosfera, que, como está, fica difícil manter.

Entenda: *A Gaivota* foi escrita com tinta delicada e exige, no meu entender, grande cuidado na encenação. Há passagens que poderiam facilmente criar uma impressão deselegante.

Acho que eu deveria tirar qualquer coisa que disponha o público ao riso desnecessário, de forma que ele possa estar pronto para receber as melhores passagens da peça. Assim, por exemplo, durante a apresentação da peça de Treplióv, o resto do elenco não deveria atuar com toda a força. Caso contrário, será muito fácil para o público enfocar a platéia em cena, em vez de Treplióv e Nina. Nesse ponto, o ânimo tenso, decadente e sombrio de Treplióv e Nina deve dominar o ânimo frívolo das outras personagens. Se o contrário acontecer, então nós produziremos o mesmo erro que afundou a peça em Petersburgo.

Não pense que estou contra todo o humor e ousadia em tais passagens. Eu entendo que *uma mudança de humor* só pode reforçar o efeito místico-trágico. Somente um ou dois detalhes me preocupam. Tomemos, por exemplo, o "coaxar dos sapos" durante a apresentação da peça de Treplióv. Quero justamente o oposto, o completo e enigmático *silêncio*. O soar do sino em algum lugar no cemitério é outro exemplo. Há momentos que são inadequados para distrair a atenção do público, excitando-o com algum detalhe da vida cotidiana. O público sempre é tolo. O senhor tem que tratá-lo como a uma criança.

No todo, foi difícil para mim refazer meu plano, mas examinei o seu, e fiz dele o meu próprio (...)

Seu,
Vl. Nemiróvitch-Dântchenko

F II)

22 ~ De Nemiróvitch-Dântchenko para Stanislávski

4 de setembro de 1898
Moscou

Dorn. Por que exatamente o senhor tem que interpretá-lo? Não estou errado. Não faz muito tempo, Lenski, Sumbátov e eu estávamos discutindo *A Gaivota*. Sumbátov adora a peça, mas diz que requer atores muito fortes, *i.e.*, o tipo que eles têm no Mali. Eu sugeri, *i.e.* sem contradizê-lo completamente, que a peça necessita de atores *talentosos* porque é disso que toda peça precisa, e eu pleiteei que, mais do que qualquer coisa, *A Gaivota* precisa de atores experientes. Primeiro: *A Gaivota* estava nas mãos de grandes e experientes atores (Davídov, Sazonov, Varlamov, Diujikova, Komissarjévskaia, etc.)[1], e o que eles fizeram com a peça? Segundo: por que Nina e Treplióv – os papéis principais – precisam de experiência excepcional? Eles devem, acima de tudo, ser *contagiosamente jovens*. Melhor ainda, sem experiência, mas jovens.

"Mas e quanto a Dorn? Dorn?" – gritou Sumbátov.

"Sim, Dorn é o único que requer segurança e controle porque ele é o único que fica calmo quando todos mundo ao redor dele estão nervosos. A calma dele – essa é a característica especial da peça toda. Ele é inteligente, gentil, bondoso, bonito, elegante. Não faz um único movimento brusco ou aos trancos. A voz dele propaga uma nota de calma entre todo o ruído nervoso e neurótico na peça."

"Sim, e como o senhor vai manter um ator jovem sob controle?!"

"Temos K. S.[2] para atuar no papel."

"Ah! Isso é outra coisa."

Então chegamos à conclusão de que o fim da peça requer um enorme controle de Dorn. Ele sai do quarto onde Kostia se deu um tiro, branco como uma folha, mas tem que manter uma expressão tranqüila e até mesmo sussurrar... que personagem!

Parece-me que essa rápida discussão explica sua tarefa particular. Dorn diz pouco, mas o ator que o interpretar precisa dominar tudo com seu tom calmo, porém firme. O senhor percebe que o autor não pode esconder a admiração dele para com essa figura elegante. Ele é um herói para todas as senhoras, a fala dele é fluente, ele é sábio e entende que não se pode viver somente para si, é doce e gentil nas relações com Treplióv, com Macha, possui tato com todos.

Visto sob essa luz, Dorn não pode ficar balançando-se na cadeira de balanço como o senhor indica no Segundo Ato.

F II)

1. Elenco da peça na estréia em São Petersburgo, no Teatro Aleksandrínski, em 1896.
2. Konstantin Serguiêievitch, Stanislávski.

23 ∽ De Nemiróvitch-Dântchenko para Tchékhov

meados de setembro de 1898
Moscou

Caro Anton Pávlovitch,

[...]

Aqui está a escalação do nosso elenco:

Arkádina – O. L. Knípper (a única de minhas alunas que se graduou com distinção máxima (...). Uma jovem muito elegante, talentosa, educada, de somente 28 anos.

Treplióv – Meierhold, graduou-se com distinção máxima. Só houve dois que obtiveram isso. O outro foi Moskvín (ele está interpretando Tsar Fiódor para nós).

Nina – Roksánova. Uma jovem Duse como Iv. Iv. Ivanóv a chama... Atriz jovem com muita energia.

Dorn – Stanislávski.

Sórin – Kalújski, ator principal na companhia de Stanislávski.

Chamráev – Vichniévski, ator provinciano, recusou uma oferta em Níjni, com um salário de quinhentos rublos, para vir trabalhar conosco. Por acaso ele freqüentou a mesma escola que você.

Macha – fraca até agora. Provavelmente a substituirei[1].

Raiévskaia – Polina Andréievna, não está má.

Trigórin – ator provinciano muito talentoso; sugeri que ele me imitasse, mas deixando de lado meus movimentos rápidos[2]. [...]

A encenação do Primeiro Ato está bem ousada. Quero muito saber sua opinião.

Seu,
Vl. Nemiróvitch-Dântchenko

F II)

1. Levina foi substituída pela esposa de Stanislávski, Lilina. (N.F.)
2. O elenco final sofreu algumas alterações: Stanislávski interpretou Trigórin; Vichniévski interpretou Dorn, e a personagem Chamraev ficou com Artiom. (N.F.)

24 ~ De Stanislávski para Nemiróvitch-Dântchenko

10 de setembro de 1898
Andrêievka

(...)

Repito: não sei se o plano para *A Gaivota* é bom ou completamente inútil. Só sei que a peça possui talento, é interessante, mas não sei por onde começar. Fiz o plano a esmo, faça o que quiser com ele. Estou enviando o Quarto Ato com esta carta. Eu entendo suas observações e estou de acordo com elas: quando a peça de Treplióv é apresentada as personagens secundárias não devem sobrepor as principais. É uma questão de método... Como é meu costume, forneci um esboço claro de cada personagem. Quando os atores já dominam as coisas, eu começo a tirar o que é supérfluo e seleciono o que é realmente importante. Faço assim porque sempre tenho medo de que os atores só proponham idéias superficiais, de nenhum interesse, das quais se consegue nada mais que o habitual.

Considere isto: coloquei sapos durante a cena da apresentação da peça para criar um silêncio total. A tranqüilidade é convencionada no teatro não pelo silêncio, mas pelo ruído. Se o senhor não preenche o silêncio com ruídos, o senhor não pode criar a ilusão. Por quê? Porque as pessoas nos bastidores (assistentes, visitas não desejadas) e o público no auditório fazem barulho e quebram a atmosfera no palco. Lembre-se, por exemplo, do fim do Primeiro Ato da peça *O Sino Submerso*. Creio que transmiti a quietude da natureza... e quanto ruído havia! (...) Cinco homens estavam em diferentes partes do palco assobiando, arfando e soprando vários instrumentos que produzem o canto dos pássaros. Escolhi sapos em parte porque possuo um instrumento que os imita convincentemente. Além disso, parece-me que o monólogo, que trata de animais, fica mais verdadeiro com criaturas vivas citadas ao fundo. Talvez eu esteja errado. Seria uma vergonha se o senhor alterasse seu próprio plano para se prender ao meu.

Talvez devêssemos questionar qual é o melhor. Espero pelo menos que o senhor não atribua qualquer vaidade insignificante a mim como diretor, ainda menos como ator. Nessa peça em particular, as cartas estão em suas mãos. O senhor conhece e sente Tchékhov melhor e mais fortemente que eu. (...)

Respeitosamente,
K. Aleksieiev

F II)

25 ~ De Nemiróvitch-Dāntchenko para Stanislávski

12 de setembro de 1898
Moscou

[...]
Trabalhamos mais de três atos d'*A Gaivota* mas... os resultados não foram de todo tranqüilizadores. Aqui vão os detalhes. Sua *mise en scène* provou ser encantadora. Tchékhov ficou extasiado. Alteramos somente um ou dois detalhes relativos à interpretação de Treplióv. Isso foi Tchékhov, não eu.

Quanto às outras personagens, até o momento, a única sem defeito e absolutamente correta é a de Knípper.

Roksánova chega em segundo lugar, bem perto. Ela faz os monólogos magnificamente, está quase dominando a cena da "peça" e produz uma impressão considerável. O resto ainda está um pouco insípido e o esboço geral não está claro.

Kalújski e Vichniévski pegaram bem o tom, mas até o momento é só.

Meierhold, no começo, era todo nervos e histeria, o que não se ajusta em nada com as idéias de Tchékhov, mas agora ele reduziu isso e voltou à linha correta. A dificuldade principal era que ele estava representando o Quarto Ato no Primeiro Ato. Entende?

Gandúrina[1] está completamente impossível. Nenhuma energia, nenhuma voz, fraca. Eu já li o papel com Kochevérova e tenho trabalhado com ela.

Platónov[2] é muito fraco. Ele está cheio de fogo e paixão nos papéis emocionais, mas é simplesmente incapaz de ser tranqüilo, gentil e interessante ao mesmo tempo. Ele sabe que está chato e é muito fraco.

Defrontando-me com esses dois, o momento parecia certo para fazer um intervalo e trocar os papéis.

Tchékhov veio. Eu havia pedido a ele que viesse ao ensaio três dias atrás. Ele compreendeu rapidamente como a sua *mise en scène* reforça o efeito. Viu dois atos e deu-me os comentários dele, depois também para o elenco. Acha nossos ensaios agradáveis, uma companhia excelente, que trabalha bem.

Outro dia (sem Tchékhov) fizemos mudanças seguindo as notas dele (eu fiquei firme em um ou dois pontos) e à noite ele assistiu novamente ao ensaio. Achou que muitas coisas tinham melhorado. Mas, naturalmente, ele ainda estava descontente com Platónov e Gandúrina. Então começou a pedir que o senhor interpretasse Trigórin. Eu disse: "Trigórin alcançaria *toda* a capacidade dele?" Tchékhov respondeu: "mais que suficientemente".

Assim, veja que eu errei em manter essa personagem afastada do senhor. A companhia inteira, é o que parece, estava esperando que o senhor interpretasse Trigórin.

Eu também ouvi a leitura de Vichniévski. Ele lê Trigórin melhor que Platonov e está explodindo para atuar no papel, mas não pode ser. Ele não tem conhecimento natural, inteligência aberta e simplicidade.

Podemos trocar os papéis assim: Trigórin, o senhor; Dorn, Kalújski; Sórin, Artiom. [...]

Não quis escrever e preocupar o senhor. Schonberg tentou se suicidar depois do segundo ensaio com os atores. Foi impossível contê-lo. Depois, insisti para que ficasse em casa e descansasse, e selecionei Burdjalov para ensaiar as cenas em que ele havia concordado com Schonberg. Eu mesmo fiquei com *Antígone*.

Fizemos o Quinto Ato de *Fiódor* sem uma *mise en scène*. Moskvín surpreendeu-nos com sua naturalidade e seu fogo. Knípper fala naturalmente e lamenta. Roksánova ainda não está ensaiando com toda sua voz e está intimidada pela atuação de Moskvín.

O coro para *Antígone* foi entregue a Vassiliev.

A orquestra também está quase reunida.

Hoje, domingo, 12 de setembro, às duas horas, estou reunindo toda a administração no Teatro Chtchukin para apresentá-la ao teatro: 1. eu, 2. Kalújski, 3. Schonberg, 4. Zolotov, 5. Aleksándrov, 6. Símov, 7. Gennert, 8. o assistente dele (muito agradável), 9. Kazanski (o contador), 10. o assistente dele, 11. Maria Nikolaevna Tipolt, minha *belle-soeur*[3] a quem dei instruções para se encarregar de todos os nossos figurinos, supervisionar e cuidar do guarda-roupa, dos camarins, etc., etc. – em uma palavra, administrar o departamento de indumentária junto com 12. M. P. Grigórieva, 13. Kalínnikov, 14. Vichniévski, que eu provavelmente farei *nosso* secretário, 15. Chtchukin[4]. Dividi o teatro em seções, cada uma com alguém responsável por ela.

Hoje ensaiamos as cenas de multidão com os solistas.

Este é nosso primeiro ensaio no teatro. Ontem, Chtchúkin apresentou seu último espetáculo e hoje começa conosco.

Ilínski escreveu uma abertura para *Tsar Fiódor* (*grátis*), que abrirá a temporada. [...]

F II)

1. Levina no papel de Macha.
2. No papel de Trigórin.
3. Cunhada.
4. Bóris Vassílievitch Chtchúkin, ator.

26 ∾ De Stanislávski para sua esposa Lilina

setembro de 1898
Kharkov

(...)
Querida, não tenho feito nada, apenas tenho lido o papel de Trigórin, do qual gosto mais que o de Dorn. Pelo menos há algo nele, enquanto no outro não havia absolutamente nada, e eles esperam Deus sabe o que de mim; não gosto disso. (...)

F II)

27 ∾ De Stanislávski para sua esposa Lilina

19 de setembro de 1898
Moscou

[...] Fiquei muito contente de saber que eles já tinham acabado, não esperava por isso. Foi anunciado em todos os jornais (ou em alguns deles) que eu estaria em casa hoje, de forma que, mal havia chegado, recebi um telegrama do teatro pedindo que eu fosse ao ensaio de *Fiódor*, que seria apresentado especialmente para mim. No princípio não quis ir, mas pensei que seria pior e mais enervante ficar sentado em casa e não fazer nada. É mais fácil ir e ver o que está acontecendo por si mesmo e se tranqüilizar. A primeira impressão do teatro não foi animadora. Completo caos, reconstrução, limpeza e assim por diante... Da primeira cena eu não gostei e quase fiquei deprimido (cheguei no momento da cena entre Bóris e Schuíski); a segunda foi melhor, e o resto foi muito bom. Moskvín (embora tenham me dito que ele não estava em forma) trouxe lágrimas para meus olhos e tive que assoar meu nariz. Todos no teatro, até mesmo os ajudantes, estavam também assoando o nariz. Companheiro formidável!

As cenas de multidão (naturalmente ainda em estado bruto) estão todas esboçadas... A "cena Iausa" está delineada, claro que inacabada. Mais dois ou três ensaios e acho que *Fiódor* estará pronto.

[...]

Creio que me sentirei melhor em relação às coisas aqui do que em Andrêievka. É assim que imagino as coisas: até a estréia da primeira peça tudo será só nervosismo. Ocorrerão conflitos, mas bem menos que no Clube dos Caçadores. Quando tivermos conquistado os grandes, *Fiódor*, *O Mercador* e *Hannele*, então tudo será como o mecanismo de um relógio. Isso é o que eu acho.

F II)

28 ~ De Tchékhov para Pável F. Iordánov[1]

21 de setembro de 1898
Ialta[2]

Minha saúde vai bem e mal. Mal no sentido que ando irritado e tenho feito muito pouco trabalho. Ter que vagar de uma clínica para outra é pior que qualquer bacilo.

Se o senhor por acaso passar por Moscou, vá ao Teatro Hermitage, onde os espetáculos de Stanislávski e Vladímir Nemiróvitch-Dântchenko estão sendo apresentados.

As *mises en scène* são surpreendentes, diferentes de qualquer coisa feita anteriormente na Rússia. A propósito, minha infeliz, infortunada *Gaivota* está em cartaz...

Seu,
A. Tchékhov

F XXII)

1. Inspetor sanitário que mais tarde se tornou prefeito de Taganróg, cidade natal de Tchékhov.
2. Tchékhov havia se mudado para Ialta, estação climática ao sul da Criméia, pois o clima de Moscou agravava seu estado de saúde (em abril de 1897 os médicos haviam diagnosticado que Tchékhov sofria de tuberculose).

Espetáculo Tsar Fiódor Ioánnovitch.

FONTE A

29 ∽ DE TCHÉKHOV PARA ALEKSIEI SUVORIN

8 de outubro de 1898
Ialta

[...]
Assisti a um ensaio de *Fiódor Ioánnovitch*. O caráter de cultura do espetáculo teve um efeito agradável em mim e a representação era verdadeiramente artística, embora nenhum talento brilhante estivesse particularmente em evidência. Em minha opinião, Irina[1] estava admirável. A voz dela, a nobreza, a emoção. Fiódor não me pareceu tão bom... Mas Irina era a melhor de todos. Se eu tivesse permanecido em Moscou, teria me apaixonado por essa Irina[2]...
[...]

Seu,
A. Tchékhov

F IX)

1. O papel da tsarina Irina na peça de A . K. Tolstói.
2. O papel foi interpretado por Olga Knípper, que se casaria com Tchékhov em 1901.

30 ∽ DE TCHÉKHOV PARA NEMIRÓVITCH-DÃNTCHENKO

21 de outubro de 1898
Ialta

Caro Vladímir Ivánovitch,
[...]
Fiquei profundamente tocado com seu telegrama[1]. Meus maiores agradecimentos a você, a Konstantin Serguiêievitch e aos atores que pensaram em mim. De modo geral, por favor, não me esqueça e escreva, mesmo que esporadicamente. Você agora é um homem ocupado, um diretor, mas, mesmo assim, escreva de vez em quando para um companheiro desocupado. Escreva e conte-me o que está acontecendo, como os atores reagiram ao sucesso das primeiras apresentações, como *A Gaivota* está indo, que mudanças foram feitas no elenco, etc. A julgar pelos jornais, o começo foi brilhante, e isso me faz muito, muito feliz, mais feliz do que você possa imaginar. Seu sucesso prova uma vez mais que o público e os atores precisam de

Cartaz do espetáculo Tsar Ioánnovitch, *de A. K. Tolstói.*
Ano: 1898
Local da apresentação: Hermitage
Data: quarta-feira, 14 de outubro
Horário: início às 19:30 e término previsto para meia-noite
Preços: primeira fileira-25 a 70 kopeques; balcão-65 kopeques a 1 rublo e 30 kopeques; camarotes-6 a 11 rublos; platéia-90 kopeques a 3 rublos e 50 kopeques (para referência de valor vide carta 4, nota 9)
Direção: Stanislávski e Sânin
Cenografia: Símov

FONTE B

um teatro inteligente. Mas por que você não diz nada sobre Irina-Knípper? Algo saiu errado? Não gostei de seu Fiódor, mas Irina parecia extraordinária; e agora, no entanto, há mais conversa sobre Fiódor que sobre Irina...

Seu,
A. Tchékhov

Meus cumprimentos a Sumbátov.

F XXII)

1. Telegrama de condolências enviado a Tchékhov por ocasião da morte de seu pai. O espetáculo *A Gaivota* estava em fase de ensaios e estrearia em dezembro de 1898.

31 ~ De Górki para Tchékhov

outubro ou começo de novembro de 1898[1]
Níjni-Novgorod

V. S. Miroliúbov[2] disse-me que o senhor expressou o desejo de receber meus livros[3]. Eu os envio ao senhor e aproveito a oportunidade para lhe escrever: há algo que quero lhe dizer, Anton Pávlovitch. Para falar honestamente, gostaria de lhe declarar o amor intenso e sincero que alimento servilmente com relação ao senhor desde a infância, gostaria de expressar meu entusiasmo diante de seu gênio admirável, triste e ao mesmo tempo trágico e sensível, sempre tão belo, tão delicado. Meu Deus, é preciso que eu aperte sua mão, sua mão de artista, sua mão de homem sincero e, provavelmente, triste, não é?

Que Deus lhe dê vida longa, para a glória da literatura russa! Que Deus lhe dê saúde e paciência, que ele lhe dê vontade para trabalhar!

Que momentos maravilhosos vivi em seus livros, chorei sobre eles, eu me enfurecia como um lobo preso à armadilha e, depois, com tristeza, ria por muito tempo.[...]

Uma vez mais aperto-lhe a mão. Seu gênio é um espírito puro e luminoso, enredado nos laços da carne, acorrentado às vis necessidades da vida cotidiana, e esse é o seu tormento. [...]

A. Péchkov[4]
F XVII)

1. Górki raramente datava suas cartas. As datas aproximativas que aparecem nas coletâneas publicadas são reconstituições realizadas por meio da comparação com a correspondência passiva do autor.
2. Diretor e redator de *Jurnal Dliá Vsiekh* (*Revista para Todos*), uma popular revista científica e literária, na qual colaboravam Tchékhov, Andrêiev, Górki, entre outros. Em outubro de 1898, Miroliúbov visitou Tchékhov em Ialta, e Górki havia pedido que ele, nessa ocasião, transmitisse sua admiração ao autor.
3. Górki publicou em 1898 dois volumes que o tornaram conhecido: *Esboços* e *Contos*.
4. Maksim Górki era o pseudônimo artístico de Aleksiei Maksímovitch Péchkov.

32 ~ De Tchékhov para Górki

16 de novembro de 1898
Ialta

Caro Aleksiei Maksímovitch,

Já faz algum tempo que recebi sua carta e seus livros, e faz tempo que estou me preparando para lhe escrever, mas várias coisas me impediram de fazê-lo. Por favor, perdoe-me. Assim que tiver uma hora livre, sentarei e escreverei uma longa carta. Ontem à noite, li sua *Feira em Goltvo*, que me agradou muito e deu-me vontade de lhe escrever estas linhas, para o senhor não ficar bravo nem pensar mal de mim. Estou muito, muito contente de conhecê-lo e muito agradecido ao senhor e a Mirov[1], que escreveu ao senhor sobre mim.

E, assim, esperando o feliz momento quando eu estiver mais livre, desejo-lhe tudo de bom e aperto-lhe amistosamente a mão!

Seu,
A. Tchékhov

F XXII)

1. Mirov é o pseudônimo de V.S. Miroliúbov.

33 ~ De Górki para Tchékhov

segunda quinzena de novembro de 1898
Níjni-Novgorod

Caro Anton Pávlovitch,
Sinceramente obrigado por sua resposta e por sua promessa de me escrever novamente. Aguardo uma carta do senhor e, principalmente, gostaria de saber sua opinião sobre meus contos.

Alguns dias atrás, assisti a *Tio Vânia*[1]. Vi e chorei como uma mulher, embora esteja longe de ser uma pessoa nervosa. Entrei em casa aturdido, transtornado por sua peça; escrevi uma longa carta para o senhor e rasguei-a. Não se pode dizer com clareza o que a peça desperta no fundo da alma, é só um sentimento, mas, olhando suas personagens em cena, parecia que um serrote sem fio me cortava todo. Os dentes passavam direto pelo coração, que se contraía, gemia, despedaçava-se. Para mim, é formidável que *Tio Vânia* seja uma forma de teatro completamente nova, um martelo com o qual o senhor bate na cabeça vazia do público. De qualquer jeito, o público é invencível na sua estupidez e ele o compreende mal n'*A Gaivota*[2] e no *Tio Vânia*. O senhor escreverá outros dramas? O senhor os faz admiravelmente!

No Último Ato de *Vânia*, quando o doutor, depois de uma longa pausa, fala do calor na África, comecei a tremer de êxtase diante de seu gênio e de medo pela humanidade, pela nossa existência incolor e miserável. Como o senhor golpeia aqui vigorosamente o coração e como o faz de maneira precisa! O senhor tem um enorme talento. Mas, diga-me, que prego o senhor quer cravar com tais golpes? O senhor ressuscitará o homem assim? Somos seres desprezíveis – sim, realmente, pessoas enfadonhas, rabugentas, repugnantes; e é necessário ser um monstro de virtude para amar, lastimar, ajudar a viver essas nulidades, esses sacos de tripas que somos. Mas, mesmo assim, os homens causam piedade. Eu, que estou longe de ser um homem de virtude, soluçava vendo Vânia e os outros com ele, se bem que seja completamente estúpido soluçar e, mais ainda, confessá-lo. Parece-me, veja o senhor, que nessa peça o senhor trata os homens com a frieza do demônio. O senhor é indiferente como a neve, como a tormenta. Perdoe-me, talvez eu esteja enganado, em todo o caso, falo somente de minhas impressões pessoais. Mas, veja, sua peça deixou em mim um medo, uma angústia semelhante à que sentia em minha infância: eu tinha no jardim um canto meu, onde podia, com minhas próprias mãos, plantar flores e onde elas cresciam muito bem. Mas um dia, quando chego para regá-las, o que vejo: o canteiro revirado, as flores quebradas e, deitado sobre os talos destruídos, nosso porco, nosso porco doente que havia tido a pata traseira quebrada pelo portão. O dia porém estava radiante, e o maldito sol iluminava tudo com esmero particular, indiferente ao desastre e às sobras de uma parte do meu coração. [...]

A. Péchkov

F XVII)

1. A peça *Tio Vânia* havia sido publicada em 1897 e desde estão era apresentada nos teatros das províncias. O Teatro de Arte de Moscou também montaria a peça, só que em 1899.
2. A peça havia sido mal recebida em sua estréia no Teatro Aleksandrínski, em São Petersburgo, em outubro de 1896.

34 ∾ De Tchékhov para Górki

3 de dezembro de 1898
Ialta

Caro Aleksiei Maksímovitch,

Sua última carta me deu grande prazer. Agradeço do fundo de meu coração. *Tio Vânia* foi escrita há muito, muito tempo[1]; nunca a vi em cena. Nos últimos anos, tem sido colocada freqüentemente em cartaz na província, talvez porque eu tenha publicado uma coletânea de minhas peças. Em geral, elas me deixam indiferente, faz tempo que me conservo à parte do teatro e escrever peças já não me diz mais nada.

O senhor me pergunta o que penso de seus contos. Minha opinião? Um talento incontestável e autêntico, um grande talento. Por exemplo, no conto *Na Estepe*, ele se manifesta com uma força extraordinária, a ponto de eu sentir inveja; eu gostaria de tê-lo escrito. O senhor é um artista, um homem inteligente, de uma sensibilidade notável. O senhor possui dons plásticos, assim, quando o senhor descreve uma coisa, o senhor a vê, o senhor a apalpa com as mãos. É uma arte genuína. Eis minha opinião, e fico contente de poder compartilhá-la com o senhor. Estou muito contente, repito, e, se nós nos encontrássemos por uma ou duas horas, o senhor ficaria convencido de minha alta estima e das esperanças que deposito em seu talento.

Falemos agora de seus defeitos. Mas isso não é tão fácil. Falar dos defeitos de um gênio é como falar dos defeitos de uma grande árvore que cresce no jardim. O essencial da questão não é a árvore em si, mas o gosto daquele que a observa, não é verdade?

Começarei pelo que, na minha opinião, parece faltar na sua obra: o senso de medida. O senhor é como o espectador que no teatro manifesta seu entusiasmo com tão pouca discrição que nem ele, nem os outros conseguem entender o que aconteceu. Isso é particularmente evidente nas descrições da natureza com as quais o senhor corta seus diálogos. Quando lemos tais descrições, desejamos que elas fossem mais compactas, menores, algo em torno de duas ou três linhas. O emprego freqüente de palavras como deleite, murmúrio, aveludado, etc., confere às descrições um ar retórico, uma monotonia que esfria, que quase oprime. Essa desmedida é evidente também nos retratos de mulheres (*Malva, Nas Balsas*) e nas cenas românticas. Não é uma questão de amplitude, não se trata de pinceladas largas, mas de falta de contenção. Além disso, há o emprego freqüente de palavras que não são adequadas de forma alguma às histórias como as suas. Acompanhamento, disco, harmonia, tal vocabulário choca. O senhor freqüentemente menciona ondas. Nos retratos dos intelectuais, percebe-se o esforço e a prudência; não que o senhor tenha observado mal os intelectuais, o senhor os conhece, mas não sabe exatamente por qual lado abordá-los.

Qual é a sua idade? Não o conheço, não sei de onde vem ou quem é o senhor, mas me parece que, se o senhor ainda for jovem, deveria deixar Nijni e passar dois ou três anos esfregando-se, por assim dizer, na literatura e nas pessoas de letras; não se trata de aprender a cantar com o galo[2] e de afinar a voz, mas de mergulhar na literatura e aprender a amá-la; além do mais, na província envelhece-se mais rápido. Korolénko, Potápenko, Mámin e Ertel[3] são escritores excelentes; no princípio, pode ser que lhe pareçam um pouco enfadonhos, mas, ao término de um ou dois anos, o senhor se acostumará e os estimará pelo mérito deles: a companhia deles compensará ao senhor o desgosto e o incômodo da vida na capital.

Tenho que me apressar para o correio. Saúde, prosperidade, aperto-lhe firmemente a mão. Mais uma vez agradeço sua carta.

Seu,
A. Tchékhov

F XXII)

1. Tchékhov havia escrito em 1889 a peça *O Silvano*, que depois foi reescrita, dando origem ao *Tio Vânia*.
2. Sophia Angelides anota em seu trabalho *Carta e Literatura (A Correspondência entre Tchékhov e Górki)* que se trata de uma referência à fábula de I. A. Krilóv *O Asno e o Rouxinol*. "O rouxinol, ao cantar para o asno, foi por este aconselhado a se adestrar com o galo" (p. 51).
3. Escritores de idéias revolucionárias: V. Korolénko (1853-1921), I. N. Potápenko (1856-1929), D.N. Mámin-Sibiriak (1852-1912), A. I. Ertel (1855-1908).

35 ~ De Górki para Tchékhov

dezembro de 1898
Níjni-Novgorod

O senhor me escreveu uma carta muito boa, Anton Pávlovitch; é exato e verdade o que o senhor diz das minhas expressões bombásticas. Não consigo bani-las de meu vocabulário; o que me impede é o medo de ser grosseiro. E, além disso, estou sempre correndo, faço tudo às pressas e, o que é pior, vivo exclusivamente de meu trabalho literário. Não sei fazer outra coisa.

Sou autodidata, tenho trinta anos. Não creio que pudesse ser melhor que isso, quisera eu apenas conservar o lugar que alcancei; não é alto, mas é o bastante para mim. Pensando bem, sou uma figura pouco interessante.

O senhor é outra coisa: somos capturados pela força de seu talento. O senhor declara que não quer mais escrever para o teatro; isso me obriga a dizer-lhe uma palavra do sentimento do público com relação às suas peças. Dizem, por exemplo, que *Tio Vânia* e *A Gaivota* representam um novo tipo de drama, no qual o realismo se eleva até um desses símbolos que unem a inspiração à profundidade do pensamento. Eu acho que é bem verdade. Enquanto assistia à sua peça[1], pensava na vida oferecida em sacrifício a um ídolo, na irrupção da beleza na vida miserável dos homens, em outras verdades essenciais e sérias. Os outros dramas não desviam o homem da realidade para as meditações filosóficas como fazem os seus. Mas perdão! eis as palavras supérfluas. Se não escrever mais dramas, o senhor escreverá contos: a vida e eu não perderemos isso. As letras russas ainda não possuem um contista que seja comparável ao senhor, e o senhor é hoje a figura mais proeminente de nossa literatura. Maupassant é bom e gosto muito dele. Mas prefiro o senhor a ele. Aliás, não sei como lhe falar de minha veneração, não encontro palavras e, acredite em mim, estou sendo sincero. O senhor é um grande talento. Desejo-lhe saúde. [...]

A. Péchkov

F XVII)

1. *Tio Vânia*. (N.E.)

36 ∾ De Nemiróvitch-Dântchenko para Tchékhov

18 de dezembro de 1898
Telegrama, Moscou
0:50 A.M.

Acabamos de apresentar *A Gaivota*, sucesso colossal. Depois do Primeiro Ato, tamanho aplauso, seguido de uma série de triunfos. Com minha declaração, depois do Terceiro Ato, de que o autor não estava presente, o público exigiu que um telegrama fosse enviado a você em nome dele. Estamos delirantes de alegria. Todos nós abraçamos você, escreverei detalhadamente.

F II)

37 ∾ De Nemiróvitch-Dântchenko para Tchékhov

18-21 de dezembro de 1898
Moscou

Você já sabe, pelo meu telegrama, do sucesso d'*A Gaivota*. Para dar-lhe uma idéia da primeira apresentação, diria que havia nos bastidores, depois do Terceiro Ato, um clima de intoxicação. Alguém comentou habilmente que era precisamente como Domingo de Páscoa. Todos beijavam-se, lançando-se nos braços de um e de outro, todos foram capturados pelo sentimento de um triunfo retumbante devido ao trabalho verdadeiro e decente. Reúna todas as razões para tamanha alegria: os artistas estavam apaixonados pela peça e cada ensaio revelava sempre novas pérolas artísticas nela. Ao mesmo tempo, temíamos que o público – pouco versado em literatura, com pouca cultura, corrompido por efeitos teatrais baratos, não acostumado com a simplicidade artística extrema – não apreciasse a beleza d'*A Gaivota*. Colocamos todos nossas almas na peça e todas nossas previsões em risco. Os dois diretores, *i.e.* Aleksieiev e eu, aplicaram toda a força e toda a habilidade para ter certeza de que os climas surpreendentes da peça surgissem de maneira teatral. Tivemos três ensaios gerais, checando cada canto do palco, conferindo cada luminária. Morei no teatro durante duas semanas, cuidando dos cenários e adereços; fui a antiquários procurar objetos que dariam detalhes pitorescos. [...]

No primeiro ensaio geral havia um tipo de clima entre o elenco que prometia sucesso. Meus sonhos nunca foram tão longe. Eu esperava que, na melhor das hipóteses, fosse um sucesso merecedor de nota. E no entanto... não consigo lhe exprimir completamente a impressão. Nenhuma palavra, nenhum som foi perdido. O público não só entendeu o clima geral, a *história*, que nessa peça era tão difícil de registrar como fator unificador, mas também toda a idéia que você criou como artista e pensador, tudo, tudo; em uma palavra, toda a mudança psicológica, tudo comunicou e foi compreendido. E todos os meus receios, de que só alguns entenderiam a peça, desapareceram. Havia umas dez pessoas que não tinham entendido algo. Então pensei que o sucesso se expressaria com algumas chamadas dos atores à cena após o Terceiro Ato. Mas eis o que aconteceu. Depois do Primeiro Ato, os atores vieram à cena cinco vezes para receber os aplausos de toda a platéia (nós não apressamos a cortina para as chamadas), a casa estava extasiada e excitada. Mas, depois do Terceiro Ato, ninguém deixou o auditório, todos levantaram-se e o aplauso virou uma ovação ruidosa sem fim. Quando gritaram "o autor", expliquei que você não estava no teatro. Uma voz gritou "envie um telegrama". (...)

Após o Quarto Ato houve outra ovação.(...)

Apresentamos por ordem de mérito: Knípper – Arkádina maravilhosa, ideal. Ela foi tão fundo na personagem que não perdeu nada da elegância afetada, os belos vestidos, a vulgaridade encantadora, a mesquinharia, etc. Ambas as cenas no Terceiro Ato com Treplióv e Trigórin – especialmente a primeira – foram as de maior sucesso na peça, juntamente com o final, a cena do adeus encenada sem vulgaridade (sem as pessoas supérfluas)[1]. Depois de Knípper, vem Aleksieieva[2] como Macha. Uma caracterização fascinante. Espirituosa e extraordinariamente comovente. Elas fizeram um sucesso enorme. Depois Kalújski como Sórin. Ele atuou como um artista sólido e bom. Depois vem Aleksieiev. Ele capturou com êxito o tom suave, fraco. Fez a fala no Segundo Ato de maneira particularmente esplêndida. Ele ficou melado no Terceiro Ato.

A mais fraca de todos foi Roksánova, que ficou confusa com Aleksieiev, que a dirigiu para atuar como uma idiota. Fiquei bravo com ela e exigi que voltasse ao tom lírico do começo. Isso a confundiu. Vichniévski não entrou totalmente no caráter gentil, inteligente, observador, sensível de Dorn, mas a maquiagem dele teve muito êxito (como Aleksiei Tolstói), e ele concluiu a peça de maneira excelente. O resto proveu um conjunto harmonioso.

O tom global era tranqüilo e extremamente literário.

Foi impressionante a maneira como a peça foi escutada, como nenhuma outra peça o fora antes.

Moscou está falando excitadamente sobre nós. O Teatro Mali está pronto para nos rasgar em pedaços. Mas aqui está o impedimento. Tivemos que adiar a segunda apresentação para outro dia. Knípper ficou doente. Também cancelamos a terceira, que seria apresentada ontem, domingo. Isso não afeta a peça, mas perdemos muito dinheiro.

A produção – você ficaria admirado com o Primeiro Ato e, na minha opinião, com o Quarto. (…)

Seu,
Vl. Nemiróvitch-Dântchenko

Podemos ter *Tio Vânia*?

F II)

1. Tchékhov havia contestado a idéia de Stanislávski trazer um grupo de pessoas com mães e crianças chorando na cena do adeus. (N.F.)
2. Lilina, esposa de Stanislávski.

38 ~ De Maria Tchékhova[1] para Tchékhov

18 de dezembro de 1898
Moscou

Sua *Gaivota* estava em cartaz ontem. A encenação estava bonita. O Primeiro Ato foi completamente compreendido e interessante. A atriz, a mãe de Treplióv, foi interpretada por uma atriz muito, muito doce, Knípper, que é extraordinariamente talentosa, puro deleite para se ver e ouvir. O doutor, Treplióv, o professor e Macha estavam excelentes. Eu particularmente não gostei de Trigórin e da Gaivota. Stanislávski representou Trigórin vacilante, e a Gaivota é uma atriz ruim; mas em geral a encenação é tão natural que se esquece completamente de que se trata de um palco. Havia silêncio no teatro, as pessoas acompanharam as falas atentamente.

F II)

1. Irmã do autor.

39 ~ De Górki para Tchékhov

fim de dezembro de 1898
Níjni-Novgorod

[...]
Certamente o senhor sabe do triunfo d'*A Gaivota*[1]. Ontem, uma pessoa perfeitamente informada das coisas do teatro, familiarizado com todos os nossos corifeus da cena, um homem que se aproxima dos sessenta anos, conhecedor muito fino e homem de bom gosto, disse-me com lágrimas de emoção: "Faz quase quarenta anos que freqüento o teatro e já vi de tudo! Mas nunca vi uma *heresia tão brilhante* como *A Gaivota*". E esta não é uma voz isolada, o senhor sabe. Não vi *A Gaivota* em cena, mas eu a li – ela é escrita com uma mão vigorosa! E o senhor não quer mais escrever para o teatro? É preciso escrever, por Deus! Perdoe-me por escrever-lhe de modo tão desconexo, mas, veja, sinto-me tão bem e feliz e gosto tanto do senhor. Estou contente com o sucesso d'*A Gaivota* [...].
Aperto-lhe bem forte a mão, sua mão de gênio.

A. Péchkov

F XVII)

1. Refere-se à estréia da montagem no Teatro de Arte de Moscou em 17 de dezembro de 1898.

40 ～ De Meierhold para Nemiróvitch-Dântchenko

17 de janeiro de 1899
Moscou

Primeira Discussão – um bônus pelo sucesso da peça.
Segunda Discussão – um bônus pela vida intelectual e moral dos atores.
Esperei assumir uma parte ativa na *discussão* sobre *Hedda Gabler* que estava agendada para hoje. Só que não houve nenhuma discussão.

Discutir o significado geral de uma peça, discutir sobre a natureza das personagens, entrar no espírito de uma peça de climas por meio de um debate desafiador – isso não faz parte dos princípios do nosso diretor geral.

O que ele prefere, como foi verificado, é ler a peça do princípio ao fim, parando conforme vai descrevendo o cenário, explicando posições, movimentos e marcando as pausas. Em uma palavra, para o drama social, para o drama psicológico, o diretor usa o mesmo método de direção que ele trabalhou anos atrás e que o tem guiado, quer seja uma peça de atmosfera e idéias, quer seja algo espetacular. Tenho que provar que isso está errado?

Realmente somos o elenco que supostamente deve atuar e *nada* mais? Queremos também *pensar* enquanto atuamos. Queremos saber *por que* estamos atuando, *o que* estamos atuando e a quem estamos ensinando ou criticando com nossa atuação.

Para fazer o que queremos, precisamos saber; nós queremos e precisamos ter clareza sobre a significação social e psicológica da peça, as personagens positivas e negativas, qual sociedade ou com quais membros o autor simpatiza ou não. Só então, resumindo, os atores estarão *conscientemente* aptos para expressar as idéias do autor e só então o público também *conscientemente* poderá se relacionar com a peça.

Pode ser que o diretor, com seu grande talento artístico, consiga encenar a peça sem investigar as idéias do autor. Acredito que ele pode. Mas suponha que ele não possa?

Isso é possível.

Eis a preparação literária de nosso diretor, expressa em duas ou três observações jogadas fora antes da leitura:

MF[1] – traduzi algumas passagens de um artigo em alemão sobre *Hedda Gabler* que poderiam ser de interesse para nós. Também achei um artigo russo.

Al[2] – se for qualquer coisa como os artigos de Lemaître, não pretendo ler isso. Só leio a crítica que expressa as mesmas concepções que nós defendemos.

Vich[3] – a peça será um grande sucesso.

Al – depois de assistir ao espetáculo, todas as senhoras da sociedade estarão usando vestidos e penteados como os de MF. (...)

Assim sendo, Ibsen castiga as condições da vida social contemporânea que tornam o aparecimento de mulheres como Hedda possível. Hedda é um tipo extremo, um tipo que olha para dentro de si enfocando todos os aspectos negativos de muitas de nossas senhoras de sociedade que são inteligentes mas não se relacionam conscientemente com os fatos da vida, que são agradáveis mas egoístas, com dom para amar mas incapazes de sacrificar a liberdade delas por isso.

Ibsen reúne habilmente um milhão de aspectos negativos em Hedda com o propósito expresso de mostrar mais claramente que a base moral de nossa sociedade é fraca, que a ausência de atitudes conscientes com respeito à vida e às próprias pessoas deixa o caminho aberto para a influência da decadência e que o produto de tal sociedade corrupta é revelado em *Hedda Gabler*. Se as senhoras da sociedade que assistirem à peça não ficarem horrorizadas, mas preferivelmente quiserem copiá-la, Ibsen não nos agradecerá por isso. Ele não escreve para corromper as massas, ele não escreve para que nós continuemos indiferentes aos fenômenos negativos na sociedade. O senhor sabe que Ibsen, mais que qualquer outro, pode ser considerado o proclamador dos valores humanos e o portador do ideal cívico.

Aquele que encenar a peça de Ibsen somente por suas personagens, e não por causa de suas idéias, dará ao público a impressão oposta da que o autor pretendeu.

Estou me deixando levar. Desculpe-me. Não é meu desejo provar a falência de um método de direção largamente aceito (uma leitura ou passada geral sem discussão preliminar) quando lidamos com a montagem de peças exclusivamente literárias, e sim começar um debate. Desculpe-me.

O objeto desta carta é 1. pedir-lhe que não hesite em seus princípios, já que só o seu método (discussão) pode ajudar a assegurar o sucesso de trabalhos literários e os intérpretes deles; 2. não prive os atores da companhia da única oportunidade deles de quebrar o molde que é propagado por uma atitude rotineira com respeito ao palco e que é inevitável quando a mesma peça é repetida pela quadragésima ou décima vez, ou de usar a capacidade mental deles quando não têm nenhum trabalho; não temos tempo para olhar os documentos.

F XIX)

1. Maria Fiódorovna (Jeliabújskaia) Andreieva.
2. Aleksieiev (Stanislávski). (N.F.)
3. Vichniévski. (N.F.)

41 ～ De Maria Tchékhova para Tchékhov

26 de março de 1899
Moscou

Vladímir Ivánovitch Nemiróvitch-Dântchenko procurou-me há pouco para falar sobre o seguinte. Ele ainda é um dos sócios do comitê do Teatro Mali, mas não comparece às reuniões há muito tempo. Ele ouviu de Veselóvski e de Ivan Ivánovitch Ivanóv que sua peça *Tio Vânia* foi aprovada para ser representada no Mali[1], mas com a condição de que você faça mudanças nela, *i.e.*, reescreva um ou dois trechos da peça e, então, submeta-a mais uma vez para aprovação. Como o Teatro de Arte ficou muito transtornado ao saber que a peça estava sendo feita no Mali, Nemiróvitch chegou à seguinte conclusão: não há nenhuma necessidade de reescrever a peça, e ele a encenaria sem reformulações, pois acha a peça excelente, etc. Stanislávski gosta mais dela do que d'*A Gaivota*.

O tempo voa e demoraria muito ir até você, assim, Nemiróvitch pede-lhe que envie um telegrama ao comitê perguntando: a peça foi aprovada e de que modo? E, então, se você estiver de acordo em ceder a peça ao Teatro de Arte, telegrafe o mais cedo possível a Nemiróvitch, pois o repertório e o elenco devem ser decididos nesta primavera.

Quando passei uma noite na casa de Fedótova, vi como todos os artistas do Teatro de Arte estavam tristes em não poder fazer a peça.

Nemiróvitch implorou-me que escrevesse o mais cedo possível a você, achando que assim conseguiria melhores resultados. Por favor, dê-lhe uma resposta.

F II)

1. Em 8 de fevereiro, Tchékhov escreve a Nemiróvitch-Dântchenko explicando que havia prometido verbalmente a peça ao Teatro Mali e pede-lhe que não se sinta ofendido com isso. Caso fosse confirmada a encenação de *Tio Vânia* no Teatro Mali, ele escreveria outra peça para o Teatro de Arte.

42 ~ De Tchékhov para Górki

25 de abril de 1899
Moscou

Caro Aleksiei Maksímovitch, o senhor desapareceu[1]. Onde o senhor está? O que tem feito? Para onde vai?

Visitei Lev Tolstói há três dias; ele o elogiou muito e chamou-o de "um escritor notável". Ele gosta de *Feira* e *Na Estepe*, mas não gosta de *Malva*. Disse: "pode-se inventar qualquer coisa que se queira, mas não se pode inventar a psicologia humana, e na obra de Górki encontram-se precisamente as invenções psicológicas; ele descreve estados que não experimentou". Aí está. Disse a ele que, quando o senhor estiver em Moscou, nós iremos juntos visitá-lo.

Quando o senhor estará em Moscou? Na quinta-feira haverá uma apresentação fechada d'*A Gaivota*. Se o senhor vier, arrumo-lhe um lugar. Meu endereço é Malaia Dmitrovka, casa de Chéchkov, apto. 14 (entrada pela rua Degtiarni), Moscou. Depois de 1º de maio partirei para o campo (Lopasnia, Moscou). [...]

Rabisque duas ou três linhas. Tolstói perguntou-me longamente sobre o senhor. O senhor desperta a curiosidade dele. Ele está visivelmente impressionado.

Bem, desejo-lhe saúde e tudo do melhor. Meus cumprimentos para o pequeno Maksim.

Seu,
A. Tchékhov

F XXII)

1. Sophia Angelides anota em seu trabalho (*Carta e Literatura: A Correspondência entre Tchékhov e Górki*) que os dois escritores se encontraram em março de 1899, quando Górki esteve em Ialta visitando Tchékhov.

43 ～ DE GÓRKI PARA TCHÉKHOV

5 de maio de 1899
Níjni-Novgorod

[...]
Como é estranho que a literatura russa, tão vigorosa, ignore o simbolismo e sua tentativa de tratar de problemas essenciais, de problemas da alma. Na Inglaterra há Shelley, Byron, Shakespeare – *A Tempestade, O Sonho* –; na Alemanha, Goethe, Hauptmann; na França, Flaubert – *A Tentação de Santo Antônio* –; entre nós, somente Dostoiévski ousou escrever a *Lenda do Grande Inquisitor* – e isso é tudo. Será que somos, por natureza, realistas? Mas os suecos são mais realistas que nós e, no entanto, têm Ibsen[1] e esse Hedberg. Mas é para pensar: somos mesmo realistas?

Sim, eu lhe asseguro, leia Hedberg! E escreva-me como lhe pareceu a sua *Gaivota*. Quero muito saber. [...]

A. Péchkov

F XVII)

1. Ibsen é norueguês, mas, na segunda metade do século XIX, a Suécia e a Noruega formavam um todo chamado Reino de Suécia e Noruega, daí Górki denominá-lo "sueco". A união Suécia/Noruega perdurou até a Primeira Guerra Mundial.

44 ～ DE TCHÉKHOV PARA GÓRKI

9 de maio de 1899
Mélikhovo

Meu querido Aleksiei Maksímovitch,
Estou lhe enviando uma peça de Strindberg, *Senhorita Júlia*. Depois de a ler, devolva-a para a sua proprietária, Elena Iust, 13/15 rua Panteleimonovskaia, São Petersburgo. [...]
Vi *A Gaivota* sem os cenários[1]; não posso julgar a peça imparcialmente,

porque a própria Gaivota² atuou de maneira abominável, soluçando violentamente; e o ator que faz o papel do escritor Trigórin caminhou e falou como um paralítico³. Ele interpretou o papel como se fosse o de um homem sem "vontade própria" e de um modo que me deu nojo. Mas, de modo geral, não estava tão ruim, prendeu-me a atenção. Em alguns trechos, mal podia acreditar que eu havia escrito aquilo. [...]

Mantenha-se bem, feliz e alegre. Não se esqueça: escreva-me, mesmo que seja de tempos em tempos.

Se o senhor decidir escrever uma peça, faça-o e depois envie o texto para eu ler. Escreva a peça e guarde-a em segredo até que esteja acabada, caso contrário, irão atrapalhá-lo, acabar com seu entusiasmo.

Aperto-lhe bem forte a mão.

Seu,
A. Tchékhov

F IX)

1. Na época, o TAM não tinha um teatro fixo para a apresentação do repertório. Os locais de apresentação eram alugados, e, quando acabava a temporada, os cenários eram retirados do local. Tchékhov queria muito ver o espetáculo, então o TAM organizou uma apresentação particular da peça, especialmente para ele.
2. O papel era interpretado por L. N. Roksánova.
3. Stanislávski interpretou o papel do escritor Trigórin.

45 ~ De Tchékhov para Pável F. Iordánov¹

15 de maio de 1899
Mélikhovo

A Gaivota foi apresentada para mim com o Teatro de Arte em Moscou. O espetáculo é surpreendente. Se o senhor quiser, posso insistir para que o Teatro de Arte faça uma parada em Taganróg na próxima primavera, quando estiver indo para o sul com tudo: artistas, cenários, etc. O Teatro Mali empalideceu; no que concerne à encenação e ao espetáculo, até mesmo os Meiningens² ficam bem atrás do novo Teatro de Arte, que agora está se apresentando em um local ruim. Casualmente, um dos atores d'*A Gaivota* é Vichniévski, nosso Vichniévski de Taganróg, que me irritou tanto com as constantes referências dele a Kramsákov, Ovsiánikov³, etc. Todos os envolvidos n'*A Gaivota* foram fotografados comigo. Esse grupo mostrou ser interessante.

F XXII)

1. Vide carta 28, nota 1.
2. Vide carta 13, nota 4.
3. Professores em Taganróg. (N.F.)

46 ~ De Górki para Tchékhov

maio de 1899
Níjni-Novgorod

Li a peça de Strindberg e mandei-a de volta para a sra. Iust. Obrigado por cuidar de minha pobre cabeça! [...]

Que sueco audacioso! Nunca vi ser expresso tão vivamente o que ocorre com os servos de orgulho aristocrático. Na técnica dramatúrgica vejo alguns defeitos: aquilo que contam Júlia e o lacaio sobre suas famílias poderia ser suprimido, mas isso é muito pouco. É a essência do drama que me deixou perplexo. Que força a do autor! Fiquei com inveja dele, com dó de mim e tive pensamentos entristecedores sobre a nossa literatura.

O senhor me surpreende! O que o senhor encontrou em comum entre Strindberg e mim? [...]

Nietzsche disse em algum lugar que "os escritores são sempre os lacaios de alguma moral". Strindberg não é um lacaio. Eu sim sou um lacaio, sirvo a uma patroa na qual não acredito e a quem não respeito. Se eu ao menos a conhecesse! Talvez mesmo assim, não a respeitasse. Veja aonde cheguei! Estou abatido e desanimado, Anton Pávlovitch. E, já que o senhor também não tem uma vida alegre, não falemos mais desses pesos que prendem minha alma acorrentada. [...]

Que pena que o senhor tenha visto o espetáculo *A Gaivota* com uma interpretação ruim. Queria muito tê-la assistido, mesmo mal interpretada. [...]

Mais uma vez pergunto a mim e ao senhor: por que não temos nem Strindberg, nem Hedberg, nem Ibsen, nem Hauptmann?

Por quê? Será que, como dizem alguns, a instrução em nossa escola secundária mata a individualidade, despersonaliza o homem e devora a sua alma?

Mas eu o incomodo com minhas cartas longas.

Até breve! Desejo-lhe tudo de bom, todo bom humor e disposição para o trabalho.

Um aperto de mão bem forte.

A. Péchkov

F XVII)

47 ∾ De Nemiróvitch-Dântchenko para Stanislávski

30 de julho de 1899
Moscou

(...)

Os Solitários[1]. Li. A peça é soberba, nós temos que encená-la, honra e glória ao senhor por tê-la achado[2]. Que vergonha eu nunca tê-la mencionado; quando recebi sua carta, bati em minha cabeça.

A tradução é muito ruim, não consigo ver as personagens. Efros poderia traduzi-la em uma semana, por 250 rublos. Por um lado seria bom dar a Efros essa taxa; por outro, é mais *rápido* corrigir a tradução existente com o original nas mãos... Ele conhece e elogia a peça, mas diz que é bastante sombria e pessimista. (...)

Johannes – Meierhold, embora Johannes seja mais bonito e *interiormente mais dinâmico* que Treplióv. Johannes é vital, muito inclinado para a alegria e para o amor ilimitado. Parece-me que seu rosto freqüentemente se ilumina com um sorriso alegre e infantil. Todas as convenções, toda essa moralidade obsoleta que oprime tanto a liberdade espiritual de um homem à procura de novos ideais, tudo isso arranca a alegria dele. (...)

F II)

1. Peça de G. Hauptmann escrita em 1890.
2. No acordo feito entre os dois, Stanislávski ficaria responsável pela parte artística e Nemiróvitch-Dântchenko pela orientação "literária", pela formação do repertório.

48 ~ De Tchékhov para Górki

3 de setembro de 1899
Ialta

[...]
Outro conselho: quando o senhor ler as provas do texto[1], tire adjetivos e advérbios de onde puder. O senhor faz tanto uso deles que o leitor tem dificuldade de se concentrar e se cansa. O senhor entende o que quero dizer quando digo: "O homem sentou-se na grama". O senhor entende porque a oração é clara, e não há nada que distraia sua atenção. Ao contrário, o cérebro tem dificuldade para me entender se digo: "um homem alto, de peito estreito, altura mediana, barba ruiva sentou-se na grama verde pisoteada por transeuntes; sentou-se em silêncio, olhando timidamente ao redor com medo". O significado disso não chega imediatamente ao cérebro, que é o que um bom texto deve fazer no intervalo de um segundo. Agora mais uma coisa: o senhor é por natureza lírico, o timbre de sua alma é suave. Se o senhor fosse um compositor, evitaria compor marchas. Blasfêmias, alarido, insultos, isso não é característico de seu talento. Assim, o senhor entenderá o meu conselho de não poupar, na revisão, "filhos de uma cadela", "imunda" e "patifes", termos que aparecem aqui e ali nas páginas de *Jizn*[2]. [...]
Bem, mantenha-se em forma e com saúde.

Seu,
A. Tchékhov

A temporada no Teatro de Arte começará no dia 30 de setembro. *Tio Vânia* será apresentado no dia 14 de outubro.
Seu melhor conto é "Na Estepe".

F IX)

1. Trata-se de *Fomá Gordiélev*, primeiro romance de Górki.
2. Revista cultural e política lançada em São Petersburgo em 1897. O nome significa "vida".

49 ~ De Olga Knípper¹ para Tchékhov

26 de setembro de 1899
Moscou

(...)
Trabalhamos a peça toda sem Ástrov, com Nemiróvitch. Passamos cada cena separadamente, discutimos muito, nós a preparamos como o fizemos com *A Gaivota*. Estou preocupada com o comentário de Aleksieiev sobre a última cena entre Ástrov e Elena: segundo ele, Ástrov fala com Elena como o mais apaixonado dos amantes, ele se agarra aos seus próprios sentimentos como um homem que se afoga se agarra a um argueiro. Na minha opinião, se fosse assim, Elena sairia e não lhe teria respondido "como o senhor é engraçado!". Ele provavelmente fala com ela com um cinismo extremo, ele até mesmo zomba de si, de seu próprio cinismo. Está certo ou não? Responda, caro escritor, responda imediatamente. (...)

F III)

1. Tchékhov e Olga haviam se tornado amigos. Em maio de 1899, ela havia visitado os Tchékhovs em Mélikhovo, ficando hospedada lá por três dias. A correspondência entre os dois começara com uma carta de Tchékhov datada de 16 de junho de 1899, na qual ele pede notícias suas e manda lembranças de todos a ela. A correspondência prossegue; em 1º de julho, Tchékhov escreve: "Sim, tem razão: o escritor Tchékhov não se esqueceu da atriz Knípper"; em 3 de setembro ele termina a carta com: "aperto e beijo sua mão. Comporte-se bem, seja alegre, feliz, trabalhe, pule, se apaixone, cante e, se possível, não se esqueça do escritor que está disponível, seu admirador devotado, A. Tchékhov". Eles mantêm o uso do pronome *Bbl*, uma forma respeitosa de tratamento que corresponde ao pronome *vous* francês.

50 ~ De Meierhold para Tchékhov

29 de setembro de 1899
Moscou

Caro e honrado Anton Pávlovitch,
Estou escrevendo ao senhor e faço um pequeno pedido, rogo-lhe seu perdão antecipadamente se eu estiver faltando em modéstia. Meu pedido é o seguinte. Fui escolhido para o papel de Johannes na peça de Hauptmann *Os Solitários*. O senhor me ajudaria a estudar esse papel? Escreva-me e conte-me o que o senhor espera de alguém que vai representar o papel de

Johannes. Como o senhor vê Johannes? Dê-me só o esboço geral, e somente se o senhor não achar isso muito cansativo. Os ensaios começam na próxima semana. [...]

Fazia tempo que não me sentia assim tão entusiasmado. E eu sei por quê. Nosso teatro compreendeu e declarou abertamente que toda sua força dependia de sua estreita relação com os grandes dramaturgos contemporâneos. Estou feliz que meu sonho secreto tenha se realizado.

Contamos com o senhor na estréia de *Tio Vânia*. Aguardo uma resposta rápida (escreva para o teatro).

Seu admirador, que o respeita profundamente,

V. Meierhold

F VIII)

51 ~ De Tchékhov para Olga Knípper

30 de setembro de 1899
Ialta

Conforme seu pedido, estou escrevendo às pressas uma resposta para a carta na qual a senhora me pergunta sobre a última cena de Ástrov com Elena. A senhora me escreve que nessa cena a atitude de Ástrov com Elena é a de um homem loucamente apaixonado e que ele "se agarra aos seus próprios sentimentos como um homem que se afoga se agarra a um argueiro". Mas isso está incorreto, absolutamente incorreto! Ástrov gosta de Elena, a beleza dela tira-lhe o fôlego, mas no último ato ele já sabe que a coisa toda é fútil, que Elena está desaparecendo para sempre do olhar dele – e, assim, nessa cena o tom que ele usa com ela é aquele que ele usaria ao discutir o calor na África, e ele a beija simplesmente porque isso é tudo que ele tem a fazer. Se Ástrov interpretar essa cena tempestuosamente, a atmosfera toda do Quarto Ato – quieta e abatida – estará arruinada. [...]

O frio apareceu repentinamente aqui, como se um vento de Moscou houvesse soprado em nós. Como eu gostaria de estar em Moscou, doce atriz! [...]

Bem, minha cara, aperto-lhe a mão, envio meus profundos cumprimentos e arremesso minha testa contra o chão em adoração, minha mais estimada senhora. [...]

Seu,
A. Tchékhov

F III)

52 ∽ De Tchékhov para Meierhold[1]

início de outubro de 1899
Ialta

Caro Vsiévolod Emílievitch,

Não tenho o texto em mãos e, portanto, só posso falar sobre o papel de Johannes em termos gerais. Se o senhor me enviasse o papel, então poderia lê-lo e refrescar minha memória, e, assim, eu lhe escreveria com mais detalhes; por hora, vou me deter ao que, para o senhor, apresente um interesse prático mais imediato. Acima de tudo, J é um intelectual por inteiro; um jovem erudito que cresceu dentro de uma cidade universitária. Ausência completa de elementos burgueses. Os modos dele são os de um homem bem educado, acostumado a freqüentar pessoas decentes (como Anna); sua aparência e seus movimentos são os de um jovem meigo, que cresceu no seio da família, mimado por ela e que ainda vive debaixo da saia da mãe. Mas J é um jovem erudito alemão: ele se mostra reservado diante dos homens. Ao contrário, quando está sozinho com as mulheres, ele é de uma meiguice feminina. Com relação a isso, a cena com sua esposa é típica: ele não consegue deixar de acariciá-la, embora ele já esteja apaixonado ou começando a se apaixonar por Anna. Agora, sobre o nervosismo dele. É preciso não exagerá-lo, para que o lado neuropático de sua personalidade não esconda o resto, sobrepondo o que é mais importante – sua solidão, a solidão que somente os grandes homens saudáveis (no sentido elevado) conhecem. Dê-nos um homem solitário, e mostre o nervosismo dele somente à extensão do que é indicado pelo texto. Não trate esse nervosismo como um fenômeno puramente individual; lembre-se de que hoje em dia quase toda pessoa civilizada, por mais equilibrada que seja, em nenhuma outra parte sente mais irritação que em sua própria casa, no seio da família, pois é aí que se faz sentir o descompasso entre o passado e o presente. É uma irritação crônica, de modo algum patética, sem explosões, nem convulsões. É uma irritação que os convidados não notam porque todo o seu peso cai sobre os que estão mais próximos – a mãe, a esposa –, uma irritação, por assim dizer, íntima, doméstica. Não se demore sobre isso, mas mostre como se fosse *uma* das características típicas dele, não exagere, caso contrário o que emergirá será um jovem irritado em vez de um jovem solitário. Konstantin Serguiêievitch insistirá sobre esse nervosismo excessivo, mas não ceda; não sacrifique a beleza, a força da voz e da palavra por causa de um efeito momentâneo. Não os sacrifique, pois, na realidade, a irritação não passa de uma futilidade, um detalhe. [...]

Escreva-me, isso seria generoso de sua parte, pois eu me aborreço muito aqui.

Seu,
A. Tchékhov

F VIII)

1. Segundo Meierhold, ele recebera oito ou nove cartas de Tchékhov. Todas se perderam, salvo esta, que havia sido publicada.

53 ∼ De Tchékhov para o Teatro de Arte

1º de outubro de 1899
Ialta

Telegrama

Eternamente grato / Parabéns / Envio sinceros votos / Trabalharemos conscienciosamente energicamente incansavelmente como um só / para assegurar que este esplêndido começo sirva como garantia de realizações futuras / para assegurar que o teatro represente uma fase luminosa na história da arte russa e em nossas vidas / seu amigo sincero/ Tchékhov.

F XXII)

54 ~ De Tchékhov para Olga Knípper

4 de outubro de 1899
Ialta

Doce atriz, a senhora exagerou muito em tudo na sua carta sombria[1]; isso é evidente, já que os jornais receberam bastante bem a primeira apresentação. Seja como for, uma ou duas apresentações mal sucedidas não são suficientes para se deixar abater e não dormir à noite. A arte, especialmente o teatro, é um domínio em que é impossível avançar sem tropeçar de vez em quando. Haverá pela frente muitos dias ruins e até mesmo temporadas inteiras fracassadas; a senhora encontrará ainda grandes dificuldades e desilusões dolorosas – é preciso estar preparada para tudo isso, é preciso contar com isso e é preciso, a despeito de tudo, manter a cabeça no lugar, obstinadamente, fanaticamente.

E a senhora tem razão, naturalmente: Aleksieiev não deveria interpretar Ivan, o Terrível. Não é o forte dele. Quando ele dirige, é um verdadeiro artista, mas, quando atua, tem um ar de jovem empresário rico que pretende fazer arte.

Quanto a mim, fiquei doente por três ou quatro dias. Agora permaneço dentro de casa. Um número intolerável de visitantes chegam aqui. As ociosas línguas provincianas se agitam, e eu fico entediado, furioso, perco a paciência e invejo o rato que vive debaixo das tábuas de seu teatro.

A senhora escreveu sua última carta para mim às quatro da manhã. Se lhe parecer que *Tio Vânia*[2] não teve o sucesso esperado, por favor eu lhe peço: vá para cama e tenha uma boa noite de sono. O sucesso subiu-lhe à cabeça, e a senhora já não pode agüentar a ordem normal e monótona das coisas.

Parece que em São Petersburgo *Tio Vânia* será interpretado por Davidov[3]; ele ficará bem no papel, mas a peça provavelmente não terá nenhum sucesso.

Como a senhora está? Escreva mais. Como a senhora pode ver, escrevo quase diariamente. Um autor que escreve para uma atriz assim tão freqüentemente – meu orgulho pode começar a sofrer com isso. Atrizes precisam ser mantidas na linha, não devem ser mimadas com cartas. Eu constantemente esqueço que sou o inspetor das atrizes[4].

Comporte-se, meu anjo.

Seu,
A. Tchékhov

1. Em 29 de setembro, Olga havia escrito sobre a estréia de *Ivan, o Terrível*, peça de A. K. Tolstói, na qual Stanislávski fazia o papel título. A recepção havia sido fria, e Olga temia as críticas: "são muitos os que esperam uma ocasião para nos derrubar [...]".
2. A estréia de *Tio Vânia* estava programada para o final de outubro.
3. O espetáculo não se realizou. (N.F.)
4. Apelido carinhoso de Tchékhov no Teatro de Arte. (N.F.)

55 ~ De Tchékhov para Grigori Rossolimo[1]

11 de outubro de 1899
Ialta

[...]
Minha autobiografia? Tenho uma doença chamada autobiografiofobia. É um verdadeiro tormento ler detalhes sobre mim, imagine só prepará-los para publicação. Em uma folha separada, estou lhe enviando algumas informações extremamente simples; mais que isso não posso lhe dar. Se o senhor quiser, inclua aquela minha solicitação ao reitor para a minha admissão na universidade para os cursos de medicina.

O senhor pergunta quando nós vamos nos ver. Provavelmente não antes da primavera. Eu estou em Ialta, em exílio; esplêndido, talvez, mas ainda assim exílio. A vida continua monótona. Minha saúde está mais ou menos: não é todo dia que estou bem. Além de tudo, tenho hemorróidas, catarro, e tem dias que fico totalmente exausto com as idas freqüentes ao banheiro. Preciso me operar. (...)

Por favor, escreva se qualquer coisa interessante acontecer. Fico solitário aqui, realmente; se não fossem as cartas, eu poderia até me enforcar, aprender a beber o fraco vinho da Criméia ou me casar com uma mulher feia e estúpida.

Mantenha-se bem. Aperto sua mão cordialmente e envio meus melhores e sinceros votos ao senhor e sua família.

Seu,
A. Tchékhov

Meu nome é A. P. Tchékhov e nasci em 17 de janeiro de 1860, em Taganróg. Minha educação começou na escola grega [...] depois da qual freqüentei a escola para rapazes de Taganróg. Em 1879, entrei para a Escola de Medicina da Universidade de Moscou. Na época, tinha só uma vaga idéia dos vários cursos, e não consigo me lembrar dos motivos que me levaram a optar pelo curso de medicina, mas agora não lamento a escolha. Durante meu primeiro ano na universidade, eu já tinha coisas publicadas nos jornais semanais e revistas, e no início dos anos oitenta essa atividade literária havia assumido um caráter regular, profissional. Em 1888, fui premiado com o Prêmio Puchkin. Em 1890, visitei a Ilha de Sakhalína para escrever um livro sobre a nossa colônia penal e o sistema carcerário de lá. Excluindo relatórios, resenhas, artigos, notas, todos os itens compostos diariamente nos jornais – e que seria agora difícil de desenterrar e colecionar –, em vinte anos de atividade literária eu escrevi e publiquei mais de 4.800 páginas de contos e narrativas. Também escrevi peças para o teatro.

Meu trabalho com a medicina teve incontestavelmente uma grande influência em minha escrita; certamente ampliou a área de minhas observações e enriqueceu meu conhecimento, e somente um outro médico pode lhe dizer o quão valiosa tem sido essa instrução. Minha experiência como médico tem sido também um guia para mim; provavelmente consegui evitar muitos enganos graças a ela. A familiaridade com as ciências naturais e o método científico sempre me manteve alerta e, todas as vezes que pude, tentei escrever com base em dados científicos; quando não era possível agir assim, preferi não escrever. Observo eventualmente que considerações artísticas nem sempre me permitem escrever em harmonia completa com dados científicos; no palco, o senhor não pode mostrar morte por envenenamento como ela realmente acontece. Mas, até mesmo em tal caso, deve-se ser coerente com os dados científicos, *i.e.*, o leitor ou espectador precisa perceber claramente que certas convenções são responsáveis pelo que se mostra e que ele está lidando com um autor que conhece o assunto sobre o qual fala. Não faço parte do grupo de escritores que assumem uma atitude céptica em relação à ciência; e não gostaria de fazer parte dos que tratam todo assunto com base somente em suas faculdades mentais.

Sobre minha prática médica, quando era ainda um estudante trabalhei no Hospital Comunitário em Voskresensk (perto de Nova Jerusalém), com P. A. Archángelski, o eminente médico; depois passei um período curto como médico no Hospital de Zvenigorod. Durante os anos de cólera (92, 93), comandei o trabalho médico na região de Melikhovo, distrito de Serpukhov.

1. Colega do curso de medicina (1860-1928).

56 ~ De Olga Knípper para Tchékhov

15 de outubro de 1899
Moscou

(...)
Estou atuando todas as noites, exceto quando *Henschel*[1] está em cartaz; há ensaios diários para *Tio Vânia*, que se arrastam até às 5, e às 6:30 estou de volta ao teatro. O clima na companhia tem sido muito ruim e mesmo agora não está radiante. *Henschel* vai extremamente bem, um grande sucesso, mas não de bilheteria. A peça foi retirada de cartaz em dois teatros, as pessoas não gostam dela, e para nós a platéia é um deserto. Lújski[2] está excepcionalmente bem, ele está interpretando de forma incrivelmente simples, comovente, sem truques ou gritos. E, se o senhor pudesse ver a encenação do Quarto Ato – em uma taverna! Stanislávski é tremendamente elogiado como diretor. A arrecadação com *Ivan* é boa, mas a recepção é fria... Nesta semana Meierhold se sobressaiu. Hoje tivemos um ensaio bom de *Tio Vânia*, consistente, mas como Ástrov não estava se sentindo bem, ele não veio para o ensaio. Amanhã Alekseiev propõe passar o dia inteiro com *Tio Vânia*: ensaiar toda a manhã, ir para o Slaviánski[3] almoçar e depois voltar para o teatro à noite. Que tal isso, sr. Escritor? Maria Petrovna[4] recusou esse esquema, ela receia se cansar. Pela manhã, ensaiamos as cenas de Ástrov e depois, à noite, há um ensaio geral no palco (ou então no *foyer*) com adereços. Os cenários ainda não ficaram prontos. E temos que apresentar dia 14. A culpa toda é de *Ivan* e da doença de Aleksieiev. Espera-se que *Tio Vânia* seja nesta temporada o que *A Gaivota* foi para nós na temporada que passou. E isso será fundamental. Mas, sr. Escritor, pense em nós, esteja conosco em pensamento durante os ensaios e nos deseje sorte. (...)

Sua
Olga Knípper

1. *O Carroceiro Henschel*, peça de G. Hauptmann escrita em 1898.
2. Kalújski e Lujski são a mesma pessoa. Trata-se de Vassíli Vassílievitch (Kalújski) Lújski (1869-1931).

3. Vide carta 2, nota 2.
4. Maria Petrovna Aleksieieva, Lilina, esposa de Stanislávski.

57 ∽ De Meierhold para Tchékhov

23 de outubro de 1899
Moscou

Querido e estimado Anton Pávlovitch!

Dia 19 de outubro atuei pela primeira vez[1] em *Ivan, o Terrível*. Foi preciso preparar intensivamente o espetáculo. A aproximação da estréia agitou-me tanto que não consegui concentrar minha atenção em nada. É por isso que demorei tanto para responder sua amável e agradável carta.

Aperto-lhe bem forte a mão, Anton Pávlovitch, e agradeço-lhe por ter me indicado o que lhe parecia característico em Johannes. Somente o senhor poderia se ater aos traços gerais, fazendo isso com tal mestria que a personagem surgiu claramente para mim. No momento, não possuo nem o manuscrito do papel, nem duplicata da peça, caso contrário eu teria tirado proveito de sua amável proposta e teria lhe enviado um ou outro. Tudo que o senhor esboçou em sua carta sobre Johannes, mesmo limitando-se às características gerais, sugere imediatamente toda uma série de detalhes que estão em perfeita harmonia com a tonalidade fundamental do retrato de um intelectual solitário, saudável, elegante, mas ao mesmo tempo profundamente triste.

Os ensaios para *Os Solitários* ainda não começaram, pois todo o nosso tempo livre é dedicado ao acabamento de *Tio Vânia*, cuja estréia está marcada para terça-feira, dia 26 de outubro.

Nos últimos tempos, tenho representado quase todas as noites; pela manhã, eu estava exausto e não assisti aos ensaios de *Tio Vânia* (que ocorrem mais freqüentemente na parte da manhã).

Fui recentemente ver um ensaio geral e assisti aos dois primeiros atos (mas não fiquei para ver os outros dois, pois os ensaios eram sem os cenários, e eu não queria que fosse quebrada a impressão do conjunto).

A encenação da peça está maravilhosa. O que percebo acima de tudo, no conjunto da encenação, é o senso de medida que se mantém do começo ao fim. Pela primeira vez, os dois diretores completam-se perfeitamente;

um, diretor e ator², possui grande imaginação, ainda que esteja inclinado a certos exageros nas encenações; o outro, diretor e dramaturgo³, defende os interesses do autor. O segundo parece dominar o primeiro sensivelmente. O quadro (o cenário, móveis e acessórios) não dilui a imagem. As idéias essenciais dessa imagem não são mascaradas pelos detalhes exteriores inúteis, mas, ao contrário, são colocadas em evidência com habilidade.

Entre os atores, os que mais me agradam são O. L. Knípper (Elena), K. S. Aleksieiev (Ástrov), A. R. Artiom (Teliéguin) e M. P. Aleksieieva, Lilina (Sônia). O. L. Knípper delineia com uma veracidade surpreendente todo o tédio tchekhoviano. Sobre Vichniévski (Tio Vânia) não posso dizer nada, pois não assisti ao Terceiro Ato.

Para essa peça, que está sendo montada com mais cuidado que *A Gaivota*, eu profetizo um enorme sucesso. Os boatos de que o senhor teria a intenção de vir em dezembro a Moscou chegaram até nós. Venha o mais rápido possível! Não tema o frio. Saiba que o amor de seus inumeráveis admiradores irá aquecê-lo não somente em Moscou, mas até mesmo no Pólo Norte. (...)

O grupo todo envia-lhe saudações e votos de sucesso. Até breve.

V. Meierhold, que o estima.

F VIII)

1. Durante a temporada, o papel de Ivan foi representado por dois atores: Stanislávski e Meierhold. O espetáculo havia estreado em 29 de setembro com Stanislávski no papel título, daí a referência de Meierhold à sua estréia como Ivan.
2. Konstantin Stanislávski.
3. Vladímir Nemiróvitch-Dântchenko.

58 ~ De Nemiróvitch-Dântchenko para Stanislávski

26 de outubro de 1899
manhã de domingo
Moscou

Caro Konstantin Serguiêievitch,
Estive aqui pensando sobre *Tio Vânia*. Por essa razão, escrevi esta carta. No fundo, o que tenho a dizer poderia – e realmente deveria – ser dito diretamente, mas temos tão pouco tempo para discutir que não se pode concluir nada completa e logicamente. E ambos sabemos que é deselegante discordar durante os ensaios. Na frente dos atores, é embaraçoso, o senhor não acha?

O fato é que, pensando no espetáculo *Tio Vânia*, no ânimo do público (não nos críticos, mas na parte interessante e melhor do público) e nas exigências feitas ao nosso teatro, da maneira como elas estão surgindo agora, ou seja, tentando antecipar a natureza da apresentação, *sinto-me obrigado* a pedir ao senhor algumas concessões. Coagido por minha consciência como escritor.

Em tais solicitações, nas quais as concessões estão implicadas, sou sempre escrupuloso. O senhor – conforme nosso acordo – é o diretor principal e pode acontecer de, nos casos em que o senhor não concordar comigo, eu ter de abrir caminho ao senhor incondicionalmente. Tenho sempre receio de que o senhor suponha que o estou coagindo moralmente ou que esteja com teimosa má vontade quanto a compreender seu pensamento criativo. Durante o último ano, o senhor teve ampla oportunidade para apreciar como empenho todos os meus esforços para entender e perceber seus pensamentos. E que não deixei de reconhecer sua capacidade como diretor principal; isso é algo que também demonstrei muitas vezes em nossas discussões e nos ensaios com os atores.

Mas, ao mesmo tempo, a atitude severa, mesquinha do público para conosco obriga-me constante e infatigavelmente, peça após peça, e com atenção extrema, a procurar em que ponto ele tem razão e em qual está equivocado, o que seria uma reação às novidades que ele aceitará no futuro e o que é o resultado de nossos próprios erros. Nunca foi meu hábito escutar qualquer pessoa ou todos indistintamente. Presto atenção ao ânimo de cada platéia, ao modo de sentir como se fosse um único organismo vivo, e àquelas pessoas inteligentes e perspicazes do público em quem confio mais ou menos. E, nesse momento, presto atenção à minha consciência de escritor, da qual falei anteriormente. Confio nela. Ela nunca me decepcionou. Eu a tenho muitas vezes – digo-lhe isso francamente – silenciado. Às vezes ela se rebela dentro de mim, eu a silencio e depois me arrependo, porque fica demonstrado que ela estava falando a verdade. Então eu decidi ser merecedor dela, dessa minha consciência, e não mais silenciar nada que ela tem a dizer.

Tudo isso é um prólogo longo e, talvez, os exemplos triviais que me levaram a escrever esta carta não valham uma introdução assim tão séria. Mas isso demonstra mais uma vez a escrupulosidade de minha atitude para com o senhor como diretor principal. Bem, eis aqui então as concessões que a minha consciência de escritor exige que eu peça ao senhor:

1. em seu papel como Ástrov.

Não quero um lenço em sua cabeça para evitar os mosquitos, é um detalhe que simplesmente não posso aceitar. E posso lhe dizer com toda certeza que Tchékhov não gostará disso; conheço seus gostos e sua natureza criativa extremamente bem. Posso lhe dizer com toda certeza que esse detalhe particular não introduz nada novo. Aposto que isso somente será enumerado entre aqueles "excessos" que só irritam e não trazem nenhuma vantagem para o teatro ou para o trabalho que o senhor está fazendo. [...] Finalmente, até mesmo do ponto de vista da vida real, fica forçado. Em resumo, não consigo achar nenhum argumento válido para isso, nenhum argumento sério de qualquer tipo que seja. E exatamente porque não há nenhum argumento para isso é que eu não posso acreditar que o senhor não desistirá disso se estou lhe pedindo que desista.

Outra coisa. O senhor precisa saber o texto como um *bloco*. É verdade que é difícil. No todo, isso não ocorre facilmente. Mas o senhor faz o seu máximo, não faz? Acima de tudo, isso é importante do ponto de vista disciplinar. Veja, eu sobrecarreguei Artiom e Samarova severamente no ensaio. Cheguei a tal ponto de meticulosidade que não permitirei que eles mudem palavras aqui e ali, mas defendam o estilo (literário) de Tchékhov. Isso foi trivial, mas eu queria que os veteranos prestassem mais atenção ao texto. Mas eles poderiam me dizer: o próprio diretor principal vacila, o que o senhor espera de nós?

Mas infinitamente mais importante que o lado disciplinar é o lado artístico.

Não tenho a menor dúvida de que o senhor se prejudica como ator pelo fato de não saber o texto. Não saber o texto faz com que o senhor empregue um tempo lento quando não é necessário e use pausas (virando-se para o ponto e depois procurando o clima) quando elas somente enfraquecem o papel. Por exemplo, o senhor sabe metade da fala sobre as árvores, então o que acontece? Tudo flui facilmente pelo senhor. É fácil e simples de escutar. O senhor não sabe a cena com Sônia no Segundo Ato, então a cena fica comprometida com tantos prolongamentos. É um defeito seu tentar dar vida às menores e insignificantes orações; tirando isso, o senhor fala de uma maneira viva, simples. O senhor precisa estar especialmente atento a tais coisas.

Seu segundo defeito – o modo bruto com que o senhor trata os adereços e a mobília. Eu sei de onde vem isso. De certo período em que o senhor não só não tinha nenhuma confiança nos atores que atuavam sob sua direção, como também não tinha em si mesmo. O senhor empregou um sistema de movimentos abruptos para manter sua energia fluindo. Eu gosto desse pequeno truque – como uma ajuda para o ator. Mas nossos atores não entenderam o senhor muito bem. Quanto menos talentoso o ator, mais ele faz uso desse truque. Por exemplo, as pessoas gostam de Tikhomírov. Mas até mesmo o senhor não tem nenhuma real necessidade de recorrer a esse truque. O senhor estava tão brusco que, quando se levantou, teve que tirar algumas cadeiras do caminho e ficar se movimentando de um lugar para outro. [...] Quanto menos o senhor mover a mobília de lugar, menos freqüentemente trombará nas lindas cadeiras – agora, *todos* os nossos atores fazem isso –, e mais as suas reais qualidades aparecerão, de maneira atraente e encantadora.

Sobre as concessões em outras cenas. (Eu *não falei nada* com os atores para não criar confusões entre os dois diretores[1]).

O senhor interpreta a pequena cena entre a Vânia e Elena (no Segundo Ato) como se ela estivesse genuinamente com medo da bebedeira dele. Isso não é o que está na peça, pelo contrário, o fato de Elena ficar com medo nessas circunstâncias *não está de forma alguma* de acordo com o caráter dela.

– "Você está bebendo de novo hoje. Qual é o problema?" A estrutura simples da oração dá um tom muito mais calmo, o tom lânguido que marca a atitude de Elena a tudo o que acontece ao redor dela.

Não tenho nada contra Elena cantar ao término do Segundo Ato, e – o senhor sabe – Olga Leonárdovna tem desenvolvido bem isso. Mas eu acho que nada mais sairá disso, e, provavelmente, teremos que simplificar. Quero dizer, esteja preparado para isso. O começo do Terceiro Ato.

O "bravo" de Tio Vânia e a sua recuperação de humor enquanto elas estão tocando choca minha consciência². Creio que não encaixa. E também já usamos esse tipo de "bravo" n'*A Gaivota* e em *Henschel*³.

E, por exemplo, na fala de Elena estou seguindo exatamente seus movimentos (ela caminha, contando quadrados no chão), embora Knípper não os tenha dominado ainda. Mas explico isso a ela porque achei suas instruções excelentes e inteligentes.

Eu ainda não entendo suas duas cenas com Elena, mas poderei pedir algumas concessões ou esclarecimentos no Quarto Ato.

É isso.

Repito, estou escrevendo para que nós não discordemos na frente dos atores, de forma que o senhor possa conhecer meus pensamentos e porque eu sou excessivamente escrupuloso.

V. N-D

F II)

1. Ele e Stanislávski.
2. Nos planos de encenação de Stanislávski, o Terceiro Ato abre com Elena e Sônia tocando a quatro mãos um piano. Vânia entra, tira o casaco e o cachecol, deixando-os sobre uma cadeira, vai até o piano e rege. Quando Sônia comete um erro, ele corrige o acorde. Elas concluem. Tio Vânia aplaude. Elena se levanta e se vira. (N.F)
3. Peça de Hauptmann *O Carroceiro Henschel*.

59 ~ De Nemiróvitch-Dântchenko para Tchékhov

27 de outubro de 1899
Moscou

Bom, caro Anton Pávlovitch, nós representamos *Tio Vânia*. Você verá pelas críticas que, provavelmente, não conseguimos ocultar algumas falhas da peça. Entretanto, não há uma peça sequer no repertório do mundo inteiro que não tenha falhas. Só essas falhas podiam ser sentidas no teatro. As falhas incluem: 1. certa lentidão teatral por dois atos e meio, apesar de termos cortado quarenta das cinqüenta pausas que você pediu. Nós as cortamos pouco a pouco durante os ensaios; 2. a falta de clareza psicológica no próprio Ivan Petrovitch e a "fraca" motivação em sua relação com o Professor[1].

Isso e outras coisas foram sentidas pelo público, produzindo uma indiferença inevitável. (Estou tentando expressar isso precisamente.) As chamadas dos atores à cena para os aplausos, embora numerosas, não foram explosões de entusiasmo, mas simplesmente boas chamadas. Só o Terceiro Ato foi plenamente recebido, assim como o fim da peça quando houve chamadas e uma ovação genuína. E quatro quintos do público não dispersaram durante os quinze minutos de aplauso.

O público ficou muito emocionado; a simplicidade das cenas (no cartaz, coloquei "cenas da vida no campo"), a encenação bela e suave da peça, maravilhosa em sua simplicidade e poesia, etc. (...).

Havia também alguns defeitos irritantes na encenação. Aqui está como foi. Na opinião de todos, o melhor foi, de longe, Aleksieiev, que interpretou Ástrov de forma excelente (isso é uma alegria para mim, pois ele fez o papel inteiro exatamente como sugeri, literalmente, como um aluno). Atrás dele vem Aleksieieva[2], que teve um grande sucesso. Mas ela havia estado até melhor no ensaio geral, pois agora ela cai em sua velha falha de falar calmamente. No entanto, Moscou viu nela uma *ingénue* maravilhosa, lírica, sem igual no palco (exceto talvez Komissarjévskaia[3]). O bom é que, assim como qualidade lírica, ela fornece força de caráter.

Knípper causou-nos grande aborrecimento. No ensaio geral, as pessoas disseram que ela estava fascinante, encantadora, etc. Hoje ela ficou agitada e exagerou o papel do princípio ao fim. Havia muita pose e ênfase nas falas como se fosse uma primeira leitura. Claro que ela estará bem na segunda, terceira apresentação, mas não ajuda ela não ter tido sucesso algum de cara.

Kalújski provocou muita discussão e indignação, mas você, como autor, e eu, como seu intérprete, aceitaremos isso corajosamente. Os admiradores dos Serebriakovs deste mundo ficaram enraivecidos pelo fato de o Professor ter sido interpretado deste modo. Por outro lado, Kalújski precisa reduzir um pouco. Mas não muito.

Vichniévski será criticado. Não há personagem alguma. Energia nervosa, fogo, mas nenhuma personagem.

Artiom, Samárova, Raiévskaia contribuíram para o sucesso.

Resumindo a apresentação, fazendo uma comparação com os ensaios, encontro cinco, seis detalhes que atravancaram o espetáculo. Mas, como são só detalhes, você pode supor que alguns deles desaparecerão por iniciativa própria, sem qualquer comentário meu. Para outros, bastará uma palavra.

Infelizmente, é preciso admitir que a maior parte dessa confusão não se deve aos atores, mas a Aleksieiev como diretor. Fiz tudo o que pude para fazê-lo abandonar nesta peça o apego em sublinhar coisas, barulhos e efeitos externos. Mas um resquício disso permaneceu. Isso é um estorvo. Contudo, depois da segunda apresentação, isso também desaparecerá. A peça seguirá e significa que nada disso é tão terrível. É um estorvo, só isso.

O Primeiro Ato foi bem e teve quatro chamadas para os aplausos, embora sem entusiasmo definido. Depois do Segundo Ato, cujo final foi tumultuado com Elena cantando – uma coisa que Olga Leonárdovna resistiu ao longo de todos os vinte ensaios – ocorreram cinco, seis chamadas. Depois do Terceiro Ato, onze. Causou uma forte impressão, mas mesmo aqui, no final, teve confusão – Elena lamentando histericamente –, e Olga Leonárdovna resistiu a isso também. Outra confusão, um tiro nas coxias e não no palco (segundo tiro). O terceiro (isso não é confuso) Vichniévski não pôde fazê-lo nos tons que havia alcançado nos ensaios e saiu gritando. Ainda assim, repito, onze chamadas para os aplausos.

O Quarto Ato correu magnificamente, sem nenhum empecilho ou qualquer grosseria, e recebeu uma ovação.

Para mim, a encenação de *Tio Vânia* tem uma importância enorme para a natureza essencial de todo o teatro. Na minha opinião, questões importantes relativas à arte, ao cenário, aos adereços e à administração estão conectadas a ela. E, assim, vejo o todo não como um diretor, mas como o fundador do teatro, contemplando seu futuro. E, portanto, no final, muitos problemas, mas muitos mesmo, são evidentes a mim, e não sinto absolutamente aquele estado de grande euforia que, provavelmente, foi transmitido no telegrama que lhe enviei.

Escreverei.

Um abraço caloroso.

Vl. Nemiróvitch-Dântchenko

F II)

1. Ivan Petrovitch é o nome de Tio Vânia, e o Professor é o marido de Elena, Aleksander Serebriakóv.
2. Maria P. Lilina, esposa de Stanislávski, interpretou a personagem Sônia.
3. Uma das grandes atrizes da cena russa da época.

60 ~ De Olga Knípper para Tchékhov

27-28 de outubro de 1899
Moscou

Eu não deveria lhe escrever hoje, caro Anton Pávlovitch. Sinto-me tão triste, tão deprimida – descrever é impossível.

Ontem à noite representamos *Tio Vânia*. A peça teve um êxito tumultuado, o auditório todo ficou inflamado, nada a dizer sobre isso. Não fechei os olhos durante a noite toda e hoje não paro de chorar. Atuei incrivelmente mal – por quê? Compreendo muitas coisas, mas muitas escapam-me. Meus pensamentos estão tão desordenados que mal posso me expressar claramente. Disseram-me que atuei bem no ensaio geral; o que eu duvido agora. Na minha opinião, eis do que se trata: obrigaram-me a renunciar à minha concepção de Elena, que parecia enfadonha ao diretor, mas que eu não tinha conseguido realizar até o fim. Impuseram-me uma concepção completamente diferente da minha, sob o pretexto de que era essencial para a peça. Relutei durante muito tempo e até o final eu não estava de acordo com isso. No ensaio geral, estava tranqüila e talvez por esse motivo eu tenha atuado calma e equilibradamente. Na estréia, ao contrário, estava terrivelmente inquieta, completamente apavorada, algo que nunca tinha acontecido comigo antes, e, assim, tornou-se difícil fazer essa figura imposta. Se eu tivesse feito o que tinha proposto, provavelmente a estréia não teria me preocupado assim. Todo o mundo em casa ficou horrorizado com meu desempenho e há pouco conversei longamente com Nikolái Nikoláievitch[1]; ele vê Elena da mesma forma que eu e confio na opinião dele. Meu Deus, tudo isso é terrivelmente penoso! Tudo está quebrado em mim. Não sei mais a quem recorrer. Fico aqui me debatendo e, no instante seguinte, fico parada como uma tábua. Tenho medo de pensar no futuro, nos trabalhos que virão, se for preciso novamente se debater com o jugo do diretor. Por que não fui capaz de defender meu ponto de vista? Arranco os cabelos, não sei o que fazer.

Ontem não consegui acabar esta carta, não pude. Hoje me sinto um pouco melhor, mas ainda não quero ir ver as pessoas, vou ficar aqui em casa. Fui até sua casa[2], fiquei durante duas horas esperando Maria Pávlovna, depois voltei e soube que ela tinha vindo nos visitar! Que contratempo! Queria tanto ter notícias suas. [...]

Que estranho! Depois d'*A Gaivota* eu sofri fisicamente, agora, com *Tio Vânia*, estou sofrendo psicologicamente. Não consigo lhe dizer o quanto me atormenta a idéia de que, justamente em sua peça, eu tenha atuado mal! Vladímir Ivánovitch[3] disse que eu estava nervosa demais e que por isso interpretei de maneira brusca, pesada, com a voz muito alta, enquanto esta personagem é toda em semitons – isso é bem possível, eu mesma já não sei mais. Só sei uma coisa: atuei sem simplicidade, e isso para mim é o mais terrível. Que os jornais e o público me ataquem, claro que isso é desagradável, mas isso não é nada em comparação ao que sofro pensando como tratei Elena Andreievna, isto é, o senhor e eu mesma. Perdoe-me, por favor, não me culpe, vou me corrigir. O senhor precisa somente me animar, eu já estou muito frágil e esgotada.

Enfim, chegaram os negros dias de sua pequena atriz. Sobreviveremos também a isso. Maria Petrovna e Aleksieiev atuaram maravilhosamente; parece que Vichniévski agradou ao público.

Escreva-me pelo menos algumas linhas de consolo. [...]

Sua Olga Knípper

F III)

1. N.N. Sokolóvski. (N. F.)
2. Residência dos Tchékhov em Moscou.
3. Nemiróvitch-Dàntchenko. (N. F.)

61 ∾ De Tchékhov para Olga Knípper

30 de outubro de 1899
Ialta

Doce atriz e companheirazinha admirável,

A senhora pergunta se estou entusiasmado. Na verdade, foi só por meio de sua carta, do dia 27, que eu soube que *Tio Vânia* foi apresentado no dia 26. Os telegramas começaram a chegar na noite do dia 27, depois de eu já ter ido para a cama. Eles foram repetidos a mim pelo telefone. Cada vez que tocava, eu acordava e corria descalço na escuridão até o telefone, oferecendo-me um belo resfriado; mal adormecia, e outra vez tocava e mais outra. Essa foi a primeira vez que minha glória pessoal me impediu de dormir. Ao ir para cama na noite seguinte, coloquei meus chinelos e o roupão perto da cama, mas não houve mais nenhum telegrama.

Os telegramas continham nada mais que palavras sobre o número de chamadas das cortinas e o esplêndido sucesso alcançado, mas pude perceber algo forçado, algo muito evasivo em todos eles, o que me levou a concluir que vocês não estavam todos com tal entusiasmo. Os jornais recebidos hoje aqui confirmaram essa minha suposição. Sim, minha querida atriz, vocês, artistas do Teatro de Arte, não se satisfazem mais somente com o sucesso habitual, comum. Vocês precisam ter fogos de artifício, tiros de canhão e dinamite. A senhora está completamente mimada, ensurdecida com esses discursos ininterruptos sobre o sucesso, sobre teatros lotados e vazios; a senhora já está infectada com esse turbilhão vertiginoso e daqui a alguns anos a senhora não será adequada para mais nada! É muito para vocês todos!

Como vai a senhora e como se sente? Eu ainda estou no mesmo lugar e tudo permanece o mesmo: meu programa consiste de trabalho literário e plantio de árvores...

Não me esqueça e não deixe nossa amizade desvanecer, de maneira que nós dois possamos fazer uma outra viagem[1] para algum lugar no próximo verão. Até breve! Não nos veremos provavelmente antes de abril. Se vocês viessem a Ialta nesta primavera, poderiam se apresentar aqui e relaxar. Isso seria maravilhosamente artístico...

Aperto sua mão cordialmente. Meus cumprimentos para Anna Ivánovna[2] e seu tio militar.

Seu,
A. Tchékhov

Minha querida atriz, escreva, em nome de tudo o que é sagrado, ou eu ficarei solitário. É como se eu estivesse na prisão, e meu ânimo está muito baixo.

F IX)

1. Olga e Tchékhov tinham se encontrado em 18 de julho em Novorossisk, de onde partiram juntos para Ialta.
2. Mãe de Olga. Ela era professora de canto em um conservatório. (N. F.)

62 ~ De Maria Tchékhova para Tchékhov

31 de outubro de 1899
Moscou

A primeira apresentação de *Tio Vânia* não foi tão boa quanto o ensaio geral aberto, de acordo com o público e os atores. Isso era algo que os atores temiam como nunca. Knípper, quando a vi pela primeira vez, estava terrivelmente nervosa. Vichniévski também. Estive presente na segunda apresentação. Eles atuaram tão maravilhosamente que eu posso entender por que você gosta de Katitchka Nemiróvitch[1], que se virou para os atores e disse: "Hoje, vocês atuaram como jovens deuses". Fiquei comovida com o Primeiro e o Segundo Ato e chorei com prazer. Fui convidada a ir aos bastidores. Fui recebida por um entusiasmado Nemiróvitch, e depois os outros saíram de seus camarins, e houve cumprimentos muito calorosos. Não pude, naturalmente, expressar meu prazer com relação à atuação maravilhosa deles, especialmente Aleksieiev, que é o melhor de todos.

Knípper e Lilina estão bem doces. Artiom é bom (...).

O ato de que menos gostei foi o terceiro, embora outras pessoas gostem dele. Havia muito vai e vem. Vou assistir a ele novamente. O Quarto Ato criou outra grande impressão. Em uma palavra, é um grande sucesso. Não restou nenhum ingresso para a terceira apresentação, *i.e.*, para hoje. As pessoas não falam de outra coisa, a não ser da sua peça.

Pessoalmente, não acho que Lújski esteja bem. Ele faz um Professor desagradável, completamente oposto. A maioria das pessoas concorda com ele. Você realmente tem que escrever outra peça sem falta.

Todos enviam saudações e dizem que, se você tivesse estado aqui, eles não teriam tido receio algum.

F II)

1. Ekaterina, esposa de Nemiróvitch-Dântchenko. O nome Ekaterina tem como forma reduzida o nome Katia. Katitchka é uma forma carinhosa para o nome Katia.

63 ~ De Tchékhov para Olga Knípper

1º de novembro de 1899
Ialta

Compreendo seu estado de espírito, doce pequena atriz, compreendo-o perfeitamente, mas ainda assim, em seu lugar, eu não me atormentaria tanto. Nem o papel de Anna[1] nem a peça em si valem o abalo de suas emoções e nervos a tal ponto.

A peça é antiga[2] e já está datada, cheia de defeitos de todos os tipos; se mais da metade dos intérpretes não conseguiu achar o tom certo, isso quer dizer, naturalmente, que a falha é da peça. Esse é o primeiro ponto. Em segundo lugar, é preciso abandonar de uma vez por todas as preocupações que concernem ao sucesso e ao fracasso. Isso não lhe diz respeito. Seu dever é o de trabalhar pouco a pouco, um dia após o outro, em surdina, estar preparada para cometer erros, que são inevitáveis, para fracassar; em resumo, preservar cuidadosamente seu trabalho como atriz e deixar que os outros contem as chamadas de cortina. Escrever ou atuar e, ao mesmo tempo, julgar o que se faz, isso não é o que importa; é útil para os iniciantes.

Em terceiro lugar, o diretor telegrafou contando que a segunda apresentação foi muito boa, que todos atuaram maravilhosamente e que ele estava plenamente satisfeito.

Macha escreve que faz mau tempo em Moscou, que não devo ir, mas eu gostaria tanto de deixar Ialta, minha solidão já me incomoda. Sou um Johannes[3] sem esposa, um Johannes inculto e sem virtude. (...)

Comporte-se bem! Escreva-me que a senhora já se tranqüilizou e que tudo vai bem. Aperto sua mão.

Seu,
A. Tchékhov

F IX)

1. Os comentadores da correspondência de Tchékhov assinalam esse trecho como um engano do autor: a personagem feita por Olga em *Tio Vânia* chama-se Elena e não Anna. No entanto, pode não ser um engano do autor, mas simplesmente uma referência cruzada que Tchékhov faz, já que, na mesma temporada, Olga interpretava Elena em *Tio Vânia* e trabalhava também em Anna, na peça *Os Solitários*, de Hauptmann; assim, é provável que Tchékhov aludisse ao contexto geral das inquietações de Olga.
2. Em 1889-1890, Tchékhov havia escrito *O Demônio da Floresta* (é possível encontrar ainda a tradução com o nome de *O Silvano*). *Tio Vânia* seria uma adaptação desse primeiro texto, cujos retoques finais datam de 1896.
3. Personagem da peça de Hauptmann. Vide carta 52 para maiores detalhes.

64 ～ De Nemiróvitch-Dântchenko para Tchékhov

19 de novembro de 1899
Moscou

(...)
Estamos trabalhando atualmente em *Os Solitários*. Está muito difícil. Difícil porque me sinto impassível com relação aos truques insignificantes e à ornamentação externa que Aleksieiev está planejando; porque quero tratar de algumas das entonações e inflexões habituais de Meierhold – ele sempre tende para o vulgar –, e porque o elenco d' *Os Solitários* está realmente atuando muito e estão todos cansados, e, finalmente, porque não consigo me comover com a encenação. (...)

Enquanto isso o repertório depende de duas peças – *Ivan* e *Vânia*; a apresentação de *Hedda Gabler* não trouxe nada, e nós temos que seguir em frente. Ao mesmo tempo, a maior parte da companhia fica esperando e está deprimida sem ter nada o que fazer, enquanto a peça de Goslávski[1] fica à espera das minhas correções, e sem isso não dá para prosseguir. E temos que pensar no futuro, no outro teatro[2]. E eu tenho que manter um olho na rotina monótona do teatro. Etc., etc.

Às vezes, fica-se apático, pensa-se: "que diabos estou fazendo neste barco?". De repente, dá vontade de abandonar tudo, ir embora... para a Criméia talvez. A idéia de escrever atrai mais do que a de se ocupar com as trivialidades da vida teatral. Por conseguinte, começa-se a achar falhas em Aleksieiev, a perceber todas as diferenças de gosto e método...

Ao mesmo tempo fica-se cansado de tudo.
O que se pode fazer?
Ouvi dizer que você está escrevendo uma peça para o Mali. Não para o Mali, não creio. (...)

FII)

1. Evguiêni Petróvitch Goslávski, dramaturgo. A peça acabou não entrando para o repertório do teatro.
2. Aluguel de um novo espaço, pois o TAM na época ainda não possuía sede própria.

65 ∾ De Tchékhov para Nemiróvitch-Dântchenko

24 de novembro de 1899
Ialta

Caro Vladímir Ivánovitch, por favor não fique ofendido com meu silêncio. Toda minha correspondência ficou parada. Isso porque, primeiro, estou escrevendo; segundo, porque estou lendo as provas de Marks[1]; terceiro, porque tenho estado muito ocupado com pacientes de fora da cidade que vêm a mim por alguma razão. Ler as provas para Marks é enfadonho. Eu mal acabei o segundo volume; se soubesse antes que seria tão penoso, eu teria feito Marks me pagar não 75 mil, mas 175 mil. Os pacientes de fora da cidade são, em sua maioria, pobres e pedem que eu os ajude com providências gerais, assim tenho que falar e escrever muito.

Claro que estou desesperadamente entediado aqui. Trabalho durante o dia e, quando a noite está chegando, começo a me perguntar o que posso fazer, para onde posso ir. Quando o Segundo Ato está em andamento em seu teatro, eu já estou na cama. Acordo quando ainda está escuro, imagine o senhor, com o vento uivando e a chuva caindo.

Você está enganado ao supor que recebo "cartas de todos os cantos". Meus amigos e conhecidos não me escrevem o que quer que seja. Em todo esse tempo, recebi somente duas cartas de Vichniévski[2], e uma delas não conta, uma vez que Aleksander Leonidovitch comentava sobre críticos que eu não tinha lido. Recebi uma carta de Goslávski também, mas não conta da mesma forma porque era sobre negócios; negócios sem resposta.

Não estou escrevendo nenhuma peça. Tenho uma idéia para uma peça chamada *As Três Irmãs*, mas terá que esperar até que eu termine as histórias que têm afligido minha consciência por muito tempo. A próxima temporada não terá uma peça minha – isso é certo.

Minha *datcha*[3] em Ialta ficou muito boa, aconchegante, quente e atraente. O jardim ficará excepcional. Eu mesmo o estou plantando, com minhas próprias mãos. Plantei cem mudas de rosa sozinho – e todas das melhores e mais nobres variedades – e também cinqüenta acácias, muitas camélias, lírios, tuberosas, etc.

Há uma nota bem fraca em sua carta, lânguida e soando como se fosse tocada por um velho sino; aparece nos lugares onde você escreve sobre o teatro, sobre estar cansado dos aspectos triviais da vida no teatro. Por favor não canse, não perca o interesse, seja lá o que for que você faça! O Teatro de Arte representa as melhores páginas do livro que será escrito um dia sobre o teatro russo moderno. Esse teatro é o seu orgulho e é o único teatro que amo, embora eu não tenha ido lá uma só vez. Se eu morasse em Moscou, tentaria obter uma colocação na equipe, digamos que como um guarda, para dar alguma contribuição e, se possível, evitar que você perca o interesse nesse precioso empreendimento.

Chove a cântaros, e o quarto está escuro. Desejo-lhe saúde e felicidade.

Minhas respeitosas saudações. Por favor, dê meus cumprimentos a Ekaterina Nikoláievna[4] e a todos no teatro, especialmente a Olga Leonárdovna.

Seu,
Tchékhov

F XXII)

1. Tchékhov havia negociado a publicação integral de seus trabalhos com o editor Adolf Marks (1838-1904) em fevereiro de 1899.
2. Vide carta 45.
3. Casa de campo.
4. Esposa de Vladímir Nemiróvitch-Dântchenko.

66 ∽ De Nemiróvitch-Dântchenko para Tchékhov

28 de novembro de 1899
Moscou

(...)
Eu não posso dizer que fiquei indiferente com relação ao teatro. Mas a fadiga geralmente faz surgir em mim certa apatia. Isso é verdade. Veja, completamos somente um quarto do caminho. Temos ainda três quartos para percorrer. Estamos apenas começando. Nós ainda precisamos (só você entende): 1. um teatro, um edifício e todo seu equipamento; 2. alguns atores que não estejam arruinados completamente pelos clichês, mas que sejam inteligentes e talentosos; 3. um repertório imenso, conforme nossa capacidade e os recursos permitirem.

Ficarei contente quando finalmente puder dizer *feci quod potui* [1] – porque sempre ouvirei que nós "podemos" fazer mais e mais!

Além disso, estou envelhecendo rápido, durmo mal e meus nervos não atingem a tranqüilidade, a calma, o mero descanso físico, provocando mudanças prejudiciais, críticas de humor, essas mudanças de humor e tensão que só se encontram no meio teatral. Tenho quarenta anos e cada vez mais penso no fim, e isso me perturba e me aflige, obrigando-me a trabalhar e a satisfazer meu próprio ego. (...)

F II)

1. "Fiz o que pude." A expressão latina completa é *feci quod potui, faciant meliora potentes* (fiz o que pude, que façam melhor os que puderem).

67 ∽ De Tchékhov para Nemiróvitch-Dântchenko

3 de dezembro de 1899
Ialta

Meu caro Vladímir Ivánovitch,
Chegou uma resposta de Karpov[1]. Ele concorda em adiar a produção de *Tio Vânia* até ano que vem (ou mais exatamente até a próxima temporada). Agora resta a você agir "legalmente", como dizem os bons advogados. A

peça pertence a você, vá em frente, e eu fingirei que estou impotente para fazer qualquer coisa a respeito disso, uma vez que já concedi a peça a você.

[...] Posso lhe dizer de antemão que muito provavelmente São Petersburgo não gostará do Teatro de Arte[2]. Os escritores e atores de São Petersburgo são extremamente ciumentos, invejosos e superficiais (...).

[...] Você definitivamente quer ter uma peça para a próxima temporada. Mas suponha que não fique pronta? Tentarei, é claro, mas não garanto e não posso prometer nada. No entanto, discutiremos isso depois da Páscoa, quando, se é que posso acreditar em Vichniévski e nos jornais, sua trupe estará em Ialta. Então, realmente discutiremos as coisas...

Sim, você tem razão, é preciso refazer Aleksieiev-Trigórin[3] para o público de São Petersburgo, mesmo que superficialmente. Salpique um pouco de secreção tireóidea[4] em cima dele, ou algo parecido. Aleksieiev, que interpreta Trigórin como um impotente desanimado, irá embaraçar a todos naquela cidade, residência da maior parte dos nossos homens de letras. Acho a atuação de Aleksieiev, em seu conjunto, muito carregada[5] e não posso acreditar que ele esteja bem em *Tio Vânia*, embora todos escrevam que ele está realmente muito bem, muito bem mesmo. (...)

Fique bem. Lembranças a Ekaterina Nikoláievna, a Aleksieiev e a toda companhia. Aperto sua mão e dou-lhe um abraço.

Seu,
A. Tchékhov

F IX)

1. Evtíkhi Pávlovitch Karpov (1859-1926), dramaturgo, escritor e produtor teatral em vários teatros de São Petersburgo. (N.F)
2. Planejava-se, na época, excursionar com o repertório a São Petersburgo.
3. Stanislávski interpretou o escritor Trigórin na peça *A Gaivota*.
4. A tireóide produz tireoxina, que acelera o metabolismo do indivíduo.
5. Tchékhov tinha visto Stanislávski no papel de Trigórin em uma apresentação realizada especialmente para ele, em maio de 1899.

68 ~ De Górki para Tchékhov

início de janeiro de 1900
Níjni-Novgorod

Feliz Ano Novo! [...]

Vi recentemente em cena *Tio Vânia*[1]: a peça foi maravilhosamente interpretada (não sou especialista, e, quando uma peça me agrada, ela é sempre maravilhosamente interpretada). Ainda assim, esse *Tio Vânia* possui em si a virtude de obrigar mesmo os atores ruins a atuarem bem. Isso é um fato. Pois há peças que não podem ser arruinadas pela interpretação, e há outras que são justamente prejudicadas por uma boa interpretação. Não faz muito tempo, vi *O Poder das Trevas*[2] no Teatro Mali. Até agora, eu ria ao assistir a ela e até mesmo tinha certo prazer nisso; mas agora ela me parece detestável, caricatural, nunca mais irei vê-la. Devo isso aos bons artistas, cujo trabalho acentuava impiedosamente tudo o que a peça tinha de grosseiro, de ridículo. Acontece a mesma coisa na música: a elegia de Ernst[3] pode até mesmo ser interpretada por um mau violinista, mas algo medíocre interpretado por um virtuose torna-se algo realmente abominável.

Li sua "Dama"[4]. Sabe o que o senhor está fazendo? O senhor está matando o realismo. Ele estará morto em breve e para sempre. Esse modelo está ultrapassado, isso é um fato. Nessa direção ninguém pode ir mais longe que o senhor, ninguém pode escrever de modo tão simples sobre coisas tão simples. Depois do mais insignificante de seus contos, tudo parece grosseiro, escrito não com uma pena, mas com uma tora. E, principalmente, nada mais parece simples, quer dizer, verdadeiro. Acredite-me. (Há em Moscou um estudante, Gueorgui Tchúlkov[5], que o imita com muito sucesso e, palavra de honra, talvez ele tenha talento.) Sim, o senhor está a ponto de acabar com o realismo. Fico muito contente com isso. Que seja, dele já tivemos o bastante!

Honestamente, chegou o tempo em que o heroísmo se faz necessário: todos querem algo de excitante, de resplandecente, qualquer coisa, veja, que não se pareça com a vida, mas que a supere, qualquer coisa melhor, mais bela. É absolutamente necessário que a literatura atual comece a embelezar um pouco a vida, e, assim que isso acontecer, irá se viver mais prontamente, de maneira mais luminosa. Hoje, entretanto, veja como o olhar é torpe, triste, turvo, congelado!

O senhor faz um trabalho enorme com seus pequenos contos, despertando nas pessoas o desgosto desta vida adormecida, agonizante – ao diabo com ela! Sua "Dama" causou-me tal efeito que, imediatamente, tive vontade de trair minha esposa, sofrer, brigar e assim por diante. Não traí minha esposa – não tenho ninguém com quem fazer isso –, contentei-me em brigar feio com ela e com o marido de sua irmã, meu amigo íntimo. O senhor não esperava esse resultado, não é? E eu não estou brincando, isso tudo aconteceu como lhe contei. E não sou o único, não ria. Seus contos são frascos elegantemente lapidados, preenchidos com todos os aromas de vida, e, acredite-me, um bom nariz sempre distinguirá o perfume sutil, saudável e agradável da verdade autêntica, realmente preciosa e necessária. [...]

Sua atitude em relação a mim é curiosa, quer dizer, não exatamente curiosa, mas tremendamente, digamos, absurda. Ou melhor, não a sua, mas a minha atitude. Suas cartas causam-me uma impressão estranha, não somente neste momento em que estou muito transtornado, mas em geral. Gosto muito delas. Perdoe-me toda essa confusão: é que, veja, toda vez que eu lhe escrevo, gostaria de achar algo que o fizesse alegre e feliz, algo que o ajudasse a viver nesta terra tão repugnante. [...]

Escreva-me, por favor.

A. Péchkov

F XVII)

1. Sophia Angelides anota em seu trabalho, *Carta e Literatura: A Correspondência entre Tchékhov e Górki,* São Paulo, Edusp, 1992, que se trata da montagem realizada pelo Teatro de Arte de Moscou.
2. Peça de Lev Tolstói escrita em 1886, na qual o dramaturgo desenvolve a teoria da "não-resistência" ao mal. (N.F)
3. Trata-se do compositor alemão H. Ernst (1814-1865).
4. O conto "A Dama com o Cachorrinho".
5. Escritor que aderiu ao grupo dos simbolistas a partir de 1904.

69 ∾ De Górki para Tchékhov

janeiro de 1900
Níjni-Novgorod

Estive na casa de Tolstói. Desde então, já se passaram oito dias, e eu ainda não consigo formular minhas impressões. [...] Tudo o que ele falava era maravilhosamente simples, profundo e, se bem que às vezes totalmente equivocado, sempre extraordinário, na minha opinião. Mas, sobretudo, muito simples. No final das contas, ele é toda uma orquestra, mas os trompetes não estão sempre todos tocando em uníssono. E isso é muito bom, pois é muito humano. No fundo, é algo idiota chamar um homem de gênio. O que é um gênio? É uma noção completamente incompreensível. É muito mais simples e claro dizer: Lev Tolstói. É curto e perfeitamente original.
[...]
Fiquei mais de três horas na casa dele, depois fui ao teatro e cheguei para o Terceiro Ato de *Tio Vânia*. Sempre *Tio Vânia*. Sempre. E voltarei para assistir a ele mais uma vez, mantendo meu lugar. Não o considero uma pérola, mas vejo nele mais reflexão que nos outros. Ele transborda pensamentos, símbolos, e a sua forma faz com que seja um trabalho inteiramente original, incomparável. Pena que Vichniévski não compreenda o tio, mas todos os outros estão maravilhosos. Stanislávski não faz Ástrov totalmente como deveria ser. No entanto, todos atuam admiravelmente bem. O Teatro Mali é de uma grosseria surpreendente em comparação com essa companhia. Que artistas inteligentes, cultos, quanta sensibilidade artística; a Knípper é uma artista maravilhosa, uma mulher encantadora e uma cabeça inteligente. Todos, inclusive o criado Grigori, estavam excelentes; todos sabiam muito precisamente o que faziam e, palavra de honra, pode-se perdoar até mesmo o equívoco de Vichniévski a favor de sua atuação. No conjunto, essa companhia deixou-me a impressão de um empreendimento sólido, sério, de um grande empreendimento. E a ausência de música, a cortina que se afasta para as laterais em vez de subir, tudo isso funciona perfeitamente. Não podia sequer imaginar, veja o senhor, semelhante atuação e encenação. Bravo! Lamento não morar em Moscou, só se iria ver a minha pessoa nesse teatro maravilhoso. [...]

Seu A. Péchkov

F XVII)

70 ~ De Tchékhov para Olga Knípper

2 de janeiro de 1900
Ialta

Saudações, doce atriz! Está brava por eu não lhe escrever por tanto tempo? Eu lhe escrevi freqüentemente, mas a senhora não recebeu minhas cartas porque elas foram interceptadas no correio por um conhecido nosso.

Desejo-lhe um feliz Ano Novo. Desejo-lhe toda a felicidade e atiro-me a seus pés em adoração. Seja feliz, próspera, saudável e jovial.

Estamos passando muito bem, comemos muito, conversamos muito, rimos muito, e seu nome sempre é lembrado em nossas conversas.[...]

Não a cumprimentei pelo sucesso d' *Os Solitários*. Ainda alimento a ilusão de que todos vocês virão a Ialta, que assistirei à representação e poderei, então, realmente cumprimentá-la com toda a minha sinceridade. Escrevi para Meierhold e tentei persuadi-lo a não ser tão extremado na representação de uma pessoa nervosa. A maioria das pessoas é certamente nervosa e sofre, muitas delas experienciam profunda dor, mas onde – em público ou na intimidade – a senhora viu pessoas se jogando por aí, pulando ou arrancando os cabelos com as mãos? O sofrimento deve ser representado como é na vida, ou seja, não com movimentos de braços e pernas, mas com o tom de voz ou uma expressão facial; não pela gesticulação, mas por meio de movimentos delicados. Emoção sutil, característica das pessoas cultas, precisa ser expressada delicadamente. A senhora dirá que é uma convenção teatral. Nenhuma convenção justifica a falsidade.

Minha irmã contou-me que a senhora interpretou Anna maravilhosamente. Ah, se o Teatro de Arte viesse a Ialta!

[...]

Bem, desejo-lhe saúde, minha doce, excepcional atriz. Estou com saudades.

Seu,
A. Tchékhov

Quando a senhora vai me enviar sua fotografia?
Que crueldade!

F XXII)

71 ~ De Maria Tchékhova para Tchékhov

2 de fevereiro de 1900
Moscou

(...)
Nemiróvitch esteve aqui e pediu que você desse uma resposta definitiva, e, claro, espero que uma resposta positiva; do contrário eles, *i.e.*, o Teatro de Arte, estão perdidos. Você está escrevendo uma peça para a próxima temporada? A administração concordará com todas as suas condições. Suas peças continuam tendo boa bilheteria. Imploro a você: escreva uma peça, senão a temporada será entediante. (...)

F II)

72 ~ De Nemiróvitch-Dântchenko para Stanislávski

meados de fevereiro de 1900
Moscou

(...)
Será que comecei este negócio com o senhor para que um capitalista qualquer[1] chegasse a mim pensando que poderia me transformar – como poderei dizê-lo? – em algum tipo de secretário?

F II)

1. Nemiróvitch-Dântchenko refere-se a Morózov.

73 ∾ De Stanislávski para Nemiróvitch-Dântchenko

meados de fevereiro de 1900
Moscou

Caro Vladímir Ivánovitch,
Dou-lhe minha palavra de que estou escrevendo esta carta bem calmamente, mas estou tão perturbado e sinto-me tão mal que começo a temer por minha sanidade mental; passo o dia excessivamente irritado, à noite não durmo *de jeito nenhum*. Estou vivendo à base de calmantes e sedativos. Assim, coloque-se em meu lugar e tente não ser severo. Cartas como a sua última eu conheço *muito bem*. Recebi cartas como essa há doze anos, e foi o começo do fim da Sociedade de Arte e Literatura. (...) Creio que o senhor se convenceu de que eu posso sacrificar qualquer coisa em prol desse nosso empreendimento. Por causa dele tento, até onde posso, suprimir meu próprio ego. Por causa dele coloco-me em posições bastante estranhas e, às vezes, absurdas. Estou preparado para compartilhar meu trabalho e sucesso com qualquer um, caminhando entre o orgulho das pessoas, tentando discretamente impedir as fendas; não só cedi dinheiro como, para ter o direito de trabalhar em um empreendimento que amo, tiro 10 mil rublos de meu orçamento, coloco meu último centavo no negócio, privo minha família e a mim mesmo das coisas mais necessárias, tentando sobreviver de alguma maneira enquanto espero pacientemente que todas as dívidas finalmente sejam saldadas de forma que eu possa restituir o que é meu de direito. Quando todo o egoísmo e as ambições dos acionistas explodem e eles começam a falar do orgulho ferido deles, dos direitos deles, etc., eu seguro minha língua e considero os resultados das disputas deles, *i.e.*, as perdas financeiras. Prokofiev vai à falência, e silenciosamente recolho as conseqüências. Eu me conformo com o fato de que (freqüentemente) não atuo nem dirijo, coisas que desejo muito fazer, mas faço o que tenho que fazer, não o que gostaria de fazer. Em resumo, estou arruinando-me financeira e mentalmente, sem reclamação, contanto que meus nervos não sejam pressionados até o ponto de colapso. Essa é a fase que obviamente alcançamos agora, e, como o senhor pode ver, comecei a espernear. Na realidade, estou aborrecido e cansado com o fato de que todo o mundo parece ter o direito de falar sobre si, *menos* eu, e isso é injusto.

Assim, embora esteja pronto para qualquer tipo de sacrifício, há uma coisa que não aceitarei *de forma alguma*. Eu não farei o papel de idiota. O que agora estou bem perto de fazer. O senhor e Morózov[1] não conseguem ou não irão se entender. Parece que haverá brigas e disputas, e supõe-se que eu fique no meio e leve a surra. Não, isso não ocorrerá, e meus nervos não agüentarão isso. Eu não permanecerei no teatro se o senhor se for. Começamos isso juntos e deveríamos juntos conduzir isso. Percebo no senhor, claro que, como em qualquer ser humano, certos defeitos, mas, ao mesmo tempo, *aprecio muito suas diversas qualidades* e, especialmente, a boa relação que o senhor tem comigo e com meu trabalho. Sem Morózov (...) não posso permanecer de forma alguma no teatro. Por quê? Porque prezo as boas qualidades de Morózov. Eu não tenho a menor dúvida de que ele é um enviado do céu, e uma ajuda como essa só aparece uma vez na vida. E, finalmente, porque tenho esperado por um homem como ele desde que comecei no teatro (assim como esperei pelo senhor). Lembre-se, não possuo dinheiro algum, sou pai de família e não tenho *nenhum direito* de arriscar minhas posses. (...) Acredito cegamente (...) na honestidade de Morózov. Minha confiança nele é tão sólida que não mantenho nenhum acordo escrito com ele. É supérfluo. (...) Se duas pessoas guiadas por um propósito comum não podem chegar a um acordo oral, como poderá um pedaço de papel ajudar? No futuro, não tenho intenção alguma de tomar parte em um jogo duplo, tentando reconciliar Morózov com Nemiróvitch e vice-versa. Se o conflito for inevitável, então que ele aconteça depressa e que nosso empreendimento seja destruído enquanto ainda será notado; deixe que nós, os russos, provemos mais uma vez que estamos podres até a alma e que o egoísmo pessoal e a ambição insignificante destruirão qualquer coisa que valha a pena. Em nosso caso, isso ficará mais que amplamente demonstrado, uma vez que, na história do teatro, nunca houve uma página mais gloriosa que a que escrevemos nos últimos dois anos. Se isso acontecer, então eu cuspirei no teatro e na arte e irei ganhar dinheiro na fábrica. Que o diabo fique com esse tipo de arte! (...)

F II)

---

1. Sávva Timoféievitch Morózov (1862-1905), industrial do ramo ferroviário que subsidiou o TAM desde o primeiro ano da companhia.

74 ∽ De Tchékhov para Górki

15 de fevereiro de 1900
Ialta

Caro Aleksiei Maksímovitch,
Seu artigo na *Gazeta de Níjni-Novgorod* foi um bálsamo para a minha alma. Como o senhor tem talento! Eu não consigo escrever nada além de ficção, enquanto o senhor possui uma pluma de crítico admirável.
[...]
Lamento tanto que o senhor tenha mudado de idéia com relação à sua viagem para Ialta. O Teatro de Arte de Moscou estará aqui em maio. Haverá cinco apresentações, e depois eles ficarão aqui para ensaiar. Venha, nos ensaios o senhor aprenderá tudo sobre as convenções cênicas e, então, escreverá uma peça em cinco ou oito dias, que eu acolherei com muita alegria, com todo meu coração.
Exato, agora tenho o direito de mostrar os meus quarenta anos, já não sou um jovem rapaz. Eu era o escritor mais jovem de todos, mas aí o senhor apareceu, e eu instantaneamente envelheci, e agora ninguém mais diz que sou o mais jovem de todos. Aperto-lhe a mão. Mantenha-se bem.

Seu,
A. Tchékhov

F IX)

75 ∽ De Tchékhov para Górki

6 de março de 1900
Ialta

Caro Aleksiei Maksímovitch,
O Teatro de Arte irá se apresentar de 10 a 15 de abril em Sebastopol e, do dia 16 ao 21, em Ialta. Serão apresentados *Tio Vânia*, *A Gaivota*, *Os Solitários*, de Hauptmann, e *Hedda Glaber*, de Ibsen. Venha sem falta. É preciso que o senhor se aproxime um pouco mais desse teatro e estude-o a fim de

Stanislávski (de pé, no centro), Nemiróvitch-Dântchencko, Tchékhov, Górki (de pé, à direita) e grupo de atores do TAM, Ialta, 1900.

FONTE B

escrever uma peça. Veja, se o senhor assistisse aos ensaios, afinaria mais a mão. Não há nada melhor que a confusão dos ensaios para nos familiarizar com as convenções cênicas. [...]

Seu,
A. Tchékhov

O Teatro de Arte trará seus cenários[1].

F XVII)

1. Tchékhov havia visto o espetáculo *A Gaivota* sem os cenários, vide carta 44.

76 ∽ De Tchékhov para Górki

7 de junho de 1900
Ialta

[...]
O senhor já escreveu uma peça? Escreva, escreva, simplesmente escreva, em língua corrente, familiar [...]. Como prometido, envie a peça para mim; irei lê-la e escreverei ao senhor minha opinião sincera, sublinharei a lápis as palavras inadequadas à cena. Cumprirei todas as minhas promessas; e o senhor, escreva, eu lhe peço, não perca tempo, não deixe a inspiração se dissipar.
[...]

Seu,
A. Tchékhov

F XVII)

77 ∽ De Górki para Tchékhov

primeira quinzena de julho de 1900
Manuílovka

Meu drama não avança, caro Anton Pávlovitch. Não consigo entender para que serve o Terceiro Ato. De minha reflexão, concluí que o Primeiro Ato está travado, o Segundo atrapalha, o Terceiro desata. Continuo, no entanto, a trabalhar, mantendo sempre presente em minha mente o conselho

de Chtcheglov¹: antes de tudo, escreva uma tragédia em cinco atos, ao fim de um ano tire daí um drama em três atos, depois de um ano, um *vaudeville* em um ato; no final de mais um ano, queime o *vaudeville* e case com uma mulher rica [...]. Aliás, parece-me que não foi Chtcheglov quem fez essa recomendação, mas algum outro.
[...]

Seu,
A. Péchkov

F XVII)

1. Pseudônimo de I. L. Leóntiev (1856-1911), autor de romances, contos, comédias e *vaudevilles*. (N.F)

78 ~ De Górki para Tchékhov

segunda quinzena de agosto de 1900
Manuílovka

Tenho a honra de anunciar, caro Anton Pávlovitch, que o drama de Maksim Górki, escrito com o suor do rosto até o Terceiro Ato, encontrou um final feliz. Estourou de tédio sob a abundância das anotações. Depois de tê-lo rasgado em pequenos pedaços, suspirei de satisfação e agora faço um romance dele.

Falando sério, este fracasso me desagrada muito. Menos pelo fracasso em si, que pelo papelão que farei diante de Aleksieiev e Dântchenko. Com o senhor, vou me justificar: quer dizer, escreverei um drama, de qualquer maneira. Sem falta! Sabe, essa é uma disciplina muito curiosa, que ensina o valor das palavras. Pretende-se dizer: "ele olhou para o armário com um sorriso", e não se pode! No começo, tinha a sensação de que alguém ficava nas minhas costas prestes a gritar: "não se atreva!".
[...]
Tenho muita vontade de encontrá-lo.
[...]
Aperto-lhe a mão bem forte e desejo-lhe todo tipo de felicidade.

A. Péchkov

F XVII)

79 ∼ DE TCHÉKHOV PARA VICHNIÉVSKI [1]

5 de agosto de 1900

(...)
Estou escrevendo uma peça, já escrevi um bocado, mas não posso avaliá-la até que chegue a Moscou. Talvez o que eu esteja produzindo não seja uma peça, mas tolices entediantes da Criméia. Chama-se *As Três Irmãs* (como o senhor já sabe), e escrevi um papel para o senhor, o de um professor de liceu, o marido de uma das irmãs[2]. O senhor vestirá um casaco de professor e terá uma medalha pendurada no pescoço. Se a peça não for boa para esta temporada, irei modificá-la para a próxima.
(...)

F XI)

1. Vide carta 45. O ator se correspondia com Tchékhov (vide carta 65) e mantinha contato com ele (vide carta 67).
2. Trata-se da personagem Fiódor Ilitch Kulíguin, marido de Macha.

80 ∼ DE STANISLÁVSKI PARA NEMIRÓVITCH-DÂNTCHENKO

9 de agosto de 1900
Alupka

(...)
Estou lhe escrevendo em segredo absoluto. Ontem consegui arrancar de Tchékhov[1] a informação de que ele vai para Gursuf amanhã para escrever. Ele estará de volta em Alupka dentro de uma semana e, então, lerá o que escreveu. Ele espera poder entregar a peça no dia 1º de setembro [...]. Está escrevendo uma peça sobre a vida dos militares. Sei que podemos esperar bons papéis para Meierhold, Knípper, Jeliabújskaia[2], Vichniévski e Kalújski. *Repito: dei minha palavra de que tudo isso ficaria em absoluto segredo*. Mas o senhor precisa saber. Creio que será mais fácil liberar o senhor no começo da temporada do que antes da estréia. Precisamos pensar nisso e dar-lhe a oportunidade de descansar e acabar sua peça.
(...)
Entrarei no fundamental rapidamente, quer dizer, no plano de cena para *Quando Despertarmos de Entre os Mortos*[3]. O senhor quer modificar o

Stanislávski e Lilina, 1900.
FONTE B

cenário? Claro, modifique-o, se o plano estiver interessante e a encenação toda for na direção certa, *i.e.*, não em direção ao convencional, mas em direção à vida. Não considere meus planos perfeitos, particularmente no caso de *Quando Despertarmos*[4], para o qual não dei muita atenção.

F II)

1. Stanislávski havia visitado Tchékhov, aproveitando a ocasião para tentar obter maiores informações sobre a peça que o dramaturgo estava escrevendo para o TAM, cujas negociações remontavam a fevereiro de 1900 (vide carta 71).
2. Trata-se da atriz Maria Fiódorovna (Jeliabújskaia) Andreieva.
3. Peça de Henrik Ibsen.
4. Stanislávski trabalhava também sobre os planos de encenação da peça *O Inimigo do Povo*, de Ibsen.

81 ∾ De Tchékhov para Olga Knípper

18 de agosto de 1900
Ialta

Minha doce pequena[1],

Aqui estão as respostas para as perguntas que jorram de suas cartas. Não estou trabalhando em Gursuf, mas em Ialta, e sou incomodado vil e cruelmente. A peça está completa em minha cabeça, tomou forma onde minha imaginação cessou e suplica para ser fixada no papel, mas, mal coloco uma folha na minha frente, a porta abre, e uma carranca qualquer se intromete. Não sei como vai ser, mas o começo não está ruim, bem homogêneo, acho eu.

Nós iremos nos encontrar? Sim, vamos, mas quando? No começo de setembro, com toda probabilidade. Estou solitário e de mau humor. [...]

Mantenha-se bem...

Seu Antônio[2]

Vichniévski não escreve e está provavelmente bravo. Só por causa disso, escreverei um papel ruim para ele.

F III)

1. Depois da temporada em Ialta (vide carta 75), há uma mudança no emprego dos pronomes de tratamento na correspondência entre os dois: o pronome *Ds*, uma forma respeitosa de tratamento que corresponde ao pronome *vous* francês, desaparece e surge o tratamento na segunda pessoa *Ns*, forma correspondente ao *tu* francês. Por isso, doravante, será utilizado você no lugar de senhor/ senhora.

2. Anton, Antônio, Antoine, Antocha são variações empregadas nas cartas pelo próprio missivista e que foram mantidas neste trabalho.

82 ∼ De Tchékhov para Olga Knípper

20 de agosto de 1900
Ialta

(...)
A peça parecia ter um bom começo, mas eu me desinteressei dela, parecia vulgar, e agora não sei o que fazer. O fato é que uma peça precisa ser escrita continuamente, sem paradas, todas as manhãs – quero dizer, de manhã bem cedo, quando estou sozinho e não há ninguém para interromper.
(...)

F II)

83 ∼ De Nemiróvitch-Dântchenko para Stanislávski

21 de agosto de 1900
Moscou

(...)
Katchálov é a nossa grande esperança. Quando o senhor conhecê-lo melhor nos ensaios, verá como o talento dele é impressionante, simplesmente impressionante. Uma figura esplêndida, bem proporcionada, sem qualquer tipo de vulgaridade gestual, uma fisionomia distinta, na qual pode-se criar a máscara de um homem inteligente e inspirado, uma voz *celestial*. E – isso é novidade para o senhor – uma personalidade confiante e ardente. Com tais dotes, esse é o jovem ator que poderemos transformar em um notável ator principal.
(...)

F II)

84 ~ De Nemiróvitch-Dântchenko para Olga Knípper

agosto de 1900
Moscou

Hesitei muito tempo entre falar com a senhora e lhe escrever. Escrever ganhou. Talvez seja melhor, uma vez que estou muito bravo e posso dizer bobagens.

Minha querida Olga Leonárdovna! O que a senhora pensa que está fazendo consigo mesma? Dê uma olhada em si *como atriz*. Faça um esforço. Houve quatro ensaios[1] nos quais a senhora me proporcionou momentos pavorosos. Tentei ver se Maria Petrovna[2] poderia ter um pouco de influência sobre a senhora, mas nada disso adiantou. Durante os ensaios, a senhora fica como se tivesse sido condenada à prisão numa solitária, ou usa seus momentos de folga para fechar os olhos e se isolar do esgotamento completo, tampouco consegue resistir a um bocejo de cansaço. E a senhora não está fazendo *nenhum* trabalho em casa, nem demonstra o mínimo de entusiasmo artístico.

Estremeço de indignação apenas com a idéia de que, enquanto seus colegas estão esticando cada nervo, quando todos os nossos esforços são necessários para o *trabalho*, quando é fundamental que a senhora goste deste trabalho, a senhora fica pisoteando seu talento com uma falta infame de consideração e prepara um novo papel e uma peça com a negligência digna de uma atriz provinciana.

Preferiria não usar palavras tão severas. Tenho esse direito, visto que não há ninguém, dentre esses que a cercam – se é que eles podem apreciar sua grandeza artística –, que faria isso assim.

Preferiria não dizer muito sobre o quão profundamente insultante é isso, que deveríamos estar conversando sobre uma peça na qual estou trabalhando com tanto entusiasmo.

F II)

1. Ensaios do espetáculo *Quando Despertarmos de Entre os Mortos*, de Ibsen. (N.F)
2. Lilina, esposa de Stanislávski.

85 ~ De Meierhold para Tchékhov

4 de setembro de 1900
Moscou

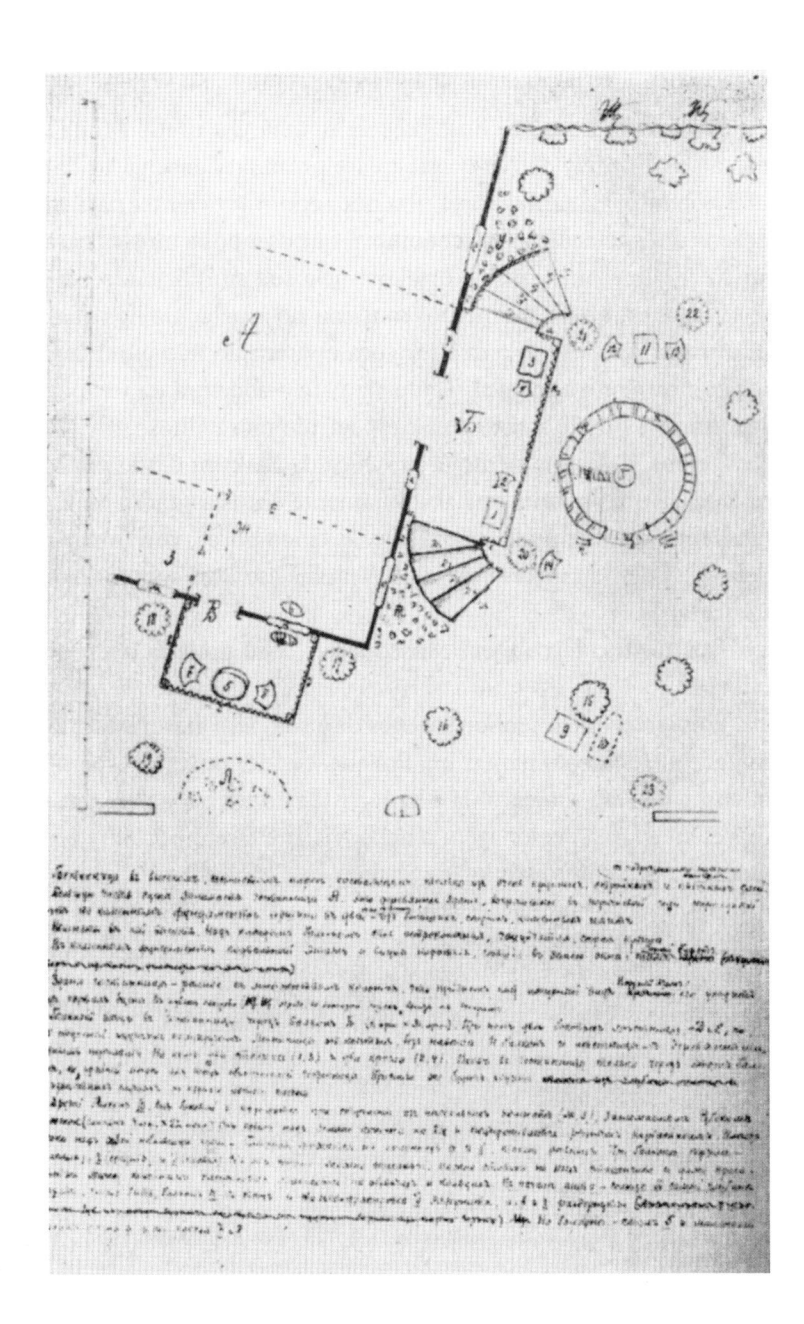

Manuscrito de Vladímir Nemiróvitch-Dântchenko: plano de direção do Primeiro Ato da peça Quando Despertamos de Entre os Mortos *de Henrik Ibsen.*

FONTE A

[...]
No teatro, correria. Ensaios pela manhã e à noite. Muita gente, animação. *A Donzela da Neve*[1] está quase pronta. A encenação da peça é impressionante. Há tantas cores nela que seriam suficientes para montar uma dezena de espetáculos. Gretcháninov[2], que compôs a música para *A Donzela da Neve*, superou Rímski-Kórsakov[3] pela sua simplicidade e ingenuidade, colorido e estilo. Há momentos musicais no espetáculo nos quais o público estoura de rir. E, veja, o que provoca essa reação não é o diálogo da peça, mas unicamente a música. Tente vir para a abertura da temporada (20 de setembro) a fim de assistir a esse espetáculo maravilhoso.

Temos, nesse momento, a presença de Maksim Górki em Moscou. Ele não perde um ensaio e está absolutamente entusiasmado. Maria Pavlovna[4] também assistiu a um ensaio. Hoje, às cinco horas, vou tomar chá na casa dela. [...] Górki também estará lá. Vou lhe escrever contando como passamos a tarde.

Faz um frio terrível em Moscou. [...] Isso poderia deter o senhor em Ialta.

É possível que o senhor não nos dê a sua peça ainda este ano? Isso seria um grande desgosto para mim. Porque, eu lhe confesso, espero ter um pequeno papel em sua peça. Já é bem triste não ter nada para fazer e, depois, representar uma personagem tchekhoviana é tão importante e interessante quanto representar Hamlet, de Shakespeare.

Desejo-lhe muito sucesso.
Até à vista!

Vsievolod Meierhold,
que o estima

F VIII)

1. Peça de Aleksandr Nikolaevitch Ostróvski (1823-1886). Fábula dramática escrita em 1873, com a qual o autor mostra seu domínio no conhecimento de músicas folclóricas russas, provérbios e poesia popular.
2. Aleksandr Tíkhonovitch Gretcháninov (1864-1956), compositor russo. Foi o responsável pela trilha sonora dos espetáculos anteriores do TAM, *Tsar Fiódor Ioannóvitch* (1898) e *A Morte de Ivan, o Terrível* (1899). Tornou-se conhecido por suas canções e corais infantis. Em 1922 sai da Rússia, vive em Paris até 1925 e, a partir de 1939, nos Estados Unidos.
3. Rímski-Kórsakov havia composto a ópera *A Donzela da Neve* em 1880. O compositor também escreveu o libreto da obra, tendo como base a peça de Ostróvski. A ópera estreou em São Petersburgo em 10 de fevereiro de 1882.
4. Irmã de Tchékhov.

86 ∾ De Górki para Tchékhov

primeira quinzena de setembro de 1900

[...]
Os jornais mexericam¹ a torto e a direito. Não escrevi nenhuma peça e não estou escrevendo nada no momento. [...] O fracasso não me dá medo; elogiaram-me em todos os lugares, mas o alarido desses elogios não me inquietou. Sei muito bem que não tardarão a ladrar gratuitamente e bem forte.

Mas tudo isso não é interessante, caro Anton Pávlovitch. O fato importante é *A Donzela da Neve*. Um grande acontecimento, acredite-me. Ainda que eu compreenda mal, sinto quase sempre, infalivelmente, o que é belo e o que é importante no campo da arte. A peça é maravilhosamente encenada², com excelência, é algo surpreendente. Assisti aos ensaios sem os figurinos e sem os cenários, mas saí da Sala Romanovskaia encantado, emocionado até às lágrimas. Como atuam bem – Moskvín, Katchálov, Gribúnin, Olga Leonárdovna, Savítskaia! Todos são bons, um melhor que o outro: são como anjos do céu enviados para transmitir aos homens as profundezas da beleza e da poesia.

Dia 20 irei a Moscou para ver a estréia, custe o que custar.
[...]
Todos estão entusiasmados com *A Donzela da Neve*. O senhor deveria ver como Moskvín está bem no papel de indigente, Katchálov no papel de tsar e Olga Leonárdovna como Lel. Ela terá um sucesso estrondoso, com certeza. [...] Ela fisga o público com seu canto, além da beleza e inteligência de sua atuação. A música d'*A Donzela da Neve* é ricamente colorida, ainda que seja obra desse sujeito, Gretcháninov. [...] Ele ama a música popular, ele a conhece e consegue senti-la bem.

O Teatro de Arte é tão belo, é algo tão importante quanto a Galeria Tretiakov, quanto Basílio, o Bem-Aventurado³, e o melhor de Moscou. É impossível não gostar desse teatro, e seria um crime, por Deus, não trabalhar para ele!

Sabe, *A Donzela da Neve* encheu-me com uma alegria transbordante, se bem que eu tenha visto em Moscou coisas terrivelmente tristes [...].
[...]
Boa sorte.

Seu A. Péchkov

F XVII)

1. Na época, a imprensa especulava sobre Górki estar escrevendo uma peça, suspeita que foi reforçada pela presença assídua do escritor nos ensaios e nas apresentações do Teatro de Arte.
2. Stanislávski e Sânin foram os responsáveis pela encenação do espetáculo.
3. Trata-se provavelmente da Catedral de São Basílio, com suas ogivas coloridas e paredes avermelhadas, um dos principais cartões-postais da cidade.

87 ∼ De Tchékhov para Maria Tchékhova

9 de setembro de 1900
Ialta

Querida Macha,
[...]
Escrever *As Três Irmãs* tem sido muito difícil, mais difícil que as minhas peças anteriores. Mas não importa, talvez tudo acabe bem, se não agora, então para a próxima temporada. A propósito, posso dizer que escrever em Ialta é um trabalho duro: as pessoas ficam me incomodando; além disso, pareço estar escrevendo sem nenhum objetivo e não gosto hoje do que escrevi na véspera. (...)

Seu,
A. Tchékhov

F IX)

88 ∼ De Tchékhov para Olga Knípper

15 de setembro de 1900
Ialta

[...]
No que concerne à minha peça, ela estará acabada cedo ou tarde, em setembro, outubro ou mesmo novembro; mas, se ela vai ser montada durante esta temporada eu não sei, minha querida velhinha[1]. Se eu não resolver isso é porque, primeiro, a peça talvez não esteja pronta, permanece ainda um pouco na mesa de trabalho, e, segundo, devo de qualquer maneira assistir aos ensaios, de qualquer maneira! Quatro papéis femininos de grande responsabilidade, quatro jovens cultas, não posso deixá-las a cargo de Aleksieiev,

Manuscrito de Anton Tchékhov – página da peça As Três Irmãs, *Segundo Ato.*

FONTE A

por mais que eu tenha consideração pelo talento e pela perspicácia dele. É necessário que eu assista aos ensaios, nem que for com os cantos dos olhos.
A doença atrasou a peça, agora é a preguiça. Mas isso não é nada. [...]
Como vai você? Bem? Engordou ou emagreceu? Escreva-me tudo.
Eu a beijo forte, até desmaiar, até perder a cabeça. Não se esqueça de seu

Antônio

F III)

1. Há troca de apelidos carinhosos entre os dois. Tchékhov assinava como "Toto", "Santo monge Antoni" e outros. Olga assinava como "Knipchits", "seu cachorrinho" (no masculino), entre outros.

89 ∽ De Olga Knípper para Tchékhov

24 de setembro de 1900
Moscou

Por que você não vem, Anton? Não compreendo. Não escrevi porque estava esperando você, porque queria muito vê-lo. O que o prende aí? O que o atormenta? [...]

Aqui sempre faz calor, faz bom tempo, você viveria perfeitamente bem, escreveria, nós poderíamos nos amar, ficar juntos. Assim seria muito mais fácil suportar a separação por alguns meses. Eu não poderei passar o inverno se não puder vê-lo. [...]

Anton, meu querido, meu amado, venha. Você não quer me conhecer, ou a idéia de querer unir seu destino ao meu lhe pesa? Escreva-me sobre isso sinceramente, entre nós tudo deve ser puro e transparente, não somos mais crianças, nem você nem eu. Diga tudo o que está em seu coração, pergunte-me tudo, e eu irei lhe responder. Você não me ama? [...]

Bem, pense sobre isso e responda para

sua Olga

F III)

90 ～ De Tchékhov para Olga Knípper

27 de setembro de 1900
Ialta

Minha doce pequena Olia, minha pequena atriz maravilhosa,
Por que esse tom, por que esse espírito queixoso e rabugento? Sou realmente tão culpado assim? Então, desculpe-me, minha querida, minha boa garota, não fique zangada, pois não tenho tanta culpa como seus receios incitam você a supor. Eu lhe asseguro, minha querida, a única razão pela qual ainda não parti para Moscou é porque não tenho me sentido bem, palavra de honra. Honesta e verdadeiramente! Não me acredita?
Devo permanecer trabalhando em Ialta até o dia 10 de outubro, depois partirei para Moscou ou para o exterior, dependendo de minha saúde. Em qualquer caso, vou continuar a lhe escrever.
[...]
Fique de olhos abertos e escreva detalhadamente como foi *A Donzela da Neve*, como estão indo as apresentações de modo geral, qual é o sentimento da companhia, a reação do público e assim por diante. Certamente você não está na minha situação; você tem muito assunto para escrever nas cartas, mais do que consegue administrar; eu não tenho nada para contar, além do fato de que hoje peguei dois ratos. (...)
A julgar pelo tom geral de sua carta, você deseja e espera algum tipo de explicação, alguma espécie de longa conversa conduzida com pesadas expressões em nossas faces e com conclusões monumentais esboçadas. Mas eu não sei o que lhe dizer, exceto a única coisa que tenho repetido 10 mil vezes e que provavelmente continuarei repetindo por um longo tempo pela frente, *i.e.*, que eu amo você – isso é tudo. Se nós não estamos juntos agora, não é por sua ou minha culpa, mas por culpa do demônio, que me encheu de bacilos[1] e encheu você com o amor à arte.
[...]
Quais são as novidades no teatro? Por favor, escreva.

Seu Antoine

F IX)

---

1. Tchékhov tinha tuberculose, que havia sido diagnosticada na primavera de 1897.

91 ∽ De Tchékhov para Olga Knípper

28 de setembro de 1900
Ialta

Minha doce Olia,
[...]
Hoje li as primeiras críticas de *A Donzela da Neve* – eles gostam só do começo e depois se cansam, como se fosse um jogo. Minha opinião é que seu teatro deveria montar somente peças contemporâneas, nada mais! Vocês deveriam tratar da vida contemporânea, da vida no meio da *intelligentsia*[1], que é negligenciada em outros teatros devido à falta absoluta de intelectualidade neles e, em parte, carência de talento.

Não recebo cartas de ninguém. Nemiróvitch parece que ficou bravo e não me mandou uma linha sequer durante esse tempo todo. Meus parentes não escrevem. *Os Solitários* agradaram? Deve ter ido relativamente melhor que *A Donzela da Neve*.

E, então, mantenha-se bem e feliz. Oh, que papel tem para você n' *As Três Irmãs*! Que papel! Se você me der dez rublos será seu; do contrário, irei entregá-lo a uma outra atriz. Não mostrarei *As Três Irmãs* para esta temporada; deixe que a peça descanse um pouco e amadureça [...].

Não há nada de novo.

Seu Antoine

F IX)

1. Intelectuais.

92 ∽ De Meierhold para Tchékhov

1° de outubro de 1900
Moscou

Caro Anton Pávlovitch!
[...]
A temporada abriu uma semana atrás. [...] *A Donzela da Neve*, que consumiu tanto vigor dos atores, tanta energia nervosa, tanta imaginação

do diretor e tanto dinheiro foi um fracasso completo. Todos os envolvidos estão deprimidos e prosseguem trabalhando preocupados, abatidos... Indiferente à beleza da peça e à sutileza de sua intenção, o público não cessa de criticar, tomando opiniões retiradas de diferentes publicações. Todos estão inquietos. Qual é a razão para tudo isso?

É bem evidente que *A Donzela da Neve* está obsoleta. É bem evidente que, nos tempos de hoje, em que tudo cai sobre nossas cabeças, um apelo à beleza pura não é o bastante. [...]

Seria só o capricho de um público agitado ou seria o resultado de sua cega confiança na imprensa? Como explicar isso? . . . Não sei por que, M. Górki acredita que a imprensa e o público são ignorantes.

Nossos críticos são ignorantes, isso é verdade. Mas o público? Ele pode ser ingênuo, mas não perdeu seu instinto. A peça, apesar de estar bem bonita, teria profundidade?

Nosso diretor principal terá que assumir parte da culpa: uma vez mais ele quis ser muito inteligente. O senhor verá quando vier. É impossível contar tudo no papel...

Ontem, apresentamos seu *Tio Vânia*. É a primeira vez nesta temporada que interpretamos sua peça. Embora fosse sábado, havia mais público que nas outras remontagens (*Os Solitários, A Morte de Ivan, o Terrível*). Todos atuaram bem, e tanto a peça quanto os atores foram recebidos com entusiasmo.

Na quinta-feira apresentamos *A Gaivota*. Até que enfim! Estávamos ficando entediados com a espera.

[...]

Não tenho vontade de escrever, mas que prazer teria em lhe falar! Venha, realmente...

Até logo, combinado?

Aperto-lhe forte a mão.

Vsievolod Meierhold,
que o ama

Todos mandam lembranças e aguardam sua vinda!

F VIII)

93 ∾ De Tchékhov para Górki

16 de outubro de 1900
Ialta

(...)
Bem, meu caro senhor, dia 21 irei para Moscou e depois para o exterior. Imagine, escrevi uma peça. Ainda não a copiei, uma vez que não será montada agora, mas somente na próxima temporada. Vou deixá-la descansar e amadurecer. Escrever *As Três Irmãs* foi um trabalho muito duro. Há três heroínas, o senhor sabe, cada uma tem que ser especial, e todas elas são filhas de um general! A ação se passa em uma cidade interiorana, como Perm, e os arredores são militares, uma unidade de artilharia.
[...]
Não estou tossindo e estou comendo até carne. [...]
Obrigado pelas cartas, querido amigo. Eu as leio duas vezes. [...] E então, até o nosso encontro em Moscou. Espero que o senhor não me desaponte e que nós possamos nos ver.
Deus o abençoe!

Seu,
A. Tchékhov

F IX)

94 ∾ De Olga Knípper para Tchékhov

13 de dezembro de 1900
Moscou

(...)
Hoje, meu querido, nós tivemos um ensaio glorioso d'*As Três Irmãs* – estamos começando a perceber o tom geral para Solióni, Tchebutíkin, Natacha, Irina e eu. Maria Petrovna[1] decidiu que sou o retrato perfeito de um pai; Irina, o de uma mãe; e Andrei, que é o papel de um pai, é, por natureza, uma mãe.
Achei o modo de andar[2], falo em tons baixos, você sabe, como os que encontramos nessas mulheres aristocráticas com um tipo de aspereza elegante, se é que posso me expressar assim. Mas não se preocupe, não estou exagerando isso. Amanhã vamos começar a destrinchar o Segundo Ato e no

dia 23 teremos a primeira passada geral no palco. Lilina está em êxtase com o papel dela[3] [...]. Eu ainda não tenho um retrato claro de Olga e Verchínin, interpretado por Sudbínin. Mas tudo isso vai aparecer. Ontem apresentamos *A Gaivota* em prol dos veteranos de guerra. Houve muita risada. Tinha um menino de quatro anos de idade na platéia que fazia comentários o tempo todo. Ele olhou para o cenário do Primeiro Ato e disse para todos ouvirem: "Mamãe, vamos entrar no jardim e correr de um lado para o outro!". Claro que a platéia riu. "Tem um samovar", "Ela está bebendo água" (eu no Terceiro Ato), etc. – os que estavam em cena mal puderam se conter.

(...)

F II)

1. Lilina, esposa de Stanislávski.
2. Olga interpretou Macha.
3. Ela interpretou a personagem Olga.

95 ~ De Tchékhov para Olga Knípper

15 de dezembro de 1900
Nice

(...)
Estou reescrevendo minha peça e estou pasmo com o fato de ter sido capaz de escrever essa farsa e com o motivo de tê-la escrito. (...)
Agora eu vou para a praia e sentarei lá e lerei os jornais. Depois voltarei para casa e ficarei escrevendo – amanhã enviarei o Terceiro Ato para Nemiróvitch e o Quarto Ato no dia seguinte – ou talvez envie os dois juntos. Fiz algumas mudanças no Terceiro Ato, acrescentei um pouco, mas não muito. (...)

F II)

96 ~ De Stanislávski para Tchékhov

15-23 de dezembro de 1900
Moscou

Ilustríssimo Anton Pávlovitch,
[...]
Parece, queira Deus, que a peça não está indo mal[1]. Creio que Lújski,

Vichniévski, Artiom, Gribúnin, Moskvín, minha esposa, Maria Fiódorovna atuarão bem. Savítskaia ainda não parou de choramingar. Olga Leonárdovna encontrou uma tonalidade bonita. Se ela trabalhar nisso atuará lindamente, mas se ela for esperar pela inspiração... Meierhold ainda não encontrou o tom certo, mas está trabalhando duro. Grómov e Sudbínin ainda não conseguiram chegar lá (mesmo como substitutos). Schonberg tem sido bajulador e compreendeu que ele negligenciou um tesouro, pois o papel de Solióni é uma verdadeira jóia para um ator. Ele provavelmente fará o papel. Se o senhor concordar, gostaria de experimentar Katchálov como substituto em vez de Sudbínin. [...]

F II)

1. Stanislávski estava trabalhando na marcação dos dois primeiros atos da peça.

97 ～ De Tchékhov para Olga Knípper

2 de janeiro de 1901
Nice

Você está triste agora, minha alma, ou está alegre? Não fique triste, minha doçura, trabalhe e escreva mais freqüentemente para o seu *staretz*[1] Antônio. Não recebo nenhuma carta sua já faz um bom tempo, sem contar a de 12 de dezembro, que recebi hoje e na qual você descreve o quanto chorou em minha partida. Que carta maravilhosa, é preciso dizer! Não foi você quem a escreveu, mas certamente alguém a seu pedido. Uma carta admirável!
[...]
Descreva-me pelo menos um ensaio d'*As Três Irmãs*. Não é necessário acrescentar ou cortar alguma coisa? Você está atuando bem, minha querida? Fique atenta! Não faça cara triste em nenhum dos atos. Enfadonha sim, mas não triste. As pessoas que carregam em si o desgosto por longo tempo, acabam por se habituar a ele; elas assobiam de vez em quando e freqüentemente estão pensativas. Assim, você também tem que ficar pensativa em cena muito freqüentemente, durante as conversas. Você me compreende?
Claro que você me compreende, você é tão inteligente. [...] Beijo suas duas mãos, todos os dez dedos, a testa e desejo-lhe felicidade, tranqüilidade e mais amor, que dure por muito tempo ainda, por exemplo, por quinze

anos. O que você acha, pode existir um amor assim? Em mim pode, mas não em você. [...]

Seu Toto.

F XI)

1. Nome dado na Rússia Antiga a certos eremitas venerados como mestres espirituais. (N.F)

98 ∽ De Tchékhov para Stanislávski

2 de janeiro de 1901
Nice

Caro Konstantin Serguiêievitch,
Recebi somente ontem a sua carta de 23 de dezembro[1]. (...)
Desejo-lhe Feliz Ano Novo e, se posso ter a esperança, um novo teatro, que logo o senhor começará a construir. E desejo-lhe cinco espetáculos magníficos, um após o outro.
[...]
Remeti o Quarto Ato há muito tempo, antes do Natal, endereçado a Vladímir Ivánovitch. Fiz muitas alterações. O senhor me conta que, no Terceiro Ato, quando Natacha anda pela casa durante a noite, ela apaga as velas e procura por bandidos atrás dos móveis. Mas parece-me que seria preferível que ela andasse cruzando o palco em uma linha reta, sem olhar para nada ou ninguém, à Lady Macbeth, com uma vela – desse modo a cena ficaria mais curta e apavorante.
Obrigado de todo coração pela carta, que me deu tanta alegria. Aperto-lhe calorosamente a mão.

Seu,
A. Tchékhov

F IX)

1. Vide carta 96.

99 ～ De Olga Knípper para Tchékhov

11 de janeiro de 1901
Moscou
1 hora da manhã

Meu querido, meu amado, você sempre reclama que não recebe cartas, mas não parei de lhe escrever, todos os dias ou a cada dois dias! [...] Passamos duas vezes o Terceiro Ato. Nemiróvitch deu uma olhada e parece que vai fazer muitas mudanças. Stanislávski criou uma tremenda desordem em cena, com todos nervosos, correndo em todas as direções; Nemiróvitch, ao contrário, aconselha criar uma grande agitação fora de cena, ficando em cena o vazio e um ritmo lento, desse modo ficará mais forte. Todos atuam em harmonia e há uma chance grande de a peça ir bem. Ontem Stanislávski conversou comigo por mais de duas horas, analisando detalhadamente minha personalidade artística, censurando a minha incapacidade para trabalhar, ele me disse que eu já tinha me mostrado muito em público, que nunca fico pronta para a estréia, mas somente na décima quinta apresentação, etc. Foi muito difícil conversar com ele; ele sente que, como atriz, não me deixo levar, que não me entrego nas mãos dele, e isso o enerva. É verdade, não confio cegamente nele.
[...]

Olga

F III)

100 ～ De Stanislávski para Tchékhov

janeiro de 1901
Moscou

Ilustríssimo Anton Pávlovitch,
Claro, confundi as coisas. Natacha não entra em cena procurando bandidos no Terceiro Ato, mas no Segundo Ato[1]. Os ensaios d'*As Três Irmãs* estariam indo bem se não fosse minha gripe e meu cansaço considerável ou, melhor, minha total exaustão. Posso dizer com absoluta certeza que a peça ganha sendo encenada e, se não conseguirmos fazer dela um sucesso, me-

recemos uma surra. Hoje lemos e analisamos o plano[2] para o Quarto Ato, e eu comecei no papel de Verchínin. Se Deus quiser e Olga Leonárdovna conseguir resolver, o último ato será muito forte. Os cenários estão prontos e ficaram bons. Sudbínin foi excluído, mesmo como substituto, já que Katchalov é muito mais talentoso. Schonberg está fazendo Solióni. Até agora tem trabalhado obstinadamente e tenta interpretá-lo como um bandido calabrês. Consegui convencê-lo, e ele está indo pelo caminho certo. O que posso dizer sobre os atores? Kalújski: sempre devagar, mas seguro; conseguirá preparar seu papel. Meierhold está trabalhando, mas até agora está duro. Artiom ainda está com movimentação rígida, mas vai encontrar o tom e chegar lá. Samárova idem. Gribúnin ideal. Rode é esperto, mas está se auto-representando. Tikhomírov idem. Ainda é cedo para falar de Schonberg. Katchálov está muito bem. Vichniévski ideal e sem exageros. Marusia atuará bem. Maria Fiódorovna está muito bem. Savítskaia está bem, interpretando a si mesma. Olga Leonárdovna estava doente e não a vi desde então.

Fizemos uma passada geral do Segundo Ato e foi uma alegria. A peça é maravilhosa em tudo e funciona bem em cena. O ritmo pode ser definido ou, melhor, pode ficar assim:

Primeiro Ato – alegre, vivo;

Segundo Ato – atmosfera tchekhoviana;

Terceiro Ato – terrivelmente nervoso, muito rápido até o final, quando a energia se dissipa e o ritmo decresce;

Quarto Ato – não está suficientemente analisado.

Olga Leonárdovna prometeu lhe escrever detalhadamente sobre o final. Mas vou lhe contar um pouco. O discurso final das irmãs, depois de tudo o que aconteceu, prende a atenção e tem um efeito calmante. Então, se o corpo[3] for carregado através da cena, não haverá tranqüilidade no fim. Em seu texto você escreve: "o corpo é carregado no fundo da cena"; só que o nosso teatro não possui profundidade e as irmãs iriam ver o corpo. O que elas poderiam fazer? No ensaio, embora eu goste da idéia de o corpo ser carregado de um lado para o outro, comecei a imaginar se não seria melhor para a peça acabar com o monólogo. Talvez o senhor receie que isso lembre muito o final de *Tio Vânia*? Pergunte a si mesmo: como poderemos fazê-lo?

Seu,
K. Aleksieiev

F XXI)
1. Referência à sugestão de Tchékhov dada na carta 98.
2. Plano da encenação desenvolvido fala por fala. Compreendia a concepção geral e também o detalhamento da movimentação de cena, com algumas indicações das intenções das personagens.
3. Referência à morte da personagem Tuzenbách.

101 ∽ De Tchékhov para Tikhomírov[1]

14 de janeiro de 1901
Nice

Caro Iossafát Aleksándrovitch,
Acabei de receber sua carta – o senhor me deu um grande prazer e eu lhe agradeço muito. Aqui vão as respostas para as suas perguntas:

1. Irina não sabe que Tuzenbách vai para um duelo, mas suspeita que algo sério aconteceu no dia anterior, um incidente que pode ter conseqüências ruins, para não dizer trágicas. E, quando uma mulher suspeita de algo, sempre diz: "Eu sabia, eu sabia".

2. Tchebutíkin canta somente as palavras "aceitar este encontro não lhe agradaria...". São palavras de uma opereta apresentada há muito tempo no Hermitage. Não lembro o nome, mas o senhor pode perguntar, se quiser, para Chetchtel, o arquiteto (a residência fica perto da igreja Iermolaiev). Tchebutíkin não deve cantar mais nada, ou sua saída ficará muito longa.

3. Solioni realmente acredita que se parece com Lérmontov, mas é claro que não – é tolice até mesmo considerar uma semelhança. Ele deve ser maquiado para se parecer com Lérmontov. A semelhança com Lérmontov é imensa, mas somente aos olhos de Solioni.

[...]

Seu,
A .Tchékhov

F IX)

1. Iossafát Aleksándrovitch Tikhomírov (1872-1908), aluno de Nemiróvitch-Dântchenko na Escola Filarmônica de Moscou, ator e diretor no TAM.

102 ∽ De Olga Knípper para Tchékhov

15 de janeiro de 1901
Moscou

(...)
O ponto de discordância com Nemiróvitch é a confissão de Macha no Terceiro Ato. Eu atuaria o Terceiro Ato com um estado de tensão, impetuosamente, a confissão seria então feita com um tom forte, dramático, ou seja, a escuridão das circunstâncias exteriores teria suplantado a alegria do amor. Mas Nemiróvitch quer que a alegria do amor apareça, que Macha considerando tudo, esteja repleta desse amor e não o confesse como se fosse um crime. O Segundo Ato está repleto desse amor. Na interpretação de Nemiróvitch, o Quarto Ato é o ponto culminante; na minha, é o Terceiro Ato. Qual é a sua resposta?
(...)

F III)

103 ∽ De Tchékhov para Stanislávski

15 de janeiro de 1901
Nice

Caro Konstantin Serguiêievitch,
Muito obrigado pela sua carta[1]. É claro que o senhor está mil vezes certo, não adiantaria nada mostrar o corpo de Tuzenbách. Eu mesmo senti isso quando escrevi a peça e falei com o senhor a esse respeito, se o senhor se recorda. Que o final lembre o de *Tio Vânia* é um dano menor. *Tio Vânia* é uma peça de minha autoria, e não de outrem. E, quando o senhor se torna reminiscência de si mesmo nos seus trabalhos, as pessoas dizem que é assim que deve ser. Tchebutíkin não diz, mas canta a frase: "aceitar este encontro não lhe agradaria". É de uma opereta, não lembro qual, mesmo que minha vida dependesse disso.
(...)
Muito obrigado por ter escrito. Meus cumprimentos sinceros para Maria Petrovna[2] e para todos os artistas, desejo-lhes tudo de bom. Mantenha-se bem e feliz.

Seu,
A. Tchékhov

F IX)

1. Vide carta 100.
2. Esposa de Stanislávski.

104 ∽ DE TCHÉKHOV PARA OLGA KNÍPPER

17 de janeiro de 1901
Nice

[...]
É claro que o Terceiro Ato deve ser conduzido calmamente[1], de maneira que transmita a sensação de que as pessoas estão exaustas e querem ir para cama dormir. Por que todo o barulho? Os momentos em que o sino toca fora de cena estão indicados.
[...]

F XI)

1. Resposta à carta de Olga, do dia 11 de janeiro. Vide carta 99.

105 ∽ DE OLGA KNÍPPER PARA TCHÉKHOV

18 de janeiro de 1901
Moscou

[...]
Tudo caminha bem para todos, só Meierhold ainda carece de *joie de vivre*[1], e Sânin não conseguiu ainda captar o tom.
[...]
Hoje Nemiróvitch e eu trabalhamos a Macha, consegui compreendê-la, fazê-la mais forte; amo muito esse papel. [...]
Devo fazer a confissão[2] com uma voz calma, mas com uma grande energia interior e sentimento, e com um toque de felicidade, se é que eu posso dizer assim. Quase movimento algum, os olhos... ah, estou aqui tagarelando como uma atriz e você não pode entender isso. No Segundo Ato Nemiróvitch insiste que Verchínin e Macha não devem ficar a sós, mas deveria haver a sensação de que eles descobrem um ao outro e experimentam a

alegria do amor. Por fim Stanisl. decidiu que Irina e Rode dançariam a valsa que Tuzenbách toca, enquanto Macha, na fala "o barão está bêbado", fica absorvida com uma valsa russa; Fedotik agarra-a para dançar, mas ela o empurra e fica girando sozinha. No Terceiro Ato não estou satisfeita com o fato de que Stanisl. quer que Macha cuide de Irina, que soluça histericamente e, na entrada de Andrei, quer que as irmãs a levem para trás do biombo, pois ela não quer vê-lo. Mas acho que isso ainda mudará e as irmãs caminharão para a área da frente.

O cenário está encantador. Uma vereda maravilhosa contornada com pinheiros, uma casa com um terraço grande e uma entrada por onde passam os oficiais e onde Macha e Verchínin se separam. Importa se eu fizer um pequeno corte na minha fala final? Se eu tiver dificuldade para concretizá-la? Importa? Eu gosto muito da figura da Macha no Quarto Ato. O papel inteiro é uma maravilha. Se eu o arruinar, irei parar. Maria Petrovna está uma Natacha perfeita. Andrei, um pequeno oficial; Ferapont está sincero, Fedotik ainda está um pouco falso.

Petrov causa gargalhadas quando está nos ensaios, "nosso professor militar", como o chamamos. Aparentemente está convencido de que não conseguiremos sem ele e fica dando palpites não só sobre os uniformes, mas também na interpretação. Lújski, um gozador, faz uma imitação maravilhosa do jeito dele de falar pensativamente: "E agora o que 'nós' podemos fazer sobre Solioni – não está dando certo por alguma razão!" Que sujeito!
(...)

F II)

1. Alegria de viver.
2. Macha é casada e apaixona-se por Verchínin. A confissão refere-se ao momento do Terceiro Ato em que a personagem admite seu amor por ele, compartilhando seu segredo com as irmãs.

106 ∼ De Tchékhov para Olga Knípper

20 de janeiro de 1901
Nice

[...]
Bom, e *As Três Irmãs*? A julgar pelas cartas, vocês dizem bobagens inacreditáveis. O barulho no Terceiro Ato... Por que barulho? Há barulho só ao longe, fora de cena, um barulho vago, confuso, mas em cena todos estão

cansados, quase dormindo... Se vocês estragarem o Terceiro Ato, a peça estará arruinada, e eu serei vaiado nesta minha idade avançada. Nas cartas, Aleksiei fala muito bem de você, de Vichniévski também. Por mim, como não estou vendo, acompanho os elogios. Verchínin fala "ta-ta-ta" como se fosse uma pergunta, e você como uma resposta, e isso lhe parece uma brincadeira tão original que você faz o "ta-tam" com um sorriso divertido e começa a rir, mas não muito, só um pouco. Não é necessário ficar parecido com o que você fez no *Tio Vânia*, você tem que ser mais jovial, mais animada. Lembre-se: você é uma pessoa que gosta de rir, mas fica facilmente irritada. Mas, seja o que for, confio em você, meu coração, você é uma boa atriz.

[...]

Se a peça for um fiasco, irei a Monte Carlo e irei me arruinar até o último centavo.

[...]

Seu *staretz* [1] Antoni

F III)

1. Vide carta 97, nota 1.

107 ～ De Tchékhov para Olga Knípper

21 de janeiro de 1901
Nice

Minha querida, a confissão de Macha no Terceiro Ato não é uma confissão, mas simplesmente uma conversa franca. Faça-a com energia, mas sem desespero, não grite, sorria de tempos em tempos, conduza-a de maneira a sentir principalmente o cansaço da noite. E para mostrar também que você é a mais inteligente das irmãs, ou pelo menos que você assim se considera. Quanto ao "ta-ta-ta", faça do seu jeito. Você é bem inteligente.

Ontem enviei-lhe um telegrama. Você o recebeu?

Escrevo, naturalmente, mas sem nenhuma vontade. Parece que *As Três Irmãs* me esgotaram, ou eu simplesmente cansei de escrever, envelheci. Não sei. Eu tinha vontade de não escrever por cinco anos, viajar e depois dedicar-me seriamente. Então *As Três Irmãs* não serão apresentadas em Moscou nesta temporada? Vocês vão montá-la primeiro em Petersburgo[1]? A propósito, não se esqueça de que vocês não terão o menor sucesso em Petersburgo. Felizmente, é claro, pois assim vocês não vão querer viajar e não sairão mais de Moscou. Você bem sabe que partir em *tournée* não dá certo. Em Petersburgo haverá bilheteria, mas sucesso, nenhum grama, perdoe-me, por favor.

Comporte-se bem, minha mulherzinha querida. Continuo a ser seu enamorado,

Acadêmico Toto

F III)

1. A estréia da peça *As Três Irmãs* aconteceu em Moscou, no Teatro de Arte, no dia 31 de janeiro. Na *tournée* em São Petersburgo, a peça foi apresentada no dia 28 de fevereiro e teve um grande sucesso.

108 ~ De Nemiróvitch-Dântchenko para Tchékhov

22 de janeiro de 1901
Moscou

Finalmente posso lhe dar uma resposta sobre as *Irmãs*. No meu retorno, antes de tudo, analisei duas vezes cada ato e questionei Konstantin Serguiêievitch sobre todas as coisas que não entendi na concepção dele. Desde então, tenho abordado a peça como administrador do teatro, trabalhando o tempo todo, diariamente. Konst. Serg. fez grande parte do trabalho com a peça e produziu uma *mise en scène* bela e em certos pontos surpreendente, mas, quando cheguei, ele estava muito cansado e confiou tudo a mim. No princípio, a peça *parecia-me* sobrecarregada, tanto pelo autor como pelo diretor, atravancada por idéias inteligentes, executadas com talento, mas adornada com uma superabundância de detalhes. Percebi que os atores não estavam ainda à vontade, e mesmo assim parecia ser demais. Estou falando da movimentação, dos ruídos, das exclamações, dos efeitos externos, etc., etc. Parecia-me quase impossível criar de dentro das tonalidades dos diferentes episódios, dos pensamentos, dos sentimentos, das características, das mudanças em cada personagem, um todo harmonioso, sem danificar o valor cênico da peça, ou a expressão clara de cada um desses detalhes. Mas pouco a pouco, depois de remover tantos detalhes quanto possível, a intenção geral começou a ficar clara, assim como nossa meta final.

Hoje terminamos de trabalhar os três atos – em sua essência. O Quarto ainda não está correto, mas, se três forem bem, o Quarto aparecerá por si. É assim que a peça está até o momento:

Enredo – a casa de Prozorov. A vida das três irmãs depois da morte do pai, a chegada de Natacha, a tomada dela do controle da casa inteira e o isolamento das irmãs. Os destinos individuais delas, especialmente o de Irina, representam o tema básico: 1. eu quero trabalhar, ser feliz, animada, saudável; 2. a cabeça dela dói com o trabalho e ela fica instável; 3. a vida dela está em pedaços, a juventude está passando e ela concorda em se casar com um homem que não ama; 4. o destino dá uma virada e o noivo dela é morto.

O enredo vai se desenvolvendo como nos trabalhos *épicos*, sem essas surpresas que eram essenciais para os dramaturgos mais velhos – a vida como é vivida no meio de brigas simples, verdadeiras. O aniversário, as festas, um incêndio, as despedidas, os fogões, os abajures, um piano, as tortas, a bebedeira, a noite, as criadas domésticas, as arrumadeiras, as camareiras, o inverno, a primavera, o verão, etc., etc.

A diferença entre o palco e a vida está somente na visão de mundo do autor – toda essa vida é a vida observada por meio da visão de mundo dele, os sentimentos, a personalidade do autor. E recebe aquele colorido especial que é chamado poesia.

Estou escrevendo depressa, mas espero que entenda minha intenção.

Tudo isso, *i.e.*, vida e poesia, será concretizado, e a história se desenvolverá. Os detalhes, que inicialmente me pareceram demasiados, fundiram-se para formar o tipo de contexto que fornece o aspecto natural da peça e diante do qual as paixões, ou pelo menos a expressão externa delas, surgem.

Os atores dominaram o tom. Kalújski, durante os dois primeiros atos, é um homem terno, gordinho e não é ignorante, torna-se tenso e miserável no Terceiro Ato e especialmente próximo ao meu coração no último.

Savítskaia[1] – uma diretora escolar nata. Todas as opiniões dela, princípios, delicadeza nas relações, o abatimento dela – tudo está completa e verdadeiramente expresso. Ela só pode terminar como diretora, nada diferente disso. Certa energia de interpretação ainda falta, mas isso é a última coisa para se preocupar. Virá.

Knípper[2]: uma tonalidade muito interessante, que ela capturou muito bem. Ela ainda não adquiriu controle sobre seu forte temperamento, mas está perto disso. Será um dos melhores papéis dela.

Jeliabújskaia³ está a ponto de repetir o que fez em *Os Solitários*, mas aqui está comovente, doce e impressiona bastante.

Aleksieieva⁴: nenhum elogio é bom o bastante. Original, simples. Ela sublinha com especial clareza a idéia de que pessoas encantadoras podem às vezes cair nas garras de uma mulher completamente ordinária, comum. E até mesmo não sentir nenhuma aversão.

Samarova⁵ chora de verdade. [...]

Verchínin: Sudbínin foi substituído. Katchálov é agradável o bastante, mas comum. Ele faria um bom Tuzenbách se você me permitisse dar o papel a ele. No papel de Verchínin não está muito bem, apenas insípido.

Aleksieiev leu a personagem⁶ para mim. Muito interessante. Ele vai se incorporar à peça amanhã.

Meierhold está dando o sangue, pobre companheiro, para transmitir a alegria e ficar longe do clichê teatral. O trabalho duro pode superar qualquer coisa. Ele estará bem no final.

Solioni não deu certo de jeito nenhum. Sânin, com todos os esforços, não conseguiu oferecer nada. Não vi Grómov anteriormente. Trabalhei com ele hoje e creio que estará bem.

Artiom está além de minhas expectativas⁷.

Vichniévski está simplesmente representando a si mesmo, mas ele imprime muita riqueza de sentimento à personagem e isso é bom.

Hoje estou animado e tenho convicção na peça.

Sobre o Quarto Ato. Precisa ser cortado. [...] Três longas falas para cada uma das irmãs não é uma boa idéia. Destoa e também não é teatral. Um corte para Macha, outro grande para Irina. Só Olga pode oferecer algum consolo. Aceita? (...)

F II)

1. M.G. Savítskaia, atriz que interpretou o papel de Olga na peça de Tchékhov.
2. Olga interpretou a personagem Macha.
3. Maria Fiódorovna (Jeliabújskaia) Andreieva interpretou Irina.
4. Lilina, esposa de Stanislávski, fez a personagem Natacha.
5. Interpretou Anfissa.
6. Stanislávski interpretou Verchínin.
7. Na personagem Tchebutíkin.

109 ∼ De Olga Knípper para Tchékhov

26 de janeiro de 1901
Moscou

[...]
Amanhã é o ensaio geral das *Irmãs*. Vivo o Quarto Ato muito intensamente, choro do fundo do meu coração. As pessoas dizem que está sincero. No Terceiro Ato converso com minhas irmãs – como digo, eu confesso meu amor – moderadamente, de maneira entrecortada, com pausas, como se fosse difícil para ela se exprimir, com uma voz baixa. Falta pouco para que ela grite – "ah, como você é boba, Olia! Eu amo. É meu destino", etc. – em seguida, novamente com voz baixa, tensa. Ela fica imóvel o tempo todo, os braços em torno dos joelhos até que se ouve o "ta-tam" nas coxias. Nesse momento, ela ergue a cabeça, seu rosto se ilumina, ela se levanta agitada e se despede de suas irmãs apressadamente. Decidi que, ao falar o "ta-tam" (segundo você é ela quem coloca a questão e ele responde), ela diz que o ama e que pertence a ele, ela faz, portanto, a confissão que ele por tanto tempo esperou obter. Sento à escrivaninha que está à beira da ribalta, o rosto para o público, rabisco algo com agitação. No momento em que ele começa a cantarolar, ela ergue os olhos, sorri, vira-se, isto é, inclina a cabeça e pergunta: "ta-tam?". Depois da resposta dele, ela diz "ta-ta-ta" ainda mais agitada e, em seguida, com um tom decidido: "ta-tam". Se tudo isso fosse feito com um leve sorriso, talvez não ficasse vulgar, como no caso de um simples *rendez-vous*[1]. Pois até esta noite o relacionamento deles era puro, certo? Creio que tudo vai bem agora. O Quarto Ato, a partir da despedida entre Macha e Verchínin, produz, segundo dizem, uma impressão muito forte. Depois de amanhã, vou lhe contar sobre o ensaio geral. [...] Não fique triste, eu lhe peço; nossa vida futura desenha-se à frente de meus olhos em cores belas, claras. E para você? Não estou certa? Você virá em abril? Nós nos casaremos sem nenhum alarido e viveremos juntos. Sem afetação alguma. De acordo?
Um grande beijo.

Sua Olga

F III)

1. Encontro.

110 ～ De Maria Tchékhova para Tchékhov

28 de janeiro de 1901
Moscou

Querido Antocha! Ontem tivemos o primeiro ensaio geral d'*As Três Irmãs*. Fui ao teatro e chorei, especialmente no Terceiro Ato. A produção e a interpretação da sua peça são excelentes. As três irmãs estão atuando muito bem, não se pode colocar defeito algum nelas. A cena entre as três está bem comovente. Savítskaia está muito simpática[1]. A única que não me agrada completamente é Lilina, parece-me que ela exagera um pouco[2]. (...) Se você visse como o Primeiro Ato está interessante, tão alegre! Meu grande problema foi persuadir Olia[3] a se livrar de sua peruca ruiva, que não lhe cai bem de jeito nenhum e faz com que a cabeça dela pareça grande. Doravante, ela vai fazer a peça com seu próprio cabelo. Eu sei, eu sinto que a peça terá um sucesso enorme[4].
(...)

F II)

1. No papel de Olga.
2. Lilina interpretou a personagem Natacha.
3. Olga Knípper.
4. A peça estreou em 31 de janeiro.

111 ～ De Olga Knípper para Tchékhov

12 de fevereiro de 1901
Moscou

[...]
Terminamos ontem a temporada com *As Três Irmãs*. Nós a apresentamos sete vezes! Evidentemente, todas as apresentações com o teatro lotado, mesmo os lugares extras foram vendidos. Ontem a algazarra foi terrível. Ofereceram flores para Lilina e Andriéieva; depois do Quarto Ato todo o grupo se apresentou; entregaram em cena uma enorme cesta de flores oferecida pela direção; as flores foram distribuídas a todas as atrizes. O público foi ao delírio, colhemos todas as flores e as jogamos para a platéia. Os ouvidos zuniam com os gritos e

aplausos. Mas não sei por que em tais momentos eu me sinto triste. Ontem tinha vontade de chorar o tempo todo e sentia-me muito só!

Sou incapaz de lhe explicar esse sentimento de desalento e insatisfação. Além disso, estou muito cansada e fiz os últimos espetáculos com o fim de minhas forças. Perto da saída, o público prensava-me de todos os lados, apertava minhas mãos, as moças beijavam-me, por fim as pessoas me ergueram e me carregaram por todo o teatro até à saída. Achei que iria desmaiar de tanto calor e dessa sensação desagradável. A multidão separou Macha[1] de mim. Passei a noite na casa dela. [...]

Saiba que as *Irmãs* tiveram um grande sucesso; a peça e a encenação impressionaram. [...] Os que a compreendem se sentem leves como uma pluma, enquanto os outros reclamam de uma sensação terrivelmente opressora. Se você tivesse podido assistir aos últimos ensaios, evidentemente muitas coisas estariam melhores. O Primeiro Ato deixou o público estupefato. É realmente maravilhoso! Com que prazer interpreto Macha! Sabe, tirando isso, ela me foi muito útil. Compreendi, de certa maneira, que tipo de atriz sou, eu me revelei para mim mesma. Obrigada, Tchékhov! Bravo!!!

[...]

Bem, viva feliz aí, escreva, trabalhe, não fique deprimido e pense em mim mais freqüentemente. Um beijo

Sua Olga

F III)

1. Irmã de Tchékhov.

112 ~ De Olga Knípper para Tchékhov

21 de fevereiro de 1901
Petersburgo

(...)

Acabamos de apresentar *Tio Vânia* pela segunda vez. O público foi receptivo, mas os jornais ridicularizaram-nos desavergonhadamente. [...] Eles realmente me arrasaram. As críticas foram ignorantes, estúpidas e contêm tanto veneno perverso. Mas não perdemos a cabeça, continuamos atuando. Na primeira apresentação estávamos terrivelmente nervosos, como aluninhos. *Os Solitários* foram ridicularizados de todas as formas, a peça e a atuação.

Cena do espetáculo Tio Vânia *de Anton Tchékhov.*
Stanislávski no papel de Ástrov e Lilina no papel de Sônia, 1899.

FONTE B

(...) Sânin mostrou-me todos os jornais – o escárnio chegou ao máximo –, não há atores, somente Stanislávski e Sânin foram elogiados. Meierhold e eu fomos completamente trucidados, assim como Andreieva e Moskvín. Resumindo, foi terrível, meu querido! Fiquei muito atormentada durante a noite toda. Você não pode imaginar como é insultante a atitude em relação ao nosso teatro. Estou muito infeliz.
(...)

F II)

113 ~ De Tchékhov para Olga Knípper

1º de março de 1901
Ialta

Minha querida,
Não leia os jornais, não leia nada, ou você irá se consumir de desgosto. Eis aqui um conselho sólido para referência futura: preste atenção às palavras de seu velho eremita sagrado. Com certeza eu lhe falei, assegurei que as coisas não iriam bem em São Petersburgo – e você devia ter me escutado. De qualquer forma, seu teatro nunca mais visitará esse lugar, graças a Deus.
Pessoalmente, estou desistindo completamente do teatro e não escreverei mais para ele. É possível escrever para o teatro na Alemanha, na Suécia, até mesmo na Espanha, mas na Rússia os dramaturgos não são respeitados, são tratados superficialmente e perdoados tanto pelos seus sucessos como pelos fracassos. Você está sendo insultada agora pela primeira vez em sua vida, o que fere sua sensibilidade, mas isso passará com o tempo, e você irá se acostumar com esse tratamento. Agora imagine os sentimentos divinos e sublimes de Sânin. Ele tem provavelmente os bolsos recheados de críticas e olha para o resto de vocês com a maior arrogância. (...)
Abraço você com carinho.

Seu eremita sagrado

F IX)

114 ~ De Stanislávski para Aleksander Borodúlin[1]

11 de março de 1901
São Petersburgo

Caro senhor,

Não escrevi ao senhor por tanto tempo, pois estava muito ocupado – ensaios das doze às cinco, maquiagem às 6:30 e depois a apresentação até à meia-noite. É assim diariamente (não pense que as láureas teatrais são fáceis de obter).

Gostei de sua primeira carta pela sinceridade juvenil e, apesar da minha enorme correspondência, decidi responder porque eu também experimentei e senti tudo o que o senhor sente agora. Sei que posso lhe dar conselho bom e sensato.

[...]

O senhor sabe por que deixei meus negócios pessoais e me dediquei ao teatro? Porque o teatro é a tribuna mais poderosa, ainda mais forte em influência que a palavra impressa e a imprensa. Tornou-se vítima da escória humana, tornando-se um lugar de depravação. Minha tarefa, tanto quanto permitir minha capacidade, é purgar a comunidade de atores dos ignorantes, semiliteratos e exploradores. Minha tarefa, tanto quanto permitir minha capacidade, é mostrar para a geração moderna que o ator é o pregador da beleza e da verdade. Por isso, o ator deve ocupar um lugar acima da multidão, ou em talento, em educação, ou em outra virtude. Acima de tudo, o ator deveria ser refinado e deveria apreciar e entender os gênios da literatura. Essa é a razão, no meu entender, de não existirem atores. De mil nulidades, bêbados e semiliteratos – os assim chamados atores –, deveriam ser purgados 999 e escolhido somente um merecedor da vocação. Minha companhia é constituída por pessoas universitárias e técnicos, que se formaram em estabelecimentos educacionais secundários e outros superiores. Nisso reside a força de nosso teatro.

O amor pelo teatro brotou no senhor. Comece fazendo sacrifícios a ele, porque servir à arte significa fazer sacrifícios abnegados. Aprenda... Quando o senhor for um literato e homem culto, procure-me, se então o meu trabalho for da sua preferência. Juntamente comigo e todos os meus camaradas prepare-se para seguir um caminho espinhoso, difícil e angustiante, sem glória e cheio de amor para aquilo que o senhor fizer. Tudo isso, com certeza, é possível, contanto que o senhor tenha talento... Mas somente talento não é o bastante, especialmente no teatro do século XX. O enquadramento de Ibsen na significação filosófica e social monopolizará o repertório do novo teatro e só as pessoas cultas conseguirão representar tais autores.

Declamadores e atores provincianos chegaram ao fim do caminho deles, e, em breve, Deus queira, chegará o tempo em que pessoas analfabetas serão impedidas pela lei de trabalhar no teatro. Isso é algo que o congresso dos atores examina no momento. Para conferir minhas palavras, leia as peças de Ibsen – *Solness, o Construtor* e *Hedda Gabler* – e decida por si mesmo quanto mais o senhor tem que aprender para apreciar esse gênio universal. Essas peças são apenas os brotos. O fruto ainda virá. Resumindo, comece aprendendo e, então, eu aceitarei o senhor prontamente como ajudante. Se o senhor continuar inculto, irei considerá-lo um inimigo do teatro e apontarei todos os meus dardos contra o senhor.

Seu incentivador,
K. Stanislávski

F XII)

1. Aleksander Borodúlin queria entrar para o Teatro de Arte de Moscou e escrevia cartas para Stanislávski pedindo-lhe que o aceitasse na companhia.

115 ∾ De Meierhold para Tchékhov

18 de abril de 1901
Moscou

Caro Anton Pávlovitch!
[...]
Sempre penso no senhor, sempre. Quando o leio, quando atuo em suas peças, quando reflito sobre o sentido da vida, quando discordo dos outros e de mim mesmo, quando sofro com minha solidão...
[...]
Tenho consciência de estar mal preparado para a vida; sei que tudo o que sinto não apresenta nenhum interesse para quem quer que seja.

Sou irritado, suscetível, inquieto, e todos me acham desagradável. Mas eu sofro e penso no suicídio. Que todos me desprezem! Quero seguir a instrução de Nietzsche: *Werde der du bist*[1]. Digo abertamente tudo o que penso. Odeio a mentira, não do ponto de vista da moral comumente admitida (que é também fundada na mentira), mas como homem que aspira à purificação de sua própria personalidade.

Eu me revolto abertamente contra a arbitrariedade policial, da qual fui testemunha em Petersburgo no dia 4 de março, e não consigo me dedicar com seriedade à minha arte quando meu sangue ferve e tudo me chama à luta[2].

Desejo arder com o espírito do meu tempo. Desejo que todos os homens de teatro tomem consciência da alta missão deles. Não posso apreciar tranqüilamente meus companheiros que, alheios ao interesse público, se negam a se colocar acima dos interesses de classe.

Sim, o teatro pode desempenhar um papel imenso na transformação de tudo o que existe! Não é em vão que a juventude de Petersburgo tomou o cuidado de ressaltar sua atitude em relação ao nosso teatro. No momento em que, nas praças e na igreja, massacravam cruel e cinicamente essa juventude com chicotes e sabres, ela podia, no teatro, dar vazão a seus protestos contra a arbitrariedade policial, isolando de *Um Inimigo do Povo* frases que não tinham relação alguma com a idéia da peça, mas que essa juventude aplaudia freneticamente: "É justo que imbecis governem as pessoas instruídas?" ou "Quando se vai defender a liberdade e a verdade, não é preciso colocar suas melhores roupas". Eis as frases de Stockmann[3] que provocaram manifestações. Unindo os partidos e as classes, o teatro colocou para todos uma mesma dor, um mesmo entusiasmo, e estimulou a protestar contra aquilo que indigna a todos da mesma maneira. Assim, o teatro afirmou-se acima dos partidos e demonstrou que chegará o dia em que seus muros defenderão do chicote os que procurarem governar o país em nome da liberdade de todos.

A agitação pública desses últimos dias reanimou-me e despertou em mim aspirações que não ousava sonhar. Tenho vontade novamente de aprender, aprender, aprender.

Tenho que decidir se devo aperfeiçoar minha personalidade ou me lançar na luta pela igualdade.

Eis o que gostaria de saber: é possível que os homens cheguem a ser iguais sem que cada um deles renuncie à sua própria moral individual, mesmo que ela não prejudique a ninguém e que ela seja compreendida por todos como manifestação de um mesmo espírito?

[...]

Minha vida parece-me como uma crise contínua, torturante, de uma doença horrível que se arrasta. Eu só fico esperando, esperando que essa crise acabe de uma forma ou de outra. Não tenho medo do futuro, contanto que o final chegue logo, não importa qual fim... Mas chega desse assunto.

Venha rápido nos ver, caro Anton Pávlovitch! Reanime-nos com sua ternura. [...]

Vsiévolod Meierhold,
que o ama veementemente

F XIII)

1. Em alemão: "Torna-te aquilo que tu és". (N. F.)
2. No dia 4 de março de 1901, na frente da catedral de Kazan em São Petersburgo, houve uma manifestação estudantil que foi violentamente reprimida. Esse episódio, que marca uma das etapas da Revolução, coincidiu com a *tournée* do Teatro de Arte pela cidade de São Petersburgo. (N. F.)
3. Personagem central da peça de Ibsen.

116 ∽ De Tchékhov para Olga Knípper

22 de abril de 1901
Ialta

[...]

Devo estar chegando a Moscou no começo de maio e, se for possível, casaremos e viajaremos pelo Volga, ou podemos fazer a viagem antes e casar depois – o que você achar mais conveniente. Podemos desembarcar em Iaroslav ou Ribinsk e seguir para Astrakhan, dali para Baku e de Baku para Batum. Ou talvez você não se importe com o roteiro? Poderíamos fazer o norte de Dvina até Arcanjo, em Solovka. Iremos para onde você decidir. Depois disso, podemos viver em um apartamento em Moscou durante todo o inverno ou pelo menos grande parte dele. Somente se eu mantiver as minhas forças e ficar bem! Minha tosse priva-me de energia, tenho uma visão sombria do futuro e trabalho pouco, sem entusiasmo. Por favor, pense sobre o futuro por mim, seja a minha pequena administradora, e eu farei o que quer que você diga, do contrário não viveremos realmente, mas engoliremos uma colher de sopa de vida a cada hora.

[...]
Quais peças eu verei no seu teatro? Quais ensaios estão em andamento? [...] Às vezes, tenho uma vontade irresistível de escrever uma farsa em quatro atos ou uma comédia para o Teatro de Arte. E eu o farei, se nada interferir, só que não deixarei que o teatro a monte antes do fim de 1903.

Eu irei lhe telegrafar, mas não conte a ninguém e venha para a estação sozinha. Está ouvindo? Por enquanto, até logo, minha preciosa, minha mocinha charmosa. Não fique por aí se lamentando e imaginando Deus sabe o quê [...].

Seu Antoine

F IX)

117 ~ De Meierhold para Tíkhonov[1]

6 de maio de 1901
Moscou

[...]
No teatro, depois da Páscoa, começaram os ensaios para as novas peças da próxima temporada: *O Pato Selvagem*, de Ibsen, e *Michael Kramer*, de Hauptmann. Não atuarei nelas, mas não deixo de preparar "as conversas". Com certeza o senhor já ouviu falar que em nosso teatro os ensaios são precedidos de "conversas" nas quais os encenadores e os atores trocam idéias sobre o sentido e o contexto da peça, as características das personagens, o desenho geral da encenação. Além disso, foi preciso ao mesmo tempo trabalhar em uma comissão que prepara em nosso teatro os espetáculos "complementares", já que não montamos mais que quatro ou cinco peças por temporada, e, por isso, muitos atores ficam sem atividade e recebem uma extinção progressiva de sua individualidade criativa. Queremos com isso, com esses espetáculos "complementares", dinamizar a personalidade artística deles, permitir-lhes se desenvolver e se aperfeiçoar. Não sabemos ainda o que resultará desse trabalho. Prevemos muitos obstáculos. Eu lhe contarei sobre isso mais detalhadamente, se isso o interessar, é claro, quando nos virmos.
[...]

Seu V.

F XIV)

1. A. N. Tíkhonov (1880-1956), escritor. Durante a *tournée* do Teatro de Arte em São Petersburgo, foi figurante nas cenas de massa dos espetáculos da companhia. (N.F)

118 ~ De Stanislávski para Vera Kotliarévskaia[1]

18 de abril de 1901
Moscou

Minha querida Vera Vassílievna,
Surgiu uma oportunidade excelente para escrever uma resposta exaustiva à sua amável carta...

O que deveria dizer à senhora como consolo e encorajamento? Talvez alivie a senhora saber que, exceto por alguns poucos períodos de minha carreira teatral, tenho *constantemente* o mesmo sentimento de descontentamento, ansiedade e preocupação. Com certeza, todas as expressões de simpatia que adquirimos do público servem para nos encorajar, mas não por muito tempo. Por exemplo, agora que eu tenho que escolher um novo repertório para a próxima temporada, sinto-me mal. Cada vez mais, o medo da repetição, do tempo limite, em vez de me fazer progredir, deixa-me preocupado e faz com que eu sofra. Eu me pergunto: o que o preocupa? Você tem medo que o público não aprecie seu trabalho? Não, de jeito nenhum. Tais pensamentos seriam criminosos para um homem decidido que trabalha na arte por amor à arte. Eu me preocupo por causa do medo de perder a confiança em minha própria capacidade e tornar-me desamparado diante de mim mesmo. Não é o mesmo sentimento que a senhora está experimentando? Mas há males que vêm para bem. Há um elemento de prazer, de coisas interessantes que preenchem a vida cotidiana nessas preocupações do ator. Tire do ator essas preocupações, essa luta, e ele irá se ossificar em sua grandeza e irá se tornar "respeitado". Nada poderia ser mais incongruente que um ator respeitado, especialmente um ator russo, gordo... Eu prefiro ser pálido, magro e nervoso.

A procura por novos horizontes, por novos caminhos e meios para expressar emoções humanas requintadas e as preocupações que vêm com elas, isso é realmente a verdadeira atmosfera do ator. Não se deve colocar muita ênfase nisso, para não se perder e ficar louco, mas Deus proíbe que um ator restrinja sua imaginação ao molde acadêmico e estabeleça para si mesmo, de uma vez por todas, as leis da eterna (leia-se banal) beleza e as regras para sua reprodução. Esse é o tipo de atmosfera na qual um indivíduo se ossifica e, naturalmente, engorda.

A senhora tem que acreditar que suas preocupações não são vãs e que elas têm o objetivo de estender o horizonte limitado por convencionalismos. Fazer a abertura pela qual um ser humano com uma imaginação ainda insuficientemente desenvolvida selecione *da vida* material para as criações dele leva muito tempo, uma vida inteira, e tornar essa abertura maior exige um grande esforço, trabalho e energia. O que fazer? Se lhe faltar a força de Sansão, a senhora tem que agir como o prisioneiro que cava dia a dia para arruinar as fortes barras velhas da prisão que o afasta das pessoas vivas e da luz de Deus, sem as quais ele não pode existir. Qual é a perspectiva para esse prisioneiro? Nova indagação, novas algemas, novas barras de prisão. Essa é a verdade. Ele sempre almejará pessoas e vida... E assim, caminhe com um andar torcido, ou com as costas curvadas de uma mulher velha, ou com o porte majestoso de uma rainha, mas nunca em coturnos, essas invenções insensatas do convencionalismo humano. Deixe que seus pés andem sobre a terra de verdade – úmida, molhada, viva. Se entrar na lama, não tenha medo, lá também a senhora encontrará uma pedra, talvez uma bela pedra que a senhora poderá usar para pisar sem medo de sujar seus pés. E o principal – não mostre esta carta a meus inimigos, pois eles a odiarão e irão me chamar de simbolista, decadente, etc.

Parece que me deixei levar e vagueei em filosofia e isso é tolerável só nesse tanto e nada mais. Conseqüentemente, concluo com os seguintes pensamentos: Deus permita que a senhora encontre um modo de trazer toda a verdade e toda a beleza da vida ao palco. Deus permita que, na procura por essa beleza, a senhora não tema a lama com que as pessoas se sujaram. Traga ao palco, se necessário, a beleza encoberta com lama e limpe-se dessa lama para todos verem.

Respeitosamente,
K. Aleksieiev

Se eu não remeter a carta agora, irei rasgá-la amanhã, pois parecerá muito tola. Estou enviando-a intacta à senhora. Perdoe-me se a senhora achar partes ininteligíveis. Estraguei minha letra de mão na pressa em escrever os planos de *mise en scène*. Mas agora não posso reescrever a carta e corrigir as palavras que estão obscuras, pois estou sem tempo algum.

F XII)
1. Vera Vassílievna (Puchkarióva) Kotliarévskaia, atriz do Teatro Aleksandrínski, São Petersburgo.

119 ∾ De Tchékhov para Evguênia Tchékhova[1]

25 de maio de 1901
Moscou

Telegrama

Querida mama dê-me sua bênção casei[2] tudo ficará como antes partindo tratamento cúmis[3] endereço Aksenovo Samara Zlatoust saúde melhor Anton.

F IX)
1. Mãe de Tchékhov.
2. Tchékhov queria um casamento íntimo e discreto, com a presença somente das testemunhas. Stanislávski narra o que aconteceu em seu livro *Minha Vida na Arte*. Segundo ele, Tchékhov pediu a Vichniévski para organizar um jantar de gala reunindo as famílias Tchékhov, Knípper e os amigos de ambas as partes. Na hora marcada, todos estavam lá menos o casal, que havia comparecido à cerimônia na igreja da Elevação de Ovrajka, no bairro de Pliutchkha em Moscou, partindo em seguida para a lua-de-mel.
3. Bebida com leite de égua, fermentado em odres, comum em certas regiões da Rússia e Ásia Central. Tchékhov foi aconselhado por seu médico a passar um período em um sanatório e seguir uma dieta à base de cúmis, pois sua saúde estava cada vez mais debilitada. O casal passou todo o mês de junho em Aksenovo, seguindo para Ialta no começo de julho.

120 ∾ De Olga Knípper-Tchékhova[1] para Tchékhov

23 de agosto de 1901
Moscou, meia-noite

(...)
Amanhã Nemiróvitch vai ler a peça dele[2]. Parece que está nervoso... Stanislávski, pelo que ouvi, está bem entusiasmado com a peça de Vl. Iv.[3] e já escreveu a *mise en scène* para o Primeiro Ato. Vamos ouvir e ver se é interessante. Será realmente terrível para Vlad. Iv. se as pessoas não gostarem da peça... O que ele fará? [...]

F II)
1. Nome de casada de Olga Knípper.
2. Trata-se da peça *Nos Sonhos*.
3. Vladímir Ivánovitch Nemiróvitch-Dântchenko.

Olga e Tchékhov.
FONTE D

121 ∼ De Olga Knípper-Tchékhova para Tchékhov

30 de agosto de 1901
Moscou

(...)
Li hoje a peça de Nemiróvitch. O herói, que deveria ter um temperamento forte, que abandona a mulher amada e que o ama também, que deixa seu cargo universitário na cidade, mostrou-se, pelo menos para mim, fraco, *i.e.*, não se sente a força dele, vê-se somente alguém cheio de frases elaboradas, argumentação fria. A heroína também não é um temperamento muito rico. Ela está apaixonadíssima, quer ser tudo para o homem que ama, mas isso só aparece nas palavras dela; ela oferece para o marido um amor platônico e fica irritada quando ele lhe dá o mesmo em troca. Há muita sensação de falência na peça. Muitas discussões interessantes. O Segundo e o Terceiro Atos são muito interessantes, mas o Quarto Ato muda, e o resultado é bem fraco. Se você visse como ele estava nervoso ontem, Vl. Iv.[1], quero dizer! Seria interessante ter uma conversa logo e ver quem vai se manifestar. Meierhold e Roksánova estavam com uma fisionomia glacial. (...)

F II)

1. Nemiróvitch-Dântchenko.

122 ∼ De Górki para Tchékhov

início de setembro de 1901
Níjni-Novgorod

[...]
Trabalho muito em meu drama e sinto que ele não sai. Dei minha palavra a Nemiróvitch de que iria lhe enviar a peça no final de setembro e quero mantê-la. [...] Meus cumprimentos a Olga Leonárdovna. [...]

Seu A. Péchkov

Endereçe sua carta, por favor, para minha esposa, pois minha correspondência é examinada todos os dias pelos policiais e chega atrasada[1]. [...]

F XVII)

1. Em conseqüência de suas atividades revolucionárias, Górki era mantido sob vigilância.

123 ~ De Tchékhov para Górki

24 de setembro de 1901
Moscou

Caro Aleksiei Maksímovitch,
Estou em Moscou e foi aqui que recebi sua carta. Meu endereço: Spiridonovka, casa Boitsova. [...]
Acabe sua peça, meu amigo. O senhor sente que ela não sai, mas não creia na sua sensação, ela o engana. Freqüentemente uma peça não agrada ao autor quando é escrita, e não o agrada mais ainda depois: que os outros julguem e decidam. Mas não a entregue para ninguém ler, ninguém, envie-a direto para Moscou, a Nemiróvitch ou para mim, farei com que chegue ao Teatro de Arte. Depois, se algo não funcionar, pode-se fazer mudanças durante os ensaios e até mesmo na véspera da estréia.
[...]

Seu A. Tchékhov

Escreva, por favor.

F XVII)

124 ~ De Górki para Tchékhov

fim de setembro de 1901
Níjni-Novgorod

Meu caro Anton Pávlovitch,
Se eu soubesse antes que o senhor estava em Moscou! Teria lhe pedido que viesse até aqui, para uma pequena jornada. Tenho muita vontade de vê-lo e mais: terminei minha peça[1], desejaria que o senhor a escutasse. Sexta-feira Nemiróvitch pretende vir me visitar, se o senhor pudesse vir com ele!
Bom, meu drama resultou em algo desagradável, agitado, parece que vazio e entediante. Não me agrada nem um pouco. É preciso que eu escreva um outro neste inverno. E, se não der certo, escreverei outros dez, mas chegarei ao que desejo. Que seja harmonioso e belo como a música.

Tchékhov e Górki, Ialta, 1901.
FONTE E

Essa forma de escrita me absorveu por completo. Como me irritei e quanto papel rasguei! Apesar de perceber claramente que tudo isso foi em vão, continuarei. [...]

A . Péchkov

F XVII)

1. Trata-se da peça *Os Pequenos Burgueses*.

125 ∼ De Tchékhov para Górki

22 de outubro de 1901
Moscou

Caro Aleksiei Maksímovitch,
Faz cinco dias que li sua peça e não lhe escrevi antes pela simples razão de que não pude obter o Quarto Ato: esperei, esperei e cansei de esperar. Assim, li somente três atos, mas creio que é o suficiente para julgar a peça. Como eu esperava, ela é muito boa, do jeito de Górki: original, muito interessante e, se é preciso começar pelos defeitos, só notei uma falha sem absolvição, como cabelos vermelhos em uma cabeça ruiva: o conservadorismo da forma. O senhor faz personagens novas e originais cantarem músicas novas com formas desgastadas: o senhor tem quatro atos, as personagens desenvolvem seus princípios, sente-se o receio da extensão, etc. Mas tudo isso não é importante, está tudo abafado, por assim dizer, pelos méritos da peça. Como Pertchíkhin tem vida! A filha dele[1] é encantadora, Tatiana e Piotr também, a mãe é uma velha maravilhosa. A figura central da peça, Nil, está delineada com força, ele é extraordinariamente interessante. Em uma palavra: o leitor fica apaixonado pela peça desde o Primeiro Ato. Mas, pelo amor de Deus, não deixe que ninguém mais além de Artiom interprete o papel de Pertchíkhin. E é absolutamente necessário que Nil seja interpretado por Aleksieiev-Stanislávski. Essas duas personagens construirão exatamente o que é preciso. Piotr é para Meierhold. Só o papel de Nil, uma personagem magnífica, precisa ser duas ou três vezes maior, deve fechar a peça, deve ser o papel principal. Mas não o oponha a Piotr e Tatiana, que ele seja auto-suficiente como os outros o são; todos são seres notáveis, excelentes, independentes uns dos outros... Quando Nil tenta ser superior a Piotr e Tatiana,

dizendo que é um tipo fino, aí ele perde o traço característico das pessoas de confiança, trabalhadoras – a modéstia. Ele se vangloria, discute, mas mesmo assim fica claro o tipo de homem que ele é. Que ele seja alegre, que ele faça travessuras no decorrer dos quatro atos, que ele coma muito depois do trabalho, é o suficiente para conquistar o público. Piotr, repito, é bom. O senhor não suspeita o quão bom ele é. Tatiana também é uma personagem pronta, é preciso somente que 1. ela seja realmente uma professora, que ela ensine às crianças, que ela volte da escola, que ela tenha consigo livros e cadernos e 2. que seja dito desde o Primeiro ou Segundo Ato que ela tentou se envenenar, assim, depois dessa indicação, seu envenenamento no Terceiro Ato não surpreenderá e estará no lugar certo. Tetiériev fala muito, é preciso mostrar esse tipo de gente por pedaços, *en passant*, pois de qualquer forma pessoas assim são sempre episódicas, na vida e em cena. Faça com que Elena almoce com todos no Primeiro Ato, que ela esteja à mesa e seja agradável, sem isso se vê muito pouco dela, e a personagem não fica clara. A conversa dela com Piotr está um pouco carregada, em cena ficará muito sublinhada. Faça com que ela seja uma mulher apaixonada, amável, aliás atraente.

Ainda falta muito até a representação, e o senhor terá todo o tempo para corrigir sua peça do começo ao fim, uma dezena de vezes. Que pena que vou embora! Eu assistiria aos ensaios e iria lhe escrever tudo o que fosse preciso.

Parto para Ialta na sexta-feira. Comporte-se bem e que Deus o proteja. […] Aperto-lhe a mão bem forte, um abraço.

Seu A. Tchékhov

F IV)

1. Trata-se da personagem Polia.

126 ~ De Górki para Tchékhov

fim de outubro de 1901
Níjni-Novgorod

Obrigado pela carta, Anton Pávlovitch!
Fiquei muito feliz ao lê-la e particularmente contente com suas indicações. Veja, o fato é que minha peça não me agrada, nem um pouco; até receber a sua carta, não compreendia por que eu a achava simplesmente grosseira e malfeita.
Agora percebo que efetivamente Tetiériev ocupa muito espaço, Elena não muito, que Nil fica deteriorado com seu jeito retrucador. E o pior de todos é o velho. Ele é terrivelmente desagradável, a ponto de eu sentir vergonha por ele.
[...]
Aperto-lhe bem forte a mão. Cumprimente todos os nossos amigos.

A. Péchkov

F XVII)

127 ~ De Tchékhov para Olga Knípper-Tchékhova

2 de novembro de 1901
Ialta

Minha doce meninota, saudações!
(...) Estou com boa saúde, porém ontem e anteontem, desde a minha chegada, tenho me sentido indisposto e ontem tive de tomar óleo de rícino. Mas estou muito feliz por você estar bem e alegre, minha querida, isso torna meu coração mais leve. E queria tanto que você tivesse agora um meio-alemãozinho[1] para diverti-la, para preencher sua vida. Poderia ser, minha querida! O que você diz?
Górki estará em breve passando por Moscou. Escreveu-me que deixaria Níjni no dia 10 de novembro. Prometeu revisar seu papel na peça, *i.e.*, torná-lo maior; prometeu muitas coisas no geral, e eu fico extremamente feliz com isso, pois creio que as revisões não tornarão a peça pior, mas muito melhor, mais redonda que antes.
[...]

Estou lhe enviando o anúncio de *Tio Vânia* em Praga. Fico pensando no que lhe mandar, mas não consigo achar nada. Vivo como um monge e sonho só com você. Embora seja vergonhoso fazer declarações de amor aos quarenta anos, não consigo me conter, menina, e digo-lhe mais uma vez que amo você profunda e ternamente.

Beijo, abraço e aperto você contra mim bem forte.

Mantenha-se saudável, feliz e alegre.

Seu Antoine

F IX)

1. Um bebê. A família de Olga era de origem germânica.

128 ~ De Tchékhov para Olga Knípper-Tchékhova

9 de novembro de 1901
Ialta

[...]

Então Roksánova está atuando novamente em *A Gaivota*? Por quê? Eles tiraram a peça do repertório para que pudessem achar uma nova atriz para o papel e, de repente, eis Roksánova de volta! Que negócio desagradável! Da lista do repertório enviada aqui, notei que *Ivanóv*[1] está sendo ensaiado. No meu ponto de vista, é trabalho fútil e desnecessário. A peça será um fracasso, pois vai ter uma produção maçante diante de uma platéia indiferente.

Vou conseguir com que todos os melhores autores escrevam para o Teatro de Arte. Górki já o fez; Balmont, Leonid Andrêiev, Telechov[2] e outros estão escrevendo. Seria bem apropriado designar-me uma taxa, mesmo que seja um rublo por pessoa.

Minhas cartas para você não me satisfazem nem um pouco. Depois do que experimentamos juntos, as cartas significam pouco; temos que realmente continuar nossa vida. Como pecamos em não viver juntos! Mas para que falar! Deus esteja com você. Minhas bênçãos para você, minha alemãzinha, fico feliz que você esteja bem. Beijo-a ressonantemente.

Seu Antônio

F IX)

1. Peça de Tchékhov.
2. Dos autores citados, somente Leonid Andrêiev teve peças encenadas no Teatro de Arte. Balmont traduziu peças de um ato de Maeterlinck para o Teatro de Arte.

129 ～ De Tchékhov para Olga Knípper-Tchékhova

17 de novembro de 1901
Ialta

[...]

Aleksiei Maksímovitch está aqui e bem[1]. Dorme aqui em casa e registrou-se comigo. A polícia local estava hoje por toda parte.

Estou escrevendo e trabalhando, mas, minha querida, trabalhar em Ialta é impossível, totalmente, totalmente impossível. Fica longe do mundo, é desinteressante – e o principal – é fria.

(...)

Aleksiei Maksímovitch não mudou, é o mesmo homem decente, educado, bondoso. A única coisa nele ou, melhor, sobre ele que acho desconcertante é aquela túnica russa dele. Não consigo me acostumar com ela [...].

Bem, fique animada e saudável, luz de minha vida. Obrigado pelas cartas. Não caia doente, seja uma garota esperta. Mande lembranças para a família.

Beijo e abraço você carinhosamente.

Seu marido,
Antônio

Estou com boa saúde. Moscou teve um efeito incrivelmente benéfico sobre mim. Não sei bem se foi Moscou ou se foi você, o fato é que tenho tossido muito pouco...

F IX)

1. Górki. Na época, o escritor era mantido sob vigilância policial, pois suas atividades eram consideradas subversivas.

130 ～ De Meierhold para Tíkhonov[1]

28 de novembro de 1901
Moscou

[...]

Estava muito ocupado no teatro. Lújski ficou doente e tive de preparar o papel do burgomestre[2] (*Um Inimigo do Povo*). É um grande papel, foi preciso muito trabalho [...].

Maksim Górki.
FONTE B

Na escola³ ligada ao nosso teatro, os cursos são feitos sem nenhum sistema. Ou melhor, não há curso. Tudo se limita à participação dos alunos nas cenas de massa. Não há nem curso nem trabalho sobre as peças. Há dança, esgrima. A aula de maquiagem está bem organizada (Sudbínin).

Quanto ao teatro, estamos boiando completamente. Foi um erro montar a peça de Nemiróvitch⁴; inútil, mesquinha, enfática e falsa. Tudo ao estilo de Boboríkin⁵! E a atitude do autor em relação ao meio, e as palavras deslocadas e o estilo. É uma vergonha que nosso teatro concorde em montar peças como essas.

Por causa disso, a peça de Górki foi adiada, é um equívoco. [...]

Seu Vs. M.

F XIV)

1. Vide carta 117, nota 1.
2. Personagem Peter Stockmann.
3. Na época, organizaram-se no Teatro de Arte as "aulas cênicas", que se tornaram mais tarde os "cursos dramáticos". (N.F)
4. *Nos Sonhos.*
5. Piotr D. Boboríkin (1836-1921), escritor russo que descrevia em seus romances os costumes da sociedade burguesa russa da época. (N. F.)

131 ~ DE NEMIRÓVITCH-DÂNTCHENKO PARA TCHÉKHOV

quarta-feira, dezembro de 1901
Moscou

Caro Anton Pávlovitch,

Olga Leonárdovna confidenciou-me que você começou a escrever uma comédia. E tive a intenção durante esse tempo todo de lhe escrever para dizer: não se esqueça de nós! Quanto antes tivermos sua peça, melhor. Haverá mais tempo para as discussões e para colocar as coisas no lugar. De nossa parte, você sabe, fazemos o melhor para compensá-lo. Se uma apresentação nem sempre é o que deveria ser, não há nada a se fazer: teatro! Teatro significa apresentações todos os dias. Nada fica pronto sem concessões. Se fôssemos somente oferecer apresentações da mais alta qualidade artística, isso significaria reduzi-las à metade e ficarmos ainda mais dependentes de patrocínio.

Do lado financeiro, as coisas parecem ir bem para você. Posso garantir que, depois deste inverno, quando acabar a quaresma, você receberá do Teatro de Arte nada menos que 7 mil.

Você receberá o programa e então saberá quando suas peças estão em cartaz. A bilheteria tem sido excelente. Raramente cai abaixo de novecentos e pouco. Suas peças arrecadam em torno de mil e cem rublos. São sempre apresentadas com prazer.

Resumindo, escreva peças! Escreva peças!

O teatro está de mudança. O mais provável é que ocupemos o Teatro Omon (na rua Gazetni) por doze anos, e iremos então reformá-lo para que se ajuste às nossas necessidades. Conduzo discussões, mantenho as coisas sob vigilância e gasto meu esparso tempo com arquitetos, etc.

Minha peça está indo bem. Estrearemos em uma semana. Vou lhe mandar um telegrama sobre o sucesso (ou fracasso) dela. A produção mostrou-se mais complicada que o previsto e os ensaios foram seriamente interrompidos por motivos de doença e também por causa de *Um Inimigo do Povo*, que absorveu uma semana de ensaio.

Estou esperando uma peça de Górki. Peça a ele que envie a peça o mais cedo possível, por favor. (...)

F II)

132 ~ De Meierhold para Tchékhov

fim de dezembro de 1901
Moscou

Feliz Ano Novo, caro Anton Pávlovitch!

Gostaria de poder rezar para alguém, pedir-lhe que devolva sua saúde, uma perfeita saúde, coragem e alegria... Os que reverenciam sua arte têm muita necessidade de uma prece assim (...).

Nós o relemos uma vez mais[1], Anton Pávlovitch! Outra vez *O Duelo*, *Enfermaria Número 6, O Monge Negro, Em Missão Administrativa*[2](...). Novamente lágrimas recalcadas, carícias de poesia e espera fremente por um futuro melhor... Graças ao senhor é mais fácil viver, porque o senhor nos inspira fé em um futuro melhor e força para esperá-lo.

Mesmo que outros troquem de preferências artísticas como trocam de camisa, milhares de pessoas, como eu, seguirão fiéis ao senhor, Anton Pávlovitch.

Sinto-me tão próximo do senhor, como jamais me senti de alguém.

Acostumado com elogios, o senhor deve estar farto de cartas desse tipo. Não importa. Vivo agora graças ao senhor e tenho necessidade de agradecer seu apoio. Aperto bem forte sua mão e, se me permite, abraço-o.

V. Meierhold, que o ama

Saudações a Maria Pávlovna e à sua mãe.
Novidades:
[...]
A peça de Nemiróvitch-Dântchenko provocou revolta no público³. O autor assumiu uma posição neutra diante da burguesia, tão odiada pelo público (sobretudo pela juventude). A peça é variada em cores, pitoresca, mas sem profundidade nem sinceridade. Reconheceram no autor um discípulo de Boboríkin⁴ e sentiram a ofensa feita aos autores preferidos – Tchékhov e Hauptmann –, quando Nemiróvitch-Dântchenko se esforçou por temperar seus estados de alma em um vinagrete de mau gosto. Os truques saltam aos olhos. Para que despender tanto trabalho e dinheiro?
[...]

F X)

1. As obras de Tchékhov tinham sido reeditadas por A. F. Marks. (N.F)
2. Contos de Tchékhov.
3. Peça estreou em 21 de dezembro, e, segundo Nina Gourfinkel em *Lettres de Meyerhold à Tchékhov*, o Teatro de Arte, em plena efervescência revolucionária, levava uma peça com o título significativo de *Nos Sonhos*.
4. Vide carta 130, nota 5.

133 ∾ De Olga Knípper-Tchékhova para Tchékhov

29¹ de dezembro de 1901
Moscou

[...]
Hoje discutimos *Os Pequenos Burgueses*. No começo, tudo estava muito superficial, ninguém dizia nada. Vladímir Ivánovitch fez a abertura, mas

parecia *distraído,* e o que disse foi superficial. Sânin falou bem como sempre, passando por toda a história da Rússia e pela literatura em um grande impulso, falando poeticamente sobre Pertchíkhin e Tatiana – um salgueiro chorão. [...] Nil foi objeto de discórdia. Cada um tem sua própria interpretação. A maioria disse que ele não é um tipo novo, que no futuro ele seria um pequeno burguês, até mesmo, se você quiser, uma versão um pouco melhor de Bessiémenov. Na minha opinião, é um trabalhador bem comum, como milhares no Ocidente, embora talvez seja um tipo novo na Rússia. Ele não tem nenhuma dificuldade especial, está se esforçando, por assim dizer, pela liberdade, mas liberdade no sentido burguês. O que você acha? Um bom papel para um ator talvez, mas de pouco interesse para um ator criativo. Quem interpretará o papel não sabemos. Lújski recusou. Disseram que Konstantin Serguiêievitch fará Tetiériev. Não sei o que vai acontecer. A maior parte do elenco não foi decidida, os papéis foram somente discutidos.

Claro, falaram também sobre Tchékhov, impossível não falar. Comentaram a admiração que Górki dedica a Tchékhov, fizeram comparações, mas isso não tem nenhuma importância. No geral, estava tudo solto. Mas não diga nada a Górki.

E você, meu Antontchik, está trabalhando? Vamos, faça um pequeno esforço, pois o tempo passará mais rápido se você escrever, não é? Você escreverá algo bom, elegante, eu sei, refinado do ponto de vista da forma.

[...]

Eu beijo você de todas as maneiras, meu marido encantador.

Sua cachorrinha

F III)

1. Há uma variação de data entre as fontes. Na coletânea de Jean Benedetti, esta carta está apresentada com a data de 26 de dezembro.

134 ~ DE MEIERHOLD PARA (DESTINATÁRIO DESCONHECIDO)[1]

fim de 1901, início de 1902

(...)
Sofro freqüentemente porque tenho uma consciência muito exigente. Sofro freqüentemente porque sei que não sou como deveria ser. Estou

constantemente em desacordo com meu meio ou comigo mesmo. Duvido constantemente, amo a vida, mas eu a evito. Desprezo minha falta de personalidade e quero força, procuro empenho. Sou mais infeliz que feliz, mas encontrarei a felicidade quando parar de me absorver nas análises, quando recuperar minhas forças para lançar-me na luta enérgica. Na peça de Górki alguém diz: "É preciso se incorporar à substância profunda da vida"[2]. É verdade. E Seriojka, o miserável, diz em *Malva*: "É preciso sempre fazer algo para que, em torno de si, as pessoas se agitem e sintam que há vida. É preciso agitar a vida mais freqüentemente para que ela não se torne azeda"[3]. É verdade. No drama vivido por Trepliov, Johannes e Tuzenbách [4] há muito de mim, sobretudo em Trepliov. Quando, em 1898, interpretei esse papel pela primeira vez, experimentei muitos sentimentos parecidos com os seus. Interpretar o papel de Johannes coincidiu com meu entusiasmo pelas tendências individualistas. As exclamações de Tuzenbách chamando para o trabalho, para a luta enérgica ajudaram a me desarraigar do idealismo passivo. E eis que me agarro a uma atividade ávida, precipito-me ao trabalho fremente e saudável. Tenho vontade de ferver, de me fazer força impetuosa para criar, não somente destruir, mas criar destruindo. Agora estou em crise. O momento mais perigoso. E uma consciência muito exigente, dúvidas, hesitações, auto-análise, atitude crítica em relação ao que me rodeia, entusiasmo pelas doutrinas, tudo isso não deve ser um fim, mas um meio. Tudo isso deve existir somente como evidência de algo mais.

Sofri e sofro. Tudo a que fiz alusão nesta carta, fique claro, estimulou meu trabalho criativo.

Minhas criações carregam a marca das perturbações de nossa época.

Diante de nós figuram novas criações, porque a vida também será nova. Uma nova onda já se apoderou de mim.

F XIV)

1. Parte da carta não foi preservada, perdendo-se inclusive a referência ao destinatário. A data é suposta, sendo deduzida pelos pesquisadores por meio das referências contextuais que a carta apresenta.
2. Esta frase de Nil foi retirada do Quarto Ato da peça *Os Pequenos Burgueses*. (N.F)
3. Estas frases foram retiradas de uma conversa entre Seriojka e Malva, herói de uma narrativa de Górki intitulada *Malva*. A partir da quarta edição das *Narrativas* de Górki, em 1903, o parágrafo que compreendia essas frases foi suprimido. (N.F)
4. Três personagens interpretadas por Meierhold no Teatro de Arte de Moscou: Trepliov, em *A Gaivota* (Tchékhov); Johannes, em *Os Solitários* (Hauptmann); e Tuzenbách , em *As Três Irmãs* (Tchékhov). (N.F)

135 ～ De Tchékhov para Olga Knípper-Tchékhova

5 de janeiro de 1902
Ialta

Meu coração, Olia, minha querida, nenhuma carta sua hoje. Parece-me que vocês, os atores, não compreenderam *Os Pequenos Burgueses*. É impossível que Lújski interprete Nil; esse papel é importante, heróico, convém perfeitamente ao talento de Stanislávski. Tetiériev, ao contrário, é um papel do qual é difícil tirar alguma coisa durante os quatro atos. Em cada ato Tetiériev é igual e diz sempre a mesma coisa, além do mais essa personagem não é viva, é artificial.

[...]

Esta noite, vi você nos meus sonhos. Mas, quando vou lhe ver em carne e osso, é impossível saber, e isso me parece muito distante. Pois não vão deixá-la partir no fim de janeiro! A peça de Górki e assim por diante. É esse o meu destino.

Vamos, não vou afligir você, minha ama, minha esposa extraordinária. Eu a amo e iria amá-la mesmo se você me batesse com um bastão. [...]

Venha me encontrar em sonho, meu coração!

Seu marido, Antoine

F III)

136 ～ De Stanislávski para Tchékhov

14 de janeiro de 1902
Moscou

[...]

Sua afirmação de que eu deveria fazer Nil tirou-me o sossego por algum tempo. Agora que os ensaios começaram e que estou trabalhando na *mise en scène*, mantenho especial atenção nesse papel. Percebo que Nil é muito importante para a peça, sei o quão é difícil interpretar uma personagem positiva, mas não vejo como poderia me transformar em uma personagem positiva usando tanto quanto possível a minha própria fisionomia e atributos e sem uma transformação externa, sem uma forma definida, sem uma caracterização nítida. O tom não é natural para mim. É verdade que interpretei vários camponeses nas peças de Chpajínski, mas aquilo era representação, não era vida. Com Górki não se pode representar, é preciso viver... Nil conserva certas características do modo de vida dele e ao mesmo tempo é ainda inteligente, versado, sincero e decidido. Receio que, se eu o fizer, o resultado será Konstantin Serguiêievitch disfarçado, e não Nil. Para mim, interpretar o cantor Tetiériev seria consideravelmente mais fácil, já que as linhas gerais da personagem estão bem mais claras, mais simples; seria mais fácil despojar-me de mim mesmo. No momento, vou ficar de reserva e atuarei se um dos atores que interpretam Nil ou Tetiériev não conseguirem e, claro, se um dos papéis for adequado para mim.

Há um entusiasmo geral pela peça de Aleksiei Maksímovitch. Todos querem participar e, naturalmente, o público pede para que coloquemos em cartaz nossos melhores e mais fortes artistas. Entretanto, nem todos os atores que o público conhece e nos quais confia podem estar nessa peça. É possível que Baránov, por exemplo, impressione a todos nós no papel do cantor. É por isso que criamos dois elencos. Cada elenco ensaia a mesma *mise en scène*. Um elenco trabalha com Kalújski, o outro com Tikhomírov. Dentro de alguns dias veremos os dois elencos, selecionaremos o melhor e, então, formaremos o elenco final. E, mesmo assim, poderão ocorrer mudanças individuais. Minha esposa está ansiosa para fazer Polia, mas receio que seja muito velha para o papel, e ela está em todas as peças e não terá forças para os ensaios. O mesmo serve para mim. Se a peça não puder ser realmente realizada sem os atores mais velhos, irei sugerir lançá-la no próximo ano, o que será melhor do que apresentá-la ao público com falhas no elenco. Na minha opinião, isso seria criminoso em consideração a Aleksiei Maksímovitch, que confiou sua primeira peça a nós.

No momento, todos trabalham com grande prazer e vontade, cada elenco quer superar o outro. O que resultará disso?

[...]

F II)

137 ∾ De Olga Knípper-Tchékhova para Tchékhov

15 de janeiro de 1902
Moscou

Estou cansada hoje. De repente, antes do Terceiro Ato, fiquei fraca, meus nervos afrouxaram, fiz o Quarto Ato com uma moleza, fiquei toda suada de esgotamento. Como estou insatisfeita comigo mesma, como me torturo quando atuo mal, tenho impressão de que não sou mesmo comediante, que tudo fica exagerado e que sou uma perfeita nulidade. Tudo fica opressivo. Por que não tenho fé em nada?

[...]

Amanhã Konstantin Serguiêievitch verá o Primeiro Ato com os dois elencos. Ele ficou muito contente com sua carta[1]. Entendi, pelas alusões de Macha, que você contou a ela coisas em relação à peça que você está planejando escrever. Para mim você não disse nem uma palavra, mesmo sabendo o quanto isso me toca. Bom, que Deus o proteja, você não confia em mim. Eu jamais irei lhe pedir nada, não tenha medo, não irei me intrometer. Saberei pelos outros.

Comporte-se, coma tanto como antes, alimente-se, cuide-se. Não fique triste, iremos nos ver em breve.

Eu o beijo.

Sua cachorrinha

F III)

1. Carta de 4 de janeiro de 1902. Vide carta 136, que é a resposta de Stanislávski para Tchékhov.

138 ∾ De Tchékhov para Olga Knípper-Tchékhova

20 de janeiro de 1902
Ialta

Como você é tola, minha moleca, que bobinha!

O que deixou você tão esgotada, por que está em tal estado? Você escreve que a vida é vazia, que você é uma completa nulidade, que suas cartas me aborrecem, que você sente horror ao modo como sua vida está se limitando, etc., etc. Boba! Não lhe escrevi sobre a próxima peça não porque não tenha confiança em você, como você afirmou, mas porque ainda não tenho confiança na peça. Está começando a se manifestar sutilmente em minha cabeça, como a primeira luz do alvorecer, e eu ainda não estou certo do tipo de coisa que é, o que resultará disso, e se não vai mudar de um dia para o outro. Se estivéssemos juntos, eu iria lhe contar tudo, mas é impossível escrever, pois nada alcança o registro devido, só escrevo bobagem e depois fico indiferente ao assunto. Em sua carta, você ameaça nunca me perguntar sobre nada ou se intrometer; mas qual a razão disso, minha querida? Não, você é a minha garota, você trocará misericórdia por castigo quando perceber mais uma vez o quanto eu amo você, quão próxima e querida você é para mim, como é impossível viver sem você, minha bobinha. Deixe de lado a melancolia, deixe-a! E dê uma boa risada! Eu tenho permissão de estar deprimido, porque vivo em um deserto, sem nada para fazer, sem ninguém para ver, estou doente praticamente toda a semana, mas você? Não importa o quê, sua vida é plena.

Recebi uma carta de Stanislávski[1]. Ele escreve bastante e com graça. Insinua que talvez a peça de Górki fique para a próxima temporada.[...]

A propósito, Górki tem a intenção de trabalhar em uma nova peça, sobre a vida em um albergue[2], embora eu o tenha aconselhado a esperar um ou dois anos e não se apressar. Um autor precisa produzir em grande quantidade, mas ele não deve se apressar. Você não acha, minha admirável esposa?

No meu aniversário, no dia 17 de janeiro, fiquei com um humor abominável, pois estava indisposto e o telefone tocou o dia inteiro com telegramas de parabéns. Até você e Macha não me pouparam! (...)

Você escreve para que eu não fique triste, que nos veremos em breve. O que você quer dizer? Isso será na Semana Santa? Ou antes? Não me deixe agitado, alegria de minha vida. Você escreveu em dezembro dizendo que viria em janeiro, na ocasião preparei tudo, e então você escreveu-me dizendo que viria na Semana Santa – e eu mandei minha alma se acalmar, recolhi-me em minha concha –, e agora você novamente levanta um temporal no Mar Negro. Por quê?

A morte de Solotsóv[3], a quem dediquei meu *Urso*, foi o acontecimento mais desolador em minha vida provinciana. Conhecia-o bem. Pelo relato do jornal subentende que ele realizou algumas revisões em *Ivanóv*[4] e que eu, como dramaturgo, teria aceitado o conselho dele, mas não é verdade.

Então, minha esposa, minha criatura encantadora, minha adorada e amada garota, que Deus a proteja, que você seja saudável, alegre e tenha sempre em mente seu marido, mesmo se for somente quando você for dormir à noite. O importante é não ficar deprimida. Porque seu marido certamente não é nenhum beberrão, nem esbanjador, nem é de briga. Sou um marido comum alemão, em meu comportamento, e até visto cuecas quentes.

Abraço você cem vezes e beijo-a infinitamente, esposa minha.

Seu Ant.

Você escreve: onde quer que se intrometa, você bate em uma parede de pedra. E onde foi que você se intrometeu?

F IX)

1. Vide carta 136.
2. O que futuramente seria a peça *No Fundo*, conhecida no Brasil como *Ralé*.
3. Ator. (N. F.)
4. Peça de Tchékhov escrita em 1887.

139 ∽ De Olga Knípper-Tchékhova para Tchékhov

25 de janeiro de 1902
Moscou

(...)

O futuro do Teatro está sendo decidido, Anton. Vlad. Iv.[1] procurou-me durante o Terceiro Ato e explicou tudo; teremos uma reunião no domingo. O conselho será formado por Stanisl., Nemiróvitch, Lújski, Vichniévski, Samárova, Lilina, Andreieva, Knípper, ao que tudo indica. Seremos todos acionistas do teatro. Aparentemente, investiremos 3 mil rublos, *i.e.*, daremos uma nota promissória. Morózov está reformando o Lisanov, dará 10 mil para nós e 30 mil rublos em subsídios. Seremos provavelmente os proprietários. Conto-lhe superficialmente o que pude entender. Vou refletir sobre isso, discutir e, então, irei lhe escrever claramente. Eles estão pensando em você como um dos acionistas, realmente querem você. Vlad. Iv irá lhe escrever. Você pode imaginar como estamos apreensivos?! Como vai ser feito?! Você não irá dizer nada sobre isso naturalmente, por enquanto. No momento, nem tudo está claro, você sabe como sou ingênua nos negócios. Vichniévski está convencido de que o novo teatro renderá 50 mil durante o primeiro ano – isso é possível? Devo acreditar nisso? Bem, escreverei tudo sobre isso, todo dia, assim você ficará a par de tudo.

Não lhe contei ontem que Baránov impressionou como Tetiériev. Os dois diretores viram o ensaio, e, quando terminou, pediram a ele que aparecesse sem nenhuma preparação. Ele acaba de se recuperar de uma longa doença. Fez as cenas com serenidade maravilhosa e controle, estava muito comovente, apresentou uma personagem muito rica.

[...]

F II)

1. Nemiróvitch-Dântchenko.

140 ~ De Meierhold para Stanislávski

26 de janeiro de 1902
Moscou

Caro Konstantin Serguiêievitch,

Já esperei muito. Passaram-se três semanas desde que lhe implorei para me deixar vir conversar com o senhor[1]. O senhor escreveu-me afirmando que não tinha um único momento livre, e, no entanto, pôde receber os alunos da escola, fato do qual estou informado.

Não tenho a intenção de aguardar mais tempo. Espero ter permissão para vê-lo a qualquer hora durante os próximos três dias (28, 29 ou 30 de janeiro). Não esperarei mais. A ausência de uma resposta sua irá me dar o direito de, primeiro, recorrer à correspondência e, depois, considerar-me livre para agir de outra maneira.

V. Meierhold

F XIX)

1. No dia 5 de janeiro, Meierhold havia deixado um cartão na residência de Stanislávski solicitando um encontro. No dia 6, escreve uma breve carta requisitando novamente um encontro para tratar de um assunto de "excepcional importância".

Vsiévolod Meierhold, foto de 1902/1903.
FONTE B

141 ∾ De Stanislávski para Meierhold

janeiro de 1902
Moscou

Devo pedir ao senhor que me poupe no futuro de cartas escritas no tom de sua última mensagem e, também, de seu monitoramento sobre as pessoas que escolho receber em minha casa. Além disso, peço ao senhor que me poupe no futuro do tom de ameaça, que me assusta muito pouco, pois minha consciência, no que concerne ao senhor, está limpa. Não responderei a cartas desse tipo. Talvez o senhor ache mais sensato, antes de recorrer a ameaças, informar-me o assunto que parece haver provocado tais medidas extremas de sua parte. Com relação ao encontro nos dias 28 ou 29, que o senhor requer com tamanho tom arbitrário, por favor entenda que eu devo recusar, a fim de não dar a impressão de ser um covarde e, também, permitir ao senhor liberdade para agir. Se realmente precisa de um encontro, então seria conveniente que o senhor escrevesse uma carta mais apropriada e percebesse também que, no momento, não tenho tempo para mim, pois meu tempo está a serviço de um empreendimento, do qual o senhor faz parte, e das circunstâncias de que o senhor com certeza está ciente.

K. S. S.

F XIX)

142 ∾ De Meierhold para Stanislávski

fim de janeiro de 1902
Moscou

Caro Konstantin Serguiêievitch,
Minha última carta para o senhor era formal e nada mais. Não continha nenhuma ameaça. Foi escrita com o mesmo tom formal da minha primeira carta para o senhor no começo deste mês.
As razões para o uso de tal tom oficial ficarão evidentes no que se segue.
O senhor escreve: "O senhor não acharia natural antes de tudo me informar o assunto que provocou tais ameaças?"

Eu não só acho natural, como necessário. Do contrário, eu nunca teria feito tais esforços para me encontrar com senhor no decurso de um mês inteiro. E, se o senhor realmente ainda não conhece as razões de minhas tentativas persistentes para falar-lhe, então a falha é sua e não minha.

No dia 5 de janeiro, deixei meu cartão em sua casa pedindo um encontro o mais cedo possível. O senhor recusou-me esse encontro, explicando que estava muito ocupado. Então comecei a esperar. Esperei *três semanas*. Isso servirá como evidência de que eu não estou alheio às nossas obrigações sociais.

Se eu chamei sua atenção à contradição que existe em suas palavras ("estou ocupado") e os fatos (o senhor achou tempo para receber em sua casa uma delegação de estudantes da escola), isso não significa que eu tenho monitorado as pessoas que o senhor recebe em sua casa.

Se eu fixei um limite de tempo além do qual eu não esperaria mais, isso não significa um tom "arbitrário". Qualquer pessoa no meu lugar, qualquer pessoa que tivesse sido insultada, que tivesse pedido uma satisfação, mas que tivesse sido feita de boba, não importam as razões, falta de tempo ou qualquer outro motivo, teria feito o mesmo.

Uma vez que, evidentemente, não terei permissão de falar com o senhor *pessoalmente*, resta-me recorrer à correspondência.

(...)

Todos na companhia sabem que *o senhor*, no dia 1º de janeiro deste ano, no teatro, em uma conversa com vários membros da companhia, *disse* que eu:

1. era uma pessoa que fazia "intrigas", que tinha de ser eliminada;
2. que eu tinha deixado entrar na platéia do teatro pessoas que vaiaram a estréia da peça de Nemiróvitch-Dântchenko;
3. que o senhor tinha evidências concretas, na forma de cartas assinadas por pessoas que o senhor conhecia, de que eu tinha realmente incitado alguém a vaiar o autor de *Nos Sonhos*;
4. que eu estava "minando o empreendimento" do qual faço parte.

Peço-lhe humildemente que corrobore esses comentários insultuosos feitos pelas minhas costas, repetindo-os diretamente na minha cara e dizendo simplesmente "sim, eu o acuso" ou "não, eu não o acuso".

Se eu não receber uma resposta do senhor até o dia 1º de fevereiro, tomarei isso como uma resposta afirmativa.

Se as acusações feitas contra mim são baseadas em cartas assinadas, o senhor tem a obrigação de me fornecer os nomes das pessoas que as assinaram.

Se o senhor deseja ocultar tais nomes, significa que o senhor assume total responsabilidade disso.

Por favor, não hesite em repetir o que o senhor disse.

Sei muito bem que, excluindo os assuntos artísticos, suas opiniões não são sempre suas próprias opiniões. Por essa razão, quero acertar contas não com o senhor, mas com aqueles que fizeram o senhor acreditar nessas coisas.

Espero uma resposta imediata.

Em todo o caso, esse assunto deve ser divulgado o máximo possível, não tenho receio disso uma vez que minha consciência está limpa.

Não irei parar enquanto a verdade não aparecer.

V. Meierhold

F XIX)

143 ～ De Olga Knípper-Tchékhova para Tchékhov

28 de janeiro de 1902
Moscou

(...)

Ontem ficamos no Hermitage das 2 da tarde até às 10 da noite discutindo o futuro do teatro. Morózov[1] escreveu para você hoje, claro que de maneira infinitamente mais clara do que eu. (...) Pense no assunto e responda para ele. Devemos ser dezesseis no total: Morózov, Stanisl., Nemiróvitch, Lújski, Vichniévski, Símov, Artiom, Moskvín, Katchálov, Aleksándrov, Samárova, Lilina, Andriéieva, eu e você, se você concordar, e, parece, Stakhóvitch. Mas você saberá de tudo por meio de Sávva Timof. É verdade, ele está nos ajudando muito, e acho que nosso teatro começou com pé firme. (...)

Disseram-me que Sânin quer deixar o teatro, mas eu não creio que isso aconteça.

(...)

F II)

1. Vide carta 73, nota 1.

144 ∽ De Tchékhov para Olga Knípper-Tchékhova

2 de fevereiro de 1902
Ialta

(...)
Recebi hoje uma carta de Morózov, vou responder a ele e dizer que quero colocar 10 mil no negócio, só que em duas parcelas: 1º de janeiro e 1º de julho de 1903. Viu como eu faço as coisas em grande estilo?!
(...)

F II)

145 ∽ De Tchékhov para Morózov

2 de fevereiro de 1902
Ialta

(...)
Posso fazer isso assim, de forma que minha esposa e eu tenhamos juntos o equivalente a 10 mil em ações (claro, com a condição que os lucros sejam meus e os prejuízos sejam de minha esposa). Parece-me ou, melhor, tenho certeza de que a companhia terá lucro no Teatro Lianóvski[1], pelo menos nos primeiros anos, se tudo permanecer como antes, *i.e.*, se houver a mesma energia e amor pelo empreendimento.
(...)

F II)

1. Há uma variação em relação aos nomes do teatro a ser reformado. Na carta 139, Olga Knípper refere-se ao Teatro Lisanov, aqui Tchékhov cita o Teatro Lianóvski. Na carta 131, Nemiróvitch-Dântchenko refere-se ao aluguel do Teatro Omon, na rua Gazetni. De fato, o edifício que foi alugado por doze anos é o que abrigava o antigo Teatro Lianozov, que depois passou a ser conhecido como Teatro Omon, em homenagem a seu proprietário, Charles Omon. O endereço do Teatro de Arte de Moscou ficou sendo, portanto, a travessa Kamerguerski Gazetni; e, segundo Stanislávski em sua autobiografia houve a construção de um "novo teatro", tamanho alcance da reforma efetuada. Na reconstrução do interior do edifício foram gastos 300 mil rublos. Além de ser reformado, o edifício foi equipado na época com a mais avançada tecnologia de iluminação cênica importada da Europa.

Sávva Timoféievitch Morózov em 1902 diante do edifício que estava sendo reformado para abrigar o TAM.

FONTE B

146 ~ De Tchékhov para Olga Knípper-Tchékhova

10 de fevereiro de 1902
Ialta

(...)
Escrevi para Nemiróvitch[1] que uma companhia de acionistas é excelente, mas as cláusulas de associação não valem nada. Por que Stakhóvitch e eu somos acionistas, e não são Meierhold, Sânin e Raiévskaia? Vocês não precisam de nomes, vocês precisam de regras. Deveria ser fixado que qualquer pessoa que tenha trabalhado pelo menos três ou cinco anos e tenha recebido um salário de tanto a tanto poderia ser um acionista. Repito, vocês não precisam de nomes, mas de regras, caso contrário tudo desmoronará.
(...)

F II)

1. Carta perdida. (N.F)

147 ~ De Olga Knípper-Tchékhova para Tchékhov

12 de fevereiro de 1902
Moscou

(...)
Hoje ensaiamos minha cena do Terceiro Ato com Tetiériev, e depois teve uma reunião até às 5:30. Fizemos uma votação secreta sobre os membros "suspeitos" da companhia. Não foi nada agradável. Sânin e Meierhold informaram oficialmente a administração da saída deles do teatro. Todos nós decidimos pedir a eles que permanecessem, pois precisamos deles em nosso trabalho. Roksánova, Munt[1], Abessalómov e mais alguém, não consigo lembrar quem, ah sim, Sudbínin, foram excluídos pela votação feita. O procedimento todo foi revoltante. Estou cansada e minha cabeça está latejando.
(...)

F II)

1. Meierhold formou sua própria companhia, que incluía sua cunhada Ekaterina Munt e Roksánova. Em uma carta aberta à imprensa, Meierhold negou haver qualquer motivo financeiro por trás de sua partida. (N.F)

148 ∾ De Nemiróvitch-Dântchenko para Tchékhov

depois de 20 de fevereiro de 1902[1]
Moscou

(...)
Você diz que escrever peças é algo que não o atrai mais. E, para mim, o ideal para a próxima temporada seria abri-la no dia 1º de outubro com uma peça nova sua. Poderia ser feito assim: a peça teria que estar pronta em 1º de agosto. Você ficaria em Moscou em agosto e setembro, e *todas* as discussões e os ensaios aconteceriam em sua presença. Em outubro e parte de novembro, você acompanharia uma série de apresentações. (...) Isso é realmente impossível?

Sânin e Meierhold não foram incluídos como membros acionistas porque Morózov (e Aleksieiev[2]) não queria. Como resultado, parece que os dois estão deixando o Teatro. As condições foram colocadas pelo próprio Morózov, e os membros não discutiram muito. E, mesmo quando eu provoquei uma discussão sobre o §17[3] e recusei-me a aceitá-lo, embora a maioria concordasse comigo, quando chegou a votação, encontrei-me sozinho. Depois a coisa toda quase desabou, pois, de um lado, Morózov declarava que o §17 era uma condição *sine qua non* e, do outro, sem a minha participação não havia possibilidade de as coisas começarem.

[...]
Até breve. Um abraço.

Seu Vl. Nemiróvitch-Dântchenko

F II)

1. Data presumida pelos pesquisadores.
2. Stanislávski.
3. No parágrafo 17 do estatuto da nova associação, Morózov adquiria o poder de veto sobre toda a futura organização da companhia e sobre a nomeação de novos acionistas.

149 ∾ De Tchékhov para Olga Knípper-Tchékhova

16 de março de 1902
Ialta

(...)
Não estou escrevendo nenhuma peça e não tenho vontade de fazê-lo,

pois há dramaturgos suficientes no momento e trabalhar com peças é chato e bastante banal. Acima de tudo vocês deveriam apresentar *O Inspetor Geral*, com Stanislávski no papel do prefeito e Katchálov como Khlestakóv. Isso seria para os domingos. E você daria uma esposa do prefeito maravilhosa. Depois, *Frutos da Ilustração*[1] também para os domingos e como reserva. Só do que vocês precisam é selecionar duas ou três atrizes competentes e o mesmo número de atores – também competentes. [...]

F II)

1. Peça de Lev Tolstói, de 1889. A tradução do título apresenta variações: *Frutos da Instrução*, *Frutos do Esclarecimento*.

150 ∾ De Olga Knípper-Tchékhova para Tchékhov

20 de março de 1902
Petersburgo

(...)
Sabe, meu querido, nossos dois diretores têm muito a responder: tirando os cortes do censor, eles cortaram tanto a peça que não sobrou nada. Os atores (ignorados) ficaram horrorizados depois do ensaio geral de ontem. Górki ficaria ofendido com tamanha arbitrariedade – o que você acha? Muitos da companhia ficaram indignados. Não sobrou nada de Nil[1]. Além das mudanças feitas ontem, o Príncipe Chakóvskoi apareceu e fez mais cortes. Tenho certeza de que Górki não nos deu a peça sabendo disso. Ele realmente deu a Nemiróvitch *carte blanche*[2] para fazer com a peça o que achasse mais conveniente? Os figurões dizem que a peça será permitida se Kleigels[3] puder garantir que não ocorrerão distúrbios. Como se pode garantir tal coisa?
(...)

F II)

1. Personagem da peça *Os Pequenos Burgueses*, de Górki.
2. Carta branca, amplos poderes.
3. Governador de São Petersburgo. (N. F.)

151 ~ De Olga Knípper-Tchékhova para Tchékhov

27 de março de 1902
Petersburgo

Ontem apresentamos *Os Pequenos Burgueses*, meu querido Anton. Um sucesso. Houve muitos aplausos, mas não tantos depois do Terceiro e do Quarto Atos. (...) Você disse que o ato deveria acabar com o envenenamento, pois a cena seguinte deixa cair o tom. Está certo. Ontem Vlad. Iv.[1] disse que temos que pedir a Górki que reescreva o Terceiro Ato para Moscou. O romance todo entre Piotr e Elena é apresentado de maneira bem desinteressante na peça, então, finalizar o ato com uma cena de amor entre eles é desvantagem, certo? Sim, e há muita agitação na cena do envenenamento para a platéia depois ficar entretida com Tetiériev e Elena filosofando. O teatro estava cheio de policiais à paisana e uniformizados. Gritaram "o autor", mas bem baixinho, e foi só depois do Quarto Ato que ouvimos uma voz propondo que fosse enviado um telegrama, e assim o fizemos. Nenhum barulho, nenhum distúrbio, nada.

(...)

F II)

1. Nemiróvitch-Dântchenko.

152 ~ De Olga Knípper-Tchékhova para Tchékhov

31 de março de 1902
Petersburgo

Meu Antontchik! Aconteceu uma coisa extraordinária[1], escute: deixando Ialta, eu tinha esperanças de lhe dar Panfil[2], mas não confessei isso. Não parei de passar mal, mas pensei que era por causa dos intestinos e não me dei conta de que estava grávida, apesar da vontade de estar... Como me teria comportado se soubesse... os solavancos durante a viagem para Sinferopol, você se lembra do que aconteceu? E em *Os Pequenos Burgueses* corri tanto pelas escadas.[3] (...)

F III)

1. Olga foi internada em uma maternidade na noite de 30 de março.
2. O filho que o casal planejava ter.
3. Olga permaneceu internada até 11 de abril, partindo para Ialta.

153 ∼ De Tchékhov para Vladímir Korolénko[1]

19 de abril de 1902
Ialta

Caro Vladímir Galaktionóvitch,
Minha esposa chegou de São Petersburgo com uma temperatura de 39°, bem fraca e com muita dor; ela não consegue andar e teve de sair do barco carregada.
[...]
Agora creio que ela está melhor.
[...]

Seu,
A. Tchékhov

F IX)

1. Vladímir Korolénko (1853-1921), escritor russo. Na época, Górki havia sido indicado para a Academia, mas a nomeação foi anulada pelo Tsar. Tchékhov e Korolénko prepararam uma declaração de princípios e, em seguida, ambos renunciaram ao título da Academia.

154 ∼ De Tchékhov para Maria Tchékhova

2 de junho de 1902
Moscou

Querida Macha,
Estamos novamente em uma situação difícil. Na noite anterior à Trindade[1], às dez horas, Olga sentiu fortes dores no abdômen (mais fortes que aquelas de Ialta), depois seguiram-se gemidos, gritos, soluços; todos os médicos viajaram para suas casas de verão (noite anterior a um feriado), todos os nossos amigos também partiram. (...) Graças a Deus Vichniévski

apareceu à meia-noite e saiu correndo atrás de um médico. Olga passou mal a noite inteira, e hoje pela manhã veio o médico; foi decidido interná-la no hospital do dr. Strauch. De um dia para o outro ela ficou com as bochechas encovadas e magra. [...]

Seu Antoine

F IX)

1. Festa da Igreja Católica, que se celebra no domingo imediato ao de Pentecostes.

155 ～ De Górki para Tchékhov

segunda quinzena de julho de 1902
Arzamás

Meu caro amigo,
Quando o senhor tiver lido minha peça[1], por favor, envie-a para mim o quanto antes, pois tenho ainda algumas correções a fazer.

Tenho muita vontade de assistir aos ensaios, pedi a Vladímir Ivánovitch e a Konstantin Serguiêievitch[2] para providenciarem isso em Moscou junto ao governador geral[3].

Saúdo Olga Leonárdovna, estou desolado com a doença dela. Conto tanto com ela, seria perfeito se ela interpretasse Vassilíssa!

Quando o senhor tiver lido a peça, diga-me o que achou e para quem o senhor distribuiria os papéis.

Aperto-lhe a mão.

A. Péchkov

F XVII)

1. Vide carta 138, nota 2.
2. Nemiróvitch-Dântchenko e Stanislávski.
3. Górki tinha sido preso por ter assinado um manifesto contra o massacre dos estudantes em 1901 e depois ficara sob vigilância permanente.

156 ～ DE TCHÉKHOV PARA STANISLÁVSKI

18 de julho de 1902
Liubímovka¹

Caro Konstantin Serguiêievitch,
Dr. Strauch veio aqui hoje e disse que tudo está bem. Proibiu Olga de fazer uma única coisa – locomover-se por estradas ruins e fazer movimentos excessivos em geral, mas para minha grande satisfação permitiu que ela tomasse parte nos ensaios sem restrições; ela pode começar sua atividade teatral antes mesmo de dez de agosto. Ela ficou proibida de viajar para Ialta. Volto sozinho para lá em agosto, retorno no meio de setembro e então permaneço em Moscou até dezembro.

Gosto muito de Liubimovka. Abril e maio foram meses ruins, mas agora a sorte está comigo, como se fosse para me compensar por tudo o que passei; há tanta calma, saúde, afeto e prazer que eu simplesmente não posso acreditar. O tempo está bom, e o rio está ótimo; em casa, comemos e dormimos como bispos. Envio-lhe milhares de agradecimentos, do fundo do meu coração. Faz tempo que não passo um verão como este. Vou pescar todos os dias, cinco vezes por dia, e a pesca não é má (ontem pegamos uma perca²). Sentar-se à ribanceira é tão agradável, um passatempo que deve ser narrado. Resumindo, tudo está ótimo. Exceto uma coisa: fico à toa e não tenho trabalhado. Não comecei ainda a peça, estou apenas pensando sobre ela³. Provavelmente não começarei a trabalhar nela antes do final de agosto.
(...)
Fique bem e feliz, junte suas forças e energia. Aperto-lhe a mão.

Seu,
A. Tchékhov

F IX)

1. Stanislávski emprestara sua casa de campo na fazenda Liubímovka, propriedade localizada a 32 quilômetros de Moscou, para o casal poder descansar e Tchékhov escrever.
2. Peixe europeu de água doce, de barbatanas espinhosas.
3. O que seria futuramente a peça *O Jardim das Cerejeiras*.

157 ∼ De Tchékhov para Górki

29 de julho de 1902
Liubímovka

Caro Aleksiei Maksímovitch,
Li sua peça. Ela é nova e boa, sem dúvida alguma. O Segundo Ato é muito bom, é o melhor, o mais forte; quando eu o li, sobretudo o final, quase dei pulos de alegria. A atmosfera é sombria, pesada, o público ficará surpreso e deixará a sala, e o senhor pode dizer adeus à sua reputação de otimista. Minha esposa interpretará Vassilíssa, a moça desavergonhada e perversa; agora Vichniévski mede a casa e representa o Tártaro – ele está convencido de que é esse seu papel. Luká não pode ser dado a Artiom, ele iria se repetir, se aborrecer, mas em contrapartida ele daria conta admiravelmente do agente de polícia, é um papel feito para ele; a concubina dele será Samárova. O Ator, que o senhor construiu muito bem, é um papel magnífico, é preciso dá-lo a um ator experiente, tal como Stanislávski.
Katchálov interpretará o Barão.
O senhor tirou do Quarto Ato as personagens mais interessantes (salvo o Ator): fique atento para que isso não resulte em desvantagem. Pode ficar chato e inútil, sobretudo se, depois da saída dos atores mais fortes e mais interessantes, ficarem em cena só os medíocres. A morte do Ator é terrível; é uma bofetada que o senhor dá no espectador, à queima-roupa, sem preparação. Como o Barão foi parar no asilo à noite, por que ele é barão – isso também não fica muito claro.
[...]
Em Moscou, transformam o Teatro Lianóvski em Teatro Artístico; o trabalho está indo bem, prometeram entregá-lo no dia quinze de outubro, mas o espetáculo não poderá começar antes do fim de novembro ou mesmo dezembro. Parece-me que as chuvas estão atrapalhando os trabalhos, chuvas torrenciais.
[...]

Seu A. Tchékhov

Avise-me quando tiver recebido a peça. Meu endereço: travessa Neglini, casa Gonetskói.
Não se apresse em achar o título, o senhor terá tempo para pensar nele.

Вы — всѣ — скоты! Дубье!.. Молчать о старикѣ!
|спокойнѣе| Ты, Баронъ, всѣхъ хуже!.. Ты ни
чего не понимаешь... и врешь. Старикъ — не
шарлатанъ. Что такое — правда? Человѣкъ —
вотъ правда! Онъ это понималъ... вы — нѣтъ!
Вы — тупы, какъ кирпичи!.. Я — понимаю стари
ка... да! Онъ вралъ... но — это изъ жалости
къ вамъ, чортъ васъ возьми! Есть много людей
которые лгутъ изъ жалости къ ближнему... я —
знаю! я — читалъ. Красиво, вдохновенно, воз-
буждающе лгутъ... Есть ложь утѣшительная,
ложь примиряющая... ~~████████████████~~
~~████████████████████████████~~.
~~████████████████~~. Я — знаю
ложь. Кто слабъ душой... и кто живетъ чужими
соками, — тѣмъ ложь нужна... однихъ она под
держиваетъ, другіе — прикрываются ею... А
кто — самъ себѣ хозяинъ... кто не зависимъ
и не жретъ чужого, зачѣмъ тому ложь? ~~███~~
~~████████████████████~~ Правда — Богъ

Datiloscrito da peça No Fundo de M. Górki. Exemplar
da Censura que suprimiu os trechos assinalados.
FONTE A

158 ∽ De Nemiróvitch-Dântchenko para Olga Knípper-Tchékhova

julho de 1902
Neskustchnoe[1]

[...]
É maravilhoso em Liubímovka. Para mim ela se funde com a forte impressão que tenho do verão em Púchkino[2]. E, quando me recordo das veredas ladeadas por pinheiros em Liubímovka, sob o sol morno de agosto, ou daquele pequeno balcão quando fiquei com frio porque já era de madrugada e nós estávamos fazendo planos apaixonados e de profundo alcance para o teatro, somente nos interrompendo para ouvir como o silêncio da noite era atravessado pelo sino da igreja ou pelo apito de um trem, então me parece que aquele verão marcou o crepúsculo de minha mocidade e que ansiosamente me apressei em desfrutá-lo por inteiro.

Não, que fraqueza de espírito deve haver no homem para o qual tudo se resume em tirar das pessoas maior quantidade de elogios quanto possível. Todos nós apreciamos ser elogiados. Mas ficamos felizes por serem os elogios um reconhecimento de nossos esforços, que são tão incomensuravelmente mais caros a nós do que a recompensa propriamente dita. Mas, quando essa recompensa se torna um fim em si mesma e, mais ainda, quando tudo se transforma em um jogo para os ricos indolentes, quando se pode colocar a mão sobre o coração e dizer que tudo se resume naquilo, então isso se torna simplesmente repulsivo.

Neste inverno, eu lhe falei sobre a "desagradável característica" imposta a nós pelos preguiçosos, "gentis e exigentes" moscovitas, aquela característica sobre a qual, a senhora se lembra, compartilhei consigo minhas primeiras, vagas impressões inadequadamente definidas. Posso lhe dizer agora com certeza absoluta que é muito mais sério. A senhora percebe isso.

Fiz um retrospecto, recapitulei os últimos quatro anos, tudo e de todos os lados, e fiquei assustado ao ver a que ponto chegamos. Assustado, com o que quer que fosse, eu comecei a refletir ou a pensar a partir de qual ponto isso começou.

Considerei tudo na ordem exata a fim de não iludir a mim mesmo ou qualquer outra pessoa. Não posso lhe dizer como meu coração doeu algumas vezes, sendo tomado então por um sentimento de indignação e um desejo de lutar.

Há uma questão que me amedronta mais do que tudo: tenho eu, ou têm aqueles que de todo o coração concordam comigo, forças suficientes? Tenho eu força para salvar nosso empreendimento do caminho que está seguindo e que seguramente conduzirá a um destino vergonhoso e "infame"? Tenho eu força, sem criar destruição, para guiar o teatro cuidadosamente de volta para o seu caminho anterior, trazendo comigo todas as coisas boas que criarão uma nova posição para ele? Terei força para morder a língua e ser diplomático, de forma que possa interessar às pessoas que são necessárias para o nosso teatro ainda que elas vacilem inconscientemente? Tenho ainda a energia que sempre me ajudou a alcançar o que queria? Tenho ainda a tenacidade suficiente? É muito tarde?

Eu estou lhe falando em termos gerais porque sinto que, se fosse começar a explicar o grande número de idéias, conclusões, suposições, propostas, referências, etc., etc., que permanecem tão claramente diante de mim, eu teria que ficar escrevendo por dois ou três dias.

Já fiz isso. Passei dois dias rascunhando uma carta para Aleksieiev, mas não a enviei porque, quando a terminei, vi que um assunto tão importante e profundo não poderia ser colocado em uma carta para Aleksieiev.

Um novo sentimento surgiu: tenho medo de todos, isto é, tenho medo das pessoas influentes no teatro. Sei que Aleksieiev concordará de boa vontade comigo e não só na teoria, porém ele não tratará a questão diretamente, mas consultará os desejos secretos dele para ver se estão de acordo com o que quero. E o desejos secretos dele irão dizer que qualquer que seja a forma que o teatro tome, ele, Aleksieiev, deve acima de tudo ser "o artista principal Stanislávski". Fora isso a missão do teatro não o interessa. Sei que é possível conduzir Morózov para a trajetória anterior do teatro, a da glória, mas, ao mesmo tempo, no instante em que ele perceber que essa trajetória particular significa que não pode haver nenhuma expectativa do teatro ser "da moda", ele começará habilmente uma briga comigo. Tenho medo de revelar minhas intenções para Aleksieiev ou Morózov. Tenho medo dos atores porque a maior parte deles balança conforme o vento, mostra simpatia quando as circunstâncias são as mais favoráveis possíveis e evita uma discussão.

E esse medo leva à depressão e a um sentimento que eu não conhecia, como o de um homem que, tendo caído em um redemoinho, perde seus remos e começa a cantar uma canção que o faz lembrar de ocasiões em que alguém conseguiu sair do atoleiro. Felizmente posso dizer que, em minha carreira, nenhuma catástrofe jamais me amedrontou.

Da campanha[3] que planejei agora e para a qual ainda tenho que me preparar – não contando essa campanha contra as pessoas que não entendem para onde estamos conduzindo o teatro; quando elas entenderem isso, talvez os desejos inconscientes e escondidos delas sejam revelados e elas reconheçam que o que dizem não é de fato o que elas realmente desejam –, da minha campanha contra essa tendência, podem surgir somente dois resultados: o primeiro, a derrota, lenta derrota, quase que por desgaste, minha derrota; o segundo, a vitória, mas vitória sem os sucessos superficiais que enchem a cabeça de todos no momento. O dano começou em Petersburgo. Experimentamos "os prazeres da vitória", que vieram quando não estávamos pensando neles, e que então se tornaram o único propósito de nossos esforços.

Desde então temos decaído na direção do sucesso superficial e estamos despencando na direção da glória para o Teatro de Arte Acessível[4]. Nossa situação agora é altamente arriscada. "Conquistar" para mim significa estar obrigado a esquecer os "prazeres da vitória" e trabalhar coisas que realmente consideramos belas. Psicologicamente essa é uma enorme tarefa. E eu ainda não posso crer no êxito disso, e seria tão importante! Mas, para cultivar esses "prazeres da vitória", ou seja, empenhar-se por eles, é necessário um ou dois anos de sucesso estrondoso e depois o colapso total e irrevogável...

Peço-lhe que não comente esta carta com ninguém (exceto com seu marido, é claro). Nem mesmo com Vichniévski.

Ainda não estou pronto.

Até agora não recebi a peça de Górki, embora tenha tido o cuidado de manter correspondência com ele.

(...)

F II)

1. Vide carta 1, nota 1.
2. A preparação do primeiro repertório da companhia em 1898 se deu em Púchkino. Vide carta 10, nota 1.
3. Série de esforços sistemáticos para a obtenção de um resultado específico.
4. No início, o TAM denominava-se Teatro de Arte de Moscou Acessível a Todos. Foi só depois da segunda temporada que o nome mudou para Teatro de Arte de Moscou. A mudança foi motivada por fatores econômicos: o alto custo das produções fez com que o preço dos ingressos subisse muito, impossibilitando o "acesso a todos", daí a mudança do nome.

159 ∼ De Nemiróvitch-Dãntchenko para Stanislávski

fim de julho de 1902
Ialta

Ontem recebi sua carta escrita em papel perfumado... A carta chegou ao anoitecer; estávamos espantando os mosquitos, assim mal havíamos acendido algumas velas, e por um momento pensei que aquela carta que desprendia um aroma tão forte tinha sido escrita por alguma admiradora de *Nos Sonhos*[1] [...][2].

Estou lhe escrevendo, caro Konstantin Serguiêievitch, mas não sei para onde endereçar.

[...]

Provavelmente agora o senhor sabe, por meio da carta de Kalújski, que não estou trabalhando *As Colunas da Sociedade*[3] e que atualmente me ocupo com a peça de Górki. O melhor de tudo seria começar com Tchékhov, mas o fato é que ele só terminará a peça em agosto. De qualquer maneira, Olga Leonárdovna não estará preparada para ensaiar em agosto...

Em todo o caso, terminei o plano de direção para *As Colunas*, e o Quarto Ato tomou-me mais tempo do que os outros três. (Esse ato deve ser um enorme sucesso!) Ao mesmo tempo mantive generosa correspondência com Górki. Ele já preparou várias fotografias, esboços e até mesmo adereços. Ele está me pedindo que vá vê-lo, de modo que possamos tratar de coisas sobre as quais fica difícil escrever. Ele terminou a peça, enviou-a para Petersburgo, pediu-a de volta para que pudesse remetê-la a mim e depois começou a reescrevê-la. Telegrafei pedindo a ele que segure todo o material até eu chegar e mencionei que tentaria encontrá-lo em nove de agosto. (...)

Suponho que até o senhor chegar teremos discutido a peça, testado um ou outro ator, teremos reunido material, caminhado até onde for possível, [...] teremos esboçado o que é necessário e também o que não é necessário [...], e então o senhor chegará e descarregaremos tudo isso em cima do senhor.

Há um aspecto desagradável nisso: *Os Pequenos Burgueses*, *O Poder das Trevas* e a nova peça de Górki... uma tendência inquestionável e muito clara. Uma imagem totalmente indesejável para o novo teatro, indesejável por várias razões, algumas das quais o senhor provavelmente não esteja consciente, mas certamente percebe... Contudo, no momento, não há muito o que fazer... Trata-se do resultado de erros passados...

[...]

Mas de uma coisa eu decididamente discordo, e o senhor precisa concordar comigo. Refiro-me aos ensaios durante sua ausência, somente com o segundo diretor, isto é, sem o senhor lá como autor do plano de direção.

Por exemplo, Kalújski, no planejamento anterior à sua chegada, programou diversos ensaios para o Segundo Ato de *O Poder das Trevas*. O senhor então escreveu que está mandando *Les Aveugles*[4]. É disso que eu discordo. Esse erro tem se repetido ano após ano, e leva a resultados extremamente dolorosos que, de algum modo, o senhor parece não perceber.

Acredito que os ensaios durante sua ausência podem ser conduzidos da seguinte forma:

a. Examinando cuidadosamente o que foi finalmente estabelecido, quando suas intenções estão finalmente claras – examinando tudo para cultivar alguns pontos técnicos bem preparados ou algo parecido para não esquecê-los. Por exemplo, os atos um, três e quatro de *O Poder das Trevas*.

b. Conduzir os papéis individuais em peças que *já executamos antes*, obedecendo aos modelos que o senhor já definiu, com algumas modificações sob minha responsabilidade (...).

c. Peças totalmente delegadas ao segundo diretor – por exemplo, *As Colunas da Sociedade*, isto é, peças para as quais o senhor não escreveu o plano de direção. E, com algumas condições necessárias, ensaios dessas peças com o autor do plano de direção, de maneira que o senhor possa dar uma olhada neles, mas isso só em circunstâncias especiais, sendo melhor que não acontecesse de forma alguma.

d. Organizar o secionamento no plano de direção, isto é, máximo de três a quatro ensaios para um ato complexo.

De vez em quando o segundo diretor ensaia uma peça de acordo com o seu plano de direção e chama o senhor para ver um ato que está mais ou menos marcado, então *sempre* ocorre um grande desgosto com a conseqüente perda de tempo.

Isso é o que ocorre. O diretor fica ansioso para fazer o melhor que pode, de maneira que o senhor pense que o ato está pronto. Ele trabalha intensamente; a princípio os atores ficam parcialmente envolvidos e depois ele consegue fazê-los deslanchar. O ato fica marcado. O senhor chega. Cochicha para mim que nada está bom, mas que devemos dar apoio ao diretor e ao elenco. Então o senhor representa sua comédia, que nos últimos tempos tem causado grande desapontamento aos diretores que ainda são somente aprendizes, isto é, o senhor os elogia e agradece a eles em voz alta, para todo o grupo ouvir. Então o senhor combina ensaios e começa a alterar tudo... Após dois ensaios, nada fica de todo o árduo trabalho. A revolta brota nos corações de Sânin e dos atores...

Assim tem sido sempre, e não tenho motivos para pensar que será diferente com Tikhomírov[5].

Se ele começa a se justificar com relação ao plano de direção do senhor, a sua resposta é: "Sim, sim, sim. É falha minha. Não vamos discutir sobre isso. Mas isso não está correto, precisamos retrabalhar isso". Ou: "Ah, meu Deus! Que bobagem escrevi no plano de direção. Fica evidente quando se assiste ao ensaio".

Mas não era bobagem – e é aí que está o desastre. Transforma-se em *bobagem* porque as idéias que o senhor escreveu no plano de direção foram entendidas erroneamente.

Portanto, precisamos determinar de uma vez por todas que logo após o secionamento e até que os papéis sejam aprendidos, os ensaios devem ocorrer com *o senhor lá*. Então, uma vez que o ato tenha sido marcado, o segundo diretor pode repassá-lo. Como exceção... na verdade não como uma exceção, mas simplesmente como algo *mais freqüente*, os ensaios podem ocorrer sem a sua presença, quando eu for seu segundo diretor. Não porque não ocorrerão erros, mas porque ocorrerão menos erros e porque tentarei substituir o que está obscuro no seu plano por outras coisas, decisões que os outros diretores não podem tomar. E porque, finalmente, desse jeito há menos riscos de se perder o tempo livre que é essencial para o senhor.

[...]

Infelizmente creio que é inútil ensaiar novos atores em antigas peças em agosto. Nenhuma espécie de pedido, palavras belas e calorosas podem induzir esses indivíduos a abordar o trabalho com energia dois meses antes da remontagem propriamente dita. Isso encontra-se na raiz da psicologia do ator e precisa ser levado em consideração. Mas, quando a apresentação os encara de frente, eles fazem em três dias o que fariam em dez. Finalmente, é simplesmente mais vantajoso lidar com esses papéis fora dos ensaios, na preparação, e não no conjunto – aí o senhor pode parar em cada linha.

(...)

FII)

1. Peça de Nemiróvitch-Dântchenko. Vide cartas 120, 130 e 132.
2. A comparação com a publicação russa demonstra que a fonte inglesa não indicou os trechos que foram suprimidos da carta. Seguindo os critérios adotados na presente pesquisa, a tradução parte sempre do texto publicado em inglês, francês ou espanhol; e a fonte russa, quando existente, é consultada para o esclarecimento de dúvidas, daí este trabalho não ter composto os trechos ausentes a partir da publicação russa. A versão aqui apresentada tenta, na medida do possível, assinalar as supressões, indicadas por [...], embora elas não obedeçam rigorosamente ao recorte adotado neste trabalho, mas procurem simplesmente apontar supressões que deveriam constar da fonte inglesa.
3. Peça de Ibsen cujo título apresenta variação nas traduções brasileiras, podendo ser encontrada como *Os Pilares da Sociedade*.
4. *Os Cegos*, peça de Maurice Maeterlinck escrita em 1890.
5. Aluno de Nemiróvitch-Dântchenko na Filarmônica, ator e diretor do TAM entre 1898-1904.

160 ∽ De Nemiróvitch-Dântchenko para os Membros da Associação do Teatro de Arte de Moscou

fim de julho, início de agosto de 1902

[...]
Qual é a finalidade geral do teatro?

Nem todos dão a mesma resposta para essa questão. A resposta do Teatro Mali seria – pelo menos alguns anos atrás – que o teatro existe para que os atores possam desenvolver seus talentos divinos. Desse ponto de vista é preciso encenar peças nas quais esse ou aquele artista ou todo o conjunto possa mostrar seus talentos. Esse caminho leva inevitavelmente a produções que parecem designadas para viajar, ou que fazem o público perder o interesse em espetáculos nos quais seus artistas favoritos não aparecem, e ainda leva, por essa razão, a um declínio no repertório.

Em nosso teatro, graças ao excelente talento do diretor principal e ao aumento geral da importância da função do diretor, nós poderíamos responder: o teatro existe para que o diretor mostre seus talentos. Qualquer que seja a importância do diretor, esse caminho prejudica o teatro como um todo, reduzindo-o à atividade de um ou dois, mais até, de três pessoas, e faz do teatro um ateliê de pesquisa para um, dois ou três artistas.

A resposta realmente correta é: o teatro existe para a literatura dramática. Por mais ampla que seja sua independência, é totalmente dependente da poesia dramática. Um teatro de alguma importância e significado fala de coisas que são importantes e significativas. A fim de que seja ouvido, é preciso que tenha diretores talentosos, atores talentosos, designers talentosos, etc. Somente os bem nutridos vêm ao teatro. Os famintos, os doentes, os arruinados não têm lugar no teatro como drama existente e eles dificilmente o terão em qualquer época enquanto viver o homem, pois os famintos, os doentes ou os oprimidos nunca têm uma voz. Porém os bem nutridos precisam se preocupar e se incomodar com os aspectos importantes da vida, como é sabido pela maior parte das pessoas. A arte, mesmo quando seus devotos não estão conscientes disso, assume essa tarefa primordial. Os melhores trabalhos no mundo têm provocado esse mal-estar sobre a vida e seus diferentes fenômenos. Quando a arte cessa de servir a esse fim, ela se torna um brinquedo para os bem nutridos.

A forma na arte é tudo. Ela abarca o próprio conteúdo. A verdadeira arte está acima de qualquer questão de talento.

As mais sublimes idéias, quando revestidas por forma desprovida de talento, perdem o seu sentido.

Entretanto, não se conclui disso que ninharias executadas de maneira excelente possuam qualquer significado sério. Assim como sublimes pensamentos expressos sem talento perdem o seu charme e força, as ninharia permanecem ninharias até o fim dos tempos. E, quando certa instituição artística ou certo extrato da sociedade ou uma nação inteira ficam satisfeitos com a arte que só trata de ninharias, então essa instituição artística, esse extrato ou essa nação inteira chegaram ao fim de seus dias.

[...]

O teatro, como qualquer grande arte, precisa responder às tendências positivas da vida contemporânea. Caso contrário, como instituição, está morto.

[...]

F II)

161 ~ De Nemiróvitch-Dântchenko para Stanislávski

7 de agosto de 1902

[...]

Se o senhor pensar profundamente sobre a direção para a qual levamos o teatro, ficará claro o seguinte: tudo o que é talentoso, artístico e autônomo é típico de nós, mas tudo o que é sem talento, sem estética e vulgar não o é.

Essa fórmula geral aplica-se ao nosso repertório, à nossa encenação e à nossa relação com o mundo exterior. Não propusemos essa fórmula de – se o senhor pensar, repito, profundamente sobre isso – maior definição ou forma precisa porque não achamos necessário fazê-lo. [...] Nenhum de nós nunca perdeu muito tempo pensando se o repertório deveria ser liberal, conservador ou popular, simbolista ou naturalista. Se tivéssemos mostrado uma tendência particular, ela nos teria restringido artisticamente, e essa é a razão pela qual *todo o mundo* pode achar algo interessante em nosso teatro e *todo o mundo* pode achar algo a que se opor.

Mas nos últimos anos, na minha opinião de dois anos para cá, além dos nossos esforços para fazer o teatro funcionar com essa orientação artística ampla, foram anexadas novas forças que, imperceptivelmente, começaram a influenciar a direção que tomamos. [...]

Estávamos tão ocupados que aceitamos com prazer a ajuda de nossos simpatizantes, não percebendo que nossos objetivos nem sempre estavam de acordo com os que tinham atraído essas pessoas para nós e que a ajuda delas impelia nossos afazeres em uma direção que implicava uma reflexão.

Essas forças exteriores manifestaram-se em diversas *tendências* que gradualmente surgiram na vida interior do nosso teatro. Para ter um quadro claro dessas tendências, tente se lembrar qual era o estado de espírito geral da companhia até a viagem a Petersburgo e veja como o teatro está *agora*.

As principais características do primeiro período de nossa vida teatral eram:

1. ousadia a ponto de sermos temerários em tudo – na escolha do repertório, em nossa atitude com o público, na maneira de encenar. A ousadia de nossa encenação fica muito óbvia para o senhor, já que dizem ser o *seu* estilo, portanto, compete-lhe pessoalmente.

Ousadia na escolha do repertório: *Fiódor* quando não havia ninguém para interpretar Fiódor; *Os Solitários* quando não havia nenhum Johannes; *Antígone* com uma Antígone que mal saíra da escola; *Hedda Gabler* com uma atriz que possuía apenas alguma técnica; *A Gaivota*, que o público não aceitava como peça, sem uma Gaivota; *Ivan* com um ator com um pouco mais de 26 anos; *Quando Despertarmos de entre os Mortos* sem Rubek e assim por diante...

Ousadia em nossa atitude com o público – nós o consideramos uma espécie de bando que poderia nos esmagar, mas que gostaríamos de domar – um bando que era estranho a nós, constituído por indivíduos que simplesmente não nos interessavam.

2. a falta de familiaridade com "os prazeres do sucesso"[1] ou, para ser mais preciso, quase não *perseguindo* isso realmente. Fizemos o que achávamos que devíamos fazer; fizemos isso no limite de nossas forças. O prazer do sucesso (com *A Gaivota, Os Solitários, Um Inimigo o Povo*) veio por si. [...]

Foi assim que chegamos aqui. *Agora* 1. conhecemos o prazer do sucesso; então, quando começamos a trabalhar, examinamos a atividade com isso em mente: esse trabalho irá nos trazer o mesmo prazer que uma vez experimentamos ou não? 2. Tornamo-nos tímidos e apreensivos. Temos receio de que Mar Fed[2] não esteja pronta para *Um Mês no Campo*, de que não tenhamos tempo ou energia para fazer *Júlio César*. E assim, no lugar de procurarmos peças que consideremos boas e que puxarão nossos atores, (...) das peças de Ibsen, escolhemos não as melhores nem os *obscuros* trabalhos dele, mas *As Colunas*, porque é similar a *Um Inimigo*. Tornamo-nos tímidos na criação do repertório e na escolha do elenco. Creio que, se agora, por algum milagre, *Tsar Fiódor* tivesse que ser montado, nós ficaríamos apavorados e cederíamos a peça para o Mali.

Finalmente, nós nos curvamos diante desse monstro, o público. Começamos a não somente prestar atenção a certas partes dele, como também estreitamos o contato dele conosco. Os Stakhóvitchs[3], os Iakúntchikovis e tais *mondains*[4] são atualmente nossos amigos de bastidores. E, apesar de meus protestos severos, a necessidade de tamanho contato amigável é justificada calorosamente como uma espécie de reunião para membros seletos do público.

Tudo isso proporcionou um terreno fértil para duas principais tendências em nosso teatro – tendências que não são salutares –; quando as descobri e revisei todos os aspectos de nosso empreendimento, *fiquei apavorado* diante da questão: para onde estamos indo?

A primeira tendência é sincera – mas não menos nociva – e eu a denomino "Gorkiad". Diria que essa é a tendência de Tikhomírov. Contaminou quase todos, inclusive o senhor. O "Gorkiad" não é Górki. É perfeitamente natural atrair um artista como Górki para o teatro. Mas o "Gorkiad" é Nil, Tetiériev[5], manifestações estudantis, Arzamás, eleições para a Academia[6], o "Gorkiad" é todo o sensacionalismo que cerca a reputação de um homem que foi lançado ao topo da vida política russa. Mas isso não nos impede de perceber antecipadamente que, em todo caso, isso é de importância secundária. O mais importante é o fato de que Górki é um grande artista. [...] Se não existisse o "Gorkiad", como explicaríamos essa maneira absurda, no meu entender, de estarmos correndo atrás de Andrêiev, Tchírikov e Skitálets? Andreiev escreveu cerca de três contos magistrais. Devemos concluir a partir disso que ele escreverá peças esplêndidas? [...]

A segunda tendência, que já é sem dúvida mais poderosa e prejudicial, é a tentativa de transformar nosso teatro em algo da moda. Essa é a tendência de Vichniévski. O senhor encontrará aí Zinaída Grigórievna[7], Stakhóvitch, Iakuntchikova, Garderina e outros.

A propósito, atualmente essa tendência fundiu-se com o "Gorkiad" porque isso também está na moda. Mas essa situação conduz ao resultado assustador de que em nosso teatro a forma abafa o conteúdo e que, em vez de cultivarmos um grande teatro com uma vasta influência educativa, estamos nos transformando em um teatro de arte insignificante que constrói esplêndidas estatuetas para os gentis, queridos e preguiçosos moscovitas.

Uma revisão detalhada dos últimos quatro anos, em termos de formas, peças e atmosfera, trouxe-me uma terrível *depressão* que não consigo carregar. [...]

Sem discorrer longamente sobre as conseqüências, naturalmente eu me fiz a seguinte pergunta: o que pode ser feito? Como o teatro pode ser detido em seu percurso? Não tenho dúvidas de que, em todas as questões importantes, posso contar com seu total apoio, embora eu mencione que já fomos bastante longe. Temos um grande trabalho para fazer em nossos corações e em nossas mentes. Temos de tirar essa pátina que se tornou um cancro, de forma que, como antes, estejamos livres do "Gorkiad", da moda, da busca pela vitória e seus prazeres, do desprezo pelas peças inteligentes, da ressurreição dos sonhos de ter casa lotada, da perda da fé na força artística e talvez de muitas outras coisas...

Não estou culpando ninguém, o senhor entende... Estou simplesmente preocupado com o Teatro de Arte.

Em minha depressão (agora, ao contrário, eu quero me levantar e lutar), tais eram meus pensamentos. Cinco ou seis anos atrás, sonhei com tal teatro. Agora o Teatro de Arte existe. É o melhor dos teatros, mas está longe de ser o teatro que sonhei e, para ser preciso, menos parecido com ele do que estava há dois anos.[8]

[...]

F II)
1. Nemiróvitch-Dântchenko usara a expressão "prazeres da vitória" na carta 158.
2. Maria Fiódorovna (Jeliabújskaia) Andriéiva.
3. Aleksiei Aleksándrovitch Stakhóvitch: amigo de Stanislávski, acionista e membro do Conselho do TAM.
4. Mundanos, fúteis, apegados aos prazeres.
5. Personagens da peça *Os Pequenos Burgueses*.
6. Vide carta 153, nota 1.
7. Esposa de Morózov.
8. Embora existam, não foi possível reunir as respostas de Stanislávski para as cartas de Nemiróvitch-Dântchenko aqui apresentadas.

162 ∽ De Stanislávski para Olga Knípper-Tchékhova

agosto-setembro de 1902
Moscou

Minha querida Olga Leonárdovna[1],

Coloquei tudo de lado para escrever à senhora, como se somente por meio desse expediente enérgico eu pudesse fazer algo que tenho desejado fazer por algum tempo.

Sávva Timoféievitch[2] está ansioso para construir o teatro, mas a senhora sabe como ele fica em tais momentos. Ele não se dá tempo para respirar. Admiro tanto a energia dele e empenho, e eu estou tão apaixonado pelo nosso novo teatro e seu palco que fico completamente desnorteado e mal posso responder a todas as perguntas de Morózov. Por favor, meu Deus, o teatro ficará maravilhoso. Simples, sólido e sério. Haverá uma sala para os escritores. O *foyer* apresentará uma galeria de escritores russos [...]. Em uma parede haverá uma caixa de vidro para as lembranças e as mensagens para o teatro. Os corredores serão cobertos com extensos tapetes (como no Teatro Burg) e serão bem iluminados. As paredes dos corredores imitarão blocos de pedra branca. O outro lado do palco, o auditório, será construído do mesmo modo. O auditório é extremamente simples, nos mesmos tons cinzas da cortina, com bordas largas em *art nouveau* no teto e no nível do piso. Uma fileira de camarotes em madeira (carvalho) com candelabros de forma pouco usual em bronze fosco. Sem cortinas nas portas. Na frente do arco do proscênio, no edifício, em toda a largura do palco, um sarrafo bem grosso com luzes em bronze envelhecido. Nele estão escondidas várias dúzias de lâmpadas

Teatro de Arte de Moscou, interior – platéia.
FONTE A

que iluminam os atores do alto do edifício[3]. Esse sistema fornece condições para nos livrarmos das luzes da ribalta. No lugar de lustres, luzes estão sendo instaladas no teto. Fileiras de cadeiras em carvalho (como no estrangeiro, com assentos dobráveis). Uma sala de leitura e biblioteca para o público. Um complicado sistema de ventilação, que mantém o teatro em uma temperatura estável de quatorze graus. Em baixo de todo auditório, espaço para estocar adereços, móveis e figurinos. Ao lado dos camarins, um palco separado para os estudantes, para os exercícios e ensaios durante as apresentações. Duas salas de estar para os artistas. Um camarim para cada ator. Um grande lavatório com água quente para os atores. Um palco com três níveis... [...] Um setor de fotografias, um museu de objetos raros e um museu de maquetes. Entrada separada para os atores e suas ante-salas, etc., etc. Pensando nesse teatro fica muito difícil representar *O Poder das Trevas*, que, no momento, está tornando nossas vidas miseráveis. Inacreditavelmente difícil. [...]

F II)

1. Olga encontrava-se em Liubímovka, vide carta 156, nota 1.
2. Morózov, vide carta 73.
3. Uma das inovações técnicas da época. Vide carta 145, nota 1.

163 ~ De Nemiróvitch-Dântchenko para Stanislávski

setembro-dezembro de 1902
Moscou

Fico pensando e pensando, e aqui está o resultado.
Minhas idéias sobre Sátin[1].
Não se trata da sua necessidade de criar alguma imagem ou algo parecido de forma que o senhor possa angariar algum entusiasmo para o papel. Para mim, por exemplo, a imagem está totalmente clara, e posso introduzi-la gota a gota no senhor, mas o senhor não a representará. Há diversas razões por que o senhor está insatisfeito com sua própria atuação. O senhor não precisa de uma nova imagem, mas de um *novo método. Novo para o senhor*. O senhor tem usado seus velhos métodos – intensidade, tensão interior, etc. –, até ficarem trapos. Não em seus papéis (e desse modo o senhor não fica assustado ao usá-los), mas quando o senhor trabalha como diretor. Bons atores, que têm trabalhado com o senhor por quatro - cinco anos, co-

nhecem esses seus velhos métodos, conhecem-nos muito bem. E o senhor também conhece muito bem os atores, e assim eles não recorrem ao senhor.

Não estarei no teatro esta noite, e estou lhe escrevendo caso não o encontre.

De que o senhor precisa... Diria até que é só de um pouco de renovação. Sátin é uma excelente ocasião para isso, já que um papel mais complexo não iria lhe dar tempo ou oportunidade para renovar. O senhor precisa mostrar a si mesmo que é um ator um pouco diferente daquele que nós conhecemos. De repente, precisamos ver outros métodos.

Já tenho pensado muito nisso em termos práticos.

Acima de tudo, o senhor precisa saber o papel como o "Pai Nosso" e desenvolver uma fala fluente, não salpicada com pausas, algo vivo e leve. De forma que as palavras fluam de sua boca sem tensão.

Esse é o aspecto mais difícil dessa renovação.

O mesmo aplica-se ao movimento – mais leve.

Por exemplo, posso facilmente imaginar Sátin no começo do Quarto Ato assim: ele está sentado, não desmorona na cadeira como o senhor está fazendo, mas encosta-se no fogão, a cabeça apoiada em ambas as mãos, olhando na direção da platéia para o balcão. Ele fica sentado assim por um longo tempo, imóvel, lançando suas palavras, não se virando para olhar as pessoas que respondem para ele. Ele olha para um ponto fixo, pensando obstinadamente sobre algo, mas ouvindo o que é dito ao seu redor e respondendo a tudo rapidamente.

Essa é a primeira coisa.

Depois talvez eu devesse impedi-lo de usar explosões de energia como um hábito e fazê-lo achar novos métodos. Talvez os que sejam diametralmente opostos aos seus.

Refletindo sobre a psicologia de sua personalidade artística, creio que o senhor tem uma grande dificuldade em simplesmente se entregar a um papel e isso porque, primeiro, o senhor não tem confiança na inteligência do público, pois acha que tem que bater na cabeça dele o tempo todo e, segundo, porque o senhor quer criar algo em praticamente cada sentença. Torna-se difícil escutar o senhor porque, à medida que o diálogo se desenvolve, eu, o público já há muito compreendemos, por meio de sua expressão facial e gestos, o que o senhor quer dizer ou transmitir, mas o senhor continua a atuar algo diante de mim que não me interessa mais, especialmente quando é prolongado. Isso acontece não somente nas falas individuais, mas mesmo no meio de conversas e réplicas. As coisas que pude fazer com Moskvín e com o tom da peça inteira também são igualmente relevantes para o senhor. Suponha, por exemplo, que eu lhe desse o discurso de Luká [...]. O senhor o cortaria em vários pedaços e então o faria de maneira exagerada. E não atingiria o público tão facilmente. Mas todo o fascínio da peça reside na *leveza de toque*. Se me dissessem que isso é como um espetáculo no Teatro Mali, eu responderia com convicção – bobagem. Ao contrário, fazer uma tragédia (e *No Fundo* é uma tragédia) nesse tom é algo completamente novo em cena. Isso precisa ser feito como o Primeiro Ato d'*As Três Irmãs*, de maneira que nem uma só insinuação de tragédia apareça.

A ausência de tal leveza de toque faz pesar sua atuação.

[...]

F II)

1. Personagem interpretada por Stanislávski na peça *No Fundo*, de Górki.

164 ~ De Tchékhov para Leopold Sulerjítski

5 de novembro de 1902
Moscou

O novo teatro é muito bom; espaçoso, claro, nada barato, luxúria evidente. A atuação continua a mesma, *i.e.*, boa; não há novas peças e a única que eles encenaram não teve sucesso. Não se sente a falta de Meierhold[1]; Katchálov está substituindo-o n'*As Três Irmãs* e realiza um desempenho magnífico; o resto do repertório (*Os Solitários*, por exemplo) não foi apresentado ainda. A ausência de Sânin, que desfruta de sucesso em São Petersburgo, é fortemente sentida. Os preços da bilheteria são os mesmos do ano passado. Fizeram uma representação maravilhosa de *Tio Vânia*.

[...]

Seu,
A. Tchékhov

F IX)

1. Meierhold, Sânin e outros artistas tinham deixado o TAM após a reorganização interna do teatro feita em fevereiro. Vide cartas 146, 147 e 148.

Teatro de Arte de Moscou – vista externa do edifício.

FONTE A

165 ∾ De Stanislávski para Tchékhov

dezembro[1] de 1902
Moscou

Caro Anton Pávlovitch,
Não lhe escrevi por tanto tempo, pois estava muito ocupado e nervoso com a aproximação da estréia[2]. Se a peça de Górki tivesse sido um fracasso, isso significaria o fim de todo o negócio. Agora, como o senhor já sabe, a vitória é nossa, e, o mais importante, Górki está feliz. A primeira apresentação foi uma verdadeira tortura para os atores, e, se a recepção do Primeiro Ato não tivesse sido tão acolhedora, não sei se nossos nervos agüentariam até o final.

Vladímir Ivánovitch[3] encontrou o caminho correto para montar as peças de Górki. Isto é, deve-se representar as falas de maneira simples e leve. É difícil fazer a caracterização sob tais condições e todos realmente permaneceram como são, tentando transmitir as falas esplêndidas de maneira clara para o público. Outra vez, todas as honras para Olga Leonárdovna, que se transformou. Claro que os Efros[4] desse mundo não irão apreciá-la, mas, entre as pessoas do elenco, ela teve um grande sucesso e, como dizemos na companhia, "Que atuação!". Não fiquei muito contente com o que fiz, embora eu esteja sendo elogiado.

Górki esteve presente a duas apresentações e teve um enorme sucesso. Ele estava gentil e contente o tempo todo, do jeito que ele era quando o encontrei pela primeira vez há dois anos em Ialta. Foi embora feliz e pretende escrever para o teatro. Repito, essa é a parte mais importante do nosso sucesso.

Acabei de mandar Iegor comprar todos os jornais e irei enviá-los ao senhor de qualquer forma, os recortes (mas não irei lê-los). A presença de Górki na apresentação provocou uma tremenda ovação para ele de forma que fica difícil julgar o quanto disso era para a peça e o quanto era para os atores. A imprensa, ao que parece, está laudatória.

Agora vem um tempo difícil: no lugar do grande prazer em começar os ensaios para uma peça de Tchékhov, temos que fazer uma tarefa cansativa – estudar Ibsen. Tenha piedade de dois artistas: Knípper e Stanislávski. Eles ficam com o trabalho mais cansativo. (...)

F II)

1. Depois do dia 19. (N. F.)
2. Da peça de Górki *No Fundo* em 18 de dezembro de 1902.
3. Nemiróvitch-Dântchenko.
4. Crítico teatral.

166 ∼ De Górki para Piátnitski[1]

20-21 de dezembro de 1902
Moscou

Sinceros agradecimentos pelo telegrama, meu querido amigo. O sucesso da peça foi excepcional, não esperava nada parecido com isso. E, sabe, essa peça não terá sucesso em nenhum outro lugar a não ser nesse teatro maravilhoso. Vl. Ivan. Nemiróvitch[2] interpretou a peça tão bem e encenou-a de uma maneira que nem uma só palavra foi desperdiçada. A atuação é formidável! Moskvín, Lújski, Katchálov, Stanislávski, Knípper e Gribúnin[3] conseguiram algo surpreendente. Foi somente na primeira apresentação que eu percebi e vi por mim mesmo os avanços surpreendentes conquistados por todas essas pessoas que estão acostumadas a retratar as personagens de Tchékhov e Ibsen. É um tipo de auto-renúncia. A segunda apresentação foi ainda mais viva na harmonia de sua execução. O público gritava e gargalhava. Imagine, apesar do grande número de pessoas que morrem na peça, há risadas no teatro durante os quatro atos.

Moskvín atua com o público como se estivesse em um baile. Ele diz: "Ah ralé!", e o público ri! "Vilão!" – e o público ri ainda mais alto e, depois, de repente, "Ele se enforcou!". O teatro subitamente fica como um deserto. As fisionomias fecham-se; muitas vezes me disseram: "Não se pode ajudar o riso, mas você empenha-se muito por esse riso. É incorreto provocá-lo você mesmo". Katchálov está extraordinariamente bem. Sátin está esplêndido no Quarto Ato, endiabrado. Lújski também. O mesmo acontece com todos eles. São atores maravilhosos!

[...]

F I)

1. Konstantin Piátnitski, um dos fundadores da editora Znanie (Conhecimento), empreendimento em forma de cooperativa que contou com a colaboração de Górki a partir de 1900. Juntos fizeram de Znanie um dos maiores sucessos editoriais da Rússia.
2. Vladímir Ivánovitch Nemiróvitch-Dântchenko.
3. Os atores interpretaram, respectivamente, Luká, Bubnov, o Barão, Sátin, Nastia e Medvedev. (N. F.)

Cena do espetáculo No Fundo, *de Maksim Górki, direção de Ne-mirovitch-Dântchenko e Stanislávski, Quarto Ato: Sátin (Stanislávski), Nastia (Olga Knípper), o Barão (Katchálov), o Tártaro (Vichniévski), 1902.*
FONTE C

167 ∽ De Olga Knípper-Tchékhova para Tchékhov

15 de janeiro de 1903
Moscou

(...)
Não consegui dormir à noite por um bom tempo, chorava, um turbilhão de pensamentos sombrios passava pela minha cabeça. De repente, tive vergonha de me denominar sua esposa. Que esposa? Você está sozinho, triste, você se aborrece... Eu sei, você não gosta que eu toque nesse assunto. Mas tenho tanta necessidade de falar com você! Não consigo viver guardando tudo dentro de mim. Tenho necessidade de exprimir as coisas, às vezes falo absurdos – mesmo assim sinto-me melhor depois. Você compreende isso ou não? Pois você é completamente diferente. Você nunca fala, não faz nenhuma alusão ao que se passa em seu coração (...).

F III)

168 ∽ De Nemiróvitch-Dântchenko para Tchékhov

17 de janeiro de 1903
Moscou

Você sabe, caro Anton Pávlovitch, não se pode fugir do fato de que nosso teatro deve, em termos das artes cênicas (e, se possível, dramáticas), estar na frente dos outros teatros. Eu realmente quero dizer *deve*. Se for para estar no mesmo nível deles, então não há razão para existir. Que outros teatros façam imitações das criações de outras pessoas e fabriquem clichês. Não há por que devotar as próprias energias para um teatro que simplesmente repete o que os outros fazem. O que poderíamos criar com *O Casamento*[1]? Ou com *O Inspetor Geral*[2]? Parece-me que ambas as peças estão esvaziadas como material literário e teatral. *A Desgraça de Ser Inteligente* é outro negócio... Se tivéssemos um Famusov, eu não hesitaria por um momento. Consigo perceber material inédito, em termos de símbolos culturais e literários, em *A Desgraça de Ser Inteligente*.

O Inspetor Geral poderia ter um elenco maravilhoso na companhia. Se tivéssemos certeza que, das cinco peças – número que conseguimos fazer em um ano –, nós conseguiríamos manter três, então eu recomendaria *O Inspetor Geral*. Precisamos realmente de peças que sejam nosso "ganha-pão". Mas elas são difíceis de escolher.

Quero muito montar *Júlio César*. Creio que já lhe escrevi sobre isso. Mas não há nenhum Brutus. Aleksieiev[3] não quer fazer Brutus ou ter qualquer ligação com a peça.

Assim, não decidimos nada ainda. Acho que vou convocar outra reunião dos acionistas esta semana. Consideraremos o que for melhor.

E, quanto ao que deveríamos fazer imediatamente após *As Colunas*, estamos pensando em *A Dama do Mar*[4]. O plano é este: 1. a peça não é complicada. Pode ser preparada durante a Quaresma. Ensaios gerais logo depois da Páscoa; 2. peça ainda não decidida; ensaiá-la durante abril e maio; 3. ler e discutir sua peça; 4. no verão, preparar uma peça complexa de grande escala como *Júlio César*, por exemplo; agosto e metade de setembro serão dedicados aos três primeiros itens; em outubro continuamos com o item 4; e no final de novembro começamos a trabalhar no item 5 (Górki).

Isso poderia ser alterado. Se, por exemplo, você nos desse a peça no final da Quaresma, então poderíamos prepará-la durante abril e maio, e a peça não decidida ainda seria adiada para o outono.

Estou absolutamente convicto de que você virá para o teatro com a nova peça. E acho que, se entregasse a peça no fim da Quaresma, você poderia passar uma primavera e um verão esplêndidos em Moscou.

No Fundo está sendo um negócio colossal. Dezenove apresentações, a vigésima será amanhã (em um mês!) e nenhuma entrada disponível para os últimos dois dias.

(...)

F II)

1. Em carta anterior, Nemiróvitch-Dântchenko discutia com Tchékhov as possibilidades do repertório para a próxima temporada do teatro. Tchékhov sugerira *O Casamento*, peça de Gógol.
2. Peça de Gógol.
3. Stanislávski.
4. Peça de Ibsen.

169 ∽ De Tchékhov para Olga Knípper-Tchékhova

20 de janeiro de 1903

[...]
Você escreve, minha querida, que sua consciência a atormenta com o fato de que você vive em Moscou e não aqui comigo, em Ialta. Mas por que, minha querida? Reflita um pouco: se você passasse todo o inverno aqui comigo em Ialta, sua vida seria chata, eu teria remorsos, e isso seria tampouco melhor. Eu sabia muito bem que estava me casando com uma atriz, isso quer dizer que, no momento do casamento, eu sabia perfeitamente que você iria passar os invernos em Moscou. Não me considero menos abençoado ou o negligenciado, ao contrário, parece-me que tudo vai bem, ou pelo menos como deve ser, e, assim, meu coraçãozinho, não me perturbe com seus remorsos. Em março iremos tornar a viver e não sentiremos mais a solidão atual. Acalme-se, minha amada, não se inquiete, mas aguarde e tenha confiança. Tenha confiança e nada mais.
[...]

Seu marido, A.

F III)

170 ∽ De Tchékhov para Stanislávski

5 de fevereiro de 1903

(...)
Estou contando em escrever a peça depois do dia vinte de fevereiro e devo terminá-la por volta de 20 de março. Já está pronta em minha cabeça. Chama-se *O Jardim das Cerejeiras*, tem quatro atos, e no Primeiro Ato as cerejeiras podem ser vistas em flor através das janelas, todo o pomar é uma massa branca. E há senhoras vestidas de branco.
(...)

F XI)

171 ~ De Nemiróvitch-Dântchenko para Tchékhov

16 de fevereiro de 1903
Moscou

(...)
Precisamos desesperadamente de sua peça. Não somente do teatro mas da literatura como um todo. Górki é Górki, mas ter muito do "Gorkiad" é prejudicial. [...] Sinto uma atração nostálgica pelas melodias de sua pena, que são tão caras ao meu coração. [...] Estou escrevendo de uma maneira exagerada, mas você sabe que estou sendo muito sincero. E talvez seja por isso provavelmente que eu esteja tão atraído por Turguêniev como nunca antes. Quero mais equilíbrio e estabilidade no repertório nesse sentido...

Podemos estar velhos, mas nós não iremos nos abster daquilo que é um bálsamo para a alma. Parece-me que às vezes você pensou secretamente que o teatro não precisava mais de você. Acredite-me, *acredite-me plenamente*, isso é um enorme engano. Há toda uma geração mais nova que a nossa, para não mencionar as pessoas de nossa própria idade, para quem seus novos escritos são extraordinariamente necessários. Gostaria tanto de persuadi-lo disso!

Espero que você não pense que seja malícia teatral. Poderia ser! Em todo o caso, você é necessário. Que feliz acontecimento seria uma peça sua, mesmo que se tratasse simplesmente de velhos temas retrabalhados. Todos no teatro estão entusiasmados com Górki, mas eles ainda esperam de você algo reanimador.

[...]

Uma fenda apareceu no lado financeiro de nossa vida no teatro, do tipo que aparece em paredes que precisam de reparos. De um lado, vejo Morózov e Jeliabújskaia, e sinto que aí você encontrará os que amam em primeiro lugar a harmonia financeira e a tranqüilidade. Do outro lado, Aleksieiev e a esposa dele, eu, você, sua esposa e Vichniévski formamos claramente um grupo. Possivelmente Lújski também. Moskvín menos provável. Onde fica Katchálov eu não sei.

A fenda lentamente fica cada vez maior. (...)

F II)

172 ~ De Tchékhov para I. Sumbátov-Iújin[1]

26 de fevereiro de 1903
Ialta

Caro Aleksander Ivánovitch, muito obrigado pela sua carta. Concordo com o senhor que fica difícil avaliar Górki, uma vez que se deve fazer uma seleção do volume de coisas que têm sido escritas e ditas sobre ele. Não vi a peça dele, *No Fundo*, e tenho somente uma vaga idéia do que seja, mas histórias como *Meu Companheiro* e *Tchélkach* permitem-me dizer que ele não é de maneira alguma um escritor menor. *Fomá Gordeiev* e *Três* não valem a leitura – são ruins –, e acho *Os Pequenos Burgueses* um trabalho imaturo, contudo, o que faz Górki ser tão precioso não é o fato de ele ser popular, mas de ele ter sido a primeira pessoa na Rússia e no mundo inteiro a falar com desdém e desgosto da pequena burguesia, e de ter falado em uma época em que a sociedade estava pronta para ouvir seu protesto. De um ponto de vista cristão, econômico ou qualquer outro que o senhor queira, a pequena burguesia é um grande demônio; como uma barragem em um rio, ela sempre serviu somente para barrar as coisas, enquanto os oprimidos e os excluídos, ainda que deselegantes e bêbados, são todavia um instrumento seguro, pelo menos eles o provaram ser; e a barreira, se não for quebrada, produz uma grande e perigosa fenda. Não sei se me expresso com clareza. Na minha opinião, chegará o tempo em que os escritos de Górki serão esquecidos, mas ele mesmo não será esquecido em mil anos. Isso é o que eu acho, ou o que me parece, mas talvez eu esteja enganado.
[...]

F XXII)

1. Príncipe Sumbátov (1857-1927), dramaturgo, ator do Teatro Mali (1882-1927), personalidade de destaque nas artes. Recebeu o prêmio da Academia Francesa por sua atuação em *Hernani*, de Victor Hugo.

173 ∽ De Nemiróvitch-Dãntchenko para Stanislávski

27 de março de 1903
Moscou

Caro Konstantin Serguiêievitch,
O espetáculo ontem foi horrível. Apresentações diárias são o anverso de um teatro com pretensões artísticas, freqüentemente elas envenenam a vida do teatro porque tornam-se ruins. Quando isso acontece com velhas peças que estão perdendo sua importância artística, de alguma forma pode-se até tolerar. Mas ontem foi insuportável porque houve uma apresentação ruim da melhor peça da temporada, a que teve um enorme sucesso.

Que Deus o proíba de pensar que estou culpando o senhor. Estou lhe escrevendo para que o senhor tenha conhecimento do lado sujo das coisas, do qual o senhor foge, como se estivesse lavando suas mãos delas. É absolutamente essencial que o senhor, o diretor principal do teatro, dê uma olhada independentemente uma vez ou outra em *cada* problema das apresentações, começando com a situação na administração e finalizando com o que está acontecendo nas bilheterias e na atmosfera antiartística dos bastidores. Não conheço nada mais penoso. O senhor fica muito indignado quando vê um estudante no papel de Andrei Schuíski[1], ou os extras de Solovióva atuando mal em *No Fundo*... Então por que apresentações como as de ontem permanecem um segredo para o senhor?

Aqui vai o retrato por inteiro da apresentação de ontem.

Primeiro, a peça, que teve um enorme sucesso, foi apresentada para uma platéia que estava com menos da metade dos lugares ocupados. A arrecadação deu um pouco mais de setecentos rublos.

Segundo, Gribúnin chegou bêbado – jantou com uns amigos ou alguém mais. E, embora ele tenha atuado bem, todos ficaram aterrorizados com a possibilidade de ele aparecer com alguns truques. E mais (e isso é por conta dele): ele não queria atuar e colocou o figurino à força.

Mais ainda: Baránov não apareceu. E Kharlámov fez Zob. Também houve confusão na escalação dos papéis menores.

Além de tudo isso, Moskvín e Katchálov estão de mau humor por terem que repetir as mesmas palavras de sempre.

[...]

Eu teria fugido do teatro se os atores não tivessem prometido na minha frente que iriam realizar juntos a apresentação.

Esse foi evidentemente o pior resultado de alternar *No Fundo* com *As Colunas*.

Esse é o tipo de coisa que tem acontecido no teatro.

Esta carta me aflige, mas nem tudo é um mar de rosas!

(...)

F II)

1. Personagem da peça *Tsar Fiódor,* de Aleksiei K. Tolstói.

174 ～ De Olga Knípper-Tchékhova para Tchékhov

9 de abril de 1903
São Petersburgo

Meu amado, não fique zangado se não lhe escrevi por um dia. Estou muito agitada, estava muito cansada e ontem tive uma dor de cabeça terrível.

Ocorreram as duas primeiras apresentações[1]. *No Fundo* foi muito mal recebido. A peça desagradou à maior parte das pessoas. Também é verdade que nós atuamos, não sei por que, os dois primeiros atos de maneira desregrada. No Terceiro Ato Andreieva gritou tanto que ocorreram na platéia crises histéricas em série, gritava-se: "Cortinas!" Uma agitação terrível. Toda a sala levantou-se. Isso foi assustadoramente estúpido. Eu, com as costas voltadas para o público, torcia-me de tanto rir. Nem por um instante deixei-me levar por esses histéricos.

Vichniévski acha que essas crises de nervos salvaram a peça e Andréieva; eu não concordo, e considero pouco provável que alguém ache isso. Foi odioso. De outro ponto de vista, evidentemente, os aplausos redobraram. O Quarto Ato foi o que nós representamos melhor.

O espetáculo deixou uma sensação desagradável. Que diferença de público entre Moscou e São Petersburgo! Aqui, na minha opinião, ele é mais sutil, é por isso que *No Fundo* não teve tanto sucesso. Em compensação ontem sossegamos todos com *Tio Vânia*. Primeiro, ontem à tarde, descobrimos o cenário do Primeiro Ato[2]. Eu ainda não tinha visto tamanha beleza. Você entende, eu não conseguia me desvencilhar! Imagine: sem coxias laterais, o jardim simplesmente continua, as árvores ao longe. É impressionante, de uma leveza extraordinária. Todas as árvores têm tanta vida, douradas, os troncos são como na natureza. Você vai ficar encantado. Decidiram montar isso para você, para que pudesse admirar na sua chegada. Dei um grito quando vi. Bravo, Símov[3]!

Vamos enviar um telegrama para ele.

Ontem representamos muito bem. O público acolheu a peça de forma completamente diferente que no caso de *No Fundo*. Foi agradável representar. Estamos todos tranqüilos. Maria Petrovna[4] sente-se muito à vontade.

[...]

F III)

1. A *tournée* do TAM em São Petersburgo começou no dia 7 de abril com a peça de Górki, *No Fundo*. (N. F.)
2. Para a remontagem foi feito um novo cenário com algumas mudanças em relação ao cenário original.
3. Um dos principais cenógrafos do TAM. (N. F.)
4. Lilina, esposa de Stanislávski. (N. F.)

175 ∽ De Nemiróvitch-Dântchenko para Stanislávski

25 de julho de 1903
Neskutchnoe[1]

Caro Konstantin Serguiêievitch,

[...]

Preparei tudo até a cena do Senado[2] com grande cuidado e pretendo fazer com que o elenco siga o que escrevi com convicção. Incluindo, incidentalmente, o papel de Brutus[3]... Sei que o senhor acha difícil aceitar conselho e pressupor tanto gasto de tempo e energia nervosa, mas eu espero vencer. Entenda que tive de conhecer esse papel tão bem que ele agora é extraordinariamente caro para mim. Acho Brutus uma personagem surpreendentemente simpática, conheço seu tom, seu rosto, seu movimento. Estou igualmente apaixonado pelo papel de César. Maravilhoso!

Compreendo o tom e andamento do Segundo Ato, especialmente no caso de Brutus, de forma *completamente* diferente do senhor. Bem diferente também as cenas de Brutus, a conspiração, Brutus e Pórcia, e Ligário. E pretendo seguir minha linha sem restrição. Pórcia e Calpúrnia, que em Shakespeare são similares, em minha versão são pólos opostos.

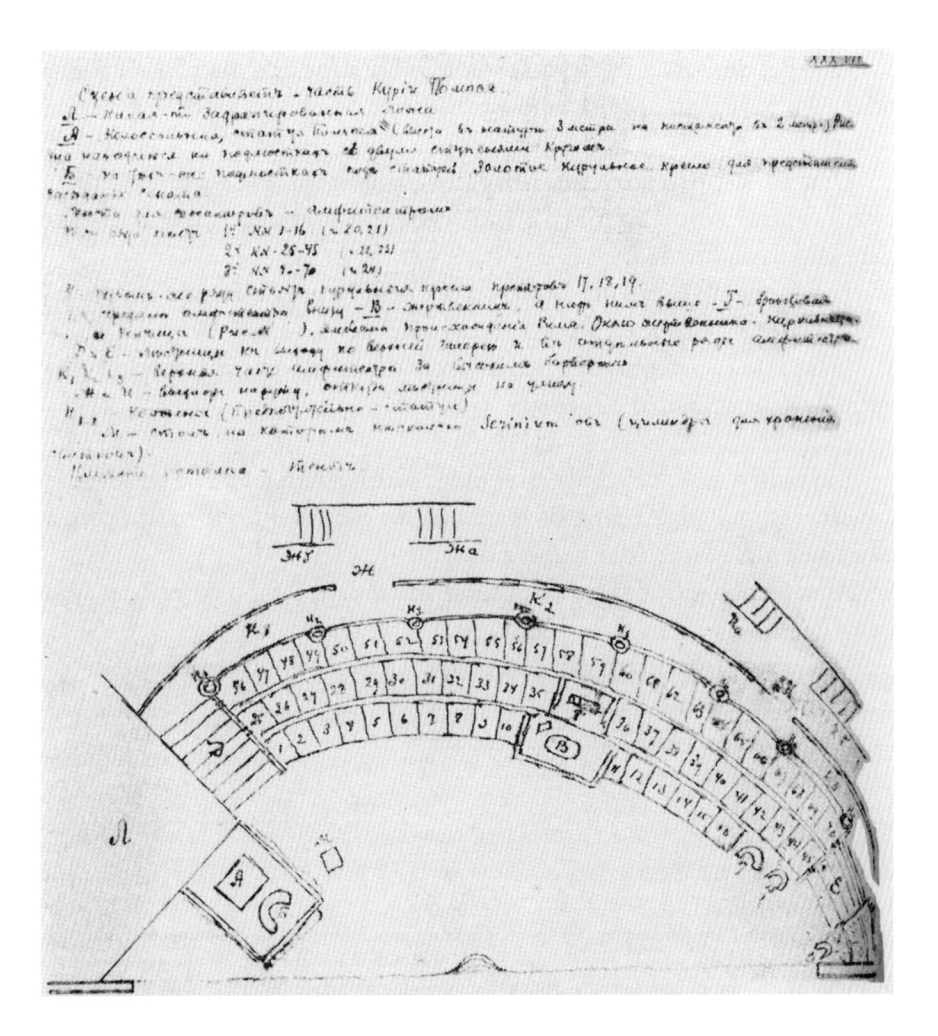

Manuscrito de Vladímir Nemiróvitch-Dântchenko: plano de direção do Terceiro Ato da peça Júlio César de William Shakespeare.

FONTE A

O papel de Pórcia ficou muito bom, mas eu realmente não sei como lidar com Savítskaia. Ainda também não vejo Moskvín; Katchálov deverá interpretar César.

Uma coisa quero fazer, que não consegui fazer em *As Colunas* (o senhor estava contra). Instilar o tom e o andamento do ato inteiro antes de passar para as cenas individuais.

Por enquanto, creio que o mais difícil será a cena do Fórum e a do Senado. Pode ser porque eu ainda não trabalhei nelas. (...)

Enquanto isso, temos que pensar sobre o que faremos se Tchékhov não entregar a peça no final de agosto.

[...]

Em todo o caso, temos de estar preparados para o fato de Tchékhov se atrasar, embora Olga Leonárdovna tenha me escrito que ele partiu para a Criméia a fim de trabalhar na peça novamente.

Ainda tenho sete dias para trabalhar. Menos até. Tenho de avançar com isso.

Fiz o Primeiro Ato em dez dias e depois três cenas em seis dias.

Tenho realmente trabalhado.

Sinto-me bem, mas canso facilmente.

Adeus! Um abraço.

Vl. Nemiróvitch-Dântchenko

FII)

1. Vide carta 1, nota 1.
2. Nemiróvitch-Dântchenko preparava a encenação da peça *Júlio César*, de Shakespeare. Em junho, ele e Símov tinham viajado para Roma a fim de pesquisar material e fazer *sketches* para a montagem, cuja concepção era fundada em "detalhes originais e verdade histórica", segundo suas próprias palavras em carta para Stanislávski em começo de junho.
3. Designado a Stanislávski.

176 ~ De Tchékhov para Nemiróvitch-Dântchenko

22 de agosto de 1903

(...)

Com relação à minha (...) peça *O Jardim das Cerejeiras*, tudo vai bem. Avanço o trabalho aos poucos. Mesmo que eu esteja atrasado, isso não importará muito. Reduzi os cenários da peça ao mínimo, não será preciso nenhum cenário especial e nenhuma exibição especial de ingenuidade é requerida.

No ato dois de minha peça, substituí uma velha capela e um poço por um rio. Fica mais tranqüilo dessa forma. Somente no Segundo Ato você terá que me dar alguns campos verdes característicos e uma rua e a sensação de distância, incomum no palco.

(...)

F XI)

177 ∼ De Tchékhov para Lilina [Maria Petrovna Aleksieieva][1]

15 de setembro de 1903

(...)

Não saiu um drama, mas uma comédia, em alguns trechos até mesmo uma farsa, e temo estar encrencado com Vladímir Ivánovitch[2]. Konstantin Serguiêievitch[3] tem um grande papel. Ao todo não há muitos papéis.

(...)

F XI)

1. Esposa de Stanislávski.
2. Nemiróvitch-Dântchenko.
3. Stanislávski.

178 ∼ De Tchékhov para Olga Knípper-Tchékhova

21 de setembro de 1903

(...)

Agora consigo olhar para o manuscrito sem ficar com raiva, já o estou transcrevendo e, quando terminá-lo, enviarei para você um telegrama imediatamente. O Último Ato será alegre. Na verdade toda a peça é alegre e frívola.

(...)

F XI)

179 ~ De Nemiróvitch-Dântchenko para Tchékhov

3 de outubro de 1903
Moscou

(...)
Faz tempo que não lhe escrevo, tenho estado tão ocupado ultimamente. A peça[1] finalmente estreou, mas não tive ainda um descanso verdadeiro. *Júlio César* surgiu como um grandioso quadro amplo, e não sou eu que digo isso; parece pintado por um pincel arrojado e convincente. "Há o sopro do inferno aqui", disse um crítico em um jornal alemão.

É isso que eu queria. Essa elevação de espírito que eu senti em Roma – escrevi-lhe a respeito disso –, quis colocá-la no espetáculo. A julgar pelas inúmeras chamadas de cortina, tive êxito.

O sucesso da peça ou, melhor, do espetáculo tem sido irregular. Grandioso em algumas partes, senão pelos aplausos, ao menos pelo entusiasmo do público e pela influência artística.

Em outras partes nem tanto, e certas personagens – a primeira delas, sinto muito em dizer, é a de Konstantin Serguiêievitch – não conseguiram ir bem de forma alguma.

O público flutua.

Mas estou completamente convencido de que o espetáculo como um todo é uma enorme e notável criação teatral, e muitos detalhes desagradam porque eles ocorrem freqüentemente em cenas esplêndidas nas quais nem tudo é belo.

Os jornais de hoje estão repletos de longos artigos nos quais há muita exaltação. São bem justos. Nem todos, é claro, são suficientemente sinceros.

O ânimo no teatro está bom. Não abríamos a temporada com um sucesso desses desde *Tsar Fiódor* (*Ivan, A Donzela da Neve, O Pato Selvagem, Os Pequenos Burgueses*), e no começo ficamos todos azedos, humor vacilante. E outra, uma tarefa colossal como *Júlio César* foi terminada comparativamente em pouco tempo.

Nossa impaciência é aguda enquanto esperamos sua peça. Estamos aguardando, contando os dias. No momento estamos remontando *Os Solitários*, mas isso será feito em duas, no máximo três semanas. Nesse ínterim, sua peça deve já ter sido lida, o elenco escalado e o plano de direção feito.

Apresse-se, e o mais importante: *não pense nem por um momento sequer que você possa ser desinteressante!*

Até logo!
Um abraço.

Vl. Nemiróvitch-Dântchenko

F II)

1. Trata-se da montagem de *Júlio César*.

180 ~ De Tchékhov para Olga Knípper-Tchékhova

12 de outubro de 1903
Ialta

[...]

A peça está pronta, bela e bem acabada, e, amanhã à noite ou o mais tardar na manhã do dia quatorze, ela será enviada a Moscou. Ao mesmo tempo, vou lhe enviar algumas observações. Mesmo se precisar fazer algumas modificações, parece-me, serão de pouca importância. O que há de menos bom na peça é que eu não a escrevi de uma vez, mas durante muito tempo, tempo demasiado, e deve-se sentir alguma lentidão. [...]

Meu coração, como foi difícil escrever a peça!

Diga a Vichniévski que me arranje um cargo de coletor de impostos. Escrevi um papel para ele, mas creio que, depois de Antônio[1], esse papel criado por Anton parecerá deselegante, mal delineado. Mas apesar de tudo é um aristocrata[2]. Seu papel está bem traçado somente nos atos três e um, nos outros ficou apenas esboçado. No entanto, uma vez mais, isso não é nada, não perdi o ânimo. [...]

Seu A.

F III)

1. Papel da peça *Júlio César* desempenhado por Vichniévski. (N. F.)
2. A princípio, Tchékhov escrevera o papel de Gáiev, d'*O Jardim das Cerejeiras*, para Vichniévski.

181 ~ De Stanislávski para Tchékhov

segunda-feira, 13 de outubro de 1903
Moscou

Caro Anton Pávlovitch,

Eu, bravo com o senhor? Que direito eu teria? Não consigo entender o motivo. O senhor obviamente não sabe o quanto o respeito. Se eu ouvisse que uma acusação fora feita contra o senhor, não hesitaria, por um minuto, em achar que a razão estava do seu lado. Eu seria realmente incapaz de compreender que o senhor não acabou a peça a tempo ou conforme pedido? Para fazer isso o senhor teria que ser um Krilov sem talento e não o genial Tchékhov. Não posso conter minha impaciência em ler a nova peça e começar a ensaiá-la... Isso é verdade.

Tenho sido assombrado pelo medo de sua peça não ser encenada no final da temporada e não ser possível criar agitação suficiente com o público para formar uma opinião mais apropriada, uma vez que se aceitou sem suspeitas toda a bobagem que escreveram sobre a peça[1]... A verdade é que desde ontem todos nós ansiamos por sua peça. Ontem foi um dia feliz. Todos nós voltamos a viver novamente depois de *César*. Apresentamos *As Três Irmãs* depois de um longo intervalo. [...]

Faz tempo que eu não interpretava com tamanho prazer.

A peça foi recebida com entusiasmo, e, quando acabou, houve uma ovação na porta. Parece que atuamos bem. (...)

Devo confessar-lhe que apenas recentemente me recuperei de meu fracasso como Brutus; foi difícil. Deprimiu-me e confundiu-me a tal ponto que não sabia mais o que era bom e o que era ruim em cena. Agora o ânimo mudou, embora não esteja ainda claro em minha cabeça em que repousa meu fracasso como Brutus. Minha vida tornou-se puro entorpecente: cinco vezes por semana tinha que interpretar um papel exaustivo e malsucedido em nada mais que um camisão e cintas. Isso era difícil, frio, e tinha-se a sensação de que "isso não tem serventia para ninguém". Aguardo a peça com impaciência.

Sincera e afetuosamente seu,
K. Aleksieiev

F II)

1. Haviam saído na imprensa notas e artigos sobre a tão esperada nova peça de Tchékhov, que não correspondiam em nada aos fatos, deixando o autor aborrecido com tamanha repercussão.

182 ~ De Tchékhov para Olga-Knípper Tchékhova

14 de outubro de 1903

(...)

Você interpretará Liubóv Raniévskaia, uma vez que não há ninguém mais para fazê-la¹. Ela não se veste luxuosamente, mas com muito bom gosto. Ela é inteligente, bondosa e distraída. Ela é gentil com todos e sempre tem um sorriso no rosto.

Ânia deve ser interpretada por uma atriz jovem. (...)

Gáiev é para Vichniévski. Peça a ele que preste atenção às pessoas que jogam bilhar e que anote o máximo possível os termos do jogo. Não jogo bilhar ou, melhor, joguei uma vez e esqueci tudo; tudo sobre isso na peça é acidental. Depois combinarei a coisa com Vichniévski e farei as inserções necessárias. (...)

Trata-se de uma velha mansão senhorial. Houve uma época em que as pessoas viveram lá em grande estilo, e isso deve ser transmitido pelo cenário. Há uma atmosfera de opulência e conforto.

Vária é um pouco bruta e estúpida, mas muito bondosa.
(...)

F XI)

1. A princípio, Tchékhov queria que Olga fizesse o papel da governanta.

183 ~ De Maria Tchékhova para Tchékhov

16 de outubro de 1903
Moscou

(...)

Fui ver *Júlio César* ontem, mas não fiquei até o final, ainda havia três cenas e já era uma da manhã. Gostei, mas não fiquei em êxtase. Na minha opinião Stanislávski atuou melhor que qualquer outro (dizem que ele estava em forma nessa noite). (...)

F II)

184 ~ De Olga Knípper-Tchékhova para Tchékhov

19 de outubro de 1903
Moscou

[...]
Finalmente ontem pela manhã, enquanto estava na cama, trouxeram-me a peça. Com que superexcitação eu a peguei e a desembrulhei – você não pode imaginar. Fiz o sinal da cruz três vezes. E não saí de jeito nenhum da cama antes de tê-la devorado por inteiro. Eu a li vorazmente. No Quarto Ato caí em lágrimas. Ele é maravilhoso. A peça inteira agradou-me enormemente. Eu me exprimo de maneira grosseira. Para falar de suas obras era preciso uma linguagem bela, elegante.

Naturalmente não sou juíza de suas peças. Eu a li e tudo, absolutamente tudo, agradou-me, como se eu tivesse vivido algum tempo com a família Raniévskaia e tivesse visto todos, sofrido com eles, compartilhado a vida deles. Não há nada que se pareça com as suas peças anteriores: e nenhum peso em parte alguma. Tudo é leve e elegante. O Quarto Ato é muito dramático.

Em comparação com suas outras obras, o drama todo possui algo de um poder incomum, forte, claro. Mal acabei de lê-la, corri para o teatro. Lá, felizmente, cancelaram o ensaio. Nemiróvitch agarrou-se à peça. Katchálov chegou, Lújski, Moskvín também; deixaram que eles dessem uma olhada nela. Se você pudesse ver a fisionomia de todos eles, inclinados sobre *O Jardim*! Claro, todos ficaram colados para ler a peça lá mesmo. Fechamos a porta, tiramos a chave e começamos.

Escutavam: Lújski, Katchálov, Moskvín, Adachov, Vichniévski e eu; Vladímir Ivánovitch[1] lia. Mal acabamos, chegou Konstantin Serguiêievitch[2], que, sem me dizer bom-dia, estendeu a mão para pegar a peça, que estava comigo. Em seguida, chegou Morózov, para quem entregariam a peça à noite. Todos escutavam com veneração, o semblante compenetrado; a leitura era interrompida pelos risos ou pelos sinais de aprovação. Konstantin Serguiêievitch iria lê-la esta manhã e amanhã eles iriam lê-la para o grupo.

Você recebeu o telegrama de Nemiróvitch? Na minha opinião ele expressa corretamente. Simplesmente, o Segundo Ato não é lento, não é verdade, não foi isso que ele quis dizer, você verá na carta dele. Que o Primeiro Ato tem que ser extremamente delicado e leve é verdade. E de modo geral você é o tipo de escritor que é impossível compreender de uma vez só. É preciso se habituar e então somente falar. Ah, como tudo é belo! Como Gáiev, Lopákhin são descritos maravilhosamente. Trofímov, do ponto de vista do trabalho do ator, talvez não seja muito atraente, pode-se cair nos estereótipos.

Liubóv Andreievna dá a impressão de uma extraordinária "leveza", mas ela é terrivelmente difícil. Um papel maravilhoso. Charlotta e Vária são muito interessantes e de feitura nova. Pichtchík é admirável, teve grande sucesso entre os atores. Mas Vichniévski não pode fazer Gáiev, como você queria. Vladímir Ivánovitch também disse isso imediatamente. Gáiev ficará com Stanislávski ou talvez Lújski. Ambos irão lhe escrever detalhadamente. Como você é necessário aqui agora.

[...]

Abraço bem forte meu homem de ouro, meu amor, e tenho uma vontade louca de vê-lo.

Sua Olia

Sentia tanta vontade de lhe escrever, e tenho a impressão de que não lhe contei nada. Meu querido!

F III)

1. Nemiróvitch-Dântchenko.
2. Stanislávski.

185 ~ De Nemiróvitch-Dântchenko para Tchékhov

18[1] de outubro de 1903
Moscou

(...)

Minha primeira impressão é a de que, como trabalho teatral, é maior que tudo o que veio antes. O assunto está claro e firme. No geral está harmonioso. A harmonia é de alguma forma quebrada pela lentidão do Segundo Ato. As personagens são novas, excepcionalmente interessantes, e dará trabalho para os atores interpretá-las, mas são ricas em conteúdo. A mãe é maravilhosa[2]. Ânia é bem parecida com Irina, mas nova. Vária foi desenvolvida a partir de Macha, mas deixou-a bem atrás. Sinto que há material excepcional em Gáiev, mas não consigo compreender a personalidade dele como compreendo a do Conde em *Ivanóv*. Lopákhin é esplêndido, novo. Todas as personagens secundárias, especialmente Charlotta, ficaram muito boas. Até agora, o mais fraco parece ser Trofímov. O Ato mais notável em termos de atmosfera, qualidade dramática, obstinação e ânimo é o Último; em termos de graça e leveza de toque o Primeiro Ato é impressionante. O que há de novo em sua escrita está claro, rico, teatralmente simples. Antes o lirismo predominava, agora há drama real, que foi sentido anteriormente somente nas moças em *A Gaivota* e em *Tio Vânia*; sob esse aspecto há uma grande evolução. Há muitos toques inspirados. Não estou tão preocupado com isso, mas não gosto de um ou dois detalhes comuns, há um abuso de lágrimas. Do ponto de vista social o tema básico não é novo, mas foi tratado como se fosse novo, de uma maneira poética e original. Vou lhe escrever sem falta depois de ler o texto pela segunda vez; no momento, agradeço-lhe e mando um abraço caloroso.

F II)

1. A ordem dos fatos foi mantida, daí a carta de Olga ter sido apresentada antes, já que ela foi a primeira pessoa a receber a peça e apesar de ter escrito a carta somente no dia seguinte.
2. Personagem Liubóv.

186 ∾ De Stanislávski para Tchékhov

20 de outubro de 1903
Moscou

Telegrama

Acabei de ler a peça. Estou desnorteado, não consigo me conter. Estou completamente perplexo. Creio que é a melhor de todas as belas peças que o senhor escreveu. Cumprimento o autor com todo meu coração. Ele é um gênio. Eu sinto e estimo cada palavra. Obrigado pelo prazer proporcionado e maior prazer que está por vir. Fique bem.

Aleksieiev

F XII)

187 ∾ De Olga Knípper-Tchékhova para Tchékhov

manhã de 20 de outubro de 1903
Moscou

(...)

Hoje eles estão lendo *O Jardim das Cerejeiras*. Decidi não ir, apesar de querer. Ainda não sei se vou. Pode-se dizer que Konst. Serg[1] ficou louco com a peça. Diz que o Primeiro Ato ele leu como uma comédia, o Segundo achou emocionante, no Terceiro Ato estava ansioso e no Quarto chorou o tempo todo. Ele diz que você nunca escreveu algo tão poderoso.

(...)

F II)

1. Stanislávski.

188 ~ De Tchékhov para Olga Knípper-Tchékhova

21 de outubro de 1903
Ialta

(...) Quando enfim sua carta vai chegar? Quero saber quais são as novidades da minha peça, uma impaciência que você compreenderia se estivesse vivendo como eu, nesta Sibéria quente. Aliás, começo a me acostumar com Ialta; talvez eu aprenda a trabalhar aqui (...).

Recebi hoje um telegrama de Aleksieiev[1], no qual ele considera minha peça genial; isso significa vendê-la por um valor maior do que ela merece e tirar metade do sucesso que ela poderia ter em condições favoráveis. Nemiróvitch ainda não me enviou a lista do elenco, e já estou com medo mesmo assim. Ele já escreveu que Ânia se parece com Irina, visivelmente ele quer dar o papel de Ânia para Maria Fiódorovna. Mas Ânia se parece com Irina assim como eu com Burdjalov[2]. Ânia é acima de tudo uma criança, feliz até o fim, não conhece nada da vida e não chora uma única vez, salvo no Segundo Ato, quando fica com os olhos marejados de lágrimas. Mas Maria Fiódorovna vai gemer do começo ao fim da peça, e além disso ela é velha. Quem vai fazer Charlotta?

(...)

F III)

1. Stanislávski.
2. Gueorgui Serguiêievitch Burdjalov (1869-1924), ator e diretor no TAM.

189 ~ De Stanislávski para Tchékhov

22 de outubro de 1903
Moscou

Caro Anton Pávlovitch,

Em minha opinião *O Jardim das Cerejeiras* é a sua melhor peça. Apaixonei-me por ela mais que pela minha querida *Gaivota*. Não é uma comédia, nem uma farsa como o senhor escreveu, é uma tragédia, por mais que se liberte para uma vida melhor, como o senhor faz no Último Ato. O resultado é enorme e é alcançado por meios-tons, delicadas aquarelas. Há mais poesia e lirismo, teatralidade nela; todos os papéis, não excluindo as pontas, são brilhantes. Se me oferecessem a oportunidade de escolher um papel de acordo com meu gosto, eu ficaria confuso, tão atraído estou por todos eles. Receio que tudo isso seja muito sutil para o público. Ele não vai compreender todos os pontos delicados rapidamente. [...] Não obstante, o sucesso será enorme, uma vez que a peça arrebata. É um todo tão completo que não se pode tirar uma única palavra. Talvez eu esteja influenciado, mas não consigo achar um único defeito nela. Há um: requer atores de extraordinário talento e refinamento para transmitir todas as suas belezas. Não seremos capazes de fazer isso. Uma coisa abalou-me na primeira leitura: fui arrebatado e comecei rapidamente a viver a peça. Isso não havia acontecido com *A Gaivota* ou com *As Três Irmãs*. Eu estava acostumado a ter impressões confusas na primeira leitura de suas peças. Por isso estava com receio que uma segunda leitura da peça não iria me envolver. Nada disso! Chorei como uma mulher, quis controlar-me, mas não pude. Eu ouvia o que o senhor disse: "Olhe, o senhor deve perceber que isso é uma farsa"... Não, para homens comuns, isso é uma tragédia. Sinto um carinho e um amor especial por essa peça. Quase não ouvi críticas, embora os atores adorem criticar. Desta vez eles se renderam quase que imediatamente. E, se uma crítica é levantada, não me incomodo nem em responder. Sinto pena da pessoa que critica. Alguém disse: o melhor Ato é o Quarto e o que tem menos êxito é o Segundo. Para mim isso é risível, não retruco. Apenas vou pelo Segundo Ato, cena por cena, e esse indivíduo fica logo confuso. O Quarto Ato é bom precisamente porque o Segundo é excelente e vice-versa. Considero essa peça inigualável e não suscetível a críticas. Se as pessoas não a compreendem, elas estão loucas. Essa é a minha convicção genuína. Eu irei atuar nela com prazer todos os papéis e, se possível, sem excluir o de Charlotta. Obrigado, caro Anton Pávlovitch, pelo grande prazer proporcionado e pelo que virá. Como eu gostaria de colocar tudo de lado, libertar-me do jugo de Brutus e viver e trabalhar n' *O Jardim das Cerejeiras* durante o dia todo.

Não gosto de Brutus, ele me oprime e drena meu sangue. Odeio-o mais ainda agora, que tenho meu querido *Jardim das Cerejeiras*. Aperto-lhe calorosamente a mão e imploro-lhe que não me considere um louco completo.

Fiel e carinhosamente,
K. Aleksieiev

F XXI)

190 ~ De Tchékhov para Nemiróvitch-Dãntchenko

23 de outubro de 1903
Ialta

(...)
Gostaria muito de dar uma olhada nos ensaios. Receio que Ânia possa ficar chorona (por alguma razão, você a achou semelhante a Irina) e receio que ela seja interpretada por uma atriz que não seja jovem. Ânia não chora uma só vez em meu texto, em algum lugar ela fala com voz embargada. Ela tem lágrimas nos olhos no Segundo Ato, mas a atmosfera é alegre e viva. O que significa em seu telegrama a informação de que a peça está repleta de pessoas chorando? Onde estão essas pessoas? Vária é a única, mas isso porque Vária é chorona por natureza, e as lágrimas dela não devem deprimir o público. Você encontrará freqüentemente a indicação de cena "com lágrimas" em meu texto, mas isso somente mostra a atmosfera das personagens, e não as lágrimas delas. Não existe um cemitério no Segundo Ato.
(...)

F XI)

191 ~ De Tchékhov para Olga Knípper-Tchékhova

25 de outubro de 1903
Ialta

(...)
Não, eu nunca quis fazer da sra. Raniévskaia alguém que tenha sossegado. Só a morte pode sossegar uma mulher como essa. Mas talvez eu não tenha entendido o que você quis dizer. Não é difícil interpretar Raniévskaia. É preciso apenas acertar o tom desde o começo. É necessário criar um sor-

riso e uma maneira de sorrir, e é preciso saber como se vestir. Enfim, você conseguirá tudo isso com um pouco de boa vontade e saúde.
(...)

F XI)

192 ~ De Olga Knípper-Tchékhova para Tchékhov

manhã de 26 de outubro de 1903
Moscou

[...]
Ontem fiquei no escritório de Vladímir Ivánovitch[1] com os Aleksieievs[2] distribuindo os papéis. Todos pensam, pensam e não se chega a nada. Maria Petrovna[3] suplica somente que Konstantin Serguiêievitch não faça Lopákhin, e concordo com ela. Ele deve interpretar Gáiev; para ele não será difícil e descansará e readquirirá confiança com esse papel. Você não acha? Estou apenas exprimindo as reflexões dos atores. Lilina deseja muito interpretar Ânia. Se eu for muito velha, diz ela, eles poderão me dizer e me colocar para fora, e não ficarei chateada. Ela não tem vontade de fazer Vária, tem receio de se repetir. Konstantin Serguiêievitch diz que ela deve interpretar Charlotta. Chegamos ainda a outra distribuição: Raniévskaia – Maria Fiódorovna Andréieva; eu – Charlotta, mas é duvidoso. Eu amaria fazer um papel elegante. Se Andréieva tentar fazer Vária, na minha opinião, ela não conseguirá, e Vária é um papel excelente. Gribúnin poderia interpretar Lopákhin se a personagem viesse a ser um pouco mais diluída no Terceiro Ato. Ele poderia fazer um comerciante russo, ele o interpretaria com cuidado. O que você acha?

Você não conhece Leonídov, mas ele também poderia interpretar um comerciante – alto, exalando saúde, com uma voz forte. Epikhódov – Moskvín, ele gostaria muito. Aleksándrov ou Leonídov poderiam interpretar Iacha. Decididamente, não sei o que é melhor. Eles irão lhe comunicar tudo, se decidirem. Não se inquiete. Lilina está fervendo. Implicam com ela dizendo que Andréieva fará o papel de Ânia. Ela diz que, se derem o papel de Ânia para uma atriz jovem, ela ficará calada, mas, se Andréieva ficar com o papel, ela protestará. Brincamos com ela.
[...]

Sua Olia

F III)

1. Nemiróvitch-Dântchenko.
2. Stanislávski e sua esposa, Lilina.
3. Lilina.

193 ∽ De Nemiróvitch-Dântchenko para Stanislávski

26-27 de outubro de 1903
Moscou

Caro Konstantin Serguiêievitch,
Não posso acreditar que o senhor seja tão insensível a ponto de não perceber o quanto eu estava angustiado durante a última meia hora no Hermitage[1]. Coisas estranhas estão acontecendo. Antes de *No Fundo* estávamos em um declive, estávamos a caminho de nossa perdição. *O Poder das Trevas*, apesar de todo o brilhantismo de um diretor talentoso[2], foi encenado de tal forma que, se eu não tivesse dado uma mão, nós teríamos uma repetição d' *A Donzela da Neve*, *i.e.*, a peça é um fiasco, mas Stanislávski é formidável. Trabalhei em *No Fundo* quase que sozinho durante os primeiros ensaios, *i.e.*, estabeleci a idéia principal do espetáculo inteiro; uma peça deve ser acima de tudo um conjunto harmonioso, a criação de uma mente, só então ela impressionará as pessoas; mas demonstrações individuais de talento nunca são mais do que meras demonstrações de talento.

No Fundo foi um enorme sucesso. De repente, o teatro alcançou o auge devido.

E o que eu recebo do senhor? Constantes lembretes de que a produção de *No Fundo* não era verdadeiramente artística, que, se nós continuássemos nesse caminho, acabaríamos como o Mali[3], e isso, todos sabem, é o pior tipo de insulto saído de sua boca.

Não importa, agüento isso.

Em seguida, eu me consumi trabalhando a fim de fazer da temporada um sucesso. Dirigi *As Colunas*. Nada se fala sobre isso agora. O senhor considera meu trabalho completamente negativo.

Entrarei em detalhes mais tarde.

Decidimos fazer Turguêniev[4], e então chegou o momento em que o senhor perdeu o ânimo porque ninguém o estava ajudando. E isso em uma montagem comparativamente simples.

Então *o senhor deixou que eu decidisse* fazer ou não *Júlio César*. Decidi e realizei essa tarefa tremendamente difícil.

Levei isso até o fim. O sucesso superou minhas expectativas. O enorme talento artístico da montagem foi universalmente reconhecido.

Pensei que tivesse provado minha capacidade e pudesse ser considerado um diretor digno do prestigiado Teatro de Arte.

E o que aconteceu? Pela primeira vez, encontrei-me sozinho no meio dos dois principais diretores do teatro, o senhor e Morózov. Discutimos *César pela primeira vez* e, com uma perplexidade que supera qualquer descrição, vi-me no fogo cruzado – de elogios e cumprimentos? Ah, não! de condenação e reprovação porque o teatro estava em um declive escorregadio, montando espetáculos dignos do Mali (isso novamente e, claro, no sentido mais pejorativo possível).

Não consigo achar palavras que expressem as emoções que senti.

Então, eu deveria acreditar no senhor e em Morózov quando dizem que cinco meses de trabalho contínuo, nos quais apliquei *toda* minha energia espiritual, *todo* meu conhecimento, *toda* minha experiência, *toda* minha imaginação, não resultaram em nada artístico. E deveria acreditar no senhor e em Morózov quando dizem que não posso me valer de nada que tenho dentro de mim que seja digno desse maravilhoso teatro que os senhores [...] criaram em sua imaginação.

Felizmente tenho minhas próprias crenças artísticas básicas, que nem Morózov nem mesmo o senhor podem abalar. O fato de o senhor ter talento para criar este ou aquele detalhe específico melhor que eu não altera minha confiança no valor de *minhas* opiniões.

[...]

O senhor é sempre enérgico quando alguém fala na sua orelha, e é capaz de acreditar que o mais importante em *César* não é a interpretação global, mas o figurino de algum gaulês. O senhor pensa até que um bom teatro é aquele que é atacado. Isso é algo que nunca compreendi, embora eu tenha concordado com o senhor um milhão de vezes, e estou preparado para fazê-lo novamente quantas vezes for preciso, mas não quando o teatro precisa ser sólido, forte e tem que realizar sua maior tarefa, a de ser um teatro de qualidade com segurança. E não, naturalmente, quando o espetáculo é de minha inteira responsabilidade.

Se não tivesse a discussão acontecido na presença de Morózov, e não no momento em que *a menor desavença entre nós* pudesse favorecer os vis esquemas dele, eu não teria respondido por escrito ao senhor tão longamente.

Controlei-me e mantive silêncio porque não queria colocar um trunfo na mão de Morózov[5] – uma disputa entre mim e o senhor.

Mas eu lhe rogo que considere muito cuidadosamente o tipo de posição em que estou sendo colocado no teatro. Se uma outra pessoa estivesse em meu lugar... qualquer pessoa que o senhor queira, depois de *Júlio César*, o teatro iria cercá-la com tamanha exaltação que essa pessoa começaria a trabalhar na próxima peça com energia redobrada e amor. Exatamente o oposto está acontecendo comigo. Os dois principais diretores do teatro, o Presidente do Conselho e o Diretor Geral, viraram-se contra mim (sem levar em conta o acordo entre eles de rebaixar minha posição), descarregaram em cima de mim quase que todas as suas próprias responsabilidades. Eu estava tão cansado que chegava a *chorar* de tanto trabalhar, de manhã até à noite, ficava sufocado de respirar o ar do teatro das onze da manhã até meia-noite; e, depois de meus colossais esforços, meus bem-sucedidos esforços, eles insistem que eu não sou artista.

Por quanto tempo o senhor e Morózov acham que posso tolerar tal situação?

Deixe-me contar isto ao senhor: se *O Jardim das Cerejeiras* não pertencesse ao meu mais querido amigo, eu enviaria amanhã uma carta a ele dizendo que talvez eu não consiga *dirigir* a peça em dois meses e que em vez disso vou cuidar da escola e da rotina dos negócios.

Não tenho grandes pretensões. Em certos campos da atividade artística ninguém tem mais respeito pelo senhor do que eu. Mas realmente desejo que os dois principais diretores não diminuam *meu* talento.

[...]

Se isso tivesse acontecido no final da temporada, eu teria enfrentado de cabeça erguida. Agora, infelizmente, temos trabalho para fazer e nada mais que trabalho. E não devemos colocar o teatro à mercê de cachorros.

F II)

1. Restaurante freqüentado pelos integrantes do TAM.
2. A direção da peça foi feita por Stanislávski e Tikhomírov.
3. Teatro Mali, teatro do governo.
4. Trata-se da peça *Um Mês no Campo*.
5. As divergências com Morózov já estão anunciadas na carta 5. Sinais das divergências entre Nemiróvitch-Dântchenko e Stanislávski também já aparecem na carta 64.

194 ∾ De Stanislávski para Nemiróvitch-Dântchenko

27 de outubro de 1903
Moscou

Caro Vladímir Ivánovitch,
Que desgraça inesperada! Em nome de Deus, do que o senhor está me acusando: duplicidade, conspiração ou simples estupidez? O senhor só poderia formular tais conclusões se estivesse disposto a pegar ao pé da letra cada palavra que eu disse. E alguém poderia achar que o fato de eu falar na presença de Morózov, estando a par dos planos dele, deveria ter convencido o senhor de que nada do que eu disse era pejorativo. Por outro lado, o senhor deve ter uma opinião muito vil a meu respeito.
Acalme-se e lembre-se do sentido daquilo que eu disse. Pura inocência. Se critiquei alguém foi a mim mesmo. O senhor estava dirigindo a peça, e eu forcei minha opinião ao senhor, isso impossibilitou sua independência, e além do mais não fui capaz de levar a cabo minhas idéias, porque eu não estava dirigindo a peça. Essa responsabilidade dupla nos espetáculos sempre me preocupou no passado e preocupa-me agora[1]. Não creio que nós tenhamos achado o caminho certo no que se refere ao nosso trabalho em conjunto como diretores e continuo com essa opinião. Eu não disse bem no começo da montagem de *César* que teríamos de fazer concessões e montar a peça sem o realismo artístico como eu o entendo? Eu salientei isso e não pressionei o senhor para sujar os figurinos e colocar remendos neles. Decidimos que isso, *nessa ocasião*, seria supérfluo. (...)
Dou-lhe minha palavra de que não percebi sua angústia por um momento sequer, assim como não consigo imaginar o que foi que eu disse que o ofendeu. Eu estava criticando a mim mesmo, não ao senhor. Se falei de maneira tão franca foi precisamente porque o seu papel como diretor está tão claro, tão solidamente estabelecido, tão evidentemente reconhecido por todos que não era o senhor, mas *eu* quem estava em segundo plano; não eu, mas *o senhor* quem assumiu o lugar de diretor principal (não lamento isso). O senhor realmente ficou satisfeito com o desempenho de *No Fundo*? O senhor realmente o considera um modelo? Quantas vezes o ouvi dar uma resposta negativa a essa questão específica. De quem é o erro, dos atores ou dos diretores? Não é nosso *dever* levantar essa questão?

Lembre-se de como ensaiamos a peça, às vezes na velocidade máxima (por minha sugestão) e em outras na velocidade oposta, por sugestão sua.

Talvez nossa dupla responsabilidade tenha confundido os atores?[2] Essas questões e dúvidas são criminosas da minha parte? No que me diz respeito, nem em *César*, nem *No Fundo*, nunca disse algo que pudesse ser considerado pejorativo ou possivelmente um insulto ao senhor, ao contrário, disse a todos que foi o *senhor* que achou o tom para a peça de Górki[3].

Ao mesmo tempo, o senhor nunca perdeu uma oportunidade de me lembrar do fracasso d'*A Donzela da Neve* ou d'*O Poder das Trevas*, mas, como pode ver, não me ofendi.

Quanto às *Colunas*, como o senhor bem sabe, eu sempre me culpei por um cenário ruim, no qual ninguém poderia atuar nada. A única repreensão que lhe pode ser feita é o fato de o senhor ter aceitado esse cenário ruim.

Então empurrei-lhe as responsabilidades de diretor principal? Esse mesmo diretor cujo nome tem sido destruído no teatro e removido dos cartazes.

Tenho uma visão diferente. Depois da conversa que tivemos quando o senhor disse que não estava satisfeito com sua posição no teatro e que o senhor estava sacrificando tudo e não estava recebendo nada em troca, considerei minha responsabilidade ceder-lhe tudo o que o senhor achasse necessário tomar de mim, de forma a fortalecer sua posição para o bem de nosso empreendimento. Lidei com essa questão muito honestamente. Não o subestimei, mas simplesmente dei-lhe tudo o que lhe pertencia de direito. Se o senhor tem a coragem de me dizer que é o único a fazer algum trabalho e que não faço nada, e se o senhor não compreende o que sacrifiquei em prol do teatro – negócios, família, saúde, que está bem pior que o senhor imagina –, então não vale a pena viver, trabalhar ou acreditar em alguém. O senhor trabalha duro, e eu o respeito por isso. Pode ser que eu mereça o mesmo de sua parte.

O senhor pode e *deve* entender o quanto me custa continuar com o trabalho de ator não reconhecido e não recompensador que é imposto a mim. (...)

Concluindo, apresento-lhe um raciocínio: por quinze anos me acostumei a ser independente. Nos últimos cinco anos tenho trabalhado meu grande orgulho e tenho me controlado. Eu agora não faço oposição a muitas coisas com que, em circunstância alguma, eu concordaria anteriormente. Eu me eduquei a fechar os olhos para incidentes escandalosos que ocorrem debaixo do meu nariz. [...] Vejo tudo o que acontece ao meu redor e silencio.

O senhor acha que não estou ciente do grau de decadência de nosso teatro? O senhor acha que não consigo prever em quão pouco tempo ele estará reduzido a nada? Não obstante, eu me resigno ao presente e ao futuro sem amargura ou inveja de qualquer tipo. [...]

Uma coisa eu prezo muito. O direito de exprimir meu "credo" artístico em voz alta. Começo a perder esse direito. O senhor deve ter notado o quão óbvio isso se tornou recentemente. Se falo com Tikhomírov *em particular* sobre as atividades dele (Tikhomírov conhece minha posição na escola – equivale a nada), falam-me que coloquei as coisas em desordem e que os estudantes saíram por minha causa. Se dou qualquer tipo de conselho, todos gritam: "ele está bagunçando as coisas", e ninguém se dá ao trabalho de considerar minhas idéias em qualquer nível. Se peço que alguém se contenha – por se comportar de forma barulhenta, a respeito da qual eu teria criado um tremendo rebuliço cinco anos atrás e teria o teatro todo amotinado –, agora minhas palavras são silenciosamente ignoradas e nada é feito. Se dou qualquer tipo de conselho artístico, fica estampado no rosto de cada um: "rabugento".

Minhas idéias têm produzido sementes inúteis; atores são elogiados por isso, e eu sofro, presenciando a profanação de tudo o que considero sagrado e caro. Mas não digo nada. Primeiro porque fico deprimido e falta-me energia ou força para continuar, para insistir que tenho meu jeito e, segundo, porque jamais devo insistir em algo nesse nosso empreendimento. Creio que, se estiver certo, a legitimidade de minha causa irá me justificar. Se estiver errado, então chegou a hora de reconhecer o fato e de dedicar o resto de minha vida a algo realmente útil, talvez em uma área completamente diferente.

Agora estou decidido, não irei levantar um dedo para criar qualquer tipo de nova posição para mim no teatro. Se eu tiver começado um declive escorregadio, então quanto mais cedo eu atingir a base melhor. Sou por natureza uma pessoa muito reservada e digo muito menos do que sei. Mudo de posição no teatro sem conflitos. Se o teatro precisa de mim, então que eu seja tratado com tato e cuidado. Se não precisa, então que eles se livrem de mim e (se for inevitável) quanto mais cedo melhor. Se esse for o caso, não devo mais falar tão francamente. Devo confiar meus segredos ao senhor, assim como ao teatro, e que ele faça uso de mim e de minha energia enquanto achar que serve.

    Reservo-me um direito: se eu chegar à conclusão de que minha família precisa mais de mim que o teatro, direi isso (naturalmente sem nenhum prejuízo ao negócio), e o senhor deve deixar eu ir voluntariamente e não pedir sacrifícios impossíveis da minha parte. Chegou a hora de o senhor mudar sua opinião sobre mim. Eu compreendo e sinto-me melhor e mais puro do que sou capaz de expressar.

Afetuosa e devotadamente,
K. Aleksieiev

    Se eu o tiver ofendido de algum modo, peço desculpas. Não foi intencional.

FII)

1. Segundo o acordo entre eles, Nemiróvitch-Dântchenko ficaria com o veto na parte literária do teatro (escolha de repertório, por exemplo), e Stanislávski ficaria com o veto artístico. Vide cartas 12 e 58.
2. Vide carta 37.
3. Vide carta 165.

195 ~ De Olga Knípper-Tchékhova para Tchékhov

28 de outubro de 1903
Moscou

(...)
Há muitos absurdos ocorrendo no teatro. Eu sinto por Nemiróvitch. Ele dirigiu *Colunas* e *César* sozinho. As peças são sucessos; ele empregou um tempo enorme e energia nelas, embora ainda seja um aprendiz nesse tipo de trabalho. Mas todo o tempo ele é induzido a acreditar que o teatro está em declínio, que essas produções não são artísticas, ao passo que *A Donzela da Neve*[1] – essa era brilhante[2].

    Hoje tivemos a primeira reunião para a distribuição de papéis em *O Jardim das Cerejeiras*. V.I.[3] chegou ao teatro em um estado muito perturbado. Ele esteve comigo durante o Segundo Ato e disse-me que as coisas vão mal para ele. K.S.[4] fala o tempo todo sobre o declínio do teatro... Se K.S. tem algo contra V.I., que ele o diga cara a cara, e não ao comerciante[5].

V.I. escreveu uma carta a K.S. na qual ele expõe tudo. Ele leu a carta para Lújski, Vichniévski e para mim. Estava em um estado terrível, e posso entendê-lo. Tudo isso não é bom, de forma alguma. É preciso haver justiça, franqueza e confiança entre K.S. e V.I., caso contrário será impossível trabalhar. Por favor, Deus, que as coisas se acalmem rapidamente. Mas, se Nemiróvitch partir, não ficarei no teatro. K.S. não pode estar no comando das coisas. [...]

F II)
1. *A Donzela de Neve*, de Aleksandr Nikoláievitch Ostróvski (1823-1886), fábula dramática escrita em 1873, com a qual o autor mostra seu domínio no conhecimento de músicas folclóricas russas, provérbios e poesia popular.
2. A peça dirigida por Stanislávski foi um fracasso, mas possuía alto nível artístico.
3. Vladímir Ivánovitch Nemiróvitch-Dântchenko.
4. Konstantin Serguiêievitch Aleksieiev, Stanislávski.
5. Savva Timoféievitch Morózov.

196 ~ De Tchékhov para Stanislávski

30 de outubro de 1903
Ialta

Caro Konstantin Serguiêievitch,
Muito obrigado pela carta e pelo telegrama. Cartas são sempre muito valiosas para mim, primeiro porque estou aqui completamente sozinho e segundo porque remeti a peça há três semanas e sua carta chegou somente ontem; se não fosse minha esposa, eu estaria completamente no escuro e teria imaginado qualquer besteira que pudesse ter se insinuado em minha cabeça. Quando elaborava Lopákhin, achei que pudesse ser para o senhor. Se por alguma razão ele não o atrai, fique com Gáiev. Lopákhin, claro, é somente um comerciante, mas ele é uma pessoa decente em todos os sentidos, comporta-se com absoluto decoro, como um homem culto, sem trivialidade ou malandragem, e parece-me que o senhor seria brilhante nesse papel, que é central para a peça. (Se o senhor decidir interpretar Gáiev, permita que Vichniévski faça Lopákhin. Ele não será um Lopákhin primoroso, mas também não será deplorável. Lújski ficaria apático nesse papel, e o Leonídov iria interpretá-lo como se fosse um *kulak*[1]. O senhor não deve perder

de vista o fato que Vária, uma moça séria e devotada, está apaixonada por Lopákhin; ela não amaria um insignificante *kulak*.)

Quero tanto ir para Moscou, mas não sei como poderia sair daqui. Está ficando frio e eu mal deixo a casa; não estou acostumado com o ar fresco e tusso muito. Não temo Moscou ou a viagem em si, mas receio permanecer em Sebastopol das duas às oito e na mais enfadonha companhia.

Escreva-me com qual papel o senhor ficou. Minha esposa escreveu-me que Moskvín quer interpretar Epikhódov. Por que não, seria uma ótima idéia, e a peça lucraria com isso.

Minhas mais sinceras saudações e lembranças a Maria Petrovna, e permita-me desejar-lhes tudo de bom. Mantenha-se bem e alegre.

Sabe, ainda não vi *No Fundo* e *Júlio César*. Gostaria tanto de assistir a esses espetáculos.

Seu,
A . Tchékhov

F IX)

1. Fazendeiro russo.

197 ∾ De Stanislávski para Tchékhov

31 de outubro de 1903
Moscou

(...)

Decidi o seguinte: irei estudar e trabalhar dois papéis – Lopákhin e Gáiev[1]. Não posso dizer qual dos dois quero mais. Os dois papéis são maravilhosos e agradam-me. É verdade, estou cauteloso com Lopákhin. A opinião geral é a de que eu não tenho êxito com comerciantes ou então que eles ficam artificiais e previsíveis. Lopákhin é um sujeito decente, não é? Bondoso porém tenaz. Ele quase compra a propriedade por acidente e depois fica completamente confuso. Creio que ele se embriaga por causa disso, não é? Gáiev, na minha opinião, deve ser gracioso, como a irmã. Ele nem percebe o que está dizendo. Ele compreende depois de dizê-lo. Parece que encontrei o tom para Gáiev. Como fiz, ficou algo aristocrático, mas um pouco tolo.

(...)

F II)

Stanislávski em seu camarim com a maquiagem e figurino de Gáiev.
FONTE B

1. O mais provável é que Stanislávski tenha escrito esta carta antes de receber a de Tchékhov, já que o correio demorava de três a cinco dias para entregar em Moscou uma carta vinda de Ialta.

198 ～ De Stanislávski para Tchékhov

1º de novembro de 1903
Moscou

(...)

Hoje trabalhamos na maquete. O Primeiro Ato é difícil. Olga Leonárdovna diz que deve haver vestígios de um estilo de vida anterior, mais elevado. Mas a casa não deveria ser de alguma forma ou até mesmo bem deteriorada? Lopákhin diz que irá demoli-la. Isso significa que ela não tem serventia. Do contrário, ele a teria transformado em uma *datcha*[1] e a teria alugado para o verão seguinte. Ou teria feito uma reforma para vendê-la.

A casa é feita de madeira ou de pedra? Ou talvez a parte central seja de pedra e as alas em madeira. Talvez pedras embaixo e madeira no andar de cima? Um outro problema. No terceiro ato há um salão que é visível, mas no quarto ato há uma conversa sobre um salão no andar de baixo. Qual dos dois?

Durante este verão eu gravei o apito de um pastor. Era o mesmo pastor que o senhor tanto gostou em Liubímovka[2]. O resultado é esplêndido, e agora este cilindro será útil.

(...)

F II)

1. Casa de campo.
2. Vide carta 156, nota 1.

199 ～ De Tchékhov para Nemiróvitch-Dântchenko

2 de novembro de 1903
Ialta

Meu caro Vladímir Ivánovitch,
[...]
Sobre a peça.
1. Ânia pode ser interpretada por qualquer atriz que você queira, até mesmo por uma completa desconhecida, só que ela tem que ser jovem, se

parecer com uma menininha e falar com uma voz jovial e ressonante. Esse papel não é dos mais importantes.

2. O papel de Vária é mais complicado, se ao menos Maria Petrovna[1] pudesse fazê-lo. Se não for ela, o papel ficará chato e vulgar, e eu teria que retrabalhá-lo, enfraquecendo-o. M.P. não se repetiria[2], primeiro porque ela é uma atriz talentosa, segundo porque Vária não se parece com Sônia ou Natacha[3]; ela é uma figura vestida de preto, uma criatura como uma freira, de alguma forma ingênua, melancólica e assim por diante.

3. Gáiev e Lopákhin – que Stanislávski experimente esses dois papéis e escolha. Se ele ficar com Lopákhin e sentir-se à vontade no papel, a peça seguramente será um sucesso. Certamente se Lopákhin se tornar uma figura descorada, interpretada por ator sem vida, tanto o papel como a peça fracassarão.

4. Pichtchik – um papel para Gribúnin. Que Deus tenha piedade de você se escalar Vichniévski para esse papel.

5. Charlotta – um grande papel. Claro que seria impossível dar o papel para Pomialova; Muratova talvez fique bem, mas não será engraçada. Esse é o papel para Mme. Knípper.

6. Epikhódov – se Moskvín quiser o papel, deixe-o fazê-lo. Ele será um Epikhódov soberbo...

7. Firs – papel para Artiom.

8. Duniacha – Khalutina.

9. Iacha. Se for o Aleksándrov sobre o qual você escreveu, aquele que é assistente de seu diretor, deixe-o fazê-lo. Moskvín faria um excelente Iacha. E não tenho nada contra Leonídov no papel.

10. O andarilho – Grómov.

11. O chefe da estação de trem que lê *O Pecador* no Terceiro Ato deve ter uma voz de baixo.

Charlotta fala com sotaque, mas correntemente, exceto às vezes, quando ela faz uma consoante branda no final da palavra no lugar do som duro, que é o correto[4], e ela mistura masculino e feminino nos adjetivos. Pichtchík é um velho russo, arruinado pela gota, idoso e saciado, franco, vestido com um longo casaco russo (como o de Símov) e calçado com botas sem salto. Lopákhin veste roupa branca e usa sapatos marrons, balança os braços quando se movimenta, anda com passos largos, confunde-se quando se locomove e caminha em linha reta. Ele não corta o cabelo curto e então freqüentemente joga a cabeça para trás, como reflexo ele alisa a barba de um lado para o outro, *i.e.*, do pescoço para os lábios. Creio que Trofímov está esboçado com clareza. Vária veste um vestido preto e usa um cinto largo.

Eu tive a intenção de escrever *O Jardim das Cerejeiras* nesses últimos três anos, e durante três anos tenho lhe dito para contratar uma atriz que pudesse fazer um papel como o de Liubóv Andreievna. Agora você está envolvido com este jogo de paciência que não tem chance de dar certo.

Encontro-me em uma situação estúpida: estou aqui completamente sozinho e não sei por quê. Você é injusto ao dizer que apesar de seu trabalho é o *Teatro de Stanislávski*. É sobre você que as pessoas falam e escrevem, enquanto Stanislávski só recebe críticas pelo desempenho como Brutus. Se você deixar o teatro, então também partirei.

[...]

Por que Maria Petrovna insiste em fazer Ânia? E por que Maria Fiódorovna se acha muito aristocrática para fazer Vária? Afinal, ela não atua em *No Fundo*[5]? Bem, para o inferno. Um abraço, mantenha-se bem.

Seu,
A . Tchékhov

F II)

1. Esposa de Stanislávski.
2. Olga havia escrito que Lilina estaria apreensiva em fazer o papel de Vária, vide carta 192.
3. Personagens de *Tio Vânia* e *As Três Irmãs*, respectivamente, que Lilina havia interpretado.
4. A língua russa possui consoantes duras, brandas e as que são duras ou brandas dependendo da posição na palavra.
5. A peça de Górki aborda personagens pobres que se encontram em um albergue noturno.

200 ~ De Tchékhov para Stanislávski

5 de novembro de 1903
Ialta

Caro Konstantin Serguiêievitch,

A casa da peça é um edifício de dois vastos andares. E no Terceiro Ato eles falam sobre uma escada que vai dar no primeiro andar. Tenho de dizer que esse III ato me preocupa bastante. [...]

A casa deve ser ampla e sólida; madeira ou pedra, tanto faz. É muito velha e grande, veranistas não alugam casas como essa; casas assim são normalmente demolidas e o material é aproveitado para a construção de *datchas*. A mobília é antiga, datada; a deterioração e as dívidas não atingiram a mobília.

Quando as pessoas compram uma casa como essa, dizem: é mais fácil e barato construir algo menor do que reformar a casa.

O seu pastor tocava bem. É exatamente do que precisamos.

Por que o senhor não gosta de *Júlio César*? Gosto tanto da peça e irei assistir ao seu trabalho nela com prazer. Talvez não seja fácil de representá-la? Aqui em Ialta fala-se de um sucesso nunca visto antes, e creio que vocês apresentarão essa peça com o teatro lotado por um longo tempo.

(...)

F II)

201 ∾ De Stanislávski para Tchékhov

5 de novembro de 1903
Moscou

(...)

Não sei por que, mas eu gostaria de ver o Terceiro e o Quarto Atos no mesmo cenário. No último ato, desmantelado e tudo pronto para a partida. Esse não é, realmente, um caso de sentimentalidade estúpida. Tenho a impressão de que isso fará a peça ficar mais aconchegante, porque o público se acostumou com a casa. Um segundo cômodo traz um tipo de confusão. Talvez o senhor precise disso assim para acentuar a opulência do passado ainda mais. Mas isso, parece-me, surgirá dessa forma também. Um cenário para dois atos não ficará monótono, já que a ruína da casa muda completamente a atmosfera do Quarto Ato. Continuaremos trabalhando na maquete e talvez nesse ínterim o senhor escreva algumas palavras... Outra pergunta: Epikhódov e Duniacha sentam-se na presença de Lopákhin? Na minha opinião, sim.

(...)

F II)

202 ~ De Nemiróvitch-Dântchenko para Tchékhov

7 de novembro de 1903
Moscou

Caro Anton Pávlovitch,

Temos problemas em escalar o elenco não porque não há nenhuma Raniévskaia, mas porque queremos fazer tudo da melhor forma e porque há várias considerações dos bastidores. Você estaria equivocado se pensasse que eu sacrificaria a peça por considerações dos bastidores.

Meu elenco não é exatamente o mesmo que o seu [...][1].

Mas não discordo do seu. De modo geral, acho um papel um pouco mais bem distribuído que outro, outro um pouco pior, mas isso não altera o sucesso e interesse da peça. Lilina como Ânia, Muratova como Charlotta, Lilina como Charlotta, uma estudante como Ânia não faz a menor diferença. É preciso lembrar que Lilina não é confiável como atriz e precisa de uma substituta[2].

[...]

Devemos dar a Konstantin Serguiêievitch a direção d'*O Jardim das Cerejeiras*. Primeiro, ele não encenou nada grande parte do ano e conseqüentemente acumulou energia e imaginação; segundo, ele compreende você totalmente; terceiro, ele se livrou de suas extravagâncias. Mas, é claro, ficarei de olho nele.

Os "Morózovits" dos bastidores enervam-me, mas é preciso manter a paciência. Todo teatro tem alguém que enerva alguém. Nos teatros estatais são os burocratas, o ministro; aqui é Morózov. Este último é mais fácil de neutralizar. [...]

F II)

1. Vide carta 199.
2. Lilina freqüentemente ficava doente. (N. F.)

203 ∼ De Tchékhov para Stanislávski

10 de novembro de 1903
Ialta

(...)
É claro que o senhor pode usar o mesmo cenário para os Terceiro e Quarto Atos, o que possui um salão e uma escada. De modo geral, por favor, não se limite por causa do cenário – eu me submeto ao senhor. Em seu teatro sempre me espanto e normalmente fico de boca aberta. Não há mais nada para se dizer a respeito disso. O que quer que faça ficará esplêndido, cem vezes melhor do que qualquer coisa que eu possa pensar.

Duniacha e Epikhódov ficam de pé na presença de Lopákhin, eles não se sentam. Afinal, Lopákhin fica muito à vontade, comporta-se como um cavalheiro e trata os criados por "vocês", enquanto os criados o tratam por "senhor".

F XI)

204 ∼ De Sulerjítski para Stanislávski

início de novembro de 1903
Moscou

Caro Konstantin Serguiêievitch,
Faz alguns dias que vi Brutus pela primeira vez, mas a imagem, o rosto, as palavras, toda aquela vida profunda, recompensada, honesta, e a morte de um grande homem permanecem diante de nós como se fossem reais.

Até hoje eu sabia o que Brutus era, respeitava seu "tipo", se é que posso me expressar assim. Ele existia somente em meu pensamento, no reino das idéias abstratas. O senhor, sua atuação transformou essa bela estátua fria e clássica em algo vivo, o senhor o revestiu com carne e sangue, avivou-o com sofrimento, tirando-o de seu pedestal inacessível e colocando-o no coração dos homens. O senhor deu a ele propriedade de vida...

Parece-me que o senhor realizou o máximo que um ator pode fazer, alcançou o objetivo mais alto que a arte teatral pode estabelecer para si.

Não é o propósito da arte tirar grandes idéias do reino do pensamento e colocá-las na esfera do sentimento a fim de torná-las próximas e caras a cada coração?

Isso foi feito lindamente.

Quando Brutus passou uma noite difícil, sem dormir em seu jardim, eu senti dor por todo o meu corpo com ele; havia os olhos inflamados, as mãos esgotadas, ansiosas, havia o trabalho tenso e agonizante da alma, tão completamente, tão intimamente ligado à vida, à verdade e aos deveres dos homens.

[...]

Parece-me, caro Konstantin Serguiêievitch, que esse é um dos seus melhores papéis. Posso dizer isso porque nada sei da técnica de interpretação, mas isso não me confunde. Sou um integrante do público e, portanto, tenho o direto de dizer...

[...]

Não estou escrevendo para o Aleksieiev, que não conheço; não estou escrevendo como um conhecido mas como membro do público, querendo compartilhar com o ator a simpatia por Brutus, que morreu como todas as cosias boas devem morrer nessa vida, na qual somente as mentiras conseguem triunfar. [...]

Escrevo para o Stanislávski que por mais de uma vez defendeu e fortaleceu as pessoas em sua crença no "homem". Obrigado mais uma vez, por mim e por aqueles que podem somente expressar sua gratidão por meio do aplauso.

Seu L. Sulerjítski

F II)

205 ∽ De Stanislávski para Tchékhov

quarta-feira, 19 de novembro de 1903
Moscou

Caro Anton Pávlovitch,

Ontem, novamente, não houve tempo para escrever. Eu estava ocupado com o Segundo Ato e finalmente o terminei. Por favor, Deus, o cenário[1] funcionará. Uma pequena capela, uma pequena fossa, um cemitério descuidado em um oásis de árvores no meio das estepes. A parte esquerda do

palco e o centro sem tapadeiras – somente o horizonte distante. Isso será feito com uma rotunda contínua semicircular, com suportes para levá-la à distância. Em um lugar, um córrego brilha; na colina, uma casa de campo pode ser vista. Postes telegráficos e uma ponte da estrada de ferro. Permita-nos, durante uma das pausas, trazer um trem atravessando o palco com pequenas lufadas de fumaça. Isso poderia funcionar esplendidamente. Antes do pôr do sol, a cidade é brevemente visível. Até o final do ato, névoa. Ela surgirá, especialmente densa, do canal na parte baixa do palco. Do mesmo modo, o concerto de sapos e codornas no final do ato. Na esquerda baixa do palco, um terreno de feno com uma pequena meda, onde a cena com o grupo de passantes ocorrerá. Isso é para os atores, para ajudá-los a viver suas personagens. O tom geral do cenário, no estilo de Levitan[2]. O lado rural – como Orlov, mas não mais sulista que o distrito de Kursk.
(...)

F II)

1. Referência à disposição dos elementos do cenário de acordo com a planta. Uma disposição que possibilite a movimentação do ator, vide carta 194 sobre o cenário do espetáculo *As Colunas da Sociedade*.
2. Isaak Levitan (1861-1900), pintor e professor. Estudou na Escola de Pintura, Escultura e Arquitetura em Moscou com V. Poliónov e A. Savrásov. Em suas paisagens, ele consegue capturar a eterna mudança dos estados da alma humana em comunicação com a natureza.

206 ∽ De Tchékhov para Olga Knípper-Tchékhova

23 de novembro de 1903
Ialta

(...)
Konst. Ser.[1] quer trazer um trem no Segundo Ato, mas eu creio que nós devemos impedi-lo de fazer isso. Ele também quer sapos e codornas.
(...)

F XI)

1. Stanislávski.

207 ～ De Tchékhov para Stanislávski

23 de novembro de 1903
Ialta

Caro Konstantin Serguiêievitch,

Normalmente, a preparação do feno acontece por volta de 20 a 25 de junho, período no qual as codornas e os sapos encerraram, ao que parece, sua música de verão e ficam em silêncio. Pode-se ouvir somente o papa-figo. Não existe nenhum cemitério – houve um outrora, mas sobraram apenas duas ou três lápides inclinadas em desordem. Uma ponte – essa é uma boa idéia. Se o senhor puder colocar um trem na ação sem ruído, a não ser que seja um único som, vá em frente. Não sou contra usar o mesmo cenário no Terceiro e Quatro Atos, desde que as entradas e saídas possam ser manejadas convenientemente.

Espero impacientemente pelo dia e hora que minha esposa irá me permitir ir a Moscou[1]. Com os diabos! Começo a suspeitar que ela está me enganando!

O tempo aqui está bem morno, clima extraordinário, mas, quando Moscou e os banhos Sandunov são lembrados, todo esse prazer parece sem graça e inútil.

Fico sentado em meu escritório olhando o telefone. Recebo os telegramas pelo telefone e a cada minuto aguardo ser finalmente chamado a Moscou.

Aperto-lhe a mão entusiasticamente e fico eternamente grato por sua carta. Mantenha-se bem e feliz.

Seu,
A. Tchékhov

F IX)

1. Olga pedia que Tchékhov não viajasse, pois o tempo estava muito ruim em Moscou.

208 ~ De Nemiróvitch-Dântchenko para Olga Knípper-Tchékhova

antes de 17[1] de janeiro de 1904
Moscou

(...)
Na minha opinião é assim que o problema se apresenta.

A senhora está desgastando seus nervos na atuação. Agora eles perderam a sutileza e ressonância em cena. A senhora está somente atuando em *preparação* para um papel. Não tem importância. Em dois ou três dias, seus nervos terão se acalmado, sua alma irá brilhar e tudo ficará bem.

Mas aí a senhora deve compreender *acima de tudo* dois aspectos contrastantes de seu papel ou, melhor, da alma de Raniévskaia: *Paris e o jardim das cerejeiras*. Leveza aparente, graça, a *vivacidade* de um tom geral estão em evidência *cada* vez que passamos por cima das ninharias que não vão fundo na alma. Também mais evidentes as risadinhas, a alegria, etc. Tal vivacidade tornará a mudança para o drama mais intensa.

A senhora conseguiu sair de si, e isso é algo que deve manter firmemente. Pode continuar em frente com convicção e clareza nessas tonalidades.

Por que a senhora está preocupada com o fato de não haver "nenhuma lágrima"? O drama residirá nos contrastes dos quais falei antes, e não nas lágrimas, que nem sempre atingem o público.

Eis!

V. Nemiróvitch-Dântchenko

F II)

1. Data presumida pelos pesquisadores.

209 ~ De Nemiróvitch-Dântchenko para Leonidov

janeiro de 1904
Moscou

[...]
E aqui está o que finalmente queria dizer. E creio que é da maior importância para o desenvolvimento de um artista.

O papel vai bem por enquanto; claro e certo. Mas a sua atuação nesta peça pode afundar. Depois de dez apresentações, o senhor poderia se aborrecer e se voltar para mecanismos bem estabelecidos. Como o senhor pode encontrar algo interessante?

É claro, em parte, aperfeiçoando-se no sentido técnico. Mas isso é secundário. Falando com sinceridade, isso é o resultado de outro trabalho mais importante e interior: o trabalho com a imagem. Se o senhor representar não somente o texto, mas a imagem, o homem vivo, e não *representar* o papel, mas *criá*-lo mais profundamente, mais claramente, com mais sutileza, então o desempenho pode nunca perder o interesse para um ator. Em cada apresentação o senhor pode achar um novo traço em alguma frase e trabalhar para transmiti-lo, colocá-lo em evidência, sem alterar o padrão da encenação. Aprenda cada peculiaridade dessa personagem complexa de maneira mais profunda, e o senhor estará cada vez mais longe dos truques teatrais; finalmente, atingirá uma personagem que não é como Leonidov, embora tenha sido criada por Leonídov.

Encontre tempo e mostre isso a Konstantin Serguiêievitch. Ele saberá explicar tudo mais detalhadamente, com mais discernimento, de ator para ator.

V. Nemiróvitch-Dântchenko

F II)

210 ~ De Nemiróvitch-Dântchenko para Stanislávski

15 de março de 1904
São Petersburgo

(...)

Ontem fui ver Górki. Ele terminará a peça dentro de alguns dias[1].

Leu grande parte dela para mim. Formei uma ou duas idéias. Ainda está em estado bruto. Ele certamente terá que reescrevê-la. Bons papéis femininos. Seis moças, isso agradará às atrizes.

E depois ele quer começar outra peça imediatamente. Acredita que ambas estarão prontas no outono.

Ele falou muito francamente sobre tudo. Entre outras coisas, contou-me que houve um período em que pensou em romper completamente com o Teatro de Arte, mas Maria Fiódorovna persuadiu-o de que não deveria

cortar a ligação dele com o teatro por causa dela². (Ele não esconde sua intimidade com Maria Fiódorovna, pelo menos não para mim.)
[...]

F II)

1. *Os Veranistas*. (N. F.)
2. Górki havia pedido a separação de sua segunda esposa para se casar com Maria Fiódorovna Andreieva, atriz do TAM. Os dois casaram-se em 1903; na época, Maria Fiódorovna estava em conflito com as diretrizes do Teatro de Arte, deixando a companhia em 1904.

211 ~ De Nemiróvitch-Dântchenko para Tchékhov

2 de abril de 1904
Moscou

Telegrama

Até hoje, desde que entrei no teatro, nunca vi uma platéia reagir ao menor detalhe de uma peça, ao gênero, à psicologia como aconteceu hoje... O sucesso em termos gerais é enorme, maior que o de todas as suas peças anteriores. Não consigo decidir o quanto desse sucesso é devido aos atores e o quanto ao teatro. O ânimo geral dos bastidores é de satisfação, felicidade, e estaria completo se não tivesse sido perturbado pelos eventos no Oriente¹. Um abraço.

FII)

1. O Japão atacou Port Arthur em fevereiro de 1904. (N. F.)

212 ~ De Tchékhov para Olga Knípper-Tchékhova

10 de abril de 1904
Ialta

[...]
Por que insistem em chamar minha peça de drama nos cartazes e nos anúncios dos jornais? Decididamente, Nemiróvitch e Aleksieiev não enxergam em minha peça o que eu coloquei nela e aposto, não importa o quê, que nem um nem outro leram a peça com atenção uma só vez¹.
[...]

F III)

1. Tchékhov havia recomendado que o Quarto Ato durasse doze minutos e ficara sabendo por conhecidos que tinham assistido ao espetáculo que o ato durava quarenta minutos.

Cena final do espetáculo O Jardim das Cerejeiras *de Anton Tchékhov.*

FONTE A

213 ~ De Nemiróvitch-Dântchenko para Górki

19 de abril de 1904
Petersburgo

Que a peça, como foi lida, foi um fracasso está fora de questão.
[...]
A peça *Os Veranistas* foi recebida com indiferença por aqueles que a escutaram durante as quatro horas inteiras necessárias para sua leitura (!), e mereceu atenção em quatro ou cinco trechos no máximo.
[...]
Básov[1]. Ele não é original. Temos visto muitos do tipo dele em cena. [...] Essa personagem é encontrada principalmente nas obras de mulheres escritoras ou de dramaturgos que querem especialmente agradar às mulheres. Todas as falas dele podem ser encontradas em grande parte nas peças que tiveram sucesso passageiro no palco do Teatro Mali nos últimos 25 anos. Ele continua desinteressante no Terceiro Ato, apesar de lembrar um pouco Kulíguin[2]...
Varvára Mikhailovna. [...] Ela é esplêndida em silêncio, esplêndida quando se movimenta com as mãos nas costas, quando responde ao marido de maneira inteligente e concisa. Assim como Básov, ela não é nova, e muitas atrizes interpretaram personagens como ela em nossos palcos, a começar por Ermólova[3]. Mas há algo nessa personagem que o autor teme. Ele impõe a ela diálogos e cenas desnecessários, realmente desnecessários, porque ele receia que o público não preste atenção suficiente a ela. Mas isso torna a personagem menos distinta. Pessoalmente falando, ela não é uma figura complexa e deveria ficar calada até a longa fala dela sobre almas perdidas no Quarto Ato... Porém o autor faz com que ela fale desnecessariamente. Mas, apesar do fato de essa personagem não ser muito original, é possível gostar dela. Não como heroína da peça – tal peça seria superficial –, mas como uma personagem em uma grande cena. [...]
Estraga-se também a personagem na cena com Chalimov...
Felizmente a cena toda é insípida. Pode ser encontrada nas novelas em série dos autores de segunda classe...
[...]
Maria Lvovna é uma personagem rica, esplêndida; nos momentos de clímax, sua psicologia é desenhada lindamente, com nitidez. Mas o autor

não chega a gostar dela. Parece-me que ele vacila muito em seus sentimentos em relação a ela. Mas pelo menos ele não a diminui com os chavões com os quais os homens da peça a caracterizam. Aqui surge, talvez, a debilidade geral da peça, a debilidade artística: eles falam muito em cena, explicam demais demonstrando suas opiniões, inteligentes ou estúpidas, firmes ou fracas, o que resulta em tamanha pletora de julgamentos sobre a vida e as pessoas que fica difícil, para não dizer impossível, distingui-los um do outro. Qualquer sentimento de arte desaparece quando fronteiras claras se perdem na neblina. Se uma personagem é clara, pelo seu comportamento, pelas suas palavras e ações, quanto menos se falar a respeito mais rapidamente será alcançada a beleza da literatura. Mas o autor d'*Os Veranistas* dá-lhes muita liberdade para exercitar sua línguas. Não seria ruim se ele gritasse para uma ou duas delas: "parem de discutir!"

[...]

Não posso descartar a esperança de que, quando o autor for reescrever essas cenas, seu enorme talento, que o faz um ser humano tão maravilhoso, irá induzi-lo à verdade, e que essa verdade irá se manifestar de maneira bem diferente e as pessoas receberão essa verdade com alegria, e não com perplexidade.

[...]

A superioridade de Kaliéri. Do ponto de vista artístico, essa é a personagem que mais me agrada. E não somente porque ela possui os melhores trechos da peça, pois os dois poemas dela são os melhores trechos da peça, mas por causa de seu comportamento e sua disposição.

Ela é nova porque o autor, ao contrário dos dramaturgos até agora, não transformou essa poetisa de trinta anos em uma caricatura barata. Ela é forte porque foi resgatada da conversa fiada e porque tudo o que ela diz é simples e sincero, retratando-a sincera e acuradamente.

[...]

Há um ano e meio, no melhor trabalho dramático produzido na literatura russa dos últimos 25 anos, *No Fundo*, o autor produziu um discurso sobre a necessidade do respeito humano.

[...]

O que aconteceu desde então? Quem o enfureceu fazendo com que escrevesse uma peça na qual há tamanha fúria que fica impossível falar em "respeito humano"?

[...]

Deixe-me acrescentar que o cenário e a disposição no palco (o piquenique na floresta, o jardim e a rotunda na frente da casa) fornecem, sinto dizer, material pobre para uma montagem interessante. Fiquei chocado o tempo todo pela idéia altamente crítica de que a mediocridade das personagens combinava com a mediocridade da concepção cênica. Elas se reforçam mutuamente e privam o público de tudo o que é interessante e artístico na peça.
[...]

F II)

1. Personagem da peça.
2. Personagem da peça *As Três Irmãs*. (N. F.)
3. Maria Nikolaievna Ermólova (1853-1928), atriz do Teatro Mali.

214 ~ De Meierhold para Tchékhov

8 de maio de 1904
Lopatino[1,2]

Caro Anton Pávlovitch,
[...]
No próximo ano meu grupo irá se apresentar em Tiflis[3]. Venha nos ver, pois evoluímos quanto ao aspecto artístico. Faremos o seu *Jardim*. Ao assistir ao espetáculo do Teatro de Arte, não senti vergonha do nosso. Não fiquei plenamente satisfeito com a interpretação da peça em Moscou. No geral.

Quero muito me explicar. No momento em que o gênio de um autor suscita o nascimento de um teatro próprio, este abre caminho para a interpretação de suas peças, encontra uma chave... Mas, se, em seguida, o autor aperfeiçoa sua técnica e sua arte vai sempre para mais alto, o teatro, mais pesado, porque depende não só de um criador, mas de vários, perde pouco a pouco essa chave. Foi assim, por exemplo, que o *Deutsches Theater* de Berlim perdeu a chave da interpretação das peças de Hauptmann [...]. Foi assim, parece-me, que o Teatro de Arte se arruinou na abordagem de seu *Jardim*.

Sua peça é abstrata, como uma sinfonia de Tchaikóvski. É pelo ouvido que o encenador deve compreendê-la logo. No Terceiro Ato, tendo ao fundo a "agitação" estúpida – é essa agitação que é preciso saber interpretar – entra, sem que as pessoas percebam, o Horror:

"O jardim das cerejeiras foi vendido". Dança-se. "Vendido". Dança-se. E assim até o fim. Na leitura, o Terceiro Ato produz uma impressão parecida com a do sussurro que o doente acredita ouvir em seu conto *Tifo*. Uma espécie de prurido. Uma alegria por meio da qual se percebe o sussurro da morte. Há algo de espantoso nesse ato, algo de Maeterlinck. Recorri a essa comparação, pois não achei nada mais preciso. O senhor é incomparável na grandeza de sua arte. Diante das peças dos autores estrangeiros, sua originalidade coloca o senhor à parte. O drama ocidental terá que aprender a partir do senhor.

Ora, no Teatro de Arte, o Terceiro Ato não deixa essa impressão. O fundo é ao mesmo tempo pouco denso e insuficientemente distante.[...] O ritmo desse ato está muito ralentado no Teatro de Arte. Eles quiseram produzir o tédio. Erro: era preciso produzir o desinteresse. É diferente. O desinteresse é mais ativo. Somente assim seria possível concentrar o trágico deste ato.

Lopákhin, o empregado, Duniácha, Vária e Ânia estão particularmente mal interpretados.

Estão magníficos: Moskvín e Stanislávski[4].

Firs não está do jeito que precisa ser.

Do ponto de vista da cenografia, a paisagem do Segundo Ato é surpreendente.

Conte-me algo do senhor.

Transmita à Olga Leonárdovna minhas desculpas por não tê-la visitado. Fiquei muito pouco tempo em Moscou e tinha muito o que fazer.

Vsiévolod Meierhold,
que o ama profundamente

F VIII)

1. Propriedade da esposa de Meierhold (N. F.).
2. Na cidade de Saratov, às margens do Volga.
3. Capital da Geórgia.
4. Nos papéis de Epikhódov e Gáiev, respectivamente. (N. F.)

215 ~ De Tchékhov para Maria Tchékhova

6 de junho de 1904
Berlim[1]

Querida Macha,

Estou lhe escrevendo de Berlim, aonde cheguei há 24 horas. Ficou ter–

rivelmente frio em Moscou depois que você partiu; nevou, e eu provavelmente peguei um resfriado por causa disso, tive dores reumáticas nos braços e nas pernas, não pude dormir, emagreci terrivelmente, tomei injeções de morfina, centenas de remédios diferentes e mandei aplicar agradecidamente somente heroína, que Altchuller me havia prescrito uma vez. Na partida, adquiri novas forças, meu apetite voltou, comecei a me administrar arsênico e assim por diante; finalmente partimos para o exterior na quinta-feira; estou muito magro, com pernas muito finas, delgadas. Fiz uma viagem muito boa, agradável. Aqui em Berlim estamos hospedados em um quarto confortável no melhor hotel e estamos aproveitando completamente a estada. [...]

Dê lembranças minhas para mamãe e diga a ela que tudo está bem agora. Voltarei para Ialta em agosto.

Seu,
A. Tchékhov

F IX)

1. O casal tinha partido para uma estação de cura na Alemanha.

216 ~ De Tchékhov para Maria Tchékhova

12 de junho de 1904
Badenweiler[1]

Querida Macha,
[...]
O médico local, Schwöhrer (casado com uma moça de Moscou chamada Jivo), mostrou-se competente e agradável.

Daqui talvez sigamos a rota marítima até Ialta, passando por Trieste, ou algum outro porto. Estou adquirindo saúde rapidamente aqui. [...]

Vivo no andar térreo. Se você pudesse ao menos ter uma idéia do sol que temos aqui! Não queima, mas acaricia. Tenho uma poltrona confortável, na qual posso sentar ou deitar.

Comprarei um relógio para você sem falta, não me esqueci[2].
[...]

Seu A.

F IX)

1. No dia 8 de junho o casal deixara Berlim rumo a Badenweiler.
2. Tchékhov morre no dia 2 de julho de 1904.

217 ~ De Górki para E. P. Péchkova[1]

11 ou 12[2] de julho de 1904
São Petersburgo

Bom, enterramos Anton Pávlovitch, minha cara[3].

Estou tão oprimido por esse funeral que mal consigo lhe escrever de maneira sensata sobre isso. [...]

Esse homem maravilhoso, esse artista refinado que lutou a vida inteira contra a vulgaridade, achando-a em todos os lugares, iluminando todas as manchas podres com uma luz delicada, repreensiva, como a luz da Lua, nosso Anton Pávlovitch, que costumava ficar aborrecido com tudo o que fosse medíocre e vulgar, foi trazido em um vagão "para o transporte de ostras frescas" e enterrado ao lado do túmulo da viúva de um cossaco, Olga Kukariétkina[4].

São trivialidades, cara amiga, sim, mas, quando me lembro do vagão e de Kukariétkina, meu coração fica apertado, e sinto-me pronto para gritar de dor, para urrar, para dar coices de indignação e raiva. Não faria nenhuma diferença para ele mesmo se o corpo fosse transportado em uma cesta suja de linho, mas não posso perdoar a sociedade russa por esse "vagão para ostras". Esse vagão é o epítome da vulgaridade na vida russa, da grosseria que sempre enfureceu os oprimidos. Petersburgo não recebeu os restos mortais dele como deveria. Isso não me chateia. No funeral de um escritor como Anton Tchékhov, eu preferiria ter visto uma dúzia de pessoas que o amaram sinceramente. O que eu vi foi uma massa de "público", havia talvez 3, 5 mil pessoas, e todas elas se fundiram para mim em uma densa, pegajosa nuvem de vulgaridade triunfante.

Caminhei entre a multidão no trajeto da estação Nikolaievski até o Teatro de Arte e ouvi as pessoas falarem sobre mim, sobre como emagreci e como eu não era parecido com meus retratos. Falavam que eu tinha um casaco engraçado e um chapéu sujo e manchado, que eu não deveria estar usando botas, que estava calor e barrento [...]. Falavam sobre tudo, foram todos depois para os botequins encontrar seus amigos, mas ninguém falou uma palavra sobre Tchékhov. Nem uma só palavra, eu lhe asseguro. Havia uma indiferença esmagadora, um tipo de vulgaridade inabalável, dura como uma pedra – havia até mesmo sorrisos. [...]

Que tipo de público era esse? Não sei. Eles subiram nas árvores e deram risadas, quebraram cruzes e disputaram lugar, perguntavam em voz alta: "Qual delas é a esposa? E a irmã? Olha, estão chorando!"; "Você sabia que ele não deixou um tostão, tudo ficou com Marks[5]"; "Pobre Knípper!"; "Por que sentir pena dela, afinal de contas ela ganha 10 mil por ano no teatro", etc.

[...] Não queria ouvir isso. O que eu queria era um discurso belo, sincero, triste, mas ninguém o fez. Foi insuportavelmente triste. [...]

F I)

1. Ex-esposa de Górki, mãe de seu filho Maksim.
2. Data presumida pelos pesquisadores.
3. O funeral aconteceu em 9 de julho. (N. F.)
4. O som do nome em russo assemelha-se à palavra "cocorocó" (canto do galo). (N. F.)
5. A. F. Marks, editor de Tchékhov. Vide carta 65.

218 ∼ De Nemiróvitch-Dântchenko para Stanislávski

13 de julho de 1904
Neskutchnoe

[...]

Quando fui para o funeral de Anton Pávlovitch[1], achei que deveríamos montar *Ivanóv*. Falei com Lújski sobre minha idéia. Ele me disse que recebeu a mesma sugestão de Vichniévski. E depois todos em volta diziam que deveríamos encenar *Ivanóv*. Eles dizem até que deveríamos abrir a temporada com ele.

[...]

Já falei com Olga Leonárdovna sobre *Ivanóv*. Tanto ela como Maria Petrovna e Ivan Pávlovitch[2] ficaram muito felizes com isso...

Estou escrevendo a Morózov sobre *Ivanóv*.

(...)

F II)

1. Stanislávski estava fora da Rússia, cuidando de sua mãe, que estava doente, daí os dois não terem se encontrado no funeral.
2. Irmã e irmão de Tchékhov.

219 ~ De Nemiróvitch-Dãntchenko para Stanislávski

25 de julho de 1904
Ialta

(...)
Savva Timoféievitch é contra a encenação de *Ivanóv*. [...]
Mas Savva Timoféievitch é contra também *Rosmersholm*[1].
[...]
Creio que devemos trazer Olga Leonárdovna para Moscou o quanto antes. Para trabalhar. Ela fica sentada em um banquinho chorando o dia todo. Tem uma constituição forte, mas ela irá arruiná-la logo. E ela mesma estará logo explodindo para começar a trabalhar.
[...]

F II)

1. Peça de Ibsen.

220 ~ De Stanislávski para Nemiróvitch-Dãntchenko

meio de julho de 1904
Contrexéville[1]

Caro Vladímir Ivánovitch,
Uma coisa depois da outra, e o senhor e eu somos o bode expiatório.
1. Perdemos dois dramaturgos[2].
2. Savvutchka[3].
3. Uma atriz útil[4,5].
4. Creio que por um tempo uma atriz absolutamente essencial (quero dizer Olga Leonárdovna, que precisará de muito tempo para se recuperar).
5. Nenhum repertório.
6. O senhor não pode terminar a sua peça[6].
7. Minha esposa está doente e não melhora.
8. Katchálov procura novos ares.
9. Vichniévski ganha elogios em Iessentuki e nos supera artisticamente.
10. A guerra e suas conseqüências na próxima temporada.
11. Todas as peças (Iártsev, Chírikov) estão sendo levadas por Komissarjévskaia em São Petersburgo, e não temos nada para levar na viagem.

12. Devemos presumir que nossos atores sejam convocados para a guerra a qualquer minuto.

13. Perdi a confiança em mim como ator, e minha saúde debilitada convenceu-me de que devo aceitar ficar no segundo escalão.

(...)

Há somente um ponto positivo para colocar contra todos esses negativos. O trabalho conciliador daqueles que amam e compreendem nosso teatro. Somos poucos. Assim, precisamos nos esforçar mais para esquecer tudo o que seja pessoal – a luta tem que estar em primeiro lugar – , e outras fraquezas e sentimentos insignificantes que nos degradam, e fazer o impossível para salvar a temporada e o teatro. [...]

F II)

1. Cidade onde a mãe de Stanislávski estava em tratamento.
2. Tchékhov e Górki.
3. Apelido para Savva Morózov.
4. Andreieva. (N.F.)
5. Vide carta 210.
6. Nemiróvitch escrevera dizendo que não seria possível acabar a peça que escrevia.

221 ～ DE NEMIRÓVITCH-DÃNTCHENKO PARA GÓRKI

fim de julho, início de agosto de 1904

Ilustríssimo Aleksiei Maksímovitch,

Quinze de agosto se aproxima. Em nosso último encontro o senhor disse que nessa época daria notícias sobre o andamento de sua nova peça...

[...] O senhor escreve peças, e o Teatro de Arte tem o direito de decidir se irá encená-las. [...] O senhor não pode ter dúvidas, em nenhuma circunstância, de que esse direito está fundamentado em uma relação cordial e freqüentemente entusiástica com relação ao senhor.

[...]

Aproveito esta oportunidade para acrescentar que, se eu puder ser útil ao senhor no futuro, a respeito de coisas que, como o senhor mesmo disse uma vez, nos ligam profissionalmente, útil pela minha experiência e honestidade (o senhor teve várias oportunidades de se convencer disso) – e desde que *com antecedência* eu coloque de lado tudo para poder falar com o senhor – , eu assim o farei. Quero enfatizar mil vezes que minha relação com o senhor, tanto como escritor como quanto pessoa, não mudou em nada[1].

[...]

F II)

1. As relações entre Górki e Nemiróvitch-Dântchenko estavam abaladas não só pela saída de Andreieva da companhia, mas principalmente pela atitude de Nemiróvitch com relação ao autor, vide carta 213 como exemplo. As raízes da crise remontam ao início de 1903, quando Nemiróvitch entrega os direitos da peça *No Fundo* a Suvórin, um editor reacionário, sem consultar o autor.

222 ∼ De Nemiróvitch-Dântchenko para Olga Knípper-Tchékhova

11 de agosto de 1904

A senhora se lembra de que lhe escrevi contando que tinha escrito uma carta para Górki? Perguntei a ele sobre o andamento de sua nova peça e acreditei finalmente que minha relação com ele não havia mudado.

Recebi a seguinte resposta: "Decidi reescrever a peça toda e depois qualquer pessoa que quiser poderá encená-la. Quanto à sua opinião de que nossas relações continuam as mesmas, só posso lhe dizer que é a minha relação com as outras pessoas, mais do que a relação delas comigo, que sempre me importou e me interessou. A. Péchkov".

É difícil engolir esse insulto.

F II)

223 ∼ De Górki para Stanislávski

2 de dezembro de 1904

Telegrama

Apesar de minha simpatia pessoal pelo senhor, a conduta de Nemiróvitch em relação a mim obriga-me a recusar a permissão para o teatro encenar *Os Inimigos*[1] e mais: a recusar qualquer tipo de conexão com o Teatro de Arte.

F II)

1. O TAM havia requisitado permissão para encenar outra peça de Górki, *Os Inimigos*, já que o autor estava revisando *Os Veranistas*.

Manuscrito de Konstantin Stanislávski: plano de direção para a peça Filhos do Sol *de M. Górki.*

FONTE A

224 ∽ De Meierhold para Stanislávski

10 de abril de 1905
Nicolaiev

Caro Kontantin Serguiêievitch,
[...]
Estou lhe enviando um preâmbulo do nosso projeto teatral[1]. Por gentileza, anote na margem o que não lhe agradar, para acrescentar ao que poderia reforçar o sentido das idéias expressas, para corrigir no caso de o sentido não estar claro. Após as correções, parece-me que será preciso imprimir várias cópias para enviá-las aos que devem ser informados do assunto...
[...]
Para agradecer ao Teatro de Arte tudo o que ele me deu, quero consagrar todas as minhas forças a ele.
[...]

Vsiévolod Meierhold

F XIV)

1. No final de 1904, Meierhold vem a Moscou e encontra-se com Stanislávski. Em *Minha Vida na Arte* Stanislávski relata: "Meierhold parecia já ter encontrado os novos caminhos e técnicas, mas não estava em condições de realizá-los plenamente, em parte por falta de meios materiais, em parte devido à fraca composição do seu elenco". Os dois discutem a formação de um "estúdio", filial ao Teatro de Arte, consagrado à pesquisa teatral. Ainda nas palavras de Stanislávski: "Em poucas palavras, o *credo* do novo Estúdio limitava-se a constatar que o realismo e os costumes estavam superados e chegara o tempo do irreal no teatro". Stanislávski financia com recursos próprios o estúdio, que seria conhecido mais tarde como o Teatro Estúdio da rua Povarskaia.

225 ∽ De Nemiróvitch-Dântchenko para Stanislávski

8-10 de junho de 1905
Neskutchnoe

Caro Konstantin Serguiêievitch,
Sua atitude em relação a mim tornou-se muito prejudicial[1]. Tenho certeza de que o senhor, como eu, não gostaria de remover esta tensão? [...]
Sob a influência do blá-blá-blá absurdo de Meierhold[2] sobre a necessidade de ensaiar conforme a mudança de espírito, o senhor subitamente

sentiu o desejo de explorar um método com que o senhor alega ter "sonhado por muito tempo". [...]

O que mais lhe agradou foi o fato de não haver mais necessidade de discussões, análise, psicologia. A razão desempenha um enorme papel nas discussões! O senhor queria que os atores aprendessem uma cena pequena e começassem a ensaiar sem nenhum movimento, para se divertir, caricaturar, mas representar *algo*. Eu citei toda uma série de exemplos em que isso já tinha sido tentado antes. Mas a sua cabeça já estava envenenada contra mim, e o que quer que eu dissesse ficava banal, limitado, não artístico. O senhor negou obstinadamente tal fato. Em *Ivanóv* ensaiamos do mesmo modo, sem nenhuma imagem clara em nossas cabeças. Em *Colunas* tentamos simplesmente achar o sentimento da peça. Etc., etc.

Mas o senhor disse que não era isso.

[...]

Apenas se recorde do que o senhor estava pedindo. O senhor queria que os atores fossem para a cena e atuassem trechos da peça quando nem mesmo eles ou o diretor tinham qualquer tipo de imagem!! O senhor queria obter material para o espetáculo a partir do que eles fizeram sem ter qualquer conhecimento das personagens ou do tom geral. Assim, a partir dessa atuação esquisita dos atores, cujos talentos e naturezas o senhor conhece até o menor detalhe, o senhor poderia obter um novo tom original para a montagem! [...]

O que eu quero é o seguinte. Começar com discussões de maneira a despertar o entusiasmo das pessoas da companhia, capturá-las na atmosfera artística com croquis e fotos e ao mesmo tempo evocar no diretor uma série de realizações cênicas.

Mas subitamente o diretor disse: não sei como encenar a peça, mas uma coisa eu sei: não há necessidade da discussão. O que precisamos é subir ao palco e atuar. Na realidade não foi o diretor que disse isso, mas um cavalheiro que não tem nada a perder, qualquer que seja a bobagem que ele pronuncie, porém isso faz nossos olhos faiscarem de raiva.

[...]

Agora Meierhold, que eu conheço desde seu primeiro ano como estudante, nunca demonstrou qualquer sinal de genialidade e atualmente me parece ser somente um daqueles poetas da nova arte que estão a favor da novidade simplesmente porque são incapazes de fazer qualquer coisa digna de nota na velha; além disso, vi que o senhor se agarrou a algo só para não perder tempo; mas depois ficou obstinado, ofendeu-se e apenas seguiu seus próprios caprichos, e, como senti que tal método de trabalho introduziria a qualquer momento confusão, ansiedade e perda de tempo em algo que já foi bem testado e poderia até mesmo arruinar a peça completamente, reuni minha energia para protestar.

Tive que fazer isso. Ousei não agir de outra maneira. O senhor teria feito o mesmo em meu lugar. Não usurpei o direito de protestar, o senhor sim, durante muitos anos, dando-me o direito de manter a estrutura do teatro como uma instituição pública. E a manutenção dessa estrutura significa algumas vezes conter o senhor nessas ocasiões em que começa a "destruir com uma mão" o que o senhor mesmo criou.

[...]

Seu V. Nemiróvitch-Dântchenko

F II)

1. A associação com Meierhold intensificara as divergências entre Nemiróvitch-Dântchenko e Stanislávski.
2. Meierhold propunha o abandono dos procedimentos baseados na análise, discussão e leitura da peça. (Vale notar sua mudança de opinião em relação a isso: vide carta 40.) Stanislávski começou a experimentar a utilização de improvisações nos ensaios do espetáculo *O Drama da Vida*, de Knut Hamsun, contrariando Nemiróvitch-Dântchenko.

226 ~ De Stanislávski para Nemiróvitch-Dântchenko

junho de 1905
Moscou

Caro Vladímir Ivánovitch,

[...]

Não creio que nossas relações possam melhorar tentando explicá-las. Isso é muito doloroso para a minha (talvez difícil) personalidade e perigoso para sua dignidade e seu orgulho... Não deveríamos achar um outro jeito? No lugar de falar, trabalhar. [...]

Nunca houve qualquer ciúme em meu trabalho como diretor. *É uma atividade que eu não aprecio* e eu a faço por necessidade.

[...]

Não me custa nada abrir mão de uma peça que aprecio para outra pessoa, se eu achar que ela tem condições de realizá-la.

Isso não é uma prova evidente de que eu sou por natureza um ator e não um diretor? [...]

Tire meu nome dos cartazes de uma vez por todas. Não sou seu rival agora. Pense mais propriamente o quanto me custa renunciar ao orgulho de minha posição como ator para Katchálov e outros. Fiz isso em prol do empreendimento e da minha família, e agora não tenho mais orgulho pessoal. [...]

Não posso entrar em detalhes sobre que tipo de pessoa é Meierhold, genial ou insignificante, malandro ou honrado... preciso dele porque ele trabalha muito pesado. Fico contente quando ele fala de maneira inteligente e sinto quando cria uma seqüência fraca de movimentos. [...]

Vamos nos dedicar ao trabalho *verdadeiro*.

Afetuosamente seu,
K. Aleksieiev

F II)

227 ~ De Nemiróvitch-Dântchenko para Stanislávski

14 de julho de 1905
Neskutchnoe

Caro Konstantin Serguiêievitch,

Seria muito proveitoso para nós começarmos a trabalhar em agosto com a leitura da peça de Aleksiei Maksímovitch[1] no dia sete. E, para fazer todas as cópias da peça, precisamos estar prontos nesse dia, com os papéis copiados, etc. [...] Para fazer isso *é fundamental que Aleksiei Maksímovitch envie a peça para Moscou até 1º de agosto*... [...]

Por gentileza, escreva para Aleksiei Maksimóvitch sobre isso. Eu o faria, mas não tenho o endereço dele.

[...]

Um abraço.

V. Nemiróvitch-Dântchenko

F II)

1. Maksim Górki. Graças aos esforços de Stanislávski, Górki havia permitido a encenação de suas peças, que tinham estreado em São Petersburgo com a companhia de Vera Komissarjévskaia, no Teatro de Arte.

228 ∾ De Nemiróvitch-Dântchenko para Stanislávski

4 de setembro de 1905
Moscou

Caro Konstantin Serguiêievitch,
Tentarei lhe dar um relatório diário do que está acontecendo no teatro. Ontem à tarde ensaiamos a primeira metade do Terceiro Ato[1].
Górki assistiu ao ensaio, sentou-se do meu lado e com freqüência fez comentários. Ele ficou muito satisfeito de ter a oportunidade de fazer isso.
[...]

Seu V. Nemiróvitch-Dântchenko

F II)

1. Da peça de Górki *Filhos do Sol*.

229 ∾ De Nemiróvitch-Dântchenko para Stanislávski

9 de setembro de 1905
Moscou

Ontem pela manhã fizemos um ensaio vigoroso do Primeiro Ato, à tarde o começo do Terceiro.
Nossos atores simplesmente não sabem como trabalhar em casa. Isso lhes causa um grande dano. Eles não somente precisam receber seus movimentos e serem auxiliados a encontrar a personagem, como é preciso mostrá-la mais ou menos para eles. Eles estão acostumados a serem tratados em cena como se estivessem trabalhando em casa. É preciso impregná-los com o vigor e a energia do diretor, como se fosse vestido neles o próprio vigor e a própria energia deles. Sozinhos, sem o senhor ou sem mim, eles ficam perdidos. E é bom que entendam isso (ou, melhor, eles só assimilam isso diante do gosto do primeiro sucesso, quando se sentem impotentes diante de um novo papel).
(...)

F II)

230 ~ De Stanislávski para Kotliarevskaia

29 de novembro de 1905
Moscou

(...)
O Teatro de Arte está a salvo por enquanto. Sofreu grandes perdas, e até o final da temporada todo o capital terá acabado[1]. (Isso entre nós.)

Os negócios vão excepcionalmente mal. Todo nosso público deixou Moscou. O orçamento está excepcionalmente alto. Estamos sob pressão de todos os lados.

Verdade. Houve uma proposta para a fusão com o Teatro Mali e a fundação de um teatro estatal. Mas... esse negócio terá que ser adiado até que a Duma[2] seja convocada. Subsídios, especialmente os substanciais, não podem ser liberados por oficiais. Uma petição para tamanho subsídio em um período de interregno não é uma questão fácil. Não creio que uma fusão com o Mali produzirá bons resultados.

O que faremos no próximo ano é incerto. Provavelmente passaremos o ano todo excursionando no exterior, onde somos muito solicitados. Talvez organizemos a viagem durante a quaresma.

O futuro está repleto de sombras. Se a arte é necessária, essa é uma grande interrogação. Se um teatro com preços elevados tem futuro, essa é outra.

Prometi não espalhar rumores sobre o convite do Mali. Apenas falei sobre isso com familiares e amigos. Não me traia! O ânimo está bem ruim. Ninguém quer trabalhar, ninguém tem serventia no momento. Nós nos sentimos como palhaços... uma vergonha...
[...]

Seu devoto,
K. Aleksieiev

F II)

1. Em outubro eclodiram greves gerais, manifestações e revoltas nas ruas de Moscou. Foi a chamada Revolução de Outubro de 1905. Os teatros foram fechados temporariamente e a situação geral era crítica. As atividades do Teatro Estúdio, da rua Povarskaia, foram encerradas. Após um início promissor, Meierhold organizou a apresentação de um ensaio geral da peça que estavam preparando. A apresentação foi desastrosa e colocou à mostra a necessidade de um trabalho a longo prazo. A decepção, os altos custos, os problemas de orçamento e a situação política da época fizeram com que Stanislávski decidisse fechar o Teatro Estúdio, assumindo gastos no valor de 80 mil rublos (vide carta 4 para referência monetária). Data dessa época também o suicídio de Savva Morózov.
2. Parlamento da época.

231 ~ De Stanislávski para Vladímir Aleksieiev[1]

fevereiro-março de 1906
Berlim[2]

Querido Volodia[3],
Nunca trabalhei assim antes. Não somente durante o dia todo, mas também por toda a noite (...). A primeira apresentação foi um triunfo do tipo que nunca vimos em Moscou ou em São Petersburgo. Toda Berlim: homens de letras (Hauptmann, Schnitzler, Sudermann, Halbe, etc.), cientistas (todos os famosos professores e doutores), financistas... Barnay[4], Duse[5], todos os diretores de teatro e o octagenário Haase, que nunca vai a lugar nenhum, e o famoso crítico Kerr... No dia seguinte choveu reportagens. Há mais de cem jornais aqui com edições noturnas. Todos, sem exceção, publicaram artigos enormes e foram extremamente encantadores. Nunca vi críticas como essas. Como se nós fôssemos uma revelação. Quase todos eles terminam suas críticas com o brado: sabemos que os russos estão politicamente cem anos atrasados, mas, Deus, quão à frente estão artisticamente. Eles foram recentemente nocauteados, de Mukden até Tsushima. Hoje tiveram a sua primeira vitória significativa. *Bravo, Russen!* (...)
Por todos os lugares, atores e diretores são aconselhados a vir e aprender conosco. O apogeu do sucesso (refinado) foi alcançado com *Tio Vânia*. Hauptmann berrou como um bebê e sentou-se no Último Ato com um lenço próximo aos olhos. No intervalo, ele (famoso por sua discrição) correu para o *foyer* em grande exibição e gritou para toda a sala: "Esta é a maior experiência teatral que eu já tive. Essas não são pessoas atuando, mas deuses da arte!". Muito bem! Claro que fomos apresentados a ele e à esposa. Ele simplesmente se apaixonou por nós e vai permanecer em Berlim até o final da temporada. Depois de *No Fundo*, que teve um sucesso muito ruidoso (não refinado como o de *Tio Vânia*), Hauptmann disse-nos que não dormira durante a noite toda pensando sobre a peça que vai escrever para nós. (...)
Em uma palavra, em termos de sucesso, como Mámontov[6] costumava dizer, estamos completamente cheios[7].
O lado financeiro, para os padrões berlinenses, é espetacular, e todos estão perplexos por estarmos obtendo 2.500 marcos por noite. O teatro mais popular aqui é o Deutsches Theater, que arrecada a mesma quantia.

Infelizmente é muito pouco para nós, mal estamos cobrindo os custos que, repito, são espantosos. Esperávamos poder voltar para casa com uma soma considerável. Todos são unânimes em dizer que não se pode fazer fortuna em Berlin, que aqui se obtém a patente, e com essa patente pode-se ir para outras cidades e ganhar dinheiro. É verdade, pois os melhores empresários do mundo todo estão reunidos aqui em Berlin como abelhas em torno do mel. Vários cavalheiros, que nem mesmo nos assistiram, estão nos convidando para a Áustria, outros para a América. Não sei se teremos condições de tirar lucro de nosso sucesso. (...)

Como é difícil abrir aqui os jornais e ler sobre o que está acontecendo com vocês em casa. É especialmente penoso porque todos os nossos infortúnios, quando muito, conduzem-nos à cultura ocidental – isso é apavorante. Essa cultura não vale dois centavos... não há coração aqui – essa é a razão pela qual os críticos elogiaram acima de tudo o coração do homem russo e a ausência de qualquer sentimentalismo. (...)

Beijo-o carinhosamente.

Seu,
Kostia[8]

F II)

1. Seu irmão.
2. Aceitando convites dos teatros da Europa, Stanislávski e Nemiróvitch-Dântchenko organizaram a primeira excursão internacional do TAM, que incluía as cidades de Berlin, Dresden, Leipzig, Praga, Viena, Frankfurt.
3. Apelido para o nome Vladímir.
4. Vide carta 4, nota 10.
5. Eleonora Duse.
6. Mecenas russo.
7. O impacto foi enorme, e Stanislávski e Nemiróvitch-Dântchenko foram condecorados pelo Emperador Wilhelm II com a "Águia Vermelha". Começava, assim, a carreira internacional do TAM.
8. Apelido para o nome Konstantin.

232 ∾ De Lilina para Olga Knípper-Tchékhova

3 de junho de 1906
Finlândia[1]

(...)
Agora algumas palavras sobre nosso marido[2]. Ele está feliz, acha que o ar do norte e o clima combinam com ele; está acostumando-se com isso. Mas, entre nós, passamos nosso tempo de maneira muito estranha; ele não faz caminhadas nem natação e toma pouco ar: fica em uma sala sentado na penumbra, escrevendo e fumando o dia todo. Escreve, ao que parece, coisas interessantes, sob o título: *Um Rascunho – Manual de Arte Dramática*[3].

Sou muito rigorosa em minhas opiniões sobre os escritos dele e muito dura, mas do que ele me leu das anotações eu gostei.
(...)

F II)

1. O casal estava de férias na Finlândia.
2. O emprego do pronome possessivo no plural constrói uma proximidade que demonstra o grau de intimidade e afeto de Lilina por Olga Knípper.
3. Stanislávski descreve em sua autobiografia sua insatisfação com seu trabalho de interpretação e relata a necessidade de fazer um balanço geral de sua vida artística. Assim começa o processo de sistematização e redação de suas idéias acerca do processo criativo do ator.

233 ∾ De Stakhóvitch[1] para Olga Knípper-Tchékhova

2 de novembro de 1906

(...)
Como é desagradável, triste e insuportavelmente enfadonho nossos dois diretores não poderem se entender[2]. E como seria desejável e proveitoso se o talento, as qualidades e a criatividade artística de um pudessem se associar ao conhecimento, à experiência e à inteligência do outro. Mas creio que isso nunca acontecerá e é por isso que o Teatro de Arte, no seu estado atual, está fadado a não durar muito. É algo difícil e amargo de se aceitar, mas não tenho mais dúvidas sobre isso. Se Vladímir Ivánovitch fosse menos egocêntrico, autoconfiante, *entiché de sa propre personne*[3] e apreensivo com relação à sua posição, se ele quisesse e prezasse as qualidades de Stanislávski mais do que os negócios, poderia dar certo.

Nos assuntos criativos, a inteligência artística e teatral, o conhecimento e a experiência devem dar espaço ao talento de outra pessoa. Mas Nemiróvitch gosta muito de si mesmo e não está preparado para sacrificar seu próprio ego e ter satisfação em ser o auxiliar visível e invisível de Konstantin Serguiêievitch. Ajudar Stanislávski onde ele é mais fraco e contribuir ainda mais para a glória dele vai contra a natureza de Vladímir Ivánovitch, e ele nunca fará isso.

F II)

1. Acionista, membro do conselho e ator do TAM.
2. As relações entre Stanislávski e Nemiróvitch-Dântchenko estavam tão mal que eles discutiam publicamente suas diferenças. Decidiu-se que os dois trabalhariam separadamente, em espetáculos diferentes: Nemiróvitch em *Brand*, de Ibsen; e Stanislávski em *O Drama da Vida*, de Knut Hamsun. Ambos dividiam o espaço do teatro: quando um ensaiava no palco, o outro ensaiava no *foyer* e vice-versa.
3. Obstinado consigo mesmo.

234 ~ De Stanislávski para Nemiróvitch-Dântchenko

4 de novembro de 1906
Moscou

Caro Vladímir Ivánovitch,
[...]
Consigo somente trabalhar com energia em uma atmosfera pura, e se essa expressão não estiver suficientemente clara, gostaria de esclarecê-la na presença dos acionistas[1]. [...]
Mais uma vez enfatizo que estou de acordo com qualquer arranjo. Não assumirei nenhuma responsabilidade, mas aceitarei a decisão conjunta dos acionistas.

É sua função, como presidente do Conselho, convocá-los para tomar uma decisão definitiva.

Creio que minha presença na reunião seria supérflua e até mesmo prejudicial.

Na qualidade de acionista, peço-lhe que resolva a questão o mais rápido possível, de forma que não percamos esses dois dias livres de apresentações.

Seu K. Aleksieiev

F II)

1. As brigas continuavam e tornavam o ambiente insuportável. Nemiróvitch-Dântchenko assistira a um ensaio de *O Drama da Vida*, discordando de tudo: desde a encenação à escalação do elenco. Ele queria que Katchálov atuasse em sua produção, e não em *O Drama da Vida,* e levou seus comentários à reunião do Conselho, colocando os membros presentes em uma situação delicada.

235 ∽ De Nemiróvitch-Dântchenko para Stanislávski

4 de novembro de 1906
Moscou

Caro Konstantin Serguiêievitch,

Já que o senhor em sua carta me reconheceu como presidente do Conselho, peço-lhe que participe de uma breve reunião com os acionistas [...]em que seja redigida uma minuta oficial. Então eu assumirei total *responsabilidade* pela atual temporada e ao mesmo tempo terei total *poder* como presidente do Conselho.

Uma vez que, muito provavelmente, não existirão obstáculos em relação a isso, estou assumindo o cargo hoje sem esperar confirmação oficial.

Nessa qualidade, organizo o trabalho futuro da seguinte maneira.

Peço-lhe que não traga nenhum indivíduo para trabalhar no teatro[1], mesmo na qualidade de seu assistente, sem o meu consentimento ou o consentimento da administração, se isso acontecer durante a temporada atual.

Embora ciente de sua autoridade ilimitada como diretor nas peças sob sua responsabilidade, peço-lhe, em primeiro lugar, que me informe, por meio de seus assistentes, sobre *todas* as suas instruções em relação à peça, de forma que eu possa coordená-las com outros trabalhos no teatro, ou, em outras circunstâncias, solicito-lhe cancelar essas instruções se meus argumentos forem razoáveis para o senhor.

Com exceção da direção das peças que estão sob sua responsabilidade, devo lhe pedir que não dê instruções de qualquer tipo sem o meu conhecimento. E isso aplica-se à rotina geral do teatro e da companhia, aos acordos com autores, às atividades na escola, já que nossas instruções, as suas e as minhas, freqüentemente são opostas e criam conflitos.

[...]

Com relação à situação atual, não considero que seja necessário convocar os acionistas para tomar decisões a respeito do que já está em processo de ensaio. Assumo inteira responsabilidade por isso durante esta temporada. [...]

Portanto decidi: continuar imediatamente com a montagem d'*O Drama da Vida*, com Katchálov no papel de Kareno. [...]

Peço-lhe que respeite os termos desta carta, se o senhor estiver de acordo com todas as declarações, como um documento para os acionistas.

Seu Vl. Nemiróvitch-Dântchenko

F II)

1. Uma vez que Stanislávski trabalharia sozinho e suas obrigações com a família e os negócios não lhe permitiam dedicação em tempo integral às atividades do teatro, ele decidiu contratar Sulerjítski como seu assistente, assumindo totalmente os encargos salariais dele, o que provocou a ira de Nemiróvitch-Dântchenko.

236 ∼ De Stanislávski para Nemiróvitch-Dântchenko

4 de novembro de 1906
Moscou

Caro Vladímir Ivánovitch,

O presidente do Conselho é o porta-voz, o chefe, o administrador executivo do Conselho como um todo. O papel que o senhor deseja ter em nossos negócios é chamado diretor administrativo.

Concordo que esses poderes sejam atribuídos ao senhor se os acionistas concordarem. Eu realmente não tenho o direito de decidir essa questão sem uma reunião com os acionistas.

[...]

Seu K. Aleksieiev

F II)

237 ~ De Stanislávski para Leonídov

7 de novembro de 1906
Moscou

Caro Leonid Mirónovitch,
[...]
Diga, em plena consciência, quantos atores o senhor pode encontrar na companhia que podem ou são capazes de trabalhar independentemente? Há muitos que conseguem independentemente trazer uma personagem e a criação para o palco, sem a ajuda da imaginação do diretor?

A seguinte opinião, extremamente cômica, tornou-se axiomática em nosso teatro: "sempre foi assim em nosso teatro e assim deve ser".

É difícil achar uma personagem para si mesmo, uma vez que ninguém conhece seus recursos teatrais e suas qualidades interiores melhor que o próprio ator.

É mais difícil ainda achar uma personagem para outra pessoa, cuja personalidade o diretor talvez possa não ser capaz de perceber.

E criar então uma dúzia de personagens e adaptá-las a uma dúzia de personalidades artísticas diferentes?

E outra coisa, essas personagens que os diretores criaram para outras pessoas serão facilmente absorvidas e integradas pelos atores?

A maioria deles não está preocupada em se apegar às características superficiais ou somente seguir as fantasias deles, especialmente os que não trabalham em casa?

Diretores que fazem o trabalho para os atores têm que implorar e rezar, assumir a responsabilidade ou simplesmente trabalhar sobre o que eles mesmos deram para esses atores [...].

FII)

238 ~ De Stanislávski para Stakhóvitch

4-5 de fevereiro de 1907
Moscou

Meu caro Aleksiei Aleksándrovitch,
O Drama da Vida ainda não se enterrou porque estive doente e não atuei por duas semanas. Tenho saído nos últimos dias e trabalhado, mas a doença levou toda minha energia. Canso-me muito rapidamente e assim os ensaios ficam improdutivos. Estamos muito cansados da peça e não vemos a hora de terminá-la. Isso, ao que aprece, acontecerá daqui a três dias, *i.e.*, na quinta-feira. (...)
Quanto ao resto, a velha coisa de sempre no teatro. Nemiróvitch se comporta abominavelmente. Ele fez uma grande cena não comparecendo a um só ensaio geral d'*O Drama da Vida*. Lújski também. Na companhia, a atitude em relação aos meus experimentos é extremamente hostil, e sempre que podem as pessoas são sarcásticas e obstrutivas.
Suler[1], durante esse tempo, ficou em frangalhos. Ontem ocorreu um grande tumulto. Todos os obstáculos tiveram que ser removidos e hoje as coisas melhoraram. Knípper parece que voltou até certo grau aos seus hábitos de antigamente. Moskvín, Vichniévski estão trabalhando bem. Não espero um sucesso, mas um grande choque, disputas e críticas hostis. Fico agradecido por isso. *Brand* arrecada muito dinheiro. As outras peças também. Mas minha doença vai custar caro...
[...]

F II)

1. Sulerjítski.

239 ~ De Stanislávski para Kotliarévskaia[1]

15 de fevereiro de 1907
Moscou

(...)
O Drama da Vida teve o sucesso que eu esperava. Metade das pessoas vaiou, a outra metade ficou em êxtase. Estou satisfeito com os resultados de um número de testes e experimentos.

Manuscrito de Konstantin Stanislávski: plano de direção para a peça O Drama da Vida *de K. Hamsun.*
FONTE B

Eles nos apontaram muitos princípios interessantes para nós.
Os Decadentes² estão felizes,
os realistas ofendidos,
os burgueses estão ressentidos.
Muitos estão surpresos e telefonam perguntando se estou bem.
Se um bando de gente está cuspindo veneno, o que poderia seria melhor? Trabalhamos bem e, acredito, realizamos muito³.
(...)

F II)

1. Vide cartas 118 e 230.
2. Grupo estético da época.
3. O espetáculo virava as costas radicalmente para o naturalismo. Os croquis dos cadernos de direção mostram uma preocupação plástica, uma pesquisa de formas expressivas jamais vista antes. Os cenários tampouco procuravam "reproduzir quadros da vida", sugeriam uma atmosfera impregnada de alusões. Stanislávski queria atingir uma equivalência para essa plasticidade das formas no trabalho do ator, pesquisando a articulação de uma gestualidade capaz de incorporar essa "música visual" construída pela encenação.

240 ~ De Meierhold para Stanislávski

maio-junho de 1907
Kuokala

Neste livro¹ (que é dedicado ao senhor), o senhor irá encontrar expressa uma atitude desfavorável em relação à escola de teatro da qual o senhor é o fundador. Eu enfatizei intencionalmente somente os aspectos negativos dessa escola. Tive de fazer isso. Talvez eu possa escrever outro livro para acompanhar este, no qual eu esclareça os aspectos positivos da escola que o senhor fundou. O senhor realizou uma enorme e necessária tarefa. Mas faz tempo que passou para a história. Tal é a velocidade com a qual a arte russa avançou. Há novas pontes para serem cruzadas. É por isso que ousei – enquanto o senhor ainda está vivo – escrever algo que talvez possa lhe causar desgosto.

F XIX)

1. Trata-se do ensaio *Teatro: História e Técnica*.

241 ～ De Isadora Duncan[1] para Stanislávski

4 de janeiro[2] de 1908
Petersburgo

Querido amigo,
Acabo de chegar da casa de Mme. Duse. Ela é tão bonita. Conversamos sobre o senhor. Ela disse que ficaria encantada em vê-lo em Moscou, e que o senhor não precisa de nenhuma carta de apresentação. Ela o admira muito.
Ontem à noite dancei. Pensei no senhor e dancei bem.
Recebi seus cartões e hoje recebi seu telegrama. Obrigada. Como o senhor é bom e atencioso! E como eu gosto do senhor!
Sinto uma onda de energia nova e extraordinária. Hoje trabalhei durante toda a manhã e coloquei muitas idéias novas em meu trabalho. Novamente ritmos.
Foi o senhor que me forneceu essas idéias. Estou tão contente que me sinto como se voasse em direção às estrelas e dançasse em volta da Lua. Essa será uma nova dança que dedicarei ao senhor.
Escrevi a Gordon Craig[3]. Contei a ele sobre seu teatro e sobre sua grande arte. Mas o senhor não poderia lhe escrever diretamente? Se ele pudesse trabalhar com o senhor, seria *ideal* para ele. Espero de todo coração que isso possa ser arranjado. Em breve, escreverei para o senhor novamente. Obrigada mais uma vez. Amo-o. Continuo trabalhando com alegria.

Isadora
Minha ternura para sua esposa e suas crianças.

F XII)

1. Isadora estava em *tournée* pela Rússia, e Stanislávski assistiu aos espetáculos. Ficou encantado, percebendo em Isadora a concretização da expressividade que tanto almejava para o ator.
2. Há um desencontro de datas entre as versões coletadas. No livro de Benedetti consta 4 de janeiro e na coletânea russa, traduzida para o inglês por Vic Schneierson, consta 4 de fevereiro. Neste trabalho, foi mantido o mês de janeiro, pois Isadora, em uma carta posterior, comenta sua visita a Eleonora Duse, que estava em *tournée* pela Rússia. No livro *Eleonora Duse Vida e Arte* há a informação de que *la Duse* realizara apresentações na Rússia entre 2 de dezembro de 1907 até fins de janeiro de 1908, daí a conclusão de que a data correta seria 4 de janeiro.
3. Encenador inglês que revolucionava a cena da época, ex-marido de Isadora.

242 ~ DE ISADORA DUNCAN PARA GORDON CRAIG

meados de 1908

O sr. Stanislávski, diretor do teatro, é um homem maravilhoso – realmente Belo &[1] Genial – conversei com ele durante horas a seu respeito – ele disse que gostaria muito que você viesse & fosse o diretor de tudo, pois ele prefere atuar. As peças para este ano já foram decididas, mas ele disse que se você viesse em agosto & preparasse uma peça em agosto & setembro para ser apresentada em outubro, então se lhe agradasse & tudo fosse bem, você poderia ficar com eles. Todos são pessoas maravilhosas & ele é Belo. Tão bondoso & modesto – um homem *realmente maravilhoso* – nunca conheci alguém como ele.

Perguntou-me se você lhe escreveria. Disse-lhe que ele deveria escrever-lhe primeiro – ele parece tímido – ele disse que lhe escreveria uma longa carta mas que levaria algumas semanas para fazê-lo. Ele quer que eu telegrafe & peça a você somente para vir & visitá-los & ver se você gosta deles – mas acredito que você não se importaria em vir por algo que não estivesse acertado. Ele disse que lhe daria carta branca no Teatro – que os atores seguiriam suas indicações assim como movimentos, etc. & que você poderia fazer o que quisesse & tomar todo o tempo de que precisasse para fazê-lo –

Todas as pessoas do teatro são tão simples & doces & modestas. Há trezentos estudantes na escola. Eu falei em 6 mil florins[2] por dois meses. Ele disse que colocaria isso diante da diretoria. Disse que, posteriormente, você poderia pegar um grupo do teatro & viajar –

Ele disse: "fale para o sr. Craig que nós somos gente muito simples, que não nos importamos com nada para nós mesmos, mas muito com a Arte & que se ele vier ficaremos todos contentes em seguir as suas idéias". Eu posso somente repetir que ele é genial & simples & Belo – um homem que só se encontra uma vez em cem anos –

Eu mostrei-lhe seu livro[3] & ele achou-o muito bonito – Ele está muito ansioso com a sua vinda. Ele está um pouco receoso com os seus preços – o Teatro não é rico –

F XVIII)

1. A pontuação e a inserção de caracteres foram preservadas segundo o original.
2. Moeda corrente em grande parte da Europa.
3. Uma tradução alemã do livro *On the Art of the Theatre*.

243 ~ De Stanislávski para Isadora Duncan

janeiro de 1908
Moscou

Querida amiga!
Como estou feliz!!!
Como estou orgulhoso!!!
Ajudei uma grande artista a encontrar a atmosfera de que ela necessitava!!! E tudo aconteceu enquanto nós estávamos deliciosamente preguiçosos em um cabaré, cercados pelo vício.

Como a vida é estranha! Como ela é bela de vez em quando. Não! A senhora é boa, pura, nobre e, no interior do enorme, elevado sentimento e da admiração artística que tive em relação à senhora até agora, sinto o nascimento de uma amizade genuína e profunda e de uma afeição.

Sabe o que a senhora fez a mim? Eu não lhe falei sobre isso até agora.

Apesar do grande sucesso que nosso teatro tem obtido e dos inúmeros admiradores que o cercam, eu sempre tenho estado sozinho (exceto por minha esposa, que tem me apoiado em meus momentos de dúvida e desapontamento). A senhora é a primeira a dizer-me com poucas, simples e convincentes palavras o que é importante e fundamental a respeito da arte que eu quero criar. Isso deu-me uma rajada fresca de energia quando eu estava por desistir de minha carreira artística.

Eu lhe agradeço. Eu realmente lhe agradeço do fundo do meu coração.

Ah, como eu esperei ansiosamente por sua carta e como dancei quando a li. Receava que a senhora tivesse interpretado mal minha reserva e tomasse sentimento genuíno por indiferença. Tinha receio de que o sentimento de felicidade, energia e força que a senhora havia levado consigo a abandonassem antes de chegar a São Petersburgo.

Agora a senhora dança a Dança da Lua, e eu danço a minha própria dança ainda sem nome.

Estou contente, estou mais que grato. [...]

A cada minuto livre que temos no trabalho, conversamos sobre a divina ninfa que desceu do Olimpo para trazer-nos alegria. Beijamos suas mãos maravilhosas e jamais a esqueceremos. Fico contente se a nova criação foi inspirada pelo meu amor pela senhora. Gostaria de assistir a essa dança... Quando poderei vê-la? Eu sequer sei seu itinerário?!

Isadora Duncan.
FONTE B

244 ～ De Stanislávski para Isadora Duncan

19[1] de janeiro de 1908
Moscou

[...]

Há rumores de que suas encantadoras crianças estão vindo para São Petersburgo[2]. Isso é verdade ou não?

Isso significa... que o assunto da escola foi resolvido? Meu sonho torna-se realidade e sua grande arte não morrerá com a senhora! Sabe que eu estou muito mais entusiasmado com a senhora do que com a bela Duse. Sua dança transmitiu-me mais que o tipo comum de apresentação que eu vi ontem à noite.

A senhora abalou os meus princípios. Desde a sua partida, tenho tentado descobrir em minha própria arte as coisas que a senhora criou na sua. Isto é, algo belo, simples, como a própria natureza. Hoje vi a bela Duse repetir algo que eu já sabia, algo que tenho visto uma centena de vezes. Duse não me fez esquecer de Duncan!

Eu lhe imploro, trabalhe para o bem da arte e, acredite-me, seus esforços lhe trarão alegria, a melhor alegria que a vida pode oferecer.

[...]

Seu amigo sincero.

K. Stanislávski

1. Outra versão desta carta apresenta variação na data: 29 de janeiro.
2. Na época, Isadora tentava reunir subsídios para a fundação de sua escola, que reuniria crianças que aprenderiam a dança pela liberdade de movimento.

245 ~ De Stanislávski para Nemiróvitch-Dântchenko

8 de fevereiro de 1908
Moscou

Caro Vladímir Ivánovitch,
Como nossos dez anos de esforços terminaram com a carta que acabei de receber[1], qualquer opinião sobre a minha *infinita* devoção e amor pelo senhor, pelo teatro ou pela nossa parceria pode somente ser fútil.

Peço-lhe que registre que, ao final da temporada corrente, devo deixar de ser acionista e membro da diretoria[2].

Para o futuro, ofereço meus serviços, grátis, como ator em meus velhos papéis e como diretor – sob condições de que o senhor está a par[3].

F II)

1. Perdida. (N. F.)
2. Stanislávski permaneceu como acionista até 1911.
3. Segundo o acordo, Stanislávski poderia encenar um espetáculo por ano, de sua escolha, experimentando o que quisesse; continuaria atuando nos papéis que o consagraram e poderia aceitar novos papéis oferecidos a ele.

246 ~ De Gordon Craig para Stanislávski

10 de julho de 1908

Meu Deus! Não posso ir a Hamburgo[1] e não posso ir a Moscou em setembro. [...]

Não posso ir porque estou trabalhando em quatro peças muito difíceis de serem montadas em Berlim... Deutsche Theater. Uma delas (*Rei Lear*) tem que estar pronta em setembro: como o senhor sabe, *Rei Lear* não é muito fácil.

Gostaria de poder ir para vê-lo. Gostaria.

Como não posso, queria lhe escrever como se eu o conhecesse há muito tempo e como se eu compreendesse o que o senhor deseja. Fazendo assim, talvez possamos nos entender. Portanto, desisto do papel de "Régisseur"[2] ou de "Reformador do teatro" e de qualquer máscara que o senhor acha que cobre o verdadeiro homem, e tentarei me apresentar e mostrar meus desejos... minhas espectativas!

Edward Gordon Craig.

FONTE B

Está certo? Claro? Bom; então vamos continuar.

Meus desejos primeiro.

1. Quero trabalhar com o senhor; quero ir a Moscou e montar com sua ajuda a melhor coisa já vista nos melhores palcos da Europa. Deve ser uma peça que nós conhecemos... *n'est-ce pas*?

De minha parte estou familiarizado com *Hamlet, Macbeth, A Tempestade, Sonho de uma Noite de Verão*[3], *Os Espectros* (Ibsen), *Vikings* (Ibsen) e *razoavelmente* familiarizado com *Peer Gynt*.

Uma dessas peças poderia ser escolhida pelo senhor?

2. Quero fazer esse trabalho entre outubro e janeiro, pela razão clara e simples de que deverei estar livre então e não antes...

3. Quero ganhar dinheiro.

[...]

Gordon Craig

F XVIII)

1. Stanislávski havia proposto um encontro em Hamburgo, onde estaria passando as férias, para conhecer o diretor inglês e discutir sobre a possibilidade de um projeto conjunto.
2. Pessoa encarregada de coordenar a apresentação ou o ensaio, quando este ocorria.
3. A fonte indica um erro no nome da peça. O correto é *A Midsummer-Night's Dream*, e Craig escreve *Midsummer's Night Dream*.

247 ~ De Maurice Magnus[1] para Gordon Craig

agosto de 1908

(...)

Stanislávski faz a seguinte proposta: o senhor vai a Moscou em 1º de outubro (calendário russo) – isso é por volta de 13 de outubro, fica lá por algumas semanas, conversa com ele, vê o teatro, o trabalho que eles estão fazendo e discute. Ele diz que é impossível acertar as coisas por carta, pois a maior parte do tempo isso traz confusão e desentendimento, especialmente porque ele escreve somente em russo e não confiaria em ninguém para fazer uma tradução, por isso não lhe escreveu. Ele fala francês e alemão, mas não o escreve[2]. Ele gostaria que o senhor (depois de conhecer o teatro e Moscou e de sentir que poderia ficar e trabalhar lá) se ocupasse com o teatro durante o ano – isto é, eles representam sete meses por ano –, ele acha que isso só lhe faria justiça.

Ele receia que, se o senhor fosse somente para uma montagem, o teatro iria adquirir consciente ou inconscientemente impressões de seu trabalho que eles não poderiam apagar; e seria injusto com o senhor eles se beneficiarem desta montagem se o senhor não estivesse lá para também tirar proveito. Em outras palavras, pode-se tirar vantagem de suas idéias, o que decididamente ele não quer. Além disso, diz ele, se o senhor fizesse uma montagem e fosse embora e voltasse novamente, significaria começar tudo de novo, pois alguns podem ter esquecido o que aprenderam e somente treinamento *constante* pode produzir o resultado desejado. Agora, se o senhor fosse e ficasse lá e achasse que o teatro tem possibilidades e se as condições não fossem tão impossíveis e o senhor pudesse vir a gostar do teatro, ele ficaria muito contente.

O senhor não teria que ficar lá durante os sete meses sem interrupção, poderia sair, é claro, ocasionalmente, quando a sua parte do trabalho tivesse sido realizada, etc. Eles não esperariam do senhor mais do que duas montagens nesta primeira temporada.

(...) A sua viagem para lá seria paga *por ele* bem como sua estada preliminar. Eu disse a ele que o senhor não tinha nenhum dinheiro e que ele teria que lhe enviar antecipadamente mil marcos para a viagem. Ele concordou em fazer isso.

(...) É a melhor proposta que eu já ouvi e certamente a mais digna que qualquer outra; para o senhor lidar com pessoas de primeira classe[3].

(...)

F II)

1. Agente de Craig que intermediou os contatos entre as duas partes.
2. Stanislávski escrevia perfeitamente em francês, mas não escrevia em alemão. (N. F.)
3. Craig desembarca em Moscou no dia 26 de outubro e fica hospedado no Hotel Metropol, o mais caro da cidade.

248 ∾ De Stanislávski para Liubov Guriévitch[1]

5 de novembro de 1908

(...)
É claro, nós nos voltamos para o realismo, enriquecido pela experimentação e pelo trabalho, um realismo mais refinado, profundo e psicológico. Uma vez que nos tornarmos um pouco mais fortes nisso, estaremos novamente no caminho para a invenção. É por isso que Craig foi chamado.

(...)

F XVIII)

1. Liubov Iákovlievna Guriévitch (1866-1940), escritora, crítica, historiadora, amiga de Stanislávski e sua consultora para assuntos literários.

249 ~ De Stanislávski para Isadora Duncan

20 de março de 1909
Moscou

(...)
Hoje começamos a trabalhar seriamente em *Hamlet*, sob o comando de Gordon Craig, que se encontra atualmente em Moscou[1].

Tudo o que ele faz é lindo. Tentamos realizar os menores desejos dele de forma que ele parece estar feliz conosco, assim como nós estamos com ele. O teatro criou duas salas de trabalho especialmente para ele. Ele trabalha em uma delas como um eremita. Não é permitida a entrada de ninguém lá. A outra sala abriga uma enorme maquete e uma tropa de contra-regras sob o comando de Suler[2], que executa todas as fantasias de Craig, que são então transferidas para o palco grande, uma vez que ele as tenha aprovado. Amanhã Craig vai colocar todo o elenco vestido com *collants*, de modo que ele possa ver seus corpos e movimentos. Estou trabalhando separadamente nas cenas de *Hamlet* com alguns atores para entender melhor o que Craig quer com essa experiência. Quando dominarmos a concepção dele, ele voltará para Florença e nós trabalharemos sozinhos, sem ele. Estamos preparando a peça para agosto; ele então voltará a Moscou para corrigir nosso trabalho e dar suas ordens finais. *Hamlet* deve ficar pronto para novembro deste ano. (...)

A companhia toda está entusiasmada com o novo Sistema[3] e, assim, do ponto de vista de trabalho, o ano inteiro tem sido interessante e importante. A senhora desempenhou um enorme papel nesse trabalho sem saber disso. A senhora me falou muito sobre coisas que agora descobrimos em nossa arte. Agradeço-lhe e à sua genialidade por isso.

(...)

F II)

1. Após muitas negociações, o Conselho do Teatro aprovara a escolha da peça de Shakespeare, e Craig dividia seu tempo entre Moscou e Florença, local de sua residência. Craig ficaria responsável pela concepção do espetáculo e Stanislávski pelo trabalho com os atores.

2. Sulerjítski. O assistente falava inglês e muitas vezes serviu de intérprete entre Craig e Stanislávski.
3. Os princípios de articulação do trabalho do ator que Stanislávski investigava e testava nas montagens dos espetáculos. Suas pesquisas adquiriram a forma de um "sistema".

250 ~ De Gordon Craig para Stanislávski

5 de setembro de 1909
Florença

[...]

Quanto mais leio *Hamlet*, mais vejo a sua figura. *Não posso acreditar, nem por um momento sequer, que alguma coisa a mais do que a mais simples interpretação dessa personagem possa alcançar as alturas que Shakespeare parece tocar,* e o mais próximo que tenho visto dessas alturas, no trabalho de interpretação em seu teatro, é a sua representação em *Tio Vânia*¹...

Como pode haver algo mais elevado e magnífico que a simplicidade com que o senhor trata seus papéis nas peças modernas? Quero dizer, a sua interpretação pessoal.

O pensamento em *Hamlet* não se desenvolveria e encontraria suas palavras precisamente por meio do mesmo processo que nas peças de Tchékhov? Se há passagens em *Hamlet* cujas palavras são menos simples do que em Tchékhov, certamente há outras passagens que são a própria essência da simplicidade.

Talvez eu não consiga lhe dizer o quanto gostaria de ver o senhor como Hamlet. Não consigo conceber algo mais ideal no palco e, cada vez que penso na representação da peça em Moscou, sofro em pensar no que o palco perderá sem a sua presença. Tenho certeza de que Katchálov estará realmente muito bem e que todos em Moscou acharão isso também. Mas tenho uma profunda convicção, que não posso mudar, de que toda a Europa ficaria imaginando e se comoveria se pudesse presenciar a sua representação desse papel². [...]

F XVIII)

1. No original em inglês, Craig cita o nome da peça em alemão: *Onkel Wanja*, e não em inglês – Uncle VÂnia.
2. O Conselho do Teatro de Arte havia aprovado o nome de Katchálov para o papel título. Stanislávski não interpretaria nenhum papel no espetáculo.

251 ~ De Stanislávski para Olga Knípper-Tchékhova

7 de novembro de 1909
Moscou

Minha querida Olga Leonárdovna,
Mantenho-me longe da senhora para não lhe causar mais problemas[1]. Tornei-me tamanho incômodo à senhora, que é preferível eu sumir por uns tempos. Estou mandando flores no meu lugar. Espero que elas transmitam à senhora os sentimentos carinhosos que nutro pelo seu talento extraordinário. Esse entusiasmo faz com que eu seja muito severo com qualquer coisa que possa macular o lindo dom que a natureza lhe deu.

No momento, a senhora está passando por um período difícil de incerteza artística. Sentimentos profundos de sofrimento nasceram de tal tormento. Não pense que fico com o sangue frio quando surge seu tormento. Eu sofro com a senhora à distância e, ao mesmo tempo, sei que esse tormento trará depois frutos maravilhosos.

Permita que outra pessoa, não eu, digamos Moskvín[2], explique-lhe o que a natureza lhe deu. Estou pronto a admirar pacientemente a maneira com que seu talento, tendo rejeitado o que é desnecessário, então irá se libertar e se manifestar com toda a força individual que, no momento, tem sido bloqueada pelo execrável hábito maquinal do ator.

Acredite-me, todas as coisas que parecem tão difíceis agora são meros detalhes. Tenha a paciência para examinar minuciosamente esses detalhes, pense neles do começo ao fim, entenda-os, e a senhora conhecerá a maior alegria que um homem pode conhecer neste mundo.

Caso precise de minha ajuda, eu dividirei seu papel em partes e prometo não amedrontá-la com termos científicos. Provavelmente foi esse meu erro.

Eu lhe imploro, seja forte e corajosa nesta luta artística que a senhora deve vencer não somente para o bem de seu talento, mas também para o bem de todo nosso teatro, que representa o sonho da minha vida inteira...

Eu já vi uma dúzia de vezes: a senhora precisa de tão pouco para ser a linda Natália Petrovna. Veja todo o papel e decida claramente de quais unidades ele é composto.

Aqui eu quero esconder minha raiva; aqui quero confidenciar meus sentimentos com alguém; aqui estou pasmada e amedrontada; aqui estou tentando convencê-lo de que nada terrível aconteceu e, então, em alguns momentos, torno-me carinhosa, em outros caprichosa, em outros tento ser enérgica. Depois, eu me perco mais uma vez em pensamentos. Quando Verotchka chega, nem por um momento me exponho. Finalmente compreendo, faço o papel de uma dama e tento convencê-la de que ela deveria se casar.

Em cada ponto do papel, procure por certos desejos, seus desejos, e elimine todos os desejos triviais – sobre a senhora e o público. Esse trabalho psicológico irá enfeitiçá-la. Quando isso acontecer, a senhora se distanciará daquilo que é indigno de um verdadeiro artista: o desejo de agradar ou de bajular o público. [...]

A senhora tem sorte, tem charme em cena, e isso faz com que as pessoas a escutem, e assim é tão fácil para a senhora fazer qualquer coisa que queira.

É mais difícil para o resto de nós, que temos de, a cada novo papel, calcular, inventar esse charme sem o qual um ator é como uma rosa sem perfume. [...]

Perdoe-me o tormento que tenho lhe causado, mas, acredite-me, é inevitável.

Em breve, a senhora alcançará o verdadeiro prazer da arte.

De todo o coração de um admirador de seu grande talento.

K. Aleksieiev

F XXI)

1. As outras montagens continuavam paralelamente aos trabalhos de *Hamlet*. Stanislávski dirigia a peça de Turguêniev, *Um Mês no Campo*, adotando seus novos métodos de ensaio: exploração da psicologia das personagens, insistência na limitação dos movimentos dos atores e aplicação dos princípios de seu "sistema", que não possuía ainda uma terminologia clara e na maioria das vezes confundia os atores.
2. Assistente de Stanislávski na montagem.

252 ~ De Stanislávski para o Conselho do Teatro de Arte

19 de janeiro de 1910
Moscou

(...)
3. Acima de tudo quero total liberdade para aqueles que possuem amor

puro e imparcial pelo teatro. Que todos façam seus próprios julgamentos e experimentos. Quero o mesmo direito para mim.

4. Talvez eu tenha ido muito longe, mas é nisso que reside a minha força. Talvez eu esteja errado, mas esse é o caminho verdadeiro para se progredir. Agora estou convencido como nunca antes de que estou na trilha certa. Acredito que em breve descobrirei sistemas simples de termos que irão resumir tudo e ajudarão o teatro a descobrir aquilo que é mais importante, que servirá como uma bússola por muitos anos. Sem essa bússola sei que o teatro irá se perder no momento preciso em que um de seus pilotos atuais que o guiam pelas dificuldades for embora. Faço exigências consideráveis, talvez presunçosas, a mim mesmo.

5. Eu não quero só descobrir os princípios fundamentais do processo criativo, não quero só formular sua teoria, quero colocá-la em prática.

6. O homem que conhece a difícil, incerta, rudimentar natureza de nossa arte estará ciente da dificuldade, extensão e importância dessa tarefa. Talvez seja arrogância insana. Que seja! Então ficará provado que está além de minhas forças, e terei quebrado a cabeça. E merecerei isso. [...] Talvez eu seja um louco e um sonhador, mas não posso ser e não quero ser diferente. Na minha idade, raízes são raízes.

7. A tarefa é complicada e longa, e já não sou jovem. Especialmente se vocês tiverem em mente que em minha família as pessoas morrem jovens. No máximo, restam-me dez anos de trabalho. Esse tempo limite é importante para um plano que talvez esteja além de minhas forças? Então chegou a hora de se pensar na vontade de alguém. Afinal de contas, todo homem quer deixar alguma marca pequena atrás de si. É compreensível.

8. Preciso de componentes para o meu plano, preciso de ajuda. É impossível contar com todos, mas há algumas pessoas que preparei com grande dificuldade ou que acreditam em meu sonho. Claro que prezo enormemente a ajuda delas.

9. Os caminhos de nossa arte estão repletos de sulcos e buracos. Eles são profundos, e não se pode passar por eles sem cair. Em momentos como esses, deve-se oferecer ajuda àqueles que tropeçaram e erguê-los, e não achar que eles já morreram. Talvez, em primeiro lugar, tenhamos inflado demasiadamente talentos em estado embrionário e em seguida ficamos rapidamente desiludidos quando eles cessaram de nos impressionar fazendo o inesperado. Aprendi isso não faz muito tempo e tenho tentado ser mais

paciente e firme. Caso contrário, não se pode levar um único aluno até o final, e eu quero não somente começar, mas completar a educação dos que foram colocados em minhas mãos.

10. O teatro novamente começou de maneira correta com os que foram selecionados para ingressar, mas, uma vez feita a seleção, uma vez que esses estudantes foram colocados sob os meus cuidados, sou responsável por eles. Houve um tempo em que não existia um único jovem que fosse realmente uma promessa. Agora há jovens assim, e nós devemos, em primeiro lugar, fazê-los ter satisfação no trabalho, a menos que eles se mostrem fenomenais, para os quais deve haver sempre um lugar em nosso teatro.

11. Sem trabalho não pode haver progresso. Gostaria de afirmar esse princípio e não fazer de meus alunos uma exceção a isso.

12. Gostaria de esquecer somente por um tempo várias expressões perniciosas usadas em relação a mim – "avoado", "poço de fantasias" – porque são injustas. Eu não me confundo o tempo todo, algumas vezes eu consigo me desembaraçar, obtenho êxito, e minhas fantasias nem sempre são infrutíferas.

13. Se essas expressões desaparecerem, talvez isso resulte em maior credibilidade tanto em mim como nas pessoas que treinei para me ajudar.

(...)

17. Para a minha pesquisa preciso componentes diversos, não somente do que é artístico, mas também do que tem falhas. É mais difícil erradicar defeitos do que simplesmente desenvolver talento seguro. Eu preciso tanto de pessoas artisticamente debilitadas, estagnadas, um tanto anêmicas e fracas, como também das que estão em erupção. Posso somente verificar as coisas que estou trabalhando com uma multiplicidade de diferentes alunos. Essa é a razão pela qual em minha pesquisa sobre os componentes dedico algum tempo às pessoas que não são membros do teatro. Enquanto os outros não forem proibidos do direito de ter alunos consistentes, que eu tenha também esse privilégio.

(...)

F II)

Cena do espetáculo Anátema, *de Leonid Andrêiev, direção de Nemiróvitch-Dântchenko e Lújski.*

FONTE A

253 ∽ De Sulerjítski para Gordon Craig

10 de agosto de 1910

[...]
Meu pobre, pobre Craig. Quando Nemiróvitch veio a Moscou, todos os dias eu dizia para ele enviar-lhe dinheiro, e todos os dias ele me respondia – "a ordem não veio ainda"[1]. Somente quando Stakhóvitch chegasse é que o dinheiro seria enviado ao senhor.[...] Stanislávski está doente com tifo. *Hamlet* está parado até que ele fique bem ou...
[...]

F XVIII)

1. Craig demandava sempre mais dinheiro. Com os sucessivos adiamentos do projeto, a situação ficara crítica. Sulerjítski afeiçoara-se ao diretor inglês e desempenhava o papel de intermediário entre o Conselho e Craig.

254 ∽ De Nemiróvitch-Dântchenko para Lilina

5 de setembro de 1910
Moscou

[...]
Se minha mãe ou meu irmão ficassem doentes assim, seria algo mais distante para mim, pesaria menos em mim do que a doença de Konst. Serg. Apesar de tudo o que aconteceu entre nós, todos os filamentos mais importantes de minha alma e de minha vida estão entrelaçados aos dele. E, é claro, precisamente por essa razão tem ocorrido tanta inimizade entre nós, pois as coisas mais importantes que vivi estão todas dentro dele. Nossos laços há muito deixaram de ser puramente formais e de longe ultrapassaram os laços familiares. Tenho sido o irmão de meu irmão e o filho de minha mãe por cinqüenta anos. Mas houve alguma vez tanta proximidade espiritual entre nós, mesmo que por um ano, como tem existido entre K.S. e eu nos últimos dez anos? Em minha vida e em meu coração ele é a minha pessoa. Não há comparação possível com ninguém mais. E não há nenhuma medida conhecida de amizade, amor e simpatia que possa ser aplicada a nós. Podemos não chorar um no ombro do outro, podemos ser hostis um com o outro, mas mesmo assim somente Deus e a morte podem partir nossos vínculos.

Não, nem mesmo a morte pode parti-los. Tudo isso apareceu claramente diante de mim quando soube da doença dele. [...]

Na reunião do Conselho de 6 de agosto decidimos a questão número um: encenar *Hamlet* sem K.S. ou não? Deveríamos reunir Craig e suas forças, Suler, Mardjanov[1] e eu para montar *Hamlet*? Decidimos que poderíamos aniquilar os sonhos mais preciosos e queridos de K.S., e rejeitamos a idéia. Então propus a escolha entre dois planos, um com *Karamazov*[2] e outro sem. Não conseguimos decidir por algum tempo. Então eu disse: "imaginem, senhores, da maneira mais realista possível que vocês puderem, que K.S. está aqui conosco e adivinhem qual seria a resposta dele". Decidimos por unanimidade pelo plano com *Karamazov*. (...)

Na reunião geral da companhia no dia 8 de agosto eu disse que o melhor apoio que poderíamos dar a K.S. durante sua doença seria o teatro inteiro trabalhar muito e ter grande sucesso. [...]

F XII)

1. Diretor no TAM.
2. *Os Irmãos Karamazov*, projeto de adaptação do romance de Dostoiévski.

255 ~ De Nemiróvitch-Dântchenko para Stanislávski

outubro de 1910
Moscou

[...]

Com *Karamazov*[1] rompemos a parede e, quando chegamos do outro lado, vimos amplos horizontes. Não tínhamos percebido quão amplos e vastos eles eram.

[...]

Não houve nenhum triunfo, nenhuma vitória, e ainda assim algo enorme aconteceu, de algum modo, uma colossal revolução sem sangue. Durante a primeira apresentação havia alguns simpatizantes, mas eles ainda não estavam cientes de que com *Karamazov* um processo enorme, que tem sido maturado por dez anos, havia sido concluído.

Que processo é esse? Se com Tchékhov o teatro expandiu os limites das convenções, com *Karamazov* essas convenções foram destruídas. Todas as convenções do teatro visto como uma arte coletiva desmoronaram e agora nada é impossível para o teatro. Se com as peças de Tchékhov derrubamos os dramaturgos de segunda e terceira categorias, mas o teatro estava ainda muito ligado às convenções para fazer desabrochar um talento, o terreno agora foi desobstruído de todos os obstáculos que eles achavam tão intimidadores.

[...] Creio que essa revolução durará não cinco ou dez anos, mas cem anos, para sempre! Esta não é uma "forma nova" mas a destruição total de todas as convenções teatrais que ficavam no caminho de novos talentos literários.

Por que os grandes romancistas não escreveram suas grandes obras para o teatro? Pelas seguintes razões, fundamentadas na natureza do teatro como uma arte:

1. Porque no teatro o que era exigido acima de tudo era *ação*, movimento. Tchékhov colocou um fim nisso. Mesmo assim, o quanto disso ainda perdura? 2. O romancista diz: não consigo colocar minhas imagens e pensamentos em uma única noite e em quatro horas. Agora nós podemos responder: "não se restrinja, o senhor precisa de duas, três noites? Sinta-se à vontade. O público será capaz de ouvi-lo e ficará agradecido ao senhor". 3. O romancista diz: "não posso dividir minha obra nesses 'atos' que devem, segundo se supõe, durar certo período de tempo". Respondemos que essa convenção não existe mais. Que a peça tenha vinte atos. Um deles irá durar uma hora e meia; o outro, quatro minutos. O romancista fica inibido pelo fato de que tudo tem que ser feito em diálogos dinâmicos e porque longas falas não são permitidas. Nós demonstramos que os atores podem falar, um após o outro, por 20-25 ou 28 minutos... e são ouvidos com uma atenção até maior do que se eles se revelassem no diálogo. 5. O romancista diz que no drama, para se avançar a intriga, é preciso introduzir personagens na ação para relatar ou dizer algo. Isso também não é mais necessário. Temos o ledor. E as pessoas escutam-no com a respiração contida.(...) Ele se mistura com a escuridão do teatro, com o poder que o teatro tem sobre a multidão. [...] Outro romancista escreverá poderosos trechos descritivos. Hamsun[2] descreve a floresta maravilhosamente. Mas isso não é desperdiçado no teatro. Um grande artista deve criar um cenário que se iguale a Hamsun, e o ledor deve complementar isso de maneira que o público fique intoxicado vendo a paisagem e ouvindo sua descrição. (...)

O teatro será dividido de Ostróvski a Tchékhov, de Tchékhov a *Karamazov* e de *Karamazov* a ...

[...]

Durante os ensaios, falei em termos teóricos, mas agora mantenho de maneira firme que, se a psicologia for compreendida verdadeiramente, então atingirá a vigésima quinta fileira mesmo se a expressão casual não puder ser ouvida. Essa é uma observação extremamente importante que nem Vichniévski, nem Knípper compreendem. A pessoa que não vivencia verdadeiramente, mas recorre a truques, fracassa até mesmo nas primeiras fileiras.

Essa é aquela coisa genuína sobre a qual conversamos de maneira tão apaixonada há dois anos, especialmente durante *Um Mês no Campo*[3]; agora, nos romances, tornou-se de *fundamental importância*. (...)

Para ser capaz de sentir é preciso pensar no plano psicológico do autor, que é muito, muito difícil, e Deus não permita que isso seja apressado. Tudo desmorona se isso não for alcançado, e em seguida o ator tem que achar *isso* em sua própria alma. [...]

Quando o senhor encenar um romance, poderá me pedir para desenvolver essa idéia de forma mais detalhada. O senhor sabe tudo isso sem mim, e toda a sua teoria move-se nessa direção. Mas creio que nos meus procedimentos estou mais seguro, mais audacioso que o senhor. Como ator, o senhor está freqüentemente preocupado com a diversidade do público e, mais facilmente que eu, perde a coragem. Além disso, o corretivo que introduzi em sua teoria tem um papel importante em tudo isso. (Novamente o senhor disse que esperava uma teoria de mim.) Nesse corretivo reside tudo.

No geral, a montagem de *Karamazov* convenceu-me de uma multiplicidade de métodos que não pude prever. Eu me atrevo a pensar que, mesmo para um diretor experiente como o senhor, há muitos fatos revelados que são encontrados aqui.

(...)

F II)

1. O espetáculo era apresentado em duas partes, por duas noites seguidas.
2. Autor de *O Drama da Vida*, peça encenada pelo TAM.
3. Espetáculo dirigido por Stanislávski.

256 ∾ De Stanislávski para Nemiróvitch-Dântchenko

16 de novembro de 1910
Kislovodsk

Caro Vladímir Ivánovitch,

[...]
Falarei brevemente a respeito do que o senhor mencionou sobre o meu sistema. Antes de começar a trabalhar em um papel, deve-se avaliá-lo do ponto de vista literário, psicológico, social, cotidiano. Somente então é possível dividi-lo, começando com as unidades fisiológicas e, depois, tendo em vista isso, ir para as unidades psicológicas ou desejos. Agora conheço alguns métodos práticos (porque é meu objetivo encontrar um modo de realização para cada teoria. Teoria sem concretização não é minha esfera e eu rejeito isso) para ajudar o ator na análise psicológica, fisiológica, cotidiana, até mesmo na análise social e na apreciação de uma peça e de um papel. Mas a análise literária cabe ao senhor. O senhor deve fazê-la não somente como escritor e crítico, mas também como um praticante. O que é preciso é uma teoria apoiada pela prática e um método totalmente testado.

O que sei até aqui é que, antes de começar a trabalhar com meu sistema, devemos: a. induzir o processo do *desejo*; b. induzir o processo de investigação – com alguma discussão literária (que cabe ao senhor) – como manter e desenvolver esse processo de investigação, isso eu sei; c. sei como induzir o processo emocional; d. não sei ainda exatamente como ajudar o processo de *encarnação*[1], mas explorei a questão e pareço estar no ponto de encontrar o caminho; e. os processos de *síntese* e *influência* estão claros.

Cabe a mim agora encontrar um modo prático de despertar a imaginação do ator em todos esses processos. Esse aspecto é pobremente desenvolvido na psicologia – especialmente a imaginação criativa de atores e artistas. Quanto ao resto, creio que está não somente desenvolvido como bem verificado. Algumas coisas estão escritas. Creio que o senhor irá concordar comigo em tudo. Até hoje muito do que lhe foi transmitido por outras pessoas foi somente compreendido por elas pela razão e não, mais apropriadamente, pelo coração. Nisso reside a principal dificuldade. Não é difícil compreender e lembrar; é difícil sentir e acreditar. Gostaria de conversar sobre isso exaustivamente, mas como encontrar tempo (para o senhor, pois eu estou desocupado) e onde encontrar energia?

Carinhosamente,
K. Aleksieiev

F XII)

1. Assimilação do papel no corpo, tornando-o carne e osso.

Cena do espetáculo O Pássaro Azul, *de Maeterlinck, direção de Stanislávski, Sulerjítski e Moskvín.*
FONTE A

257 ∾ De Maurice Maeterlinck para Stanislávski

25 de novembro de 1910
Paris

Caro senhor Stanislávski,
Minha esposa voltou de Moscou completamente estupefata com o que viu. Ela me falou com lágrimas de admiração sobre o milagre incomparável e brilhante que o senhor conseguiu fazer de meu humilde poema[1].
Eu sabia que devia muito ao senhor, mas não sabia que lhe devia tudo. Eu só posso me curvar em reverência diante de um dos mais puros e maiores artistas de teatro de nosso tempo, agradecendo do fundo de tudo o que há de melhor em meu coração.

Maeterlinck

P.S.: E o que dizer de tão nobre e generosa permissão que o senhor gentilmente concedeu para copiar os cenários d'*O Pássaro Azul*. Esse é um desses atos para os quais não se pode achar palavras de gratidão[2]. Mas, pelo menos, tentaremos provar nossa gratidão com nossas ações, mostrando respeito religioso pela criação de seu talento.

F XII)
1. Trata-se da montagem d'*O Pássaro Azul*.
2. A peça era inédita em Paris e Stanislávski havia permitido a reprodução para a montagem no Théâtre Réjane. Sulerjítski, E. Vakhtângov, na época aluno do TAM, e o cenógrafo Iégorov ficaram encarregados da supervisão dos trabalhos em Paris.

258 ∾ De Stanislávski para Sulerjítski

1-5 de fevereiro de 1911
Roma

(...)
Agora sobre Craig[1], espero que o senhor saiba que ele está em Paris atualmente[2]. Eu quero e devo encontrá-lo. Não posso ir para Florença, pois lá não há dieta adequada e isso é coisa mais importante para mim. (...) Então onde posso me encontrar com Craig? Cannes, mas é temporada lá e a cidade é muito cara. Berlim. Isso seria o melhor e eis o porquê. Em Dres-

den há a escola de Dalcroze, de movimentos plásticos e eurritmia. Eu irei para lá porque dizem que é maravilhosa³. Craig poderia achar interessante também. Então aqui está o que faremos. Partiremos de Cannes ou de onde quer que seja no mesmo dia que Craig deixar Paris, viajaremos para Berlim e então para Dresden. Enquanto isso conversaremos sobre algumas coisas que temos que tratar, *i.e.*,

1. Se ele irá nos permitir encontrar arranjos para as telas⁴ no palco, procurando uma atmosfera geral, e não reproduzindo escrupulosamente as maquetes dele;

2. Se ele irá nos permitir, preservando a concepção geral do Rei, da corte, de Ofélia, Laertes, *i.e.*, o aspecto caricatural deles, retratá-los ou apresentá-los para o público de uma forma um pouco diferente, *i.e.*, mais sutil e, portanto, não tão ingênua. [...]

Quando será mais conveniente para ele vir: agora ou em maio?

[...]

Diga-lhe, caro Suler, que tentei escrever uma carta em alemão para ele. Não consegui explicar toda a complicada confusão de minhas propostas colocadas nesta carta. Por isso o longo silêncio.

F XVIII)

1. Durante sua convalescência, Stanislávski pôde avaliar o projeto todo de *Hamlet*. Os croquis de Craig eram maravilhosos: e sua concepção, inovadora, mas até aquele momento grande parte de suas idéias tinham se mostrado inviáveis, e o diretor inglês havia perdido o interesse na realização da montagem. Além dos problemas relativos à concretização cênica da concepção de Craig, havia a insistência dele por mais pagamentos, o que gerava constantes atritos com a Diretoria do TAM.
2. Suler estava em Paris cuidando da montagem d'*O Pássaro Azul*.
3. Stanislávski queria uma outra linguagem corporal para os atores do espetáculo, capaz de concretizar a beleza das linhas de Craig e transmitir toda a poesia de Shakespeare.
4. Craig havia projetado um cenário de grandes telas moventes, que formavam conjuntos arquitetônicos.

259 ~ De Sulerjítski para Stanislávski

fevereiro de 1911
Paris

Caro Konstantin Serguiêievitch,
Fui visitar Craig e aqui está o que ele indicou: ele não quer ir a Dresden,

Sulerjítski.
FONTE B

diz que a dança rítmica[1] não o interessa e acha que não vai lhe interessar também. Ele não quer ir a Berlim, pois a detesta. Diz para o senhor chamá-lo por telegrama para Cannes, que ele irá para lá imediatamente. [...]

Para todas as suas perguntas sobre a encenação de *Hamlet* e o tratamento dos papéis, ele responde que confia no senhor para fazer tudo de forma que fique bom. O senhor conhece melhor. Portanto, faça o que achar melhor.

Ele acha melhor ir a Moscou em maio.

Essas são as respostas para as suas perguntas.

Para dizer a verdade, com relação à vinda dele em maio, eu também andei pensando – creio que é melhor se ele for mais tarde, assim pelo menos alguma coisa vai estar pronta. Do contrário, ele irá dificultar o trabalho e construir telões de bronze, carvalho e assim por diante.

F XVIII)

1. Stanislávski tinha mencionado a eurritmia. Não foi possível averiguar se o emprego de "dança rítmica" foi feito ironicamente por Craig ou por uma adaptação de Suler para o termo *eurritmia*.

260 ~ De Gordon Craig para Stanislávski

fevereiro de 1911

Caro amigo,

Encontrei-me hoje com Sulerjítski. Ele me disse que a Diretoria do Teatro de Arte escreveu-lhe dizendo que eu havia mudado de idéia em relação ao pagamento, etc. Não mudei de idéia. Solicitei a eles que me enviassem o que me é devido, de acordo com o próprio pacto para o *segundo* ano.

Escrevi-lhes de maneira *muito clara e exata* – muitas vezes.

E não obtive *nenhuma* resposta.

Não sei por que eles incomodam *o senhor* com esse assunto – tudo o que eles precisam fazer é cumprir com o contrato.

[...]

Enquanto isso, não posso dizer que estou feliz por *ter sido* a causa para a Direção ter lhe incomodado. E posso dizer aqui que, com ou sem dinheiro, faça bom tempo ou chova, me dará <u>sempre</u> grande prazer trabalhar com o senhor pessoalmente, mas ser objeto da complicada administração da

Diretoria não me dá prazer nenhum, e não estou preparado para acolher a maneira como eles se comportam em relação a mim.

Com afeto e
lealdade
ao senhor,
Gordon Craig

F XVIII)

261 ~ De Stanislávski para Sulerjítski

19 de fevereiro de 1911
Capri

Caro Suler,

Obrigado por sua carta. Agora que Craig renunciou a tudo, não há mais necessidade de encontrá-lo. [...]

Explique que o teatro, sem ver ainda nenhum resultado, já pagou por *Hamlet* (mais os experimentos) aproximadamente 25 mil rublos. Ele pode pedir mais de estrangeiros e desconhecidos? O senhor sabe como os estrangeiros tratam os russos. Se encontrássemos no exterior pessoas tão generosas como nós, a administração do Teatro de Arte, gritaríamos do topo dos telhados e glorificaríamos o nome deles. Que Craig entenda isso. Ele teve do melhor. (...) Faço-o lembrar: eu acertei para ele um salário garantido de 6 mil por ano. Ele foi farrear e esbanjou tudo. Agora o próprio diabo não sabe quanto ele ganha. No outono ele estava doente – não pôde vir; deixou de lado os figurinos e a montagem. Naturalmente o Conselho me chamou pedindo que explicasse por que estavam pagando o salário de Craig. [...]

Seu K. Aleksieiev

F XVIII)

262 ~ DE SULERJÍTSKI PARA STANISLÁVSKI

21 de fevereiro de 1911
Paris

(...)
Ainda não consegui levar Craig ao trabalho. Ele está em uma condição pavorosa de pobreza. Ontem, pediu-me emprestados vinte francos porque não tinha um centavo. Onde ele joga o dinheiro dele? Se eu tivesse ganhado tanto, eu agora estaria vivendo em uma *villa* e trabalhando no teatro como patrão. [...]
Temos que apoiá-lo. Sei disso por instinto. Afinal de contas, o que fazer se ele é simultaneamente uma criança e um artista? Nenhum contrato vai servir para ele, e o lado dos negócios sempre estará em desordem. Ainda assim, deve ser de alguma forma apoiado. Essa é a minha opinião.

Seu Suler

F XVIII)

263 ~ DE STANISLÁVSKI PARA GORDON CRAIG

20 de abril de 1911

Senhor Craig,
[...]
Para dissipar este mal-entendido, eu solicitarei ao Conselho da Diretoria que concorde com seu pedido e envie para o senhor 1.500 rublos. Mas temo que depois disso a Direção coloque um fim em nosso trabalho conjunto no futuro. [...]
Estou em uma situação horrível. Apenas comecei a entender suas intenções na montagem de *Hamlet* e prevejo uma enormidade de dúvidas e questões; será muito difícil para mim resolver isso, mesmo com Suler[1]. A questão dos figurinos permanece sem solução e bem obscura para mim. Não recebemos do senhor nenhum desenho definitivo e sou obrigado a montar *Hamlet* com esses apontamentos incompletos, sendo capaz somente de adivinhar suas intenções. Sinto que tamanho trabalho é difícil e inadequado para as minhas forças. Pensei em voltar ao projeto de Iégorov[2], mas não posso fazer isso agora, pois estou muito infectado pelo seu belo

Maquete de Gordon Craig para o espetáculo Hamlet, *1910.*
FONTE C

Cartaz do espetáculo Hamlet.
Ano: 1912
Sexta-feira, 23 de dezembro
Horário: início às 19:30
FONTE F

plano de montagem de *Hamlet* e porque a Diretoria solicita de mim uma justificativa para a soma considerável que já foi gasta em *Hamlet* e que foi despendida por minha solicitação pessoal e minha responsabilidade. E agora sofro duplamente, por mim e pelo senhor.

Eu me entristeço muito com tudo o que aconteceu, porque sei que o senhor nunca encontrará novamente uma instituição que, apesar de todos os defeitos, responda tão ardentemente ao seu chamado e à sua aspiração artística e queira trabalhar tão sinceramente com o senhor.

Pessoalmente, continuarei seu admirador incondicional e amigo, e sofrerei muito se eu não for capaz de terminar este trabalho que começamos com o senhor[3].

(...)

F XVIII)

1. Na primeira fase do projeto Suler viabilizava as idéias de Craig, vide carta 249.
2. Cenógrafo e figurinista do TAM, que havia preparado material no começo do projeto.
3. Graças aos esforços de Sulerjítski e Stanislávski, o espetáculo fica pronto, e Craig é chamado para ver os ensaios gerais. Ele não concorda com a realização de muitas coisas, pede mudanças, os problemas são contornados, e *Hamlet* finalmente estréia em 5 de janeiro de 1912.

264 ~ De Stanislávski para Nemiróvitch-Dântchenko

julho de 1912
Moscou

Caro Vladímir Ivánovitch,

Estou muito sensibilizado e agradecido ao senhor e ao teatro por confiarem em mim desta vez e por ajudarem-me a fazer algo sem o qual, na minha opinião veemente, o teatro ficaria estagnado e morreria[1]. Algum de nós sabe o que devemos fazer agora, em qual direção conduzir os atores e quais peças apresentar? São tempos duros e difíceis. Devemos experimentar e experimentar novamente. (...) O quê? Não sei, ou melhor, tenho só uma intuição a respeito disso. (...) Se não surgir nada desses experimentos, significa que estou muito velho e que é hora de me aposentar e dar lugar para outra pessoa.

O local parece esplêndido. Não esperava tamanha magnificência em termos de dimensões. Como deveremos nos estabelecer lá? Do que precisamos, o que devemos fazer nesse lugar:

1. Primeiro e o principal de tudo, os ensaios de Molière, que acontecem inicialmente no trabalho de mesa (*i.e.*, são possíveis na sala pequena) e depois podem ir para ao palco grande.

2. Exercícios diários para os que conhecem a teoria (atores, alunos). Algumas vezes comigo, outras com Suler[2].

3. Teoria para os atores e estudantes que não estão familiarizados com ela – Tchékhov[3], Virúbov, novos alunos e aqueles entre os atores antigos que se convenceram e querem saber o que já foi feito. Algumas vezes comigo, outras com Suler.

4. Colaboradores antigos e novos – Vakhtângov e, talvez, alguém que queira expandir seu conhecimento.[...]

5. Uma vez tendo começado isso, devemos considerar como os que compreenderam inteiramente e dominaram o sistema irão aplicá-lo. No início, em apresentações para eles mesmos (não para o público). Para isso devemos empregar dois métodos: primeiro, extratos ou miniaturas, para testar o entendimento intelectual na prática (*i.e.*, comigo ou com Suler assistindo). Trabalho independente em outros extratos ou miniaturas.

Claro que seria desejável apresentar exercícios não somente uma vez, mas várias vezes para um público (interno) e mostrar o que foi feito. [...]

6. Devemos iniciar um estúdio para diretores a fim de descobrir novas possibilidades de encenação, iluminação, espetáculos populares para companhias itinerantes, teatro de marionetes, fantoches, nova arquitetura teatral, espetáculos em grandes salas, circo, teatro móvel, etc., etc. Muitas vezes essa pesquisa em vários campos é necessária não para se tornar ativamente envolvido com o teatro de marionetes ou o teatro popular, mas para explorarmos vários aspectos de maneira a encontrar novas direções para nosso teatro.

7. Experimentos em novos caminhos de dramaturgia e uma nova concepção da arte (...). No momento, não direi nada sobre outros sonhos. Como podemos adaptar o local para esses fins?

Portanto, precisamos de:

a. uma sala com palco e iluminação, onde possam ocorrer as apresentações. Não serão necessárias plataformas. [...] Na mesma sala precisaremos de uma mesa dobrável para as leituras, duas poltronas confortáveis e algumas cadeiras de madeira. Luz na área da sala onde o público irá se sentar (*i.e.*, para o momento da instalação elétrica). Iluminação cênica – pendurada, lâmpadas móveis. (Expliquei a Basiliévski);

b. precisamos de uma sala para Suler ou para as minhas atividades – trabalho de mesa;

c. para as atividades de Ditto ou Vakhângov;

d. para o trabalho dos diretores;

e. sala de reunião;

f. sala de espera;

g. canto para fumantes;

h. uma mesa para os negócios;

i. um escritório para mim e Suler; (...)

Porém o mais importante é ter certeza de que existam três lugares para ensaiar e para instalar a iluminação. Então poderemos começar a trabalhar em 1º de setembro sem perda de tempo.

O que precisamos para isso?

1. Arranjar as coisas de uma maneira que as três salas possam ser usadas simultaneamente. Se as paredes forem finas e deixarem o som vazar, elas devem ser revestidas com algo. Se as portas forem finas, então é preciso fazer cortinas de lona para um ou para os dois lados delas.

[...]

F II)

1. Stanislávski estava envolvido com a criação do "Primeiro Estúdio", um espaço dedicado à pesquisa e fora dos limites do TAM. Nemiróvitch alugara um apartamento para o projeto.
2. Sulerjítski.
3. Michael Tchékhov, sobrinho de Tchékhov.

265 ~ De Stanislávski para Nemiróvitch-Dântchenko

11 de agosto de 1916
Iessentuki

(...)

Ficarei na Karietni[1] e terei meu próprio estúdio (uma companhia comum ou independente). As pessoas virão do teatro e dirão para mim: "encene isso, represente isso ou ajude nisso". "Tudo bem. Aqui estão minhas condições" (não financeiras, é claro). (O senhor conhece todas essas condições de cor.) Uma boa peça ficou pronta em meu estúdio – esplêndido! Eu irei levá-la para o teatro e apresentá-la por dez temporadas. Há atores no

Stanislávski, 1913 (entre parênteses o autógrafo).
FONTE B

Teatro de Arte que estão livres e querem atuar comigo – esplêndido! "Tal e tal peça com esse e aquele nela!" Tudo está claro, todos sabem que sou responsável pelo estúdio; e *o senhor*, pelo teatro, e não há nenhuma situação irregular. Se houver um colapso, venha a mim. Se o senhor precisar de atores, venha a mim[2].
[...]

F II)

1. Endereço.
2. A situação do Teatro estava crítica e agravou-se com a eclosão da guerra. Stanislávski dedicava-se inteiramente ao estúdio, e Nemiróvitch-Dântchenko tentava convencê-lo a voltar para as atividades do Teatro de Arte.

266 ∽ De Jacques Copeau para Stanislávski

10 de novembro de 1916
Paris

(...)
Parece-me, embora seja um novato na prática de nossa arte teatral e longe de achar que minha pesquisa[1] é comparável ao seu trabalho e experiência, que algo bom, vigoroso e interessante poderia surgir de nosso encontro. Os que devotam sinceramente suas vidas, com uma paixão inabalável, para uma arte dramática absolutamente pura são tão poucos no mundo que eles têm o dever de fazer tudo o que for possível para se encontrarem e conhecerem uns aos outros.
(...)

F V)

1. No Teatro Vieux Colombier.

Konstantin Stanislávski e Vladímir Nemiróvitch-Dântchenko.
FONTE B

267 ∽ De Stanislávski para Jacques Copeau

30 de dezembro de 1916
Moscou

Caro senhor,
Recebi sua carta depois de um grande atraso e no momento que nosso precioso colaborador, o senhor Sulerjítski, conhecido em Paris pela encenação de *O Pássaro Azul*, falecia. O senhor Sulerjítski faleceu ontem após uma longa e dolorosa doença, e só hoje eu finalmente pude responder a sua carta. [...]
Gostaria muito de vê-lo e conversar com o senhor. Se possível, gostaria também de trabalhar com o senhor em nossa arte. Continuo pensando sobre a fundação de um Estúdio Internacional que reuniria todos os mais interessantes artífices do mundo teatral. [...]

Sinceramente,
K. Stanislávski

F V)

268 ∽ De Nemiróvitch-Dântchenko para Katchalov

17 de julho de 1921
Moscou

[...]
Há um ano e meio elaborei para nós um projeto de viagens periódicas para o exterior, em grupos. O projeto foi adotado pelo Comitê Central de Teatro, e no começo tudo ia bem. Até mesmo Lenin expressou simpatia por ele. Mas agora o projeto afundou. Desde então, as autoridades têm ficado contra as pessoas viajarem, e no momento há pouca chance de se obter permissão. No verão, o Primeiro Estúdio tentou e foi recusado.
No entanto, não desisti do projeto e penso que mais cedo ou mais tarde sairá.[1]

F II)

---

1. Entre setembro de 1917 e abril de 1920, o TAM estreara somente um espetáculo, *Cain*, de Byron, sob direção de Stanislávski. A Revolução impunha outras necessidades, e o TAM tinha que se adap-

tar aos novos tempos. No começo de 1921, todos os subsídios foram cortados, e os teatros tiveram que se manter com a arrecadação dos espetáculos. A renda do TAM cobria apenas metade de seus gastos. O alto escalão do governo permitiu, então, que o TAM viajasse para Berlim, Paris e Estados Unidos. A companhia ficou em *tournée* de setembro de 1922 a maio de 1924, sob a coordenação de Stanislávski. Apesar do grande sucesso alcançado, foi um fracasso financeiro.

269 ~ De Olga Bokchanskaia[1] para Nemiróvitch-Dântchenko

23 de março de 1923
Nova York

[...]
Aqui está a programação, ainda não confirmada, de nossa viagem:

Chicago

Abril

3, terça-feira		*Tsar Fiódor*	Semana Santa
4, quarta-feira		*Tsar Fiódor*	Semana Santa
5, quinta-feira	matinê	*Tsar Fiódor*	Semana Santa
	noite	*Tsar Fiódor*	Semana Santa
6, sexta-feira		*No Fundo*	Semana Santa
7, sábado	matinê	*No Fundo*	Semana Santa
	noite	*No Fundo*	Semana Santa
8, domingo	matinê	*No Fundo*	Páscoa
	noite	*No Fundo*	
9, segunda-feira		*O Jardim das Cerejeiras*	
10, terça-feira		*O Jardim das Cerejeiras*	
11, quarta-feira		*O Jardim das Cerejeiras*	
12, quinta-feira	matinê	*O Jardim das Cerejeiras*	
	noite	*O Jardim das Cerejeiras*	
13, sexta-feira		*Tsar Fiódor*	
14, sábado	matinê	*Tsar Fiódor*	
	noite	*Tsar Fiódor*	
15, domingo	matinê	*Tsar Fiódor*	
	noite	*Tsar Fiódor*	

16, segunda-feira		*As Três Irmãs*
17, terça-feira	matinê	*As Três Irmãs*
	noite	*As Três Irmãs*
18, quarta-feira		*As Três Irmãs*
19, quinta-feira	matinê	*As Três Irmãs*
	noite	*As Três Irmãs*
20, sexta-feira	matinê	*No Fundo*
	noite	*No Fundo*
21, sábado	matinê	*No Fundo*
	noite	*No Fundo*

Filadélfia

23, segunda-feira		*Tsar Fiódor*
24, terça-feira	matinê	*Tsar Fiódor*
	noite	*Tsar Fiódor*
25, quarta-feira		*Tsar Fiódor*
26, quinta-feira	matinê	*Tsar Fiódor*
	noite	*Tsar Fiódor*
27, sexta-feira		*No Fundo*
28, sábado	matinê	*No Fundo*
	noite	*No Fundo*
29, domingo		sem apresentações
30, segunda-feira	matinê	*No Fundo*
	noite	*No Fundo*

Maio

1, terça-feira	matinê	*No Fundo*
	noite	*No Fundo*
2, quarta-feira		*O Jardim das Cerejeiras*
3, quinta-feira	matinê	*O Jardim das Cerejeiras*
	noite	*O Jardim das Cerejeiras*
4, sexta-feira		*As Três Irmãs*
5, sábado	matinê	*As Três Irmãs*
	noite	*As Três Irmãs*

Boston

7, segunda-feira		*Tsar Fiódor*
8, terça-feira	matinê	*Tsar Fiódor*
	noite	*Tsar Fiódor*
9, quarta-feira		*Tsar Fiódor*
10, quinta-feira	matinê	*Tsar Fiódor*
	noite	*Tsar Fiódor*
11, sexta-feira		*No Fundo*
12, sábado	matinê	*No Fundo*
	noite	*No Fundo*
13, domingo		sem apresentações
14, segunda-feira	matinê	*No Fundo*
	noite	*No Fundo*
15, terça-feira	matinê	*No Fundo*
	noite	*No Fundo*
16, quarta-feira		*O Jardim das Cerejeiras*
17, quinta-feira	matinê	*O Jardim das Cerejeiras*
	noite	*O Jardim das Cerejeiras*
18, sexta-feira		*As Três Irmãs*
19, sábado	matinê	*As Três Irmãs*
	noite	*As Três Irmãs*

Portanto, de 3 de abril até 19 de maio são três cidades, 67 apresentações. Como o senhor pode ver, caro Vladímir Ivánovitch, a vida não está fácil para nós com nove - dez apresentações por semana, excursionando por cidades desconhecidas. Estaremos nos apresentando até mesmo na Semana Santa e no primeiro dia de Páscoa, com o mesmo ritmo. Feriados para nós são dias de trabalho.

[...]

F II)

1. Secretária do TAM que acompanhou a viagem e participou como extra no espetáculo *No Fundo*, de Maksim Górki.

270 ∽ De Meierhold para Stanislávski

23 de agosto de 1923
Brunskhaupten¹

Envio-lhe, Konstantin Serguiêievitch, meu cordial cumprimento. [...] O senhor ficará ainda muito tempo na Alemanha², o senhor irá a Berlim? Eu gostaria de vê-lo³. [...]

Parto sexta-feira. Vou passar mais ou menos dois dias em Hamburgo, depois irei a Berlim. De lá, rapidamente, para Moscou. [...] Repito-lhe: desejo muito vê-lo. Eu falaria sobre *Lisístrata*⁴ em seu teatro, e o senhor falaria sobre os teatros americanos.

[...]

V. Meierhold,
que o respeita e o ama

F XV)

1. Cidade alemã no mar báltico, onde Meierhold se encontrava de férias. (N. F.)
2. Aproveitando o intervalo entre as apresentações da *tournée* pelos Estados Unidos, Stanislávski viajou para a Alemanha para se encontrar com sua família em Freiburg e visitar seu filho Igor, que sofria de tuberculose e seguia tratamento em Wernwald.
3. O encontro não se realizou. (N. F.)
4. Montagem de Nemiróvitch-Dântchenko da peça de Aristófanes, realizada no Estúdio Musical do Teatro de Arte em junho de 1923. (N. F.)

271 ∽ De Stanislávski para Lilina

27 de novembro de 1923
Nova York

[...]

São tempos muito difíceis. Devemos ensaiar muito e em condições ainda piores das que tivemos em Paris. E o mais importante é o livro¹. [...] O tradutor (americano nativo), o editor e o redator asseguram que terá um êxito muito grande. Todos me pressionam já que o tradutor deve começar outro trabalho, que seria um crime perder. Dizem que é muito bom e que traduziu Lérmontov. [...]

Cada minuto que tenho livre utilizo para escrever [...]. Que outra coisa posso fazer? É imprescindível escrever o livro já que não podemos confiar nos possíveis lucros de nossos espetáculos.

[...]

F XXI)

1. Trata-se de *Minha Vida na Arte*. Os americanos, encantados com a interpretação dos atores russos, pediram a Stanislávski para escrever um livro relatando sua arte. Stanislávski escreveu a autobiografia.

272 ∽ De Stanislávski para Nemiróvitch-Dântchenko

28 de dezembro de 1923
Filadélfia

[...]
Em Paris, um número considerável de pessoas, tanto francesas como russas, boicotaram-nos porque vínhamos da União Soviética e, portanto, éramos comunistas. Agora, eles não nos permitem entrar no Canadá, declarando-nos oficialmente bolcheviques, e todos os nossos planos desmoronaram. Quem sabe quantas dificuldades estão ainda pela frente? [...]

Aqui somos atacados tanto pelos russos como pelos americanos por usar nosso teatro para glorificar a atual Rússia. Em Moscou atiram lama em nós porque estamos preservando a tradição do teatro burguês e porque as peças de Tchékhov e de outros autores da "intelligentsia"[1] têm sucesso com imigrantes russos e capitalistas americanos; eles acham que estamos nadando em dólares, enquanto, na realidade, estamos com dívidas até o nariz. Acredite-me: não é por prazer pessoal que há quase dois anos vou de um lugar para o outro, de cidade em cidade com absolutamente nenhum tempo para as coisas que amo e sonho fazer, e perco o que resta de minha saúde. O moral está baixo, estou deprimido, quase perdi o ânimo e às vezes penso em desistir de tudo. (...)

F II)

1. Intelectuais.

273 ∽ De Stanislávski para Nemiróvitch-Dântchenko

12 de fevereiro de 1924
Nova York

[...]

Não há nenhuma possibilidade de se falar em ganhar dólares. Nossa única preocupação é sair daqui livre das dívidas contraídas na Alemanha revolucionária e em uma custosa Paris no verão passado, o que elevou nosso orçamento em cinco vezes[1]. [...] Temos que pensar também, uma vez as dívidas liquidadas, como e com que dinheiro iremos de Londres a Moscou, transportando de modo seguro sessenta pessoas e oito vagões sobrecarregados com nossos pertences. Onde colocaremos esses pertences?

F II)

1. O valor da dívida era de 25 mil dólares.

274 ~ De Stanislávski para Serguiei Balukháti[1]

14 de fevereiro de 1925
Moscou

Fico muito agradecido ao senhor pela atenção e tratamento e espero sinceramente que eu tenha podido lhe ajudar em seu interessante trabalho. Lembre-se que as *mises en scène* d'*A Gaivota* foram realizadas pelos métodos antigos, agora completamente rejeitados, de imposição das emoções pessoais sobre o ator, e não pelo método de estudar em primeiro lugar o ator – suas capacidades, o material de sua personagem –, antes de criar a *mise en scène* apropriada e desejada. Em outras palavras, o método das antigas *mises en scène* pertence ao diretor despótico, que eu agora combato, enquanto as novas *mises en scène* são feitas por diretores que dependem do ator.

Tendo em vista isso, apreciaria muito se antes de escrever em seu livro[2] sobre as minhas *mises en scène*, o senhor fizesse um prefácio esclarecendo o que eu acabei de lhe contar.

Com sinceros votos de sucesso,
K. Stanislávski

F XII)

1. Serguiei Balukháti (1893-1946), crítico literário, professor e pesquisador das obras de Tchékhov e Górki.
2. Balukháti estava escrevendo sobre a montagem d'*A Gaivota*. Há uma versão em língua inglesa do livro: *The Seagull produced by Stanislávski*, trad. D. Magarshack, London, Denis Dobson, 1962.

275 ~ Carta aberta de seis representantes dos Jovens Artistas do tam

1928
Moscou

Permita-nos, graças à sua revista[1], levar ao conhecimento público as medidas concretas tomadas pelo Teatro de Arte com relação aos problemas que agitam atualmente a opinião pública.

1. Uma questão das mais delicadas e das mais difíceis de se resolver é como tornar o Teatro mais acessível às massas. Ainda que o *Trem Blindado*[2] tenha sido apresentado quase que exclusivamente em apresentações especiais[3], isso está longe de ser suficiente. A solução estaria na redução sensível dos preços; mas o orçamento do Teatro não permite abrir suas portas da maneira como se gostaria. A única saída seria a formação de uma segunda cena, que ajudasse a satisfazer o espectador. Essa é a razão pela qual o Teatro solicita atualmente ao poder governamental a autorização para a expansão da *Pequena Cena*[4] para mil lugares, o que colocaria as apresentações do Teatro de Arte a preços mais acessíveis, aproximando-o do público operário. [...]

Isso não exclui os espetáculos especiais, as assinaturas para o trabalhador e as apresentações nos subúrbios; ao contrário, o Teatro se propõe a aumentá-las ainda mais. Ele já prepara encenações facilmente transportáveis para pequenos teatros e que não perderão nada de seu valor artístico.

2. O segundo problema, não menos essencial, é o de repertório. As dificuldades para a criação de peças que revelem simultaneamente o sentido profundo da época e que respondam ao sistema artístico do Teatro são evidentes. No entanto, ele já está engajado no caminho da colaboração com autores. [...] Em breve, uma nova obra de Vsiévolod Ivanóv será apresentada à companhia; Aleksander Malíchkin, K. Trenióv., C. Fedin escrevem para nós. Nikolas Ogniov conclui uma peça sobre a vida da juventude. Enfim, Leonid Lieonov também nos prometeu uma peça.

Sem se confinar a grupos literários definidos, procurando somente autores consonantes à época e à sua estética, o Teatro propõe-se a negociar com representantes de diversas correntes. Um encontro desse tipo já ocorreu: o encontro do Teatro, representado pelo senhor Nemiróvitch-Dântchenko, com os representantes da Associação Pan-russa dos Escritores Proletários.

Dada à enorme importância que o Teatro atribui ao repertório clássico em uma época de revolução cultural, ele já iniciou um trabalho detalhado relativo à escolha de peças que, em virtude de seu tema e da profundidade de sua análise social, poderiam ampliar o espírito do espectador e ao mesmo tempo levar o Teatro ao nível artístico elevado reivindicado pela época.

3. A doutrina cênica de Konstantin Stanislávski e de Vladímir Nemiróvitch-Dântchenko reivindica novas forças não somente na figura do ator, porém mais ainda na do diretor. O Teatro sente a necessidade de formar diretores que saibam conservar e desenvolver a doutrina. Além disso, um instituto-laboratório foi criado pelos jovens artistas do teatro. Com o objetivo de encontrar a linguagem cênica adequada, será dada para a *Pequena Cena* toda a liberdade aos pesquisadores experimentais da escola do Teatro.

[...]

N. Batálov, G. Zavádski, P. Márkov, M. Prúdkin,
I. Sudakóv, N. Khmélev

F VII)

1. A carta foi publicada na revista russa *Teatro Contemporâneo*, número 21, 1928.
2. Peça de Vsiévolod Ivanóv encenada por Stanislávski para as comemorações do décimo aniversário da Revolução de Outubro.
3. Reservadas a clubes, fábricas, etc. (N. F.)
4. Outra sala do teatro.

276 ~ De Jacques Copeau para Stanislávski

15 de novembro de 1928
Pernand-Vergelesses Côte d'or

Meu querido Mestre e amigo,

Em setembro recebi do senhor Divílkovski um convite para participar das solenidades de aniversário do Teatro de Arte de Moscou. Ai de mim! Meus compromissos pessoais retiveram-me na França. Não pude levar minha homenagem ao senhor e a seus artistas. Mas saiba que meu coração está com o senhor, que sua lembrança e seu exemplo vivem em mim e que nunca esquecerei as horas passadas com o senhor em Paris e nossas conversas[1]. [...] O senhor é uma luz para seu país e para o mundo inteiro.

[...]
Repito-lhe que em meu trabalho, caro Konstantin Stanislávski, penso freqüentemente no senhor como amigo e como um pai do qual me separei, pois o senhor é, em nossa arte, o único homem verdadeiramente sincero e profundamente inspirado que eu conheço. [...]
Até a vista, meu querido Mestre e amigo. [...]

Jacques Copeau

F XX)

1. Apesar do início da correspondência entre os dois diretores datar de 1916, vide carta 266, eles só foram se encontrar em 1922, quando o Teatro de Arte apresentou-se pela primeira vez em Paris no Théâtre des Champs-Elysées. Copeau e Lugné-Poe escreveram críticas entusiásticas e encontraram-se algumas vezes com Stanislávski para discutir os caminhos do teatro.

277 ∽ De Nemiróvitch-Dântchenko para Serguiei Bertenson[1]

10 de novembro de 1930
Moscou

[...]
Stanislávski sentiu-se mal durante a apresentação do jubileu no TAM. No final da apresentação, um ataque cardíaco. Isso não teria sido tão ruim, mas um outro ataque ocorreu alguns dias mais tarde sob condições normais. Diagnosticou-se angina do peito. [...]

F II)

1. Serguiei Lvovitch Bertenson (1885-1962), administrador do TAM no período de 1918-1928.

278 ∽ De Stanislávski para Górki

6 de janeiro de 1933
Moscou

(...)
Sinto muito não ter podido vê-lo em sua última visita a Moscou, mas cheguei do exterior depois de sua partida. Gostaria de ter discutido com o senhor toda uma série de problemas que tem a máxima importância para o teatro. Atualmente, esses problemas tornaram-se tão agudos que exigem uma

decisão clara, inequívoca e categórica. Na raiz deles está uma única questão delicada que diz respeito ao modo como vemos o papel do TAM no presente, ao modo como vemos sua arte especial e específica, que o distingue dos outros teatros. Definimos isso dentro do teatro como uma questão de "amplitude" ou "profundidade". Isso significa que deveríamos devotar toda nossa força para a compreensão, para o aprofundamento, para o desenvolvimento de nossa arte, sem muita preocupação com o número de apresentações, ou será que deveríamos – seguindo o exemplo dos outros teatros – tentar dar uma resposta rápida e, no entanto, transitória para os problemas atuais, sem pensar muito em dar à nossa arte maior profundidade? Eu seria ingênuo se pensasse que me excluiria das exigências da situação atual quando colocado de frente com tal questão; pelo contrário, acredito que o TAM tem a obrigação de responder aos eventos atuais com profundidade e não superficialmente; olhar para o coração das coisas e não para sua carapaça. Quero um teatro de *idéias* e não um teatro de fatos cuidadosamente registrados. Com toda a honestidade, devo dizer que não vejo outro papel para mim em nosso tempo – quero devotar o resto de meus dias à educação de atores, ao enriquecimento do ofício do ator, de forma que este seja capaz de transmitir os sentimentos mais profundos e fortes e os pensamentos do homem de nosso tempo.

Tive a impressão de que sua posição em relação ao TAM coincidia com minhas opiniões. O senhor não estava errado quando definiu o TAM como um teatro academia.

Há, no entanto, muitos obstáculos para esse crescimento em "profundidade". Nos últimos anos o teatro cresceu em "amplitude" – possui um corpo de mais de 120 atores, dos quais muitos reivindicam trabalho que não estamos em posição de oferecer, e que o TAM não tem condições de sustentar; foram realizadas montagens nas quais a arte do TAM não tem sido mantida no padrão exigido; surgiram insatisfação e depressão. O resultado foi a criação de um grupo que opõe a luta pela "amplitude" à "profundidade" como solução – a súbita produção de um número maior de peças e a nova concepção do ator. Não vejo alternativa para a divisão do teatro, de forma que o TAM básico possa se dedicar à linha escolhida de uma maneira consistente. Considero essencial concentrar todas as nossas forças em um *único* teatro, sem nenhum tipo de teatro filial, e espero alcançar os resultados exigidos com essa única companhia que compartilha uma visão comum da arte. Parece-me que a seriedade e a agudeza da situação, que ameaça o TAM com

Konstantin Stanislávski.
FONTE B

uma catástrofe, não será apreciada devidamente fora do teatro se as medidas que sugeri não forem adotadas rapidamente. Enviei dois documentos para o governo (irei lhe enviar as cópias) com um pedido para uma decisão. Espero que o senhor nos ajude nesse momento crítico da vida do teatro. (...)

F II)

279 ~ De Stanislávski para Górki

10 de fevereiro de 1933
Moscou

Caro Aleksiei Maksímovitch,
[...]
Eu tenho tido sorte. Minha vida se arranjou sozinha. Fui um instrumento nas mãos dela. Mas essa sorte obriga-me a transmitir antes de morrer o que a vida tem me dado. Mesmo que seja muito difícil comunicar a própria experiência para outras pessoas em um processo tão complexo como o da arte do ator. Na relação pessoal com um aluno, pode-se demonstrar, representar, apresentar coisas que são difíceis de serem colocadas em palavras. A representação é o campo do ator. Mas, quando pego a caneta, faltam-me palavras para definir as emoções. Desde que nós nos vimos em Capri[1], onde o senhor se deu ao trabalho de ler minhas primeiras linhas, minhas tentativas em escrever algo como uma "gramática da arte dramática", tenho treinado meu pensamento para transpor para o papel, da maneira mais clara e lúcida possível, o que um novato do palco deve saber. Um livro como esse é excessivamente necessário, se for apenas para silenciar todas as idéias erradas com relação ao assim chamado "sistema", que, da maneira como é ensinado agora, só deforma jovens atores. É preciso colocar ordem no assunto.

Fora isso, a arte teatral ou, mais precisamente, a arte de representar, está se arruinando rapidamente. Os gigantes do palco, os artífices estão indo embora um a um, deixando para trás nada além de reminiscências de seus contemporâneos e algumas fotografias de segunda categoria no Museu Bakhruchin[2]. Essa é a razão pela qual decidi colocar minha experiência por escrito e que me faz temer tanto a tarefa. É um trabalho para um verdadeiro escritor. Escrever "cientificamente" sobre arte como os advogados e conselheiros legais

fizeram uma vez no Grupo de Arte e Literatura é enfadonho e sem sentido.
Ajude-me neste trabalho (já feito três vezes) com seu conselho e experiência.
[...]
Abraço-o e agradeço-lhe mais uma vez sinceramente, do fundo de meu coração, pela sua indulgência e encorajamento. Espero que nos encontremos em breve. Cumprimentos cordiais para toda sua família.

Com afeto e sinceridade,
K. Stanislávski

F XII)

1. Em 1910 quando Stanislávski estava com tifo. Górki estava exilado na Itália.
2. Museu dedicado ao teatro.

280 ~ De Meierhold para Stanislávski

18 de janeiro de 1938
Moscou

Caro Konstantin Serguiêievitch,
Ao descrever um dos incidentes em um dos seus contos e experimentando a dificuldade em expressar no papel o que acabara de ocorrer em sua história, N. V. Gógol, de repente, parou e explicou: "Não!... Eu não posso! Dê-me uma outra caneta! Minha caneta está preguiçosa, morta, há uma fenda demasiadamente estreita para esta cena!"
Ao começar esta carta para o senhor, no seu aniversário, eu me encontro na situação de Nicolai Vassilievitch.
Meus sentimentos com relação ao senhor, meu querido mestre, são tais que qualquer caneta pareceria preguiçosa e morta para expressá-los no papel.
Como posso dizer ao senhor o quanto o amo?!
Como posso lhe expressar a minha enorme gratidão por tudo o que o senhor me ensinou sobre a mais difícil das coisas, a arte de ser diretor?!
Se eu pudesse superar os obstáculos que têm sido colocados em meu caminho pelos eventos dos últimos meses, eu iria visitá-lo, e o senhor leria em meus olhos minha alegria por vê-lo recuperado de sua doença, pelo fato

de o senhor estar mais uma vez saudável e feliz e por começar a trabalhar novamente para o bem do país.

Aperto sua mão com carinho. Eu o abraço.

Lembranças a todos em sua casa. [...]

Carinhosamente seu,
Vl. Meierhold

F XII)

281 ～ De Stanislávski para Nemiróvitch-Dântchenko

27 de fevereiro de 1938
Moscou

Meu caro Vladímir Ivánovitch,
Houve muitos desentendimentos entre nós nos últimos anos.

A grande tristeza que o senhor sofreu[1] fez surgir em mim pensamentos do passado que estão muito ligados com a querida falecida. Penso nela e penso sobre nosso bom relacionamento de antes. Essas lembranças estimularam-me a escrever para o senhor. Sobre o quê? (...)

Não posso fingir que sou capaz de confortá-lo quando não há conforto para sua tristeza; não há nada especial que eu queira lhe escrever.(...)

Neste momento trágico quero, devo escrever algumas palavras sinceras e simples, como costumava fazer antigamente. Creio que Ekaterina Nikoláievna apreciaria isso.

Quero, como amigo, dizer que sinto sincera e profundamente pelo senhor e que estou procurando um jeito de ajudá-lo.

Pode ser que este meu impulso profundamente sincero lhe dê força, mesmo que seja pouca, para passar por essa pesada provação.

Sincera e afetuosamente seu,
K. Stanislávski

F II)

1. Morte da esposa, Ekaterina Nikoláievna.

282 ∽ De Nemiróvitch-Dântchenko para Stanislávski

11 de março de 1938
Sanatório Barvikha

Caro Konstantin Serguiêievitch,
Não estava em condições de responder logo à sua carinhosa carta, não tinha forças para escrever. O senhor deve compreender que mesmo agora não é fácil para mim colocar os pensamentos em ordem. (...)
Claro, acima de tudo, as *pessoas* complicaram nosso bom relacionamento. Algumas porque isso lhes era vantajoso, outras por inveja. Mas nós criamos um solo fértil no qual elas puderam semear a discórdia. A começar pela diferença em nosso método artístico e depois, obviamente, pelas características de nosso caráter as quais não fomos capazes de superar e que nos colocaram com um complexo de culpa, um em relação ao outro. E nós não quisemos corrigir essas falhas. E essas diferenças e falhas assumiram proporções tão enormes que foi preciso uma catástrofe como a morte de minha querida Ekaterina Nikoláievna para que fôssemos capazes de nos ver além delas.
Nosso relacionamento tem durado 41 anos. Um historiador, algum Nestor teatral, irá dizer com humor: "Você pode imaginar! Essas pessoas, elas mesmas e as pessoas em volta delas destruíram esse relacionamento, disputaram-no, e a história achará tudo isso um completo mistério".
Agradeço-lhe tanto por seu impulso repentino e, por favor, transmita meus sinceros cumprimentos a Maria Petrovna[1].
Desejo-lhe, de todo meu coração, saúde e força.

Vl. Nemiróvitch-Dântchenko

F II)

1. Esposa de Stanislávski.

283 ~ DE MEIERHOLD PARA IÚRI BAKHRÚTCHIN[1]

8 de agosto de 1938
Kislovodsk

Telegrama

Rogo-lhe que peça a Kúchnir[2] encomendar, por minha conta, e depositar uma coroa[3]. Confio no seu gosto. Nas fitas, esta inscrição: "Ao meu querido grande mestre K. Stanislávski, Vsiévolod Meierhold". Agradeço-lhe antecipadamente.

Meierhold

F XVI)

1. Professor e historiador do teatro (1896-1973). Coordena as seções de encenação e repertório da Ópera de Stanislávski de 1928 a 1839.
2. Aleksandr Kuchnir: assistente de direção na Ópera de Stanislávski. (N.F.)
3. Morte de Stanislávski em 7 de agosto de 1938, às 3:45 da manhã.

BREVE ÍNDICE BIOGRÁFICO DOS MISSIVISTAS

ALEKSIEIEV, Vladímir Serguiêievitch (1861 – 1939): irmão de Stanislávski. Diretor musical do Estúdio de Ópera e do Teatro de Ópera Stanislávski.

BAKHRÚTCHIN, Iúri (1896 – 1973): professor e historiador de teatro. Coordenou as seções de encenação e repertório da Ópera de Stanislávski de 1928 a 1839.

BALUKHÁTI, Serguiei (1893 – 1946): crítico literário, professor e pesquisador das obras de Tchékhov e Górki.

BERTENSON, Serguiei Lvovitch (1885 – 1962): administrador do TAM no período de 1918 a 1928.

BORODÚLIN, Aleksander: aspirante a uma vaga no TAM.

COPEAU, Jacques (1879 – 1949): ator, diretor, crítico, ensaísta e dramaturgo francês; fundador da companhia Vieux Colombier, é considerado uma das grandes influências no desenvolvimento do teatro francês do século XX.

CRAIG, Edward Gordon (1872 – 1966): ator, diretor, cenógrafo, designer e dramaturgo. Suas teorias sobre a Arte do Teatro abalaram o meio teatral e inauguraram uma nova etapa da encenação moderna: o reinado do encenador. Foi o editor da revista *The Mask*, uma das principais publicações de teatro da época.

DUNCAN, Isadora (1878 – 1927): uma das precursoras da dança moderna, viajou para a Rússia em 1908, inspirando Stanislávski com sua arte.

GÓRKI, Maksim (1868 – 1936): pseudônimo de Aleksiei Maksímovitch Péchkov. Nasceu em Níjni-Novgorod, começou a trabalhar com nove anos e, durante os quinze anos seguintes, viajou pela Rússia meridional fazendo todo tipo de serviço e educando-se com os livros que conseguia emprestar de todos os lugares. Em 1895 publicou um de seus contos em uma revista de São Petersburgo, alcançando rapidamente fama e sucesso. Em dois anos tornou-se uma grande figura literária, não somente na Rússia, mas também na Europa. Suas primeiras histórias fizeram dele um ídolo para a classe trabalhadora, provocando a perseguição da polícia do Tsar. Depois do fracasso da Revolução de 1905, na qual havia tomado parte, Górki deixou o país e continuou em Capri sua atividade política. Em 1917 apoiou Lenin e os bolcheviques, tornando-se uma espécie de censor cultural do novo regime.

GURIÉVITCH, Liubov Iakovlievna (1866 – 1940): escritora, crítica, historiadora, amiga de Stanislávski e sua consultora para assuntos literários. Escreveu vários trabalhos sobre o TAM e sobre Stanislávski.

IORDÁNOV, Pavel: inspetor sanitário que mais tarde se tornou prefeito de Taganrog, cidade natal de Tchékhov.

KATCHÁLOV, pseudônimo de Vassíli Ivánovitch Chverubóvitch (1875 –1848): ator do TAM desde 1900, representou na companhia importantes papéis, dentre os quais Hamlet na montagem de Craig-Stanislávski.

KNÍPPER, Olga Leonárdovna (1868–1959): atriz do Teatro de Arte de Moscou. Sua família, de origem alemã, estabeleceu-se na Rússia. Seu pai faleceu jovem e sua mãe sustentava a família dando aulas de música. Knípper cursou a Escola Filarmônica de Moscou, onde selecionava Vladímir Nemiróvitch-Dântchenko. Casou-se com Anton Tchékhov em 1901.

KOROLÉNKO, Vladímir (1853 – 1921): escritor popular que defendia os camponeses dos abusos dos grandes proprietários.

KOTLIARÉVSKAIA, Vera Vassílievna (?–1942): atriz do Teatro Aleksandrínski em São Petersburgo.

LEONÍDOV, Leonid Mirónovitch (1873 – 1941): ator, diretor ingressou no TAM em 1903.

LILINA, pseudônimo de Maria Petrovna Aleksieieva (1866 – 1943): esposa de Stanislávski e atriz do TAM.

MAETERLINCK, Maurice (1862 – 1949): poeta belga, dramaturgo e ensaísta. Sua peça *O Pássaro Azul* teve estréia mundial em 1908 no Teatro de Arte de Moscou.

MAGNUS, Maurice: agente de Gordon Craig e responsável pelas negociações iniciais do diretor inglês com Stanislávski.

MEIERHOLD, Olga Mikháilovna: primeira esposa de Meierhold.

MEIERHOLD, Vsiévolod Emílievitch (1874 – 1940): aluno de Nemiróvitch-Dântchenko na Escola Filarmônica de Moscou, fez parte do elenco de fundação do TAM. Permaneceu no Teatro de Arte até 1902, fundou sua própria companhia e desenvolveu importantes pesquisas sobre a linguagem cênica e o trabalho do ator.

MORÓZOV, Sávva Timoféievitch (1862 –1905): empresário que financiou e subsidiou a construção do Teatro de Arte de Moscou a convite de seu amigo Stanislávski.

NEMIRÓVITCH-DÂNTCHENKO, Vladímir Ivánovitch (1858 –1943): escritor, dramaturgo, diretor e fundador, com Stanislávski, do Teatro de Arte de Moscou.

NEMIRÓVITCH-DÂNTCHENKO, Ekaterina Nikoláievna (? – 1938): esposa de Vladímir Nemiróvitch-Dântchenko.

PÉCHKOVA, Ekaterina Pávlovna: segunda esposa de Górki e mãe de seu filho Maksim.

PIÁTNITSKI, Konstantin: um dos fundadores da editora Znanie (Conhecimento), empreendimento em forma de cooperativa que contou com a colaboração de Górki a partir de 1900. Juntos fizeram de Znanie um dos maiores sucessos editoriais da Rússia.

ROSSOLÍMO, Grigori (1860 – 1928): colega de Tchékhov na escola de medicina.

STAKHÓVITCH, Aleksiei Aleksandróvitch (1856 – 1919): ator, membro do Conselho e acionista do TAM.

STANISLÁVSKI, pseudônimo de Konstantin Serguiêievitch Aleksieiev (1863 – 1938): ator, diretor, professor e fundador, com Nemiróvitch-Dântchenko, do Teatro de Arte de Moscou.

SULERJÍTSKI, Leopold (1872 – 1916): escritor, pintor e diretor. Foi expulso da Academia por seus discursos revolucionários e exilado na Ásia Central. Foi o principal assistente de Stanislávski, desempenhando papel decisivo na condução dos trabalhos da montagem do espetáculo Hamlet. Segundo o próprio Stanislávski, as duas pessoas que mais conheciam seu "sistema" eram Sulerjítski e Vakhtângov.

SUMBÁTOV, pseudônimo de Aleksander Iújin (1857 – 1927): dramaturgo, ator no Teatro Mali de 1882 a 1927. Personalidade de destaque nas artes. Recebeu o prêmio da Academia Francesa por sua atuação em *Hernani*, de Victor Hugo.

SUVÓRIN, Aleksiei (1834 – 1912); editor de um jornal conservador em São Petersburgo, dramaturgo e amigo de Tchékhov durante vários anos. Romperam a amizade por divergências de opinião em relação ao caso Dreyfus.

TCHÉKHOV, Anton Pávlovitch (1860 – 1904): médico, autor, dramaturgo, revolucionou a dramaturgia com suas peças "sem ação", desobedecendo a norma aristotélica, em vigor até então, e fundando o chamado "teatro de atmosfera".

TCHÉKHOVA, Evguiênia (1835 – 1919): mãe de Tchékhov.

TCHÉKHOVA, Maria (1863 – 1957): irmã de Tchékhov. Professora de história e geografia em uma escola particular para moças. Depois da morte de Tchékhov, tornou-se responsável pela organização e administração de seu acervo.

TIKHOMÍROV, Iossafát Aleksândrovitch Tikhomírov (1872 – 1908), aluno de Nemiróvitch-Dântchenko na Escola Filarmônica de Moscou, ator e diretor no TAM de 1898 a 1904.

TÍKHONOV, Vladímir (1857–1914): escritor, dramaturgo e editor de várias revistas literárias.

VAKHTÂNGOV, Evguieni Bagratiónovitch (1883 – 1922): ator, diretor, professor. Ingressou no TAM em 1911, participou do Primeiro Estúdio em 1912 e desenvolveu importantes pesquisas sobre o trabalho do ator e a linguagem cênica.

VICHNIÉVSKI, Aleksandr Leonídovitch (1861 – 1943): ator, membro fundador do Teatro de Arte de Moscou.

DESDOBRAMENTOS DAS CARTAS: UM EXEMPLO

As cartas apresentadas nesta coletânea possuem potencialidades temáticas diversas, que podem inspirar a formulação de hipóteses para ensaiar um exercício interpretativo dos dados coletados.

A reflexão que se segue partiu da interpretação do material reunido na coletânea e, dentre as inúmeras possibilidades temáticas encontradas no material, selecionamos a passagem de Gordon Craig pelo Teatro de Arte de Moscou, pois as cartas referentes a esse encontro iluminam aspectos de relevância do fazer teatral e desmitificam esse evento, que deu margem a tanta polêmica nos manuais teatrais.

O encontro de Gordon Craig e Konstantin Stanislávski

À primeira vista, o encontro entre Gordon Craig e Konstantin Stanislávski para a montagem do espetáculo *Hamlet*, no Teatro de Arte de Moscou, pode parecer um disparate, principalmente quando tentamos encaixá-los e enquadrá-los dentro de uma estética específica: Craig estaria identificado com o simbolismo e Stanislávski com o realismo. Essa redução a um *ismo*, no entanto, é extremamente redutora e empobrecedora, pois não leva em conta a linha formativa e evolutiva de uma poética que está sempre em movimento, articulando-se e modificando-se.

Não considerando a dinâmica do processo de formação de uma poética, a bibliografia teatral[1] tende a apontar o descompasso entre os dois encenadores, dando preferência à configuração do desencontro de opiniões e ao resultado final insatisfatório a que chegaram, como se o embate de idéias, as mudanças na abordagem do material, as várias versões projetadas e a escolha final por uma síntese possível de realização não fossem naturais a qualquer processo criativo de montagem de um espetáculo.

A crítica genética nos oferece uma outra perspectiva para acompanharmos e repensarmos as relações entre Craig e Stanislávski. Tendo como objeto de pesquisa o processo de criação de uma obra, que pode estar fixado em diferentes suportes, tais como cartas, diários de trabalho, croquis, enfim, tudo o que existe em torno de sua gênese, é possível vislumbrar o funcionamento de um processo criativo que demonstra, no caso dos dois encenadores citados, que não existia uma incompatibilidade intransponível, ao contrário, vários pontos de identificação aproximaram os dois, apesar das diferenças poéticas que existiam entre eles.

As divergências ocorreram, sem dúvida, como em qualquer processo de trabalho, porém eram mais de ordem financeira e particular do que estética. Partindo desse pressuposto, serão demonstrados aqui os pontos de aproximação do fazer teatral de Gordon Craig e Konstantin Stanislávski na montagem de *Hamlet*, espetáculo da temporada de 1912 do Teatro de Arte de Moscou (TAM).

A MONTAGEM DE *HAMLET* NO TEATRO DE ARTE DE MOSCOU

É impossível pensar as renovações cênicas do século XX sem levar em conta as contribuições de Gordon Craig e de Konstantin Stanislávski.

---

1. Laurence Senelick, apesar de ter reconstituído passo a passo essa montagem em seu livro *Gordon Craig's Moscow Hamlet*, pontua em seu texto a idéia das "diferenças irreconciliáveis" (p. 71) entre os dois diretores, empregando, por exemplo, frases como: "[...] what they most had in common was an indulged childhood protected from life's harsh realities, and a passionate love for the theatre, which stood for a surrogate world" (p. 5).

Com Craig, temos a conceituação de uma nova idéia de teatro. A figura do encenador surge como o centro da criação teatral. Ao encenador, caberia a elaboração da escritura cênica[2]: o texto escrito e a obra representada são duas criações distintas; o encenador não reproduz, ele produz, tornando-se autor do espetáculo.

Craig pensa o teatro como uma arte nascida do gesto, do movimento, da dança[3]. No lugar de cenários pintados, ele articula um cenário que é um arranjo de formas espaciais capazes de evocar o universo da peça representada. A luz, trabalhada na sua potencialidade máxima, dá ao ator e ao espaço cênico seu valor plástico total. Os objetos se desmaterializam para converterem-se em idéia, em símbolos, e o espaço cênico torna-se um espaço movente, graças aos biombos (telas) e à iluminação.

Assim, luz, movimento e sugestão constituem elementos fundamentais de sua poética, que encontra ressonância na estética simbolista, cujo eixo é exatamente a procura da presença do objeto por meio de sua sugestão.

No entanto, as transformações cênicas do final do século XIX não se restringem aos aspectos visuais, elas tocam também, profundamente, o trabalho do ator, e é igualmente impossível pensar a renovação da arte teatral moderna sem levar em conta as contribuições de Konstantin Stanislávski e do Teatro de Arte de Moscou.

Depois de ter adquirido uma larga experiência e prestígio com o teatro amador, Stanislávski funda com Vladímir Nemiróvitch-Dântchenko o Teatro de Arte de Moscou (TAM), inaugurando uma nova época no teatro russo e, posteriormente, mundial: a formação de um conjunto harmonioso que rejeita a figura do ator/estrela central, bem como o estilo declamatório vigente, e o desenvolvimento de uma metodologia para o treinamento do ator baseada no equilíbrio entre a mais profunda vivência da personagem e a sua mais afinada e precisa expressão física e vocal.

O espetáculo *Hamlet* reúne esses dois fundadores da modernidade cênica em um projeto que envolve, além dos dois diretores, várias personalidades da cena russa que passarão para a história do teatro nacional: Vakhtângov, Sulerjítski, Mikhail Tchékov, Alisa Koonen.

---

2. Bernard Dort, *La Représentation Emancipée*.
3. *De l'art du Théatre*, p. 115.

Os ecos da montagem não ficaram restritos à Rússia; propagaram-se por toda a Europa e consolidaram a reputação de Craig, divulgando suas idéias e revolucionando a encenação de Shakespeare desse século: estava afirmada a idéia do encenador como o articulador de uma visão extremamente particular do texto, abordagem que coloca os elementos da encenação a serviço da materialização de seu conceito. E, se por um lado Craig foi acusado de ter idéias impraticáveis e de ser incapaz de realizar suas fantasias, por outro é inegável a influência que suas idéias não realizadas tiveram sobre homens mais práticos.

Confluência das principais tendências da modernidade cênica, o espetáculo *Hamlet* constitui um capítulo fascinante da história do teatro ocidental, em cujo bojo se apresentam questões sobre a poética da cena e a poética do ator, às quais ainda hoje procuramos responder.

Elementos articuladores do pensamento de Craig e de Stanislávski

Craig, antes de ser um teórico do teatro moderno, foi um realizador. É assim que Denis Bablet, no seu livro *Edward Gordon Craig,* o define.

Craig conhecia todos os aspectos constituintes da arte teatral: das coxias até a bilheteria. Seu conhecimento foi fundado em uma prática diária do universo teatral, e sua abordagem teórica da arte cênica desponta de seu interior.

Filho da grande atriz Ellen Terry e do arquiteto e diretor de teatro Edward William Godwin, Craig respira teatro e, aos seis anos de idade, aparece em cena pela primeira vez. A princípio, sucessivas aparições em cena, depois pequenos papéis sem fala até que, em 1885 aos treze anos, obtém seu primeiro papel falado.

Sua aprendizagem dá-se no contato diário com seu ofício. Na época, não havia uma Escola Nacional de Artes Cênicas – o que será um de seus projetos futuros –, e a sua formação vai se fazendo por intermédio da observação e, sobretudo, da convivência com Henry Irving, um dos maiores atores ingleses de todos os tempos, que, com Ellen Terry, formava o casal mais célebre da cena inglesa.

Nas entrevistas com Denis Bablet, Craig afirmou repetidas vezes que o grande mestre de sua vida havia sido H. Irving, pois este possuía qualidades que para ele eram fundamentais: imaginação e domínio de si. Tudo o que Irving fazia era calculado e medido, cada gesto, cada entonação; nada acontecia por acaso, um completo domínio de sua máscara. Quando, posteriormente, Craig desenvolve a *ubermarionete*, é em Irving que ele se inspira.

O realismo é o estilo de representação da companhia, e Irving impõe uma disciplina pouco comum para a época, com a realização de longos períodos de ensaio, cuidando de cada detalhe da produção: luz, figurino, ensaios para a equipe técnica, etc. Na homogeneidade do conjunto, na preocupação com a exatidão, Irving se inscreve na mesma matriz que o Duque de Meiningen.

Se mais tarde Craig se opõe a Irving quanto à questão de estilo, dele assimila o método de trabalho e a necessidade da articulação de uma unidade cênica.

Nesse período de aprendizagem, outro elemento mostra-se decisivo: a imagem. Craig desenha tudo e a necessidade da imagem é instintiva. Gosta de observar os quadros dos grandes mestres da pintura, pois provocam sua sensibilidade e fornecem-lhe material cênico da melhor qualidade. As pinturas que ele observa transformam-se em cenas de teatro minuciosamente organizadas: cada gesto, cada expressão de rosto, a utilização da cor e da iluminação, a composição do vestuário, tudo faz parte da articulação de uma unidade.

Dentre suas amizades, dois pintores exercem uma influência decisiva: James Pryde e William Nicholson. Contrários ao realismo, pertencem ao movimento da "New English Art Club" e é graças a eles que Craig descobre uma arte e uma técnica: a gravura em madeira, uma arte que recusa a reprodução do detalhe, exigindo a expressão do traço essencial e privilegiando, assim, a expressão das formas dominantes e a composição mediante uma economia de meios.

É graças a Pryde e a Nicholson que Craig descobre o valor expressivo do preto, não como uma simples cor de contorno dos desenhos, mas, ao contrário, como uma cor que cobre e anima as superfícies, a via negativa que revela a ele todo um vasto mundo de possibilidades expressivas: o objeto não será mais retratado através do seu traço no papel branco, mas através do espaço vazio que o negro contorna. O preto é para Craig a cor mais essencial.

Durante esse período de descobertas, Craig desenha alguns esboços de cenários para as peças de Shakespeare, *Romeu e Julieta* e *Henrique IV*, mas ainda sob a forte influência do estilo realista praticado no Lyceum Theatre, de Irving. Sua carreira como ator vai crescendo, ele recebe excelentes críticas da imprensa e todos esperam que seja o sucessor de seu mestre. Quando pensa no trabalho da encenação, é ainda sob a influência de seu tempo: a figura do ator-diretor, que, do centro da cena, dá as ordens aos técnicos e membros do elenco. É assim que dirige o espetáculo *Não se Brinca com o Amor*, de Musset, em 1893, o primeiro sob sua inteira responsabilidade. "Mais tarde, descobri que ficar no centro da cena e fazer os outros trabalharem não justificava inteiramente a qualificação de *metteur en scène*[4]."

Experiência isolada, Craig prossegue com sua carreira de ator e, em 1894, ingressa na Compagnie Shakespeare, dirigida por W. S. Hardy. Todos os papéis sonhados lhe são oferecidos: Hamlet, Romeu, Cassio, etc. O sistema de trabalho se resume a três ensaios para cada peça e apresentações em várias cidades.

É nesse momento que uma profunda insatisfação toma conta de Craig. Ele se dá conta da vida teatral fora das paredes do Lyceum. Para assegurar suas despesas, aceita qualquer tipo de trabalho, o que vai mostrar-lhe o outro lado da moeda: se no Lyceum ele estava em contato com o que havia de melhor da cena britânica, agora ele experimenta o oposto disso, não mais o teatro de exceção, mas o teatro corrente.

Nas horas livres, desenha. Tudo o que vê é fonte de inspiração e emoção. Começa a colecionar reproduções, livros de gravuras, cartões-postais e periódicos ilustrados. É assim que, em junho de 1895, ele descobre o Théâtre d'Orange, por intermédio da *The Century Magazine*. Nela, havia um artigo, escrito por T. A. Janvier, sobre a Comédie Française em Orange, ricamente ilustrado por Louis Loeb: oposições de sombra e luz, o equilíbrio entre as linhas verticais e os planos que se opunham cortando o espaço. Esse material serve de inspiração e de reflexão sobre as possibilidades expressivas desses elementos articulados. "Depois que vi esses desenhos, compreendi as possibilidades que a luz, o espaço e o fundo oferecem à cena[5]."

Para surpresa geral, no final de 1897, Craig decide abandonar sua carreira como ator, apesar de ser apontado pela crítica como um dos melhores atores jovens da cena inglesa.

4. *Apud* Bablet, *op. cit.*, p. 34.
5. *Apud* Bablet, *op. cit.*, p. 37.

Muitos motivos cercam essa decisão. A experiência de ter atuado em papéis importantes lhe revelara que ele não era um segundo Henry Irving. No seu autojulgamento, seu trabalho carecia de vida e não correspondia ao seu desejo mais profundo de "exprimir algo". Ao observar a atuação de Irving, Craig concluíra que não seria possível ultrapassá-lo, que ele nunca deixaria de ser uma cópia pálida de seu grande mestre. Ao mesmo tempo, deixar de atuar significava para Craig conquistar a liberdade de não mais se comparar a ele ou querer segui-lo, significava sobretudo o primeiro passo para a sua independência artística.

Parar de atuar não queria dizer deixar o teatro. Era preciso redirecionar as forças e descobrir em qual segmento da cena ele poderia realmente criar algo novo.

Esse período de incertezas faz com que Craig aprofunde seus conhecimentos na técnica da gravura, de seus desenhos e de sua formação estética. Lê intensamente: Ruskin[6], Goethe, Wagner, Tolstói, Coleridge, os simbolistas e vai amadurecendo a idéia, vislumbrada anteriormente com Pryde e Nicholson, de que a arte não pode ser imitação, de que ela precisa ser criação: "De Goethe ele aprende que a arte interpreta o inexplicável e que somente é teatral aquilo que é também visualmente simbólico. Tolstói lhe confirma a acepção de que a reprodução do real é a negação da arte"[7].

Isso não significa que o trabalho de Craig no teatro seja o reflexo do pensamento desses escritores. Mas é por meio deles que ele percebe a natureza da arte, a importância da imaginação e da disciplina, a supremacia da sugestão sobre a mera reprodução.

Dominando a técnica plástica, Craig pode agora exprimir suas intenções pelo desenho sem o risco de deformá-las ou traí-las. É com seus desenhos e gravuras em madeira – aproximadamente duzentas gravuras nascem do período de 1899 e 1900 – que ele ganha seu sustento.

Finalmente, em 1900, Craig retorna à cena como diretor, encenando a ópera *Dido e Enéas*, de Purcell, e dando início a uma revolução cênica. Craig cria uma emoção visual em harmonia com a emoção auditiva: adapta o

---

6. John Ruskin (1819-1900), esteta, crítico de arte e pensador inglês, atacou o convencionalismo da época, defendendo a pintura de Turner e o retorno ao estilo gótico.
7. Bablet, *op. cit.*, p. 44.

movimento cênico, o cenário e o figurino à música. Recusa o realismo descritivo, construindo uma arte baseada na sugestão, na evocação que liberta a imaginação do espectador. Ele quer ultrapassar a realidade, substituindo a imagem do objeto pela imagem que esse objeto evoca no espírito.

Cada cena é composta como um quadro cujas partes são indissociáveis: o figurino dialoga com o meio que o cerca, esse por sua vez está em completa harmonia com a música, etc. Dois elementos são fundamentais: a cor e a luz, que passam a jogar dramaticamente com o todo. A realidade teatral não é um texto dito pelos atores, mas é um conjunto visual e auditivo. A disposição do material cênico e o jogo da iluminação criam o "espaço do drama", exprimem suas tensões e seus símbolos. A luz transforma o espaço e o anima, criando um ambiente dramático, pouco a pouco revelado.

No percurso de suas encenações, Craig propõe uma arte que ultrapassa a simples interpretação da obra; a ação e o movimento contam mais que o texto escrito e falado. A obra escrita serve como inspiração de temas, e as impressões são transcritas visualmente. A peça escrita é obra do dramaturgo, mas o espetáculo é obra do encenador.

Craig percebe que, para expressar um novo teatro, era preciso abandonar a velha maquinaria e desenvolver uma nova, que fosse capaz de expressar a mobilidade de sugestões dramáticas propostas pela encenação. Ele passa a estudar livros de arquitetura de Sebastiano Serlio, entrando em contato com os pioneiros da arquitetura moderna: Henry van Velde e Joseph Hoffmann, que procuravam em seus trabalhos substituir os arabescos e enfeites decorativos pelo jogo de superfícies e volumes cúbicos. Assim, o cenário passa a ser, para Craig, puro espaço cênico em movimento. Ele sonha com a possibilidade de a cena se mover em todas as direções.

Em 1907, por meio da análise detalhada do tratado de Serlio, que lhe serve de inspiração sobre vários elementos da arquitetura (cubos, muros, colunas), Craig inventa as *screens* (telas/biombos), cujo interesse não está em construir uma arquitetura movente, mas em realizar o movimento em seu estado puro. E o biombo é o instrumento que tornará isso possível: o espaço cênico inteiro se movimenta, animado por uma vida profunda conferida pela iluminação. Trata-se do princípio das "mil cenas em uma" (*the thousand scenes in one scene*), que tem sua estréia em 1911 no Abbey Theatre.

Tudo está pronto para o encontro de Craig com uma das mais notáveis companhias teatrais da época: o Teatro de Arte de Moscou.

Não será abordada aqui a trajetória artística de Konstantin Stanislávski, ricamente registrada na autobiografia *Minha Vida na Arte*, desde seus primeiros contatos com o universo cênico até a segunda *tournée* internacional do Teatro de Arte realizada em 1922.

De todo o percurso, foram selecionados aqui apenas alguns elementos que articulam seu fazer teatral e que fazem parte da concepção do espetáculo *Hamlet*.

O primeiro deles é o caráter de investigação que marca toda a sua trajetória. Stanislávski nunca se contentava com os resultados alcançados em suas atuações ou encenações, estava sempre disposto a tentar outras soluções que pudessem traduzir de maneira mais eficiente o espírito humano. Ele desejava sempre ir além, fazer melhor e mais verdadeiramente, inquietação essa que o acompanhou até seus últimos dias.

Outro elemento que merece ser ressaltado é que essa busca incessante por um teatro verdadeiro e artístico se funda no trabalho do ator. A poética cênica de Stanislávski é a poética do ator. Não há concepção que se sustente sem o trabalho preciso e inspirado do ator. Para ele, os cenários, os figurinos, a iluminação, a própria concepção do espetáculo existem em relação ao trabalho do ator.

A verdade cênica é outro constituinte do fazer teatral de Stanislávski. Não importa a estética que organiza o espetáculo – realista, convencional, impressionista ou futurista –, desde que o resultado seja convincente, verdadeiro, crível e artístico. A verdade em cena é o que o ator e o espectador acreditam ser verdadeiro[8]. Ao assistir aos ensaios, Stanislávski sintetizava seus comentários com a seguinte oração: "Не верю! (ni vieriu!)"[9]. Não havia lugar para a expressão vazia ou inorgânica.

O realismo revisitado constitui outro ponto de suma importância no pensamento estético do encenador. A fase do realismo histórico à la Meiningen, embora tivesse sido o veículo para a imposição de um padrão de qualidade que não existia na cena russa até então, mostrara-se insuficiente como meio de expressão de anseios mais profundos e sutis. A dramaturgia de Tchékhov apresentava a necessidade da formulação de uma nova poética

---

8. David Magarshack. "Stanislavsky", em: E. Bentley (org.), *The Theory of the Modern Stage*, p. 229.
9. "Não acredito nisso."

cênica: era preciso encontrar uma outra forma de realismo que fosse capaz de traduzir seu universo. É assim que se verifica então a passagem do realismo histórico para o chamado realismo psicológico, o teatro de "atmosfera", que o TAM soube tão bem realizar. Segundo Meierhold[10], o mérito estava não na encenação, mas na atuação dos atores, na compreensão do ritmo da linguagem tchekhoviana, no jogo alusivo que fazia do espectador um co-criador da cena. É nesse duplo exercício entre realismo e sugestão que se encaminham as pesquisas no TAM. Encontrando no teatro resistência para a realização de experimentações, Stanislávski financia as atividades de um estúdio direcionado para a pesquisa da linguagem cênica e do trabalho do ator. Meierhold fica encarregado da coordenação das atividades e durante um ano investiga novas formas, experimentando os princípios que irão reger sua atividade futura. Apesar de as realizações do estúdio nunca terem estreado, elas abrem definitivamente o caminho para a pesquisa cênica teatralista ou da chamada "convenção consciente". O resultado das encenações simbolistas não agradava a Stanislávski: os atores repetiam clichês ou reproduziam seqüências gestuais mecânicas e a encenação e o trabalho de interpretação ficavam aquém das exigências da nova dramaturgia. Tornava-se imperativo desenvolver novas técnicas de atuação para a estilização a ser construída na encenação, e não novos métodos de "ilustração". Para Stanislávski, as respostas estariam no próprio realismo, retrabalhado e recodificado. Esse mergulho na estética realista como solução dos problemas apresentados não era uma acepção estranha ao contexto intelectual da época. Leitor de Flaubert[11], um escritor que, em sua produção literária, partira do realismo para chegar a um amadurecimento estético que reinventava sua própria escritura, Stanislávski apostava na reinvenção da escritura cênica por meio da reelaboração do realismo. Flaubert, em sua correspondência, abordou o problema: "Il faut partir du réalisme pour aller jusqu'à la beauté" [É preciso partir do realismo para se chegar à beleza][12].

É exatamente isso o que Stanislávski anuncia em uma carta (de 5 de novembro de 1908) a Liubov Guriévitch:

---

10. V. Meierhold, *Écrits sur le Théâtre, Tome I*. p. 103.
11. Stanislávski, *Minha Vida na Arte*, p. 533.
12. *Apud* Dominique Rincé, *et alii.*, *Littérature XIXe Siècle: Textes et Documents*, p. 425.

"É claro, nós nos voltamos para o realismo, enriquecido pela experimentação e trabalho, um realismo mais refinado, mais profundo e psicológico. Uma vez que nos tornarmos um pouco mais fortes nisso, estaremos novamente no caminho para a invenção[13]."

Assim, toda concepção abstrata poderia ser concretizada por meio de um realismo mais sofisticado e profundo, enriquecido pelas experiências teatralistas realizadas anteriormente.

Duas poéticas: aproximações entre Craig e Stanislávski

Se é possível detectar pontos de divergência entre os dois encenadores, é possível também apontar diversos pontos de identificação entre eles.

Ambos eram atores-diretores imbuídos de um desejo de perfeição artística. Em *Minha Vida na Arte* Stanislávski descreve Craig: "Craig, como eu, desejava a perfeição, o ideal, isto é, uma expressão simples, vigorosa, profunda, elevada, artística e bela do sentimento humano vivo[14]."

No capítulo que descreve seu encontro com Craig, Stanislávski usa várias vezes o comparativo de igualdade ("Craig como eu") para caracterizá-lo.

Stanislávski era considerado na época um dos maiores atores russos; e Craig, em sua juventude, era descrito como o herdeiro artístico de Henry Irving.

Ambos vivenciaram, portanto, a atividade teatral no cotidiano de sua prática, tendo uma aprendizagem fundamentada principalmente no exercício da observação e da imitação. O ato de teorizar sobre a cena será conseqüência direta desse fazer teatral praticado durante anos de atividade.

Os dois constituem matrizes da modernidade teatral e suas contribuições determinaram a evolução das artes cênicas ocidentais, repercutindo, cada um com sua especificidade, por todo o século XX. Acompanhar a fundação do teatro moderno significa necessariamente abordar as poéticas propostas por esses dois encenadores.

A cena como espaço sagrado que exige disciplina e dedicação é outra premissa comum entre os dois. A harmonia, a conquista da Beleza faz parte do discurso de ambos.

---

13. Gordon Senelick, *Gordon Craig's Moscow Hamlet*, p. 27.
14. p. 465.

Tanto Craig como Stanislávski aspiravam a tornar o invisível visível. Craig, com a iluminação, o movimento das telas e a adesão ao simbolismo, que buscava revelar o que não está visível, o etéreo. Para Stanislávski, os desejos mais profundos de uma personagem deveriam estar presentes em seu andar, em seu olhar; com um gesto ou entonação, um ator deveria ser capaz de transmitir o universo interior da personagem.

A investigação cênica é uma proposta comum aos dois. A cena *per se* de Craig e o trabalho do ator em Stanislávski; os dois procuraram fundamentar uma poética, consolidar um teatro vivo, capaz de resgatar o espírito do Homem.

Como resultado de suas investigações, tanto Craig como Stanislávski determinaram novos rumos para o teatro, um visando a conceituação da cena e o outro o trabalho do ator.

A idéia do espetáculo como um conjunto harmônico era defendida pelos dois encenadores. Para eles, a Beleza é a expressão harmônica de todos os elementos. Stanislávski estendia esse conceito para o trabalho do ator, almejando uma unidade expressiva da personagem em si, bem como na relação com outras personagens. Do figurante ao papel principal, todas as personagens eram trabalhadas, construindo uma unidade cênica coerente e coesa.

Se Flaubert faz parte das leituras de Stanislávski, ele também está presente no universo de Craig, que escolheu adaptar uma de suas obras, *A Tentação de Santo Antônio*, para o repertório do teatro da *ubermarionete*.

A mescla de traços realistas e simbolistas constitui outra característica dos dois encenadores. Craig forma-se na escola realista e, mesmo depois, quando nega o realismo e investe na sugestão simbolista, seu ponto de referência para a definição do ator ideal será sempre Henry Irving, o ícone da melhor interpretação realista da cena inglesa. Seu simbolismo nunca será desprovido da referência do homem e do mundo real. A figura de Stanislávski é sempre associada ao realismo. Existe uma ênfase no estudo das encenações tchekhovianas e as múltiplas experimentações realizadas por ele no TAM acabam sendo preteridas. O realismo é a opção estética de Stanislávski, isso não quer dizer que ele não tenha navegado em outras águas à procura das respostas para o impasse em que se encontrava o realismo. Pela sua natureza inquieta e curiosa, seria de se estranhar que ele não tivesse experimentado algo da estética simbolista, cujo universo sugestivo já lhe tinha sido apresentado, em menor grau, na dramaturgia Tchékhoviana. Basta verificar o repertório do TAM para constatar que ele encenou várias peças da dramaturgia simbolista: Maeterlinck, Andrêiev, Ibsen, Knut Hamsun. Em *O Drama da Vida*, encenação realizada em 1907 da peça de K. Hamsun, a crítica aponta a originalidade da encenação de Stanislávski, que se constituiu uma das realizações mais interessantes do encenador[15].

Assim, o encontro com Craig não parece nada estranho. É conseqüência de toda uma trajetória de busca e renovação que Stanislávski construía há anos, dentro e fora do Teatro de Arte de Moscou.

Gênese do encontro

O começo do século representa uma fase rica da história da arte ocidental. O contexto efervescente das vanguardas colocava em xeque procedimentos artísticos que não mais respondiam aos anseios de uma nova época e que, no entanto, haviam sido considerados o auge da *avant-garde* poucos anos antes. Do final do século XIX para as duas primeiras décadas do século XX, a arte sofreu transformações de tal ordem que ainda hoje tentamos assimilar os desdobramentos das renovações então propostas.

Como exemplo da convivência das várias tendências da época, podemos citar o futurismo russo, que data de 1910, com duas vertentes principais: o ego-futurismo e o cubo-futurismo. Seus manifestos, salões e experimentações foram as raízes da explosão da vanguarda russa depois da Revolução[16]. O convite de Stanislávski a Craig é de 1908, a estréia de *Hamlet* é de 1912, tendo na platéia um espectador maravilhado: Vladímir Maiakóvski.

É nesse contexto de efervescência cultural, portanto, que se encontram a fundação e consolidação do Teatro de Arte de Moscou. No final do século, o TAM foi pioneiro na consolidação de um nível artístico jamais visto antes nos palcos russos. Em seguida, revelou ao mundo a dramaturgia de Anton Tchékhov, cuja encenação apontava os germes dos novos rumos do teatro moderno.

Na tentativa de diálogo com as novas tendências da arte, Stanislávski funda, em 1905, o estúdio de experimentação cênica coordenado por Meier-

---

15. Claudine Amiard-Chevrel, p. 257
16. A. M. Ripellino, *Maiakóvski e o Teatro de Vanguarda*, p. 13.

hold. A encenação de peças simbolistas dá continuidade ao exercício de investigação e revela a necessidade de um novo ator capaz de responder às exigências formais das novas tendências artísticas.

Considerar o TAM uma companhia fossilizada é, no mínimo, um julgamento incompleto, que leva em conta somente as referências às vanguardas históricas. Foi justamente o "ultrapassado" TAM a única companhia capaz de colocar em prática as idéias de Craig, o encenador que revolucionava a arte teatral da época e que, no entanto, não tivera condições de testá-las anteriormente.

Na época do encontro com Craig, a relação entre Stanislávski e o TAM era muito delicada. Suas atribuições no teatro tinham sido reduzidas, e Nemiróvitch-Dântchenko assumia o controle absoluto, fazendo com que, em 1907, Stanislávski não figurasse mais entre os membros do Conselho do Teatro, teatro que ele havia fundado nove anos antes. As divergências entre os dois chegaram a tal ponto que eles não podiam se tolerar no mesmo recinto.

Decepcionado com os rumos que o teatro tomava e não conseguindo achar respostas práticas para suas inquietações artísticas, Stanislávski mergulha em uma crise que o faz cogitar abandonar a carreira. É nesse momento que entra em sua vida Isadora Duncan, que será o elo de ligação entre ele e Craig.

Isadora conhece Craig em dezembro de 1904[17]. Nasce uma paixão que será também uma fonte de inspiração mútua. Isadora pesquisa na dança o que Craig procura no teatro. Em sua dança, o movimento está em estado puro. Ela é a encarnação dos princípios idealizados por Craig que não tinham achado ainda a concretude de uma forma. Aliás, ela parece traduzir os anseios de uma geração inteira. Mallarmé, no final do século XIX, sonhara com uma dança que tivesse como único guia a música e que inventasse seu próprio espaço: "um espaço livre em que não faz sentido a implantação de cenários. Uma dança que seja uma emanação do corpo e das suas roupagens [...] despojada de todo e qualquer acessório salvo a presença humana"[18].

Mallarmé não viveu para ver Isadora e seu sonho transformado em realidade.

---

17. E. G. Craig, *Index to the Story of my Days*, p. 256.
18. José Sasportes, *Pensar a Dança: A Reflexão Estética de Mallarmé a Cocteau*, p. 30.

A invenção do espaço, dada pelo movimento puro, é um dos pilares do pensamento de Craig. Ele recupera a noção da mudança constante de cena do teatro renascentista e faz com que essa movimentação se transforme em discurso autônomo, tal como o é na dança de Isadora Duncan. Aliás, as pesquisas sobre o caráter do movimento como elemento poético não são exclusivas de um único artista. Craig, Isadora, Adolphe Appia, Delsarte são contemporâneos e todos desenvolvem, cada um com sua especificidade e em diferentes partes do mundo, a procura por uma nova arte.

O período de convivência de Craig com Isadora torna-se também o período de amadurecimento desse conceito abstrato, que é o movimento aplicado à concretude cênica. Coincidência ou não, é a partir desse encontro que Craig começa a considerar o movimento um elemento fundante da cena e de sua poética. Em suas primeiras encenações, a noção de movimento já estava presente, mas ele ainda era considerado apenas como mais um elemento constitutivo do quadro cênico, e não propriamente como o elemento fundador de uma poética. É somente em 1907 que Craig propõe "as mil cenas em uma", projeção de seus princípios estéticos na articulação de telas ou biombos móveis.

Assim estabelece-se a ligação de Isadora com Craig, faltando-nos agora construir o lado russo dessa ponte.

Em 1908, Isadora apresenta-se pela segunda vez na Rússia. Stanislávski, na autobiografia, descreve a identificação que sentiu ao vê-la dançar: "Depois da primeira exibição, não perdi mais nenhum concerto de Isadora Duncan. A necessidade de vê-la me era ditada de dentro, pelo meu sentimento artístico afinado com sua arte[19]."

A afinidade artística é imediata, Stanislávski reconhece na arte de Isadora a concretização convincente e estilizada de um universo mergulhado de múltiplas sugestões que ele tanto procurava. Eles conversam longamente sobre a arte, seus princípios e meios técnicos. Stanislávski quer que Isadora ensine os atores do TAM a se moverem como ela. Nas conversas que tiveram, Isadora fala de Craig e de suas pesquisas teatrais, apontando a saída para o impasse artístico que Stanislávski descrevia. Ela toma a iniciativa e escreve[20] a Craig.

19. K. Stanislávski, *Minha Vida na Arte*, p. 451.
20. As cartas são reproduzidas neste capítulo para facilitar a leitura. Elas encontram-se também no *corpus* apresentado na coletânea.

meados de 1908

O sr Stanislávski, diretor do teatro, é um homem maravilhoso – realmente Belo &[21] Genial – conversei com ele durante horas a seu respeito – ele disse que gostaria muito que você viesse & fosse o diretor de tudo, pois ele prefere atuar. As peças para este ano já foram decididas, mas ele disse que se você viesse em agosto & preparasse uma peça em agosto & setembro para ser apresentada em outubro, então se lhe agradasse & tudo fosse bem, você poderia ficar com eles. Todos são pessoas maravilhosas & ele é Belo. Tão bondoso & modesto – um homem *realmente maravilhoso* – nunca conheci alguém como ele.

Perguntou-me se você lhe escreveria. Disse-lhe que ele deveria escrever-lhe primeiro – ele parece tímido – ele disse que lhe escreveria uma longa carta mas que levaria algumas semanas para fazê-lo. Ele quer que eu telegrafe & peça a você somente para vir & visitá-los & ver se você gosta deles – mas acredito que você não se importaria em vir por algo que não estivesse acertado. Ele disse que lhe daria carta branca no Teatro – que os atores seguiriam suas indicações assim como movimentos, etc. & que você poderia fazer o que quisesse & tomar todo o tempo de que precisasse para fazê-lo –

Todas as pessoas do teatro são tão simples & doces & modestas. Há 300 estudantes na escola. Eu falei em 6 mil florins[22] por dois meses. Ele disse que colocaria isso diante da diretoria. Disse que, posteriormente, você poderia pegar um grupo do teatro & viajar –

Ele disse: "fale para o sr Craig que nós somos gente muito simples, que não nos importamos com nada para nós mesmos, mas muito com a Arte & que se ele vier ficaremos todos contentes em seguir as suas idéias". Eu posso somente repetir que ele é genial & simples & Belo – um homem que só se encontra uma vez em cem anos –

Eu mostrei-lhe seu livro[23] & ele achou-o muito bonito – Ele está muito ansioso com a sua vinda. Ele está um pouco receoso com os seus preços – o Teatro não é rico –

Essa é a apresentação de Stanislávski que Isadora faz a Craig.

Embora o TAM tenha excursionado com êxito em 1906 por diversas cidades da Alemanha, é preciso lembrar que não se conhecia o nome de Stanislávski na cena inglesa.

Isadora mostra-se extremamente habilidosa com relação ao encontro dos dois: sabe que Craig não aceitaria algo sem maiores definições, articula o argumento da liberdade total na realização de um espetáculo – algo profundamente desejado por Craig – e planeja até um salário, conhecendo

---

21. A pontuação e a inserção de caracteres foram preservadas segundo o original.
22. Moeda corrente em grande parte da Europa.
23. Uma tradução alemã do livro *On the Art of the Theatre*.

bem a relação (sempre complicada) de Craig com o dinheiro. Ela faz uso de conceitos: o Belo, o Gênio, que não são empregados como simples adjetivos, carregam uma idéia sagrada e fazem parte de uma linguagem comum entre ela e Craig.

A primeira impressão da Rússia que Craig adquire é dada pelo olhar de Isadora, mais especificamente, por essa carta.

A troca de correspondência continua e as afinidades também. Isadora escreve para Stanislávski:

4 de janeiro[24] de 1908
Petersburgo

Querido amigo,

Acabo de chegar da casa de Mme Duse. Ela é tão bonita. Conversamos sobre o senhor. Ela disse que ficaria encantada em vê-lo em Moscou, e que o senhor não precisa de nenhuma carta de apresentação. Ela o admira muito.

Ontem à noite dancei. Pensei no senhor e dancei bem.

Recebi seus cartões e hoje recebi seu telegrama. Obrigada. Como o senhor é bom e atencioso! E como eu gosto do senhor!

Sinto uma onda de energia nova e extraordinária. Hoje trabalhei durante toda a manhã e coloquei muitas idéias novas em meu trabalho. Novamente ritmos.

Foi o senhor que me forneceu essas idéias. Estou tão contente que me sinto como se voasse em direção às estrelas e dançasse em volta da Lua. Essa será uma nova dança que dedicarei ao senhor.

Escrevi a Gordon Craig. Contei a ele sobre seu teatro e sobre sua grande arte. Mas o senhor não poderia lhe escrever diretamente? Se ele pudesse trabalhar com o senhor, seria *ideal* para ele. Espero de todo coração que isso possa ser arranjado. Em breve, escreverei para o senhor novamente. Obrigada mais uma vez. Amo-o. Continuo trabalhando com alegria.

Isadora
Minha ternura para sua esposa e suas crianças.

---

24. Há um desencontro de datas entre as versões coletadas. No livro de Benedetti consta 4 de janeiro e na coletânea russa, traduzida para o inglês por Vic Schneierson, consta 4 de fevereiro. Neste trabalho, foi mantido o mês de janeiro, pois Isadora, em uma carta posterior, comenta sua visita a Eleonora Duse, que estava em *tournée* pela Rússia. No livro *Eleonora Duse Vida e Arte* há a informação de que *la Duse* realizara apresentações na Rússia entre 2 de dezembro de 1907 até fins de janeiro de 1908, daí a conclusão de que a data correta seria 4 de janeiro.

A carta apresenta o diálogo estético que existia entre os dois. Havia uma troca, uma identidade artística que os unia. Isadora Duncan dança com sua túnica transparente como uma ninfa do Olimpo e faz surgir em cena, sem o uso de qualquer objeto ou cenário, um mundo de sensações, espaços e tempos.

Na autobiografia, ela define seu trabalho: o corpo torna-se transparente, intérprete da alma e do espírito. É exatamente isso o que Stanislávski procurava no trabalho do ator.

O parâmetro de ambos é a natureza. Isadora quer ser a onda do mar, o sol iluminando o jardim, o movimento das árvores balançando ao vento. Daí o balé clássico ser abominável, pois vai contra as leis da natureza, deforma, faz do martírio uma estética: ficar na ponta dos dedos dos pés como ideal de beleza. Para os dois, Arte e natureza são uma coisa só. Eis a grande identidade com Stanislávski. Nisso ficam de fora todas as discussões dos –*ismos*. Não se trata de catalogar Isadora no simbolismo e Stanislávski no realismo. O que importa é a Beleza conquistada por meio do despojamento, da simplicidade, do essencial. Essa é a matriz.

Outro dado interessante da carta é o amor expresso por Isadora, que, na autobiografia, confessa ter tentado conquistar Stanislávski, sem, no entanto, ter alcançado qualquer êxito. O que fica é uma relação muito próxima, muito sincera entre os dois, daí a confiança nas referências dela com relação ao trabalho de Craig, que não poderia ter melhor agente promotor do que ela.

A alegria desse encontro transparece também nas cartas de Stanislávski.

janeiro de 1908
Moscou

Querida amiga!
Como estou feliz!!!
Como estou orgulhoso!!!

Ajudei uma grande artista a encontrar a atmosfera de que ela necessitava!!! E tudo aconteceu enquanto nós estávamos deliciosamente preguiçosos em um cabaré, cercados pelo vício.

Como a vida é estranha! Como ela é bela de vez em quando. Não! A senhora é boa, pura, nobre e, no interior do enorme, elevado sentimento e da admiração artística que tive em relação à senhora até agora, sinto o nascimento de uma amizade genuína e profunda e de uma afeição.

Sabe o que a senhora fez a mim? Eu não lhe falei sobre isso até agora.

Apesar do grande sucesso que nosso teatro tem obtido e dos inúmeros admiradores que o cercam, eu sempre tenho estado sozinho (exceto por minha esposa, que tem me apoiado em meus momentos de dúvida e desapontamento). A senhora é a primeira a dizer-me com poucas, simples e convincentes palavras o que é importante e fundamental a respeito da arte que eu quero criar. Isso deu-me uma rajada fresca de energia quando eu estava por desistir de minha carreira artística.

Eu lhe agradeço. Eu realmente lhe agradeço do fundo do meu coração.

Ah, como eu esperei ansiosamente por sua carta e como dancei quando a li. Receava que a senhora tivesse interpretado mal minha reserva e tomasse sentimento genuíno por indiferença. Tinha receio de que o sentimento de felicidade, energia e força que a senhora havia levado consigo a abandonassem antes de chegar a São Petersburgo.

Agora a senhora dança a Dança da Lua, e eu danço a minha própria dança ainda sem nome.

Estou contente, estou mais que grato. [...]

A cada minuto livre que temos no trabalho, conversamos sobre a divina ninfa que desceu do Olimpo para trazer-nos alegria. Beijamos suas mãos maravilhosas e jamais a esqueceremos. Fico contente se a nova criação foi inspirada pelo meu amor pela senhora. Gostaria de assistir a essa dança... Quando poderei vê-la? Eu sequer sei seu itinerário?!

A posição de Stanislávski em relação às investidas de Isadora fica muito clara: ele havia encontrado nela uma parceira artística, e isso lhe era muito caro.

A carta apresenta o testemunho sincero e pessoal da crise que o abalava: o questionamento profundo da sua arte, que o impelia a recusar o sucesso fácil e seguro para aventurar-se em terrenos desconhecidos. As respostas a todas as suas perguntas estavam em Isadora. Com ela, era possível sonhar "o novo teatro".

Stanislávski encontrou em Isadora a ressonância que lhe faltava no TAM e que lhe deu forças para superar um momento difícil da crise artística que vivenciava. Outra carta exemplifica a gratidão do encenador russo.

19[25] de janeiro de 1908
Moscou

[...]

Há rumores de que suas encantadoras crianças estão vindo para São Petersburgo[26]. Isso é verdade ou não?

Isso significa... que o assunto da escola foi resolvido? Meu sonho torna-se realidade e sua grande arte não morrerá com a senhora! Sabe que eu estou muito mais entusiasmado com a senhora do que com a bela Duse. Sua dança transmitiu-me mais que o tipo comum de apresentação que eu vi ontem à noite.

A senhora abalou os meus princípios. Desde a sua partida, tenho tentado descobrir em minha própria arte as coisas que a senhora criou na sua. Isto é, algo belo, simples, como a própria natureza. Hoje vi a bela Duse repetir algo que eu já sabia, algo que tenho visto uma centena de vezes. Duse não me fez esquecer de Duncan!

Eu lhe imploro, trabalhe para o bem da arte e, acredite-me, seus esforços lhe trarão alegria, a melhor alegria que a vida pode oferecer.

[...]

Seu amigo sincero.

K. Stanislávski

Essa mesma sensação de encontrar a concretização artística sonhada unia Craig e Isadora. Ele também queria criar no teatro o que ela havia criado na dança. Daí a grande compreensão que ela teve da necessidade do encontro entre Stanislávski e Craig. Os dois se unem por intermédio da arte de Isadora Duncan, que lhes serve de inspiração e ponto de referência.

Percurso do processo de criação do espetáculo

Do convite à estréia em janeiro de 1912, passaram-se três anos e dois meses de elaboração. Nesse período, Craig recebeu 14.500 rublos (só o seu salário superava o custo de uma montagem inteira nos padrões do TAM, como, por exemplo, o espetáculo *Os Irmãos Karamazov*), e a produção totalizou 43 mil rublos.

Depois das devidas apresentações feitas por Isadora, Stanislávski resolve convidar Craig, cuja investigação cênica, segundo os relatos e desenhos

---

25. Outra versão desta carta apresenta variação na data: 29 de janeiro.
26. Na época, Isadora tentava reunir subsídios para a fundação de sua escola, que reuniria crianças que aprenderiam a dança pela liberdade de movimento.

apresentados por Duncan, indicava a concretização do universo estilizado e sugestivo tão sonhado. Além da necessidade de superar a estagnação, a associação com Craig significava abrir, pela primeira vez, a colaboração artística com diretores estrangeiros.

Craig, por sua vez, sempre sonhara ter uma companhia que pudesse lhe oferecer condições de trabalho: um conjunto harmonioso, regido pela seriedade e disciplina, cujo objetivo fosse a conquista de uma expressão artística autêntica. Essa seria a oportunidade de trabalhar com uma companhia de teatro profissional de altíssimo nível e, assim, tentar colocar plenamente em prática alguns princípios de sua poética, que até então ficara no papel.

Após uma tumultuada troca de cartas com Craig e a impossibilidade de um encontro entre os dois, Stanislávski pede-lhe o envio de um agente para tratar dos detalhes do projeto.

O escolhido é Maurice Magnus, antigo agente de Craig, tradutor de *The Art of the Theatre* para o alemão. A proposta foi a seguinte: Craig iria a Moscou em outubro para conhecer o teatro e conversar sobre o projeto. Se ele estivesse de acordo, seria contratado pelo TAM para a temporada. Trabalhando durante os sete meses da temporada, Craig poderia divulgar melhor suas idéias no teatro e montar mais de um espetáculo. Stanislávski assegurava-lhe o direito de ir e vir. Duas produções eram sugeridas para a primeira temporada, e, como adiantamento para as despesas de viagem, eram lhe enviados mil marcos.

Magnus aconselha Craig a aceitar: era a melhor proposta que já tinha ouvido, e Craig lidaria com pessoas de primeira classe[27]. Craig aceita e, um mês depois, sai em *The Mask* o artigo "Shakespeare's Plays", contendo alguns dos princípios que nortariam a produção futura de *Hamlet*: cortes no texto, concepção da personagem Ofélia, etc.

Gordon Craig desembarca em Moscou em 26 de outubro de 1908. Assiste a diversos espetáculos do TAM e, embora não acredite que o realismo fosse o melhor meio de expressão, admira a qualidade do conjunto e a paixão dos atores pelo ofício.

Craig fica mais próximo a Stanislávski quando o vê atuar em *Um Inimigo do Povo*, de Ibsen. Publica mais tarde na revista *The Mask*:

---

27. L. Senelick, *Gordon Craig's Moscow Hamlet*, p. 18.

Stanislávski mostra-nos como interpretar o dr. Stockmann sem ser teatral e sem ser tolo ou engraçado. A platéia sorri o tempo todo, quando não está em lágrimas, mas nunca solta uma gargalhada grosseira, como estamos acostumados a fazer no teatro inglês... Esta companhia é capaz de realizar qualquer peça admiravelmente[28].

Assiste às peças de Tchékhov e Górki, registrando seu entusiasmo em sua revista:

Tudo é tratado com seriedade... [Stanislávski] é um mestre da psicologia, a atuação é em sua maior parte realista, ainda que ele evite quase todas as brutalidades... suas atuações são todas notáveis por sua graça. Não posso achar palavra melhor[29].

Stanislávski propõe ao Conselho a contratação de Craig para dirigir *Édipo e a Esfinge*, de Hugo von Hofmannsthal, e para fazer os cenários da peça de Ibsen, *O Imperador e Galileu*. Não há qualquer alusão a *Hamlet*.

As indicações não eram aleatórias. Na correspondência inicial, Craig havia proposto *Peer Gynt*, e a peça de Hofmannsthal era um épico que evitaria o historicismo estéril que solapara a montagem de *Júlio César* em 1903.

Mas Craig estava obcecado por *Hamlet* e reivindica junto ao Conselho a peça de Shakespeare. Desde o começo de sua carreira, ele associava suas próprias aspirações, seus desapontamentos e sua sensibilidade com os de Hamlet. A personagem era um espelho de suas preocupações. Havia uma identificação entre ele e a rebeldia do príncipe. Além disso, *Hamlet* sempre fora objeto de estudo de Craig, que, quando não tinha trabalho, desenhava gravuras, projetava cenários, chegando a lançar um projeto de uma edição ilustrada com comentários sobre iluminação e movimentação.

Em novembro, Craig deixa Moscou concordando com o projeto de montar uma peça, que provavelmente seria *Hamlet*. Em dezembro de 1908, sai na imprensa a primeira nota oficial anunciando o trabalho conjunto de Craig com o TAM.

Logo após a partida de Craig, é divulgado um artigo de Nikolai Evréinov sobre o monodrama, um conceito que pairava no meio teatral russo.

Segundo Evréinov, a percepção do homem é facilmente desviada, sendo preciso reduzir o ângulo de percepção a uma única personagem que

---

28. *Apud* Senelick, *op cit.*, p. 23.
29. *Idem, ibidem*, p. 23.

atuaria como se fosse o *alter ego* da platéia. O monodrama apresentaria ao espectador o máximo possível da personagem, expondo em cena o mundo como essa personagem o percebe. O ambiente no qual está inserido deveria evidenciar seu estado interior e modificar-se segundo suas mudanças de humor. Todos os elementos cênicos expressariam para a platéia o espectro de emoções do protagonista escolhido.

O conceito de monodrama era só uma das muitas inovações que, surgidas nessa época na Rússia, aspiravam enfrentar a chamada crise do teatro. Craig não tinha noção, assim como o resto da Europa, de que a Rússia fervia com debates acerca da natureza do teatro e seu futuro. Nas visitas que realizou, Craig ficou praticamente todo o tempo atrelado ao TAM, e não teve oportunidade de entrar em contato com as alternativas discutidas no momento. Meierhold, Evréinov e Taírov experimentavam soluções que dialogariam facilmente com a poética de Craig. Foi só em 1930, porém, quando leu um novo livro sobre o teatro russo, que Craig percebeu o quanto eles estavam de acordo com suas idéias[30].

Craig volta entusiasmado para Florença, enquanto o Conselho do Teatro envia-lhe o primeiro pagamento, ao mesmo tempo que indica o cenógrafo V. E. Iégorov para viajar pela Dinamarca, Alemanha e Inglaterra para fazer os *sketches* de elementos medievais, numa tentativa de assegurar o prosseguimento dos trabalhos caso o diretor inglês falhasse.

Recebendo o salário, Craig escreve a Stanislávski para pedir mais dinheiro e adiar seu retorno à Rússia. Em uma das várias cartas que escreveu para a esposa de Stanislávski (pois ela falava um excelente inglês e as traduzia para o marido), ele afirma seu desejo de ver Stanislávski no papel de Hamlet.

O diretor russo sonhara atuar no papel-título nos primeiros anos do TAM, mas Nemiróvitch-Dântchenko achava-o inadequado para a representação das tragédias. Segundo ele, o único membro da companhia capaz de representar Hamlet seria Vassíli Katchálov. Assim, o Conselho do Teatro, dominado pela influência de Nemiróvitch-Dântchenko, escala o ator para o papel. Em uma carta escrita para Stanislávski alguns meses mais tarde, Craig lamentaria sua ausência do elenco.

---

30. Senelick, *op cit.*, p. 31.

5 de setembro de 1909
Florença

[...]
Quanto mais leio *Hamlet*, mais vejo a sua figura. *Não posso acreditar, nem por um momento sequer, que alguma coisa a mais do que a mais simples interpretação dessa personagem possa alcançar as alturas que Shakespeare parece tocar*, e o mais próximo que tenho visto dessas alturas, no trabalho de interpretação em seu teatro, é a sua representação em *Tio Vânia*[31]...

Como pode haver algo mais elevado e magnífico que a simplicidade com que o senhor trata seus papéis nas peças modernas? Quero dizer, a sua interpretação pessoal.

O pensamento em *Hamlet* não se desenvolveria e encontraria suas palavras precisamente por meio do mesmo processo que nas peças de Tchékhov? Se há passagens em *Hamlet* cujas palavras são menos simples do que em Tchékhov, certamente há outras passagens que são a própria essência da simplicidade.

Talvez eu não consiga lhe dizer o quanto gostaria de ver o senhor como Hamlet. Não consigo conceber algo mais ideal no palco e, cada vez que penso na representação da peça em Moscou, sofro em pensar no que o palco perderá sem a sua presença. Tenho certeza de que Katchálov estará realmente muito bem e que todos em Moscou acharão isso também. Mas tenho uma profunda convicção, que não posso mudar, de que toda a Europa ficaria imaginando e se comoveria se pudesse presenciar a sua representação desse papel[32]. [...]

O Conselho aprova o adiamento da vinda de Craig e em 9 de março de 1909 Stanislávski, sem esperar a definição de Craig para seu retorno, dá início aos ensaios. Iégorov havia voltado da viagem e alimentava visualmente a equipe com o material recolhido: esboços de castelos medievais, armas, indumentária.

Nesse período, em que Stanislávski projeta o universo da peça para ambientar os atores no início dos trabalhos, é notável a presença de traços simbolistas em sua concepção. A cena da aparição do fantasma é descrita da seguinte forma:

[...] troca da guarda e, subitamente irrompe o misticismo; tudo começa a tremer, a tragédia começa. Eu gostaria que, quando o fantasma entrasse, o misticismo invadisse o palco de forma que até o castelo começasse a tremer e tudo mudasse[33].

31. No original em inglês, Craig cita o nome da peça em alemão: *Onkel Wanja*, e não em inglês – *Uncle Vania*.
32. Conselho do Teatro de Arte havia aprovado o nome de Katchalov para o papel título. Stanislávski não interpretaria nenhum papel no espetáculo.
33. Senelick, *op cit,*, p. 38.

Essa descrição está longe de ter os pés fincados no realismo arqueológico das encenações shakespearianas do TAM. Outro exemplo dessa fase de imaginação do universo cênico é a cena dois, a cena do trono do Rei Cláudio:

> [...] Em um trono dourado estão sentados o Rei e a Rainha. À esquerda, ao lado deles, está o pensativo Hamlet. Calmaria. As personagens devem ser o Rei, a Rainha e Hamlet. O resto é só um fundo de riqueza, densidade e baixeza. [...] problema é mostrar o trono, as três personagens e o séquito; a corte confunde-se com o fundo dourado[34].

Os comentários de Stanislávski prefiguram a visão da cena feita por Craig, até mesmo na escolha de expressões como "trono dourado", "a dissolução da corte no dourado do poder", por exemplo. As similaridades são evidentes e mostram o diálogo concreto e possível das visões dos dois encenadores em relação à peça. Basta confrontar essa cena com a descrição da cena de Craig no espetáculo:

> A autocracia, o poder, o despotismo do rei e o luxo da vida palaciana foram tratados por Craig em cores douradas, que chegavam à ingenuidade. [...] Entre as paredes douradas, sobre um altíssimo trono em trajes e coroas de brocado dourado estavam o rei e a rainha, e da altura do trono os seus mantos dourados desciam qual uma cascata de ouro. Naquele manto imenso, que pendia dos ombros dos soberanos e se estendia para baixo cobrindo toda a largura do palco, havia orifícios por onde aparecia um número infinito de cabeças [...][35].

Um mundo de aparências onde não há individualidades, somente uma massa dourada que deve ser vista pelo público, pelos olhos de Hamlet: o Rei, a Rainha e a corte não são mostrados como são na realidade, mas como aparecem aos olhos de Hamlet. As cenas com rompantes simbolistas eram alternadas com outras ultra-realistas. Stanislávski queria, por exemplo, que Fortimbrás e os soldados aparecessem como *vikings* vestidos com peles e ferro. Mescla emblemática do que será o resultado final da montagem.

Em abril, Stanislávski escreve a Craig pedindo que os encontre em São Petersburgo, onde estariam em *tournée*. Dois meses de salário são enviados para cobrir as despesas. Quando chega, Craig apresenta uma concepção tão marcante que destrói todo o trabalho feito por Iégorov.

---

34. *Idem*, p. 40.
35. Stanislávski, *Minha Vida na Arte*, p. 458.

Começam os trabalhos com o encenador inglês. A primeira etapa envolve uma análise cena a cena. Craig simplifica o drama, retirando as partes que não são importantes para a ação, ressalta as oposições fundamentais, corrige erros da tradução, alarga o conteúdo espiritual das cenas. O período mostra-se fascinante no embate entre a imaginação dos dois encenadores e a necessidade de Stanislávski de realização das cenas sonhadas, de concretude.

As conversas entre os dois foram registradas textualmente, um procedimento habitual do TAM, que documentava toda produção, encenada ou não. Assim, o espetáculo *Hamlet* do TAM tornou-se uma das mais documentadas produções do teatro moderno[36]. Além dos registros oficiais dos tradutores, todos os participantes mantiveram anotações detalhadas da evolução dos trabalhos: cartas, notas de ensaio, cadernos de direção, diários de Craig, Stanislávski, Sulerjítski, Lilina (esposa de Stanislávski), Olga Knípper, entre outros.

Segue-se a seleção de um trecho da conversa entre os dois encenadores como exemplo dessa fase extremamente rica do processo de criação:

STAN: Eu entendo o que o senhor diz sobre o monodrama. Deixe-nos tentar por todos os meios fazer com que o público entenda que está assistindo à peça com os olhos de Hamlet; que o rei, a rainha e a corte não estão sendo mostrados em cena como eles são realmente, mas como eles parecem ser aos olhos de Hamlet. E eu acho que nós conseguimos fazer isso nas cenas em que Hamlet aparece. Mas o que faremos com as personagens quando Hamlet não estiver em cena?

CRAIG: Eu gostaria que Hamlet estivesse sempre em cena, em todas as cenas, durante toda a peça; ele pode estar à distância, sentado, deitado [...]. Eu quero que o público sinta a ligação entre o que está acontecendo em cena e Hamlet [...].

STAN: Eu sugiro que, nas cenas em que Hamlet não toma parte, mostremos as personagens não com o olhar de Hamlet, mas realisticamente, como elas realmente são.

CRAIG: Tenho receio de que, seguindo essa idéia de ver tudo através do olhar de Hamlet, nós nos tornemos consistentes demais na execução da idéia. Mas, por outro lado, fazer realisticamente as personagens também é perigoso. Elas podem perder seu simbolismo, e então a peça perderia muito. As vozes, os gestos, etc., tudo pareceria muito realista.

STAN: Se a rainha, por exemplo, aparecer sem o Hamlet, o público terá que pensar muito e vai se perguntar: "Com o olhar de quem estamos agora vendo a cena, com o de Hamlet ou com o nosso próprio?" [...]

---

36. Laurence Senelick. "The Craig-Stanislavsky 'Hamlet' at the Moscow Art Theatre", em: *Theatre Quaterly*, vol. VI, n. 22, 1976, p. 56.

CRAIG: Eu gostaria que algo belo sempre estivesse em cena, lado a lado com a criminalidade [...], por exemplo, Ofélia, com sua presença durante a fala de Polônio, poderia ser a presença simbólica da verdade e, assim, mostraria a falsidade de Polônio.
STAN: Isso pode ser feito por meio do tom do ator que interpreta Polônio [...].
CRAIG: E talvez se possa colocar em cena, no lugar de Ofélia – na cena entre Laertes e Polônio, por exemplo –, um trabalhador bem realista, fazendo algo, de forma que, por intermédio de sua presença e de sua honestidade, ele possa mostrar o trabalho genuíno e a falsidade do mundo em que Polônio e Laertes vivem.
STAN: Nós já tentamos isso, mas não deu certo. Talvez não soubéssemos como realizá-lo, e o senhor conseguirá, mas nunca conseguimos. Toda a teoria de Meierhold repousa nisso. A platéia perde toda a beleza da peça porque, durante toda a apresentação, se pergunta: "Qual é o significado daquele trabalhador?"[37]

Nesses registros aparecem alguns traços da relação entre os dois encenadores: Stanislávski está sempre preocupado com o efeito no público e com os meios práticos de realização das idéias. O que é compreensível, visto que sua situação no teatro era complicada e ele precisava de resultados para enfrentar as múltiplas pressões que sofria. Craig, por sua vez, faz da exposição de suas idéias um espetáculo. Divaga e lança inúmeras suposições pelo simples prazer do exercício criativo. *A rêverie* de Craig dessa vez adquire um estatuto oficial, pois cada palavra é registrada, o que servirá posteriormente para a constatação de algumas contradições de suas propostas.

O projeto original previa Craig como um conselheiro da parte física do espetáculo e Iégorov como *designer* alternativo, mas, conforme as discussões prosseguiam, Stanislávski ficara seduzido pela nova abordagem de Craig e, embora estivesse enganado sobre a exeqüibilidade de muitas das idéias, ele estava disposto a tentar realizá-las, e, em 21 de maio, é feito o anúncio de que Gordon Craig dirigiria o espetáculo, provocando descontentamento e alarme na companhia. Stanislávski argumentava que Craig traria nova vida ao teatro.

Na concepção do encenador inglês, *Hamlet* começaria com uma sinfonia de telas (biombos) em movimento que parariam somente com o final da peça.

O estúdio do teatro foi colocado à disposição da montagem e em maio começaram os experimentos com os biombos providenciados por Stanislávski: um de madeira e outro de aço.

---

37. Senelick, *Gordon Craig's Moscow Hamlet*, pp. 64 e 65.

Ambos os encenadores queriam que o espetáculo fosse encenado às vistas do público. Craig sugeriu o uso de dez contra-regras vestidos de cinza que mudariam as telas de 14,5 metros de altura sem que fosse necessário fechar a cortina. Entretanto, o manuseio dos biombos mostrou-se inviável: as telas de aço exigiam um sistema elétrico que o teatro não possuía e os painéis de madeira eram muito pesados e perigosos. Painéis de outros materiais foram testados: gaze, junco, cortiça, bambu. Um material que imitava o bronze foi escolhido.

Da parte dos atores, as marcações que Craig exigia mostravam-se impossíveis de serem realizadas. As cenas de Ofélia, por exemplo, exigiam uma extraordinária capacidade acrobática da atriz, tornando praticamente impossível a sua realização. Cada vez mais, Craig refugiava-se deliberadamente em um mundo de divagações, não se importando com a concretização de suas idéias.

Craig deixa Moscou no final de junho e sua partida marca o começo das desavenças entre ele e o TAM. Para Craig, a fase artística estava encerrada, o período de fantasias terminado e a realização delas era entediante porque mostrava sempre o limite material da realidade. O que importava nesse momento em diante era tirar proveito financeiro da empreitada, que para ele já era coisa do passado.

Em 1922, Craig descreveu seu método de trabalho dizendo que, quando sua imaginação se incendiava, ele não conseguia parar até que as chamas se extinguissem e que então não podia mais prosseguir. Esse seria o motivo de sua hesitação e das dificuldades criadas por ele para si mesmo e para os outros, pois ele nunca podia prever por quanto tempo sua imaginação se manteria em chamas.

Tendo se esvaziado nas fantasias em relação ao espetáculo, Craig se desinteressa pela fase de concretização do projeto. Após a partida dele, Stanislávski fica com a difícil tarefa de concretizar as idéias do encenador inglês.

Longe de Moscou, Craig cria problemas referentes aos pagamentos, que lhe parecem sempre insuficientes. De junho a setembro ele só escreve reclamando por mais dinheiro. A situação torna-se insustentável, e o caso é entregue a Nemiróvitch-Dântchenko, que estipula um cronograma de atividades, determinando um salário mensal de 1.500 rublos (para se ter uma idéia do que representava essa quantia, basta notar que o assistente de Stanislávski, Sulerjítski, recebia 2.400 rublos por ano). Segundo o plano,

Craig teria de apresentar o plano da produção com todos os figurinos até abril de 1910. De fevereiro a abril ele permaneceria em Moscou, retornando novamente em agosto e setembro para a estréia.

Os ânimos de todos tinham se modificado e a situação era complicada. Se por um lado Craig atrasava na apresentação de seu trabalho, por outro a equipe do TAM não progredia na concretização do que ele já havia apontado. A imperfeição humana, o desacordo em relação ao salário e o controle exercido pelo Conselho irritavam profundamente Craig. Stanislávski, apesar da desilusão em relação ao caráter do encenador inglês, ainda acreditava em seu gênio e empenhava-se em salvar os princípios do projeto nos ensaios, mas percebia também a falta de meios para a concretização das idéias apresentadas. Nemiróvitch-Dântchenko e o Conselho ficaram chocados com a atitude de Craig e mostravam-se ansiosos por não perder todo o investimento, tentando forçar a conclusão do projeto o mais cedo possível.

Gordon Craig retorna em fevereiro com um modelo do palco, onde dispunha figuras e miniaturas das telas na configuração do plano de encenação. Ele trabalhava completamente isolado dos atores, mostrando as cenas com figuras de madeira movimentadas com uma vara. Stanislávski e sua equipe ficaram incumbidos de realizar os movimentos com os atores.

Na convocação do elenco, Craig afirma que o forte do diretor eram as idéias, enquanto o ator deveria não só ter idéias como também dar forma a elas. Ao diretor caberia colocar em cena uma idéia, o entendimento da peça como um todo.

Nos ensaios, Stanislávski trabalha o lado psicológico das personagens: o porquê, o quê, o como de cada papel; entre o dissecar psicológico do encenador russo e a insistência de Craig nos gestos monumentais, os atores sentiam-se bloqueados. Os problemas com os atores aumentam. Craig não queria a velha convenção, mas também não queria a naturalidade e a simplicidade de atuação, e não tinha nenhuma sugestão de como realizar a interpretação.

Ele deixa Moscou no final de abril: os departamentos técnicos do teatro trabalhavam eficientemente nos aspectos exteriores da montagem, e o atores tentavam concretizar as personagens dentro da concepção do encenador inglês. Não havia nada que pudesse impedir a estréia em novembro (1910), conforme planejado.

O teatro continua com os trabalhos e também com as outras atividades. Stanislávski cumpre a temporada em São Petersburgo e exagera na quantidade de apresentações, voltando completamente exaurido.

São realizados intensos trabalhos com os figurinos. A equipe não conseguia recriar as linhas e traços dos desenhos de Craig, que transbordavam simplicidade e naturalidade no corte. A equipe trabalhava dia e noite, sem resultados. Stanislávski faz um desabafo em uma carta: "Talvez não tenhamos entendido bem, talvez nós não sejamos habilitados o suficiente ou talvez nossos materiais não respondam a seus propósitos"[38].

Os outros aspectos da montagem progridem: *spots* de última geração são encomendados na Alemanha, realizam-se os testes com as telas e os contra-regras, e a atividade progride. Craig continua reclamando do dinheiro e procura um advogado. O cronograma, apesar de todas as dificuldades, é cumprido e, em setembro, Craig retornaria para trabalhar exclusivamente com os figurinos, enquanto Stanislávski trabalharia com os figurinos e com os atores.

É nesse momento que Stanislávski fica gravemente enfermo. Os médicos diagnosticam febre tifóide e exigem dois meses e meio de repouso absoluto.

O Conselho cogita a conclusão dos trabalhos sob direção de Nemiróvitch-Dântchenko e orientação de Craig, mas decide pelo adiamento do projeto. A montagem d'*Os Irmãos Karamazov* entraria no lugar de *Hamlet*, envolvendo os esforços de toda a equipe do Teatro de Arte.

Esse adiamento foi quase fatal para a montagem: Craig escrevia sempre pedindo mais dinheiro e piorando dramaticamente a situação; os atores, que já não acreditavam no projeto, retomaram suas atividades em terrenos mais conhecidos e seguros, e o Conselho indispunha-se cada vez mais com relação a uma produção tão cara que não tinha levado a nenhum resultado.

Stanislávski, isolado, começava a rever todo o projeto e tornava-se mais crítico em relação às idéias de Craig. Ainda em recuperação, ele assiste em Berlim à montagem de *Hamlet*, do diretor Max Reinhardt, estreada em 1909, com cenários de Ernest Stern que sugeriam as formas lineares de Craig. Stanislávski analisava só a interpretação dos atores, que, para seu alívio, era inferior a qualquer crítica indulgente, exceto pelo trabalho de Albert

---

38. Senelick, *Gordon Craig's Moscow Hamlet*, p. 114.

Basser no papel título. Stanislávski reavalia o projeto e tenta achar soluções práticas, sugerindo um encontro com Craig. Todas as tentativas fracassam e Craig só queria discutir a questão financeira.

Desse momento em diante, Stanislávski resolve assumir o projeto e fazer a peça estrear com ou sem a presença de Craig. O encenador inglês ficaria responsável pelo *design* e ele pela interpretação da peça. Altera-se o elenco convocado na primeira fase do projeto. Do elenco original, somente três atores permanecem. As idéias de Craig são revistas e ficam as que conseguiram atingir a concretização. Stanislávski associa-se a Nemiróvitch-Dântchenko e o espetáculo retoma a via conservadora. O diretor russo continuava a reconhecer o gênio de Craig, mas reafirmava a necessidade de conclusão do projeto:

[...] Devido a seu amor por Hamlet, ele apagou todos em cores escuras [...] não permitindo nada humano. [...] seu teatro é quase um *puppet-show* com sentimentos puros e elevados, que nós ainda não conseguimos desenvolver. Ele é superior a nós, e nossa geração mal o alcança. Não há espaço para tudo isso em minha cabeça[39].

A equipe iria realizar aquilo que conseguira entender das idéias de Craig.

Enquanto isso, Sulerjítski, o assistente de Stanislávski, realiza a demonstração das telas e da iluminação para o Primeiro Ato, deixando todos empolgados. Nemiróvitch-Dântchenko fica impressionado com as realizações da equipe técnica e a estréia é marcada para dezembro (no calendário russo, o que equivale a janeiro no calendário ocidental).

Stanislávski vê o cenário completo e os figurinos:

Lindos figurinos. Talvez mais matizados do que as especificações de Craig, mas ainda assim de acordo com Craig e lindos. A segunda cena, *i.e.*, o rei no trono e toda a massa dourada está acima de qualquer elogio. Pela primeira vez, nossa companhia entendeu a genialidade de Craig[40].

Em outubro, Stanislávski escreve a um crítico afirmando que o espetáculo seria interessante, "pelo menos as partes feitas por Craig"[41].

39. Senelick, *op.cit.* p. 131.
40. *Idem*, p. 139.
41. *Idem*, p. 141.

Os ensaios prosseguem com uma rotina que começa às onze da manhã e termina às 2:30 da madrugada.

Nessa época, Craig conquista os jornais, realiza exposições e adquire projeção. Todos falam dele, é o assunto do momento e Stanislávski recomenda ao Conselho que não seria de bom tom romper com o encenador inglês, considerado o maior talento das artes cênicas da época.

O Conselho decide então que Craig viria só para o ensaio geral, poucos dias antes da estréia.

Craig chega em dezembro, freqüenta jantares, festas e descobre, por intermédio de algumas pessoas que assistiram aos ensaios, que o espetáculo estava horrível.

Finalmente, em primeiro de janeiro, Craig assiste ao ensaio geral e fica horrorizado com tudo o que vê. O ensaio é interrompido, todos gritam, Craig derrama um tinteiro no palco e ordena que seu nome seja retirado do cartaz.

Stanislávski marca uma reunião com os assistentes para realizar as mudanças pleiteadas por Craig, principalmente aquelas que diziam respeito à iluminação. O que era bom para as telas, era péssimo para os atores que mal se distinguiam da penumbra.

Os problemas são contornados e a estréia é confirmada para 5 de janeiro de 1912.

No dia marcado, uma hora antes do espetáculo, as telas caem como em um jogo de cartas.

Quedas similares não eram incomuns durante os ensaios e os técnicos conseguem repará-las a tempo, fixando-as no chão, o que provocaria a necessidade da troca dos biombos com a cortina fechada, retardando o espetáculo e a concepção de cenário cinético de Craig.

Em 1923, quando é publicado o livro de Stanislávski, *Minha Vida na Arte*, Craig declara que toda a história era fabricada. Em 1935, ele ameaça processar Stanislávski, com o pretexto de que o boato falso estava arruinando sua reputação. O encenador russo, então, obtém o depoimento do carpinteiro chefe e dos contra-regras atestando a veracidade do acidente e encerrando a polêmica.

De toda a montagem, Craig aprovara somente três cenas: a cena do trono, a cena da representação dos atores na corte diante do Rei e a final.

O espetáculo teve cinco horas de duração e os atores foram ovacionados no final.

A crítica ficou dividida: os conservadores eram desfavoráveis. Maiakóvski ficou deslumbrado e, segundo amigos dele, foi assistindo a esse espetáculo que ele concebeu a forma da peça que escreveria depois, *Vladímir Maiakóvski*.

Se a interpretação não havia chegado aos patamares sonhados, o trabalho de Katchálov no papel título modificou definitivamente a interpretação da personagem, pois finalmente, segundo o crítico Briuzov, Hamlet saía do pedestal e podia ser encontrado na rua, andando entre as pessoas.

Stanislávski propõe retomar a peça para melhorá-la e viabilizar a troca do cenário às vistas do público, o que aconteceu na estréia em São Petersburgo. Os dois encenadores reconciliam-se no calor da euforia e Stanislávski não se envolve com as questões financeiras.

Tanto Craig como Stanislávski ficam insatisfeitos com os resultados. Não porque fosse ruim, ao contrário, mas ambos sonharam com um nível de perfeição e depuramento técnico que só mais tarde foi possível alcançar. Craig propunha um teatro que se fundava na convenção e no reconhecimento dela. Tal concepção seria completamente concretizada com Meierhold, Taírov e Vakhtângov, este último, jovem aluno do TAM na época da montagem, foi figurante na cena da corte, o que Craig lembraria anos depois, comentando sobre a herança que havia deixado na Rússia.

Apesar das decepções alheias à questão estética, Stanislávski sempre registrou sua grande admiração pelo trabalho de Craig, afirmando que ele estava cinqüenta anos à frente da prática vigente.

Após a montagem, o nome de Craig foi definitivamente projetado internacionalmente (Europa e América), mas ele nunca teve novamente à disposição um teatro que se colocasse inteiramente a serviço da realização de um projeto seu.

Sulerjítski sintetizou a experiência com Craig: "O Teatro de Arte de Moscou foi o laboratório no qual ele revelou seus conceitos e, através dessa revelação, tornou-se CRAIG! para toda a Europa"[42].

E assim termina um dos capítulos mais fascinantes da história do teatro ocidental.

---

42. *Idem*, p. 190.

BIBLIOGRAFIA

Fontes das cartas

I. BARRATT, Andrew & SCHERR, Barry P. (ed.). *Maksim Gorky. Selected letters*. New York, Oxford University Press, 1997.
II. BENEDETTI, Jean (ed.). *The Moscow Art Theatre Letters*. New York, Routledge, 1991.
III. CATHALA, Lucia (org.). *Anton Tchékhov. Correspondance avec Olga (1899-1904)*. Paris, Albin Michel, 1991.
IV. CLARK, Barret H. *European Theories of the Drama*. New York, Crown Publishers Inc., 1965.
V. COPEAU, Jacques. *Texts on Theatre*. London, Routledge, 1990.
VI. CRAIG, Gordon. *On the Art of the Theatre*. London, William Heinemann, 1980. [Por serem cartas fictícias, as duas cartas encontradas não foram incorporadas à coletânea, mas foram citadas aqui na introdução.]
VII. GOURFINKEL, Nina. *Théâtre russe contemporain*. S.l., La Renaissance du Livre, 1931.
VIII. _____. "Lettres de Meyerhold a Tchékhov". *Revue d'Histoire du Théâtre*. Paris, vol. IV, pp. 334-351, 1961.

IX. HELLMAN, Lillian (ed.). *The Selected Letters of Anton Chekhov*. Hopwell, Ecco Press, 1994.
X. HORMIGON, Juan Antonio. *Meyerhold. Textos Teóricos*. Madrid, Publicaciones de la Associacion de Directores de Escena de España, 1992.
XI. LYMAN, Jane (ed.). *Perspectives on Plays*. London, Routledge & Kegan Paul, 1976.
XII. MELIK-ZAKHAROV, Sergei *et alii. Konstantin Stanislavsky 1863-1963*. Moscow, Iskustvo Publishers, 1963.
XIII. MEYERHOLD, Vsévolod. *Textos Teóricos*. Madrid, Alberto Editor, s.d., vol. 1.
XIV. _____. *Écrits sur le théâtre; tome I (1891-1917)*. Traduction de Béatrice Picon-Vallin. Lausanne, La Cité – L'âge d'homme, 1973.
XV. _____. *Écrits sur le théâtre; tome II (1917-1929)*. Traduction de Béatrice Picon-Vallin. Lausanne, La Cité – L'âge d'homme, 1975.
XVI. _____. *Écrits sur le théâtre; tome IV (1936-1940)*. Traduction de Béatrice Picon-Vallin. Lausanne, La Cité – L'âge d'homme, 1992.
XVII. PÉRUS, Jean (org.). *Correspondance Górki Tchékhov*. Paris, Éditions Bernard Grasset, 1947.
XVIII. SENELICK, Laurence. *Gordon Craig's Moscow Hamlet. A Reconstruction*. Westport, Greenwood Press, 1982.
XIX. SCHMIDT, Paul (ed.). *Meyerhold at Work*. New York, Applause, 1996.
XX. SOLNZEV, Nikolaï. "Hommage a Constantin Stanislávski". *Revue d'Histoire du Théâtre*, Paris, vol. I, pp. 21-32, 1959.
XXI. STANISLÁVSKI, Constantin. *Trabajos Teatrales – Correspondencia*. Obras Completas. Buenos Aires, Editorial Quetzal, 1986, vol. 5.
XXII. TURKOV, Andrei (org.). *Anton Chekhov and His Times*. Fayetteville, University of Arkansas Press, 1995.

Edições Russas consultadas

MOSKÓVSKI Khudojestviennii Teatr v Illiostratsiiakh i Documentakh 1898-1938. Moskva, 1938. [Teatro de Arte de Moscou em Ilustrações e Documentos 1898-1938.]
NEMIRÓVITCH-DÂNTCHENKO, Vl. I. *Izbrannie Pisma v Dvukh Tomakh*. Moskva, Iskusstvo, 1979. [Cartas Escolhidas em Dois Volumes.]
STANISLÁVSKII, K. S. *Sobranie Sotchinienii v Vosmi Tomakh*. Moskva,

Gossudarstviennoe Izdatielstvo Iskusstvo, 1961. [Obras Reunidas em 8 volumes.]
TCHÉKHOV, A. P. *Polnoe Sobranie Sotchinienii i Pissem v 30-ti Tomakh.* Moskva, Hayka, 1974-1983.[Obras Completas e Cartas em 30 volumes.]

FONTES DAS FIGURAS

A. *MOSKOVSKI Khudojestviennii Teatr v Illiostratsiiakh i Documentakh 1898-1938.* Moskva, 1938. (Teatro de Arte de Moscou em Ilustrações e Documentos 1898-1938.)
B. SOLOVIEVA, I. N. & CHITOVA, V.V. *K.S. Stanislávskii.* Moskva, Moskva Iskusstvo, 1986.
C. AMIARD-CHEVREL, Claudine. *Le Théâtre Artistique de Moscou*; 1898-1917. Paris, CNRS, 1979.
D. TURKOV, Andrei (org.). *Anton Chekhov and His Times.* Fayetteville, University of Arkansas Press, 1995.
E. HINGLEY, Ronald. *Chekhov. A Biographical and Critical Study.* London, George Allen & Unwin Ltd., 1950.
F. SENELICK, Laurence. "The Craig-Stanislavsky 'Hamlet' at the Moscow Art Theatre". *Theatre Quarterly.* London, TQ Publications Ltd, vol. VI, n. 22, 1976.

EPISTOLOGRAFIA E CRÍTICA GENÉTICA

AGUIAR, Flávio *et alii. Gêneros de Fronteira. Cruzamentos entre o Histórico e o Literário.* São Paulo, Xamã, 1997.
ANGELIDES, Sophia. *A. P. Tchékhov. Cartas para uma Poética.* São Paulo, Edusp, 1995.
_____. *Carta e Literatura. A Correspondência entre Tchékhov e Górki.* São Paulo, Edusp, 2001.
BENJAMIN, Walter & SCHOLEM, Gershom. *Correspondência.* São Paulo, Perspectiva, 1993.
CAFEZEIRO, Edwaldo. "Gênese e Processo da Edição Crítica". In: *III ENCONTRO DE ECDÓTICA e CRÍTICA GENÉTICA.* João Pessoa, 1993. *Anais,* pp. 115-120.

CHARTIER, Roger (org.). *La correspondance. Les usages de la lettre au XIXe siècle*. Paris, Fayard, 1991.

CUSTINE, Marquis de. *Letters from Russia*. New York, Penguin Books, 1991.

DUCHÊNE, Roger. "Du Destinataire au Public, ou les Métamorphoses d'une Correspondance Privée". *Revue d'Histoire Littéraire de la France*, Paris, 76-1, janvier/février 1976.

GALVÃO, Walnice Nogueira. *Desconversas*. Rio de Janeiro, Editora UFRJ, 1998.

GENESIS – REVUE INTERNATIONALE DE CRITIQUE GÉNÉTIQUE. Paris, 13, 1999.

GENETTE, Gerard. *Seuils*. Paris, Seuil, 1987.

GRÉSILLON, Almuth. *Eléments de critique génétique. Lire les manuscrits modernes*. Paris, PUF, 1994.

_____. "Nos Limites da Gênese: Da Escritura do Texto de Teatro à Encenação". In: *Estudos Avançados*. São Paulo, 9 (23): 269-285, 1995.

GUSDORF, Georges. "Le journal: dire ma vérité". In: *Les Écritures du Moi*. Paris, Odile Jacob, 1991.

"LA CRITIQUE Génétique en Quête des Mondes Possibles". *Le Monde*, 18-09-1998.

LUKACS, G. "La correspondance entre Schiller et Goethe". In: *Goethe et son époque*. Paris, Nagel, 1972.

MANUSCRÍTICA. São Paulo, APML, 1998.

MONTEIRO, Mariana. *Noverre. Cartas sobre a Dança*. São Paulo, Edusp/Fapesp, 1998.

MORAES, Marcos Antonio de (org.). *Correspondência Mário de Andrade & Manuel Bandeira*. São Paulo, Edusp/IEB, 2000.

_____. "Mário de Andrade: Cartas e Critérios de Publicação". In: *III ENCONTRO DE ECDÓTICA e CRÍTICA GENÉTICA*. João Pessoa, 1993, *Anais*, pp. 195-200.

RODRIGUES, Iná Valéria. "A Correspondência de Guimarães Rosa e sua Importância para os Estudos de uma 'Poética Rosiana'". In: *III ENCONTRO DE ECDÓTICA e CRÍTICA GENÉTICA*. João Pessoa, 1993, *Anais*, pp. 201-206.

SALLES, Cecília Almeida. *Crítica Genética. Uma Introdução*. São Paulo, EDUC, 1992.

_____. *O Gesto Inacabado. Processo de Criação Artística*. São Paulo, Annablume/Fapesp, 1998.

SANTOS, Matildes Demétrio dos Santos. *Ao Sol Carta é Farol. A Correspondência de Mário de Andrade e outros Missivistas*. São Paulo, Annablume, 1998.
WILLEMART, Philippe. *Bastidores da Criação Literária*. São Paulo, Iluminuras, 1999.
_____. *Universo da Criação Literária*. São Paulo, Edusp, 1993.
_____. "Metáfora, Metonímia, Variante e Tempo no Manuscrito: Um Novo Corte Epistemológico". In: *III ENCONTRO DE ECDÓTICA e CRÍTICA GENÉTICA*. João Pessoa, 1993. *Anais*, pp. 295-300.
_____. *A Pequena Letra em Teoria Literária: A Literatura Subvertendo as Teorias de Freud, Lacan e Saussure*. São Paulo, Annablume, 1997.

Teatro Russo

ALLEN, David e FALLOW, Jeff. *Stanislávski for Beginners*. New York, Writers and Readers Publishing, Inc., 1999.
ALTERNATIVES THÉÂTRALES. Les répétitions: un siècle de mise en scène. De Stanislávski à Bob Wilson. Bruxelles, 52-53-54, Mars 98.
AMIARD-CHEVREL, Claudine. *Le Théâtre Artistique de Moscou; 1898-1917*. Paris, CNRS, 1979
BAER, Nancy Van Norman. *Theatre Revolution. Russian Avant-garde Stage Design 1913-1935*. London, Thames and Hudson, 1991.
BALUKHATY, S.D. (ed.). *The Seagull Produced by Stanislavsky*. Trad. David Magarshack. London, Denis Dobson, 1962.
BENEDETTI, Jean. *Stanislávski*. New York, Routledge, 1988.
BRUFORD, W.H. *Chekhov and his Russia. A Sociology Study*. London, K.Paul, 1947.
CAVALIERE, Arlete. *O Inspetor Geral de Gógol / Meyerhold. Um Espetáculo Síntese*. São Paulo, Perspectiva, 1996.
CHEKHOV, Anton. *Notebook of Anton Chekhov*. New York, Ecco Press, 1987.
CONRADO, Aldomar (org.). *O Teatro de Meyerhold*. Rio de Janeiro, Civilização Brasileira, 1969.
EVREINOFF, Nicolas. *Le théâtre dans la vie*. Paris, Librairie Stock, 1930.
_____. *Histoire du théâtre russe*. Paris, Editions du Chêne, 1947.
GORCHAKOV, Nikolai M. *Stanislavsky Directs*. New York, Limelight Editions, 1985.

GÓRKI, Máximo. *Leão Tolstoi*. São Paulo, Perspectiva, 1983.
GOURFINKEL, Nina. *Górki par lui-même*. Paris, Seuil, 1967.
GRAY, Camilla. *The Russian Experiment in Art, 1863-1922*. New York, Thames and Hudson, 1986.
GSELL, Paul. *Le théâtre sovietique*. Paris, Éditions Sociales Internationales, 1937.
GUINSBURG, Jacó. *Stanislávski e o Teatro de Arte de Moscou. Do Realismo Externo ao Tchekhovismo*. São Paulo, Perspectiva, 1985.
HETHMON, Robert. *El Método del Actor's Studio*. Caracas, Fundamientos, 1972.
HESSE, José. *Breve Historia del Teatro Soviético*. Madrid, Alianza Editorial, 1971.
HINGLEY, Ronald. *Chekhov. A Biographical and Critical Study*. London, George Allen & Unwin Ltd., 1950.
JONES, David Richard. *Great Directors at Work: Stanislavsky, Brecht, Kazan, Brook*. Berkeley, University of California Press, 1986.
KUSNET, Eugênio. *Ator e Método*. Rio de Janeiro, Serviço Nacional de Teatro, 1975.
LAFFITTE, Sophie. *Tchékhov*. Rio de Janeiro, José Olympio, 1993.
LEITER, Samuel. *From Stanislávski to Barrault. Representative Directors of the European Stage*. New York, Greenwood Press, 1991.
MAGARSHACK, David. *Chekhov the Dramatist*. London, John Lehmann, 1952.
_____. "Stanislavsky". In: BENTLEY, Eric (ed). *The Theory of the Modern Stage. An Introduction to Modern Theatre and Drama*. New York, Penguin Books, 1992.
MAIAKÓVSKI, V. "Os dois Tchekov". In: SCHNAIDERMAN, B. *A Poética de Maiakóvski*. São Paulo, Perspectiva, 1971.
MARKOV, P.A. *B Rudogestvenom Teatre*. Moskva, VTO, 1976.
MARSHALL, Herbert. *The Pictorial History of the Russian Theatre*. New York, Crown Publishers Inc., 1977.
MAROWITZ, Charles. *Stanislavsky and the Method*. New York, The Citadel Press, 1964.
MITTER, Shomit. *Systems of Rehearsal: Stanislavsky, Brecht, Grotowski and Brook*. New York, Routledge, 1992.
NABOKOV, Vladímir. *Tolstoï, Tchékhov, Górki*. Paris, Stock, 1999.

NAKOV, Andrei B., *L'avant-garde russe*. Paris, F. Hazan, 1984.
Nemiróvitch-Dântchenko, V. *My Life in the Russian Theatre*. New York, Theatre Art Books, 1968.
PITCHER, Harvey. *Chekhov's Leading Lady*. New York, Franflin Watts Inc, 1980.
RIPELLINO, Angelo Maria. "El Teatro de Chejov". In: *Sobre Literatura Rusa – Itinerario a lo Maravilloso*. Barcelona, Barral Editores, 1970.
_____. *Maiakóvski e o Teatro de Vanguarda*. São Paulo, Perspectiva, 1971.
_____. *O Truque e a Alma*. São Paulo, Perspectiva, 1996.
ROOSE-EVANS, James. *Experimental Theatre. From Stanislávski to Peter Brook*. London, Routledge, 1991.
RUDNITSKY, Konstantin. *Russian Soviet Theatre 1905-1932: Tradition the Avant-garde*. London, Thames and Hudson, 1988.
RUSSELL, Robert & BARRAT, Andrew. *Russian Theatre in the Age of Modernism*. Basingstoke, Macmillan, 1990.
_____. *Russian Drama of the Revolutionary Period*. Basingstone, Macmillan, 1988.
SAYLER, Oliver M. *Inside the Moscow Art Theatre*. New York, Brentano's, 1925.
SCHNAIDERMAN, Boris. *A Poética de Maiakóvski*. São Paulo, Perspectiva, 1971.
SENELICK, Laurence. *Gordon Craig's Moscow Hamlet: A Reconstruction*. Connecticut, Greenwood Press, 1982.
_____. "The Craig-Stanislavsky 'Hamlet' at the Moscow Art Theatre". *Theatre Quarterly*. London, TQ Publications Ltd., vol. VI, n. 22, 1976.
SLONIM, Marc. *El Teatro Ruso. Del Império a los Soviets*. Buenos Aires, Editorial Universitária de Buenos Aires, 1965.
STANISLÁVISKI, Constantin. *Obras Completas*. Buenos Aires, Ed. Quetzal, 1986.
_____. *Minha Vida na Arte*. Rio de Janeiro, Civilização Brasileira, 1989.
_____. *A Preparação do Ator*. 7ª ed. Rio de Janeiro, Civilização Brasileira, 1986.
_____. *A Construção da Personagem*. 4ª ed. Rio de Janeiro, Civilização Brasileira, 1986.
_____. *A Criação de um Papel*. 3ª ed. Rio de Janeiro, Civilização Brasileira, 1987.

_____. *Stanislávski on the Art of the Theatre*. London, Faber & Faber limited, 1980.

_____.*SobranieSotchinieniiv8-mitomakh*.Moskva,Iskusstvo,1954-1961.

TAIROV, Alexandre. *Le théâtre libéré*. Lausanne, L'âge d'homme, 1970.

THE RUSSIAN REVIEW. Ohio, The Ohio State University Press, vol. 57, number 2, april 1998.

TOVSTONOGOV, Gueorgui. *Quarante ans de mise-en-scène*. Moscou, Ed. du Progrès, 1976.

TRIOLET, Elsa. *L'histoire d'Anton Tchékhov*. Paris, Les Éditeurs Français Reunis, 1954.

TROYAT, Henri. *Tchékhov*. Paris, Flammarion, 1984.

WORRALL, Nick. *Modernism to Realism on the Soviet Stage: Tairov, Vakhtangov, Okhlopkov*. Cambridge, Cambridge University Press, 1989.

_____. *The Moscow Art Theatre*. New York, Routledge, 1996.

Outras Referências

AMICO, Silvio d'. *Storia del Teatro Drammatico*. Milão, Aldo Garzanti, 1970. 4v.

APPIA, Adolphe. *Essays, Scenarios and Designs*. London, Na Arbor, 1989.

_____. *A Obra de Arte Viva*. Lisboa, Arcadia, s.d.

ASLAN, Odete. *L'acteur au XXe siècle. Évolution de la techinique, problème d'éthique*. Paris, Seghers, 1974.

BABLET, Denis. *Les révolutions scéniques du XXème siècle*. Paris, Societé Internationale d'Art, 1975.

_____. *Edward Gordon Craig*. Paris, L'Arche, 1962.

_____ et alii. *Les voies de la création théâtrale*. Paris, Éditions du C.N.R.S.,1977.

BENTLEY, Eric, (ed.). *The Theory of the Modern Stage. An Introduction to Modern Theatre and Drama*. New York, Penguin Books, 1992.

BERTHOLD, Margot. *Historia Social del Teatro*. Madrid, Ediciones Guadarrama, 1974.

BLANCHART, Paul. *Histoire de la mise en scène*. Paris, Presses Universitaires de France, 1948.

BOULAY, Henriett & DÉPRATS, Lucien. *Histoire du lieu et du décor de théâtre*. Paris, Ligue Française de l'Enseignement, 1966.

BROOK, P. *Gordon Craig*. Sunday Times, London, July 29-1956.
CHEKHOV, Michael. *Para o Ator*. São Paulo, Martins Fontes, 1986.
CLURMAN, Harold. *On Directing*. New York, Fireside, 1997.
CONFINO, I. E. *Gordon Craig – Movement and the Actor*. Carbondale and Edwards Ville, Southern Illinois University Press, 1987.
CRAIG, Edward Gordon. *A Arte do Teatro*. Lisboa, Arcádia, 1911.
_____. *De l'art du théâtre*. Paris, Éditions Lieutier, s.d.
_____. *Towards a New Theatre*. s.l., Dent, 1913.
_____. *On the Art of Theatre*. s.l., Heinemann, 1911.
_____. *Index to the Story of my Days: 1872-1907*. London, Hulton Press, 1957.
DORT, Bernard. *La réprésentation émancipée*. Paris, Actes Sud, 1988.
DUNCAN, Isadora. *Ma Vie*. Paris, Gallimard, 1928.
FRANK, Joseph. *Pelo Prisma Russo: Ensaios sobre Literatura e Cultura*. São Paulo, Edusp, 1992.
GARCIA, Silvana. *As Trombetas de Jericó: Teatro das Vanguardas Históricas*. São Paulo, Hucitec, 1997.
GASSNER, John. *Mestres do Teatro*. São Paulo, Perspectiva, 1974.
GRUNWALD, Constantin de. *Société et civilisation russes au XIXe siècle*. Paris, Éditions du Seuil, 1975.
GUINSBURG, Jacó (org.). *Semiologia do Teatro*. São Paulo, Perspectiva, 1988.
HELLER, Agnes. *O Cotidiano e a História*. São Paulo, Paz e Terra, 1985.
HORMIGON, Juan Antonio (org.). *Investigaciones sobre el Espacio Escénico*. Madrid, Alberto Co. Ed., 1970.
INNES, C. *Edward Gordon Craig – Director in Perspective*. Cambridge, Cambridge Univ. Press. 1983.
_____. *Avant garde theatre; 1892-1992*. London/New York, Routledge, 1993.
JACQUOT, Jean (org.). *Le théâtre moderne: hommes et tendances*. Paris, CNRS, 1978.
JANUZELLI, Antonio Luiz Dias. *Princípios Básicos da Preparação do Ator para o Espetáculo Teatral*. Dissertação de mestrado. USP-ECA, 1984.
KOLLER, Ann Marie. *The Theater Duke. Georg II of Saxe-Meiningen and the German Stage*. Stanford, Stanford University Press, 1984.
KUJAWSKI, Gilberto de Mello. *A Crise do Século XX*. São Paulo, Ática, 1988.

LEACH, Robert. *Vsevolod Meyerhold*. Cambridge, Cambridge University Press, 1993.

MIRSKY, D.S. *Histoire de la Littérature Russe*. Paris, Fayard, 1969.

OSBORNE, John. *The Meiningen Court Theatre 1866-1890*. Cambridge, Cambridge University Press, 1988.

PAVIS, Patrice. *Languages of the Stage*. New York, Performing Arts Journal Publications, 1982.

_____. *Le théâtre au croisement des cultures*. Paris, José Corti, 1990.

_____. *Voix et images de la scène*. Lille, Presses Universitaires de Lille, 1985.

PERROT, Michelle (org.). *História da Vida Privada, vol. IV*. São Paulo, Companhia das Letras, 1991.

PONTIERO, Giovanni. *Eleonora Duse Vida e Arte*. São Paulo, Perspectiva,1995.

QUIGLEY, Austin E. *The Modern Stage and Other Worlds*. New York, Methuen, 1985.

REVUE D'HISTOIRE DU THÉÂTRE. Paris, Éditions Michel Brient, 1959.

RICE, Tamara Talbot. *A Concise History of Russian Art*. London, Thames and Hudson, 1963.

ROUBINE, Jean-Jacques. *A Arte do Ator*. Rio de Janeiro, Zahar, 1987.

_____. *A Linguagem da Encenação Teatral*. Rio de Janeiro, Zahar, 1982.

_____. *Introduction aux grandes théories du théâtre*. Paris, Dunod,1996.

SCHNAIDERMAN, Boris. *Projeções: Rússia/Brasil/Itália*. São Paulo, Perspectiva, 1978.

SPIECKERMANN, T. *Edward Gordon Craig and his Concept of the Übermarionetten-Theatre*. Dissertation for M.A. Royal Holloway University of London, 1993.

STYAN, J.L. *Modern Drama in Theory and Practice*. Cambridge, Cambridge University Press, 1981. v.01.

SZONDI, Peter. *Théorie du drame moderne*. Paris, L'Âge d'homme, 1983.

THÉÂTRE/PUBLIC. Gennevilliers, Théâtre de Gennevilliers, v116, 1994.

TOLMACHEVA, Galina. *Creadores del Teatro Moderno – Los Grandes Directores de los Siglos XIX y XX*. Buenos Aires, Centurión, 1946.

UBERSFELD, A. *L'école du spectateur*. Paris, Éditions Sociales, 1981.

_____. *Lire le théâtre*. Paris, Éditions Sociales, 1982.
VÁRIOS. *Teoria da Literatura: Formalistas Russos*. Porto Alegre, Globo, 1971.
VEINSTEIN, André. *La Puesta en Escena*. Buenos Aires, Compañía General Fabril, 1962.
WALTON, J.M. (ed.). *Craig on Theatre*. London, Methuen, 1983.
WILLIAMS, Raymond. *Drama in Performance*. Philadelphia, Open University Press, 1991.
ZAMORA, Juan Guerrero. *Historia del Teatro Contemporáneo*. Barcelona, Juan Flors, 1961-1967, 4 vols.

ÍNDICE ONOMÁSTICO

Abbey Theatre – 377
Abessalómov, Aleksandr Vassilievitch – 212
Adachov – 256
Antígone (Sófocles) – 229
Aleksándrov, N. G. - 82, 209, 262, 274
Aleksieiev, Konstantin Serguiêievitch (pseudônimo Stanislávski)– 19, 43, 55, 57, 61, 62, 64, 65, 69, 71, 72, 76, 80, 95, 96, 107, 111, 114, 116, 117, 121, 122, 124, 126, 128, 132, 143, 152, 163, 183, 189, 198, 201, 202, 205, 207, 213, 218, 222, 224, 242, 244, 246, 248, 251, 252, 254, 256, 258, 259, 261, 262, 263, 269, 270, 275, 277, 278, 279, 281, 283, 284, 297, 300, 301, 302, 306, 307, 308, 325, 333, 336, 339, 353, 362, 364. Ver Stanislávski
Aleksieieva, Maria Petrovna (pseudônimo Lilina) – 83, 116, 126, 159, 173, 204, 209, 251, 262, 275, 277, 305, 329, 353
Aleksieiev, Vladímir Serguiêievitch – 303, 367
Andrei (personagem de *As Três Irmãs*) – 167

Andrêiev, Leonid – 39, 192, 231, 383
Andriéieva, Maria Fiódorovna (Jeliabújskaia) – 144, 160, 171, 173, 176, 204, 209, 244, 247, 259, 262, 275, 283, 284
Andréievna, Polina – 79
Anfissa (personagem de *As Três Irmãs*) – 171 n. 5
Ânia (personagem de *O Jardim das Cerejeiras*) – 255, 257, 259, 261, 262, 273, 275, 277, 289
Anna (personagem de *Os Solitários*) – 109, 127, 136
Arbitrários, Os (Píssemski) – 67, 71
Archángelski, P. A – 113
Aristófanes – 353 n. 4. Ver também *Lisístrata*
Arkádina (personagem de *A Gaivota*) – 78, 95
Arkhipov, Nikolai (Arbatov) – 58
Artiom, Aleksander Radianovitch – 79 n. 2, 82, 116, 118, 121, 126, 160, 163, 171, 189, 209, 219, 274
Ascensão de Hannele, A (Hauptmann) – 49

Ástrov (personagem de *Tio Vânia*) – 107, 108, 114, 121, 135
Azagárova, Anna – 47, 50 n. 4
Bakhrútchin, Iúri – 365, 367
Balmont, Konstantin Dimitrievitch – 192
Balsas, Nas (Górki) – 92
Balukháti, Serguiei – 355, 367
Baránov, Nikolai Aleksandrovitch – 201, 205, 246
Barnay, Ludwig – 48, 50 n. 10, 303
Basiliévski, W. P. – 344
Basser, Albert – 400, 401
Básov (personagem de *Os Veranistas*) – 386
Batálov, N. – 357
Bernhardt, Sarah – 50 n. 12
Bertenson, Serguiei Lvovitch – 358, 367
Bessiémenov (personagem de *Os Pequenos Burgueses*) – 198
Boboríkin, Piotr D. – 195, 197
Borodúlin, Aleksander – 177, 178 n. 1, 367
Brand (Ibsen) – 306 n. 2, 310
Brutus (personagem de *Júlio César*) – 242, 248, 254, 260, 275, 278, 279
Bulgákov, Mikhail Afanasievitch – 39
Burdjalov, Gueorgui Serguiêievitch – 58, 67, 82, 259
Byron, George Gordon – 102, 349 n. 1. Ver também *Cain*
Cain (Byron) – 349 n. 1
Calpúrnia (personagem de *Júlio César*) – 248
Carroceiro Henschel, O (Hauptmann) – 114 n. 1, 120 n. 3
Casa de Bonecas (Ibsen) – 50 n. 11, 64
Casamento, O (Gógol) – 241, 242 n. 1
Cegos, Os (Maeterlinck) – 227 n. 4
Century Magazine, The – 376
Chakóvskoi, Príncipe – 214
Chamráev (personagem de *A Gaivota*) – 73, 79
Charlotta (personagem de *O Jardim Cerejeiras*) – 257, 259, 260, 262, 274, 277

Cherepanov, companhia – 48, 50 n. 15
Chírikov, Evguiêni Nikolaievitch – 293
Chpajínski, Ippolit Vassílievitch – 201
Chtchúkin, Borís Vassílievitch – 82, 83 n. 4
Chuválov – 46, 47
Cidade de Roma, Na (Gerolamo Rovetta) – 58, 59. Também com o nome *De Passagem*
Clube dos Caçadores – 49, 58 n. 1, 84
Coleridge, Samuel Taylor – 377
Colunas da Sociedade, As (Ibsen) – 224, 225, 280 n. 1
Comédie Française – 50 n. 12, 376
Compagnie Shakespeare – 376
Copeau, Jacques – 13, 347, 349, 357, 358, 367
Craig, Edward Gordon – 13, 16, 28, 33, 37, 313, 314, 318, 320, 321, 322, 323, 329, 330, 335, 336, 338, 340, 367, 371, 372, 374, 375, 377, 378, 381, 382, 383, 384, 385, 386, 387, 388, 390, 391, 392, 393, 394, 395, 396, 397, 398, 399, 400, 401, 402, 403. Ver também *The Mask*; *On the Art of the Theatre*
Dalcroze, Émile Jacques – 336
Dama com o Cachorrinho, A (Tchékhov) – 134 n. 4
Dama do Mar, A (Ibsen) – 57, 64, 242
Dárski, (pseudônimo de Mikhail Iégorovitch Psárov) – 38, 65,66
Davídov, Vladimir Nikolaievitch – 77, 111
Demônio da Floresta, O (Tchékhov) – 128 n. 2
Desgraça de Ser Inteligente, A (Griboiédov) – 241
Deutsche Theater – 318
Dido e Enéas (Purcell) – 377
Divílkovski – 357
Donzela da Neve, A (Ostróvski) – 150, 151, 155, 156, 157, 252, 263, 267, 269
Dorn (personagem de *A Gaivota*) – 73, 77, 79, 82, 83, 96

Dostoiévski, Fiodor Mikhailovitch – 102, 330 n. 12 . Ver também *Irmãos Karamazov, Os; Lenda do Grande Inquisidor, A*
Drama da Vida, O (Hamsun) – 299 n. 2, 307 n. 1, 308, 310, 332 n. 2, 383
Duelo, O (Tchékhov) – 196
Duncan, Isadora – 13, 16, 37, 313, 314, 315, 317, 322, 367, 384, 385, 386, 387, 388, 389, 390, 391
Duniácha (personagem de *O Jardim das Cerejeiras*) – 274, 276, 278, 289
Duse, Eleonora – 304 n. 5, 313, 387, 390
Édipo e a Esfinge (Hugo von Hofmannsthal) – 392
Efros, Nikolai Efimovitch – 105, 238
Ekaterína, Mikháilovna Munt – 71 n. 2, 212 n. 1
Ekaterína, Nikoláievna Nemiróvitch – 130, 132, 363, 364
Elena (personagem de *Os Pequenos Burgueses*) – 190, 215
Elena (personagem de *Tio Vânia*) – 1, 107, 108, 116, 119, 120, 122, 123, 124
Enfermaria Número 6 (Tchékhov) – 196
Epikhódov (personagem de *O Jardim das Cerejeiras*) – 262, 271, 274, 278, 289 n. 4
Ermólova, Maria Nikoláievna – 286, 288 n. 3
Ernst, Wilhelm Heinrich – 133, 134 n. 3
Ertel, A. I. – 92, 93 n. 3
Escola de Medicina da Universidade de Moscou – 113
Escola Filarmônica de Moscou – 56 n. 5, 164 n. 1
Espectros (Ibsen) – 64, 320
Estepe, Na (Górki) – 101, 106
Evréinov, Nikolai – 392, 393
Fiédin, C. – 356
Fedótik (personagem de *As Três Irmãs*) – 167
Fedótov, Aleksander – 50 n. 2
Feira em Goltvo (Górki) – 89

Filhos do Sol (Górki) – 301 n. 1
Firs (personagem de *O Jardim das Cerejeiras*) – 274, 289
Flaubert, Gustave – 102, 380, 382. Ver também *Tentação de Santo Antônio, A*
Fomá Gordiéiev (Górki) – 106 n. 1, 245
Frutos da Ilustração (Tolstói, Lev) – 214
Gáiev (personagem de *O Jardim das Cerejeiras*) – 255, 257, 262, 270, 274
Galeria Tretiakóv – 151
Gandúrina , Natalia Andreivna – 81
Gazeta de Níjni-Nóvgorod – 140
Gennert, Ivan Ivanich – 82
Godwin, Edward William – 374
Goethe, Johann Wolfgang van – 102, 377
Gógol, Nikolai V. – 242 n. 1, 362. Ver também *Inspetor Geral, O; Casamento, O*
Górki, Maksim (pseudônimo de Aleksiei Maksímovitch Péchkov) – 13, 15, 17, 88, 89, 90, 91, 93, 97, 101, 102, 104, 106, 133, 135, 140, 142, 143, 150, 151, 157, 158, 186, 187, 189, 191, 192, 195, 196, 198, 199, 200, 201, 203, 214, 215, 217, 219, 223, 224, 230, 231, 238, 239, 242, 244, 245, 267, 283, 286, 291, 294, 295, 301, 358, 361, 367, 392. Ver também *Feira em Goltvo; Filhos do Sol; Foma Gordeiev; Inimigos, Os; Malva; Pequenos Burgueses, Os; Estepe, Na; Balsas, Nas;No Fundo; Veranistas, Os; Meu Companheiro; Tchelkach; Três*
Goslávski, Evguiêni Petróvitch – 128, 129
Gretcháninov, Aleksandr Tíkhonóvitch – 150, 151
Griboiédov, Aleksander. Ver *Desgraça de Ser Inteligente, A*
Gribúnin, Vladímir – 151, 160, 163, 239, 246, 262, 274
Grigórievna, Zinaída – 231
Grigórieva, Maria Petrovna – 82
Grómov, M. A. – 160, 171, 274
Grupo de Arte e Literatura – 362

Guriévitch, Liubov Iakovlievna – 321, 322 n. 1, 367, 380
Gutskov, Karl – 64 n. 1. Ver também *riel Acosta*
Haase, Friedriech – 303
Halbe, Max – 303
Hamlet (Shakespeare) – 16, 320, 322, 323, 329, 330, 338, 339, 340, 343, 371, 372, 373, 374, 379, 383, 391, 392, 396, 397, 400
Hamsun, Knut – 15, 299 n. 2, 306 n. 2, 383. Ver também *Drama da Vida, O*
Hauptmann, Gehart – 49, 50 n. 16, 64, 71, 102, 104, 107, 114 n. 1, 120 n. 3, 128 n. 3,140, 181, 197, 199 n. 4, 288, 303. Ver também *Ascensão de Hannele, A; Solitários, Os; Carroceiro Henschel; Sino Submerso, O; Michael Kramer*
Hardy, W.S. – 376
Hedberg – 102, 104
Hedda Gabler (Ibsen) – 98, 99, 128, 178, 229
Henrique IV (Shakespeare) – 375
Hermitage – 55, 58 n. 1, 84, 164, 209, 263
Hernani (Victor Hugo) – 245 n. 1
Hoffmann, Joseph – 377
Hofmannsthal, Hugo von – 113. Ver também *Édipo e a Esfinge*
Hospital Comunitário – 113
Iácha (personagem de *O Jardim das Cerejeiras*) – 262, 274
Iákovliev, A. M. – 47, 50 n. 5
Iakúntchikova, Maria Fedorovna – 231
Iártsev, P. – 293
Ibsen, Henrik – 64, 99, 102, 104, 140, 178, 181, 230, 238, 239, 320, 383, 391, 392. Ver também *Hedda Gabler; Casa de Bonecas; Inimigo do Povo,Um; Colunas da Sociedade, As; Dama do Mar, A; Espectros; Pato Selvagem, O; Solness, o Construtor; Quando Despertarmos de Entre os Mortos; Rosmersholm; Brand; Vikings;*

Peer Gynt; Imperador e Galileu, O
Iegórov, Nikolai Vassílievitch – 393, 394, 395, 397
Ilínski, Igor – 82
Imperador e Galileu, O (Ibsen) – 392
Inimigo do Povo, Um (Ibsen) – 179, 193. 196, 391
Inimigos, Os (Górki) – 295
Inspetor Geral, O (Gógol) – 214, 241
Irina (personagem de *As Três Irmãs*) – 94, 164, 167, 170, 171, 257
Irina (personagem de *Tsar Fiódor*) – 67, 86, 88
Irving, Henry – 374, 375, 376, 377, 381, 382
Iordanov, Pavel F. – 84, 103, 367
Irmãos Karamazov, Os (Dostoiévski) – 330, 331, 332, 390, 400
Iust, Elena – 102
Ivan Petrovitch (personagem de *Tio Vânia*) – 121, 123 n. 1
Ivanóv (Tchékhov) – 55, 192, 203, 257, 292, 293, 298
Ivanóv, Ivan Ivánovitch – 100
Ivanóv, Vsiévolod – 356, 357 n. 2. Ver também *Trem Blindado*
Janvier, T. A . – 376
Jeliabújskaia, (Maria Fiódorovna Andrieieva) – 100 n. 1, 144, 146 n. 2, 171, 232 n. 2, 244
Jizn – 106
Johannes (personagem de *Os Solitários*) – 105, 107, 108, 109, 115, 127, 199, 229
Júlio César (Shakespeare) – 230, 242, 252, 392
Jurnal Dliá Vsiekh (Revista para Todos) – 89 n. 2
Kaliéri (personagem de *Os Veranistas*) – 287
Kalínnikov, Vassíli Serguiêievitch – 82
Kalújski (Lújski), Vassíli Vassílievitch (Kalújski) Lújski – 58, 73, 79, 81, 82, 96, 121, 144, 163, 170, 201, 224, 225. Ver Lújski
Karpov, Evtíkhi Pávlovitch – 131, 132 n. 1

Katchálov (pseudônimo de Vassíli Ivánovitch Chverubóvitch) – 147, 151, 160, 163, 171, 209, 214, 219, 236, 239, 244, 246, 250, 256, 293, 300, 308, 323, 349, 367, 393, 394, 403
Kerr, Alfred – 303
Kharlámov, Aleksei Petrovitch – 246
Khlestakóv (personagem de *O Inspetor Geral*) – 214
Khmiélev, N. P. – 357
Knípper, Olga Leoneardovna (posteriormente Knípper-Tchékhova, Olga) – 13, 16, 17, 23. 67, 78, 81, 82, 88, 95, 96, 97, 107, 108, 111, 114, 116, 120, 121, 122, 123, 124, 125, 126, 127, 130, 135, 136, 144, 146, 147, 148, 151, 152, 154, 155, 156, 158, 159, 160, 162, 163, 165, 166, 167, 168, 170, 171, 172, 173, 174, 176, 180, 184, 186, 191, 192, 193, 195, 197, 200, 202, 204, 209, 210, 212, 213, 214, 215, 216, 217, 218, 221, 224, 232, 238, 239, 241, 243, 247, 250, 251, 253, 255, 258, 259, 261, 262, 269, 273, 274, 280, 282, 284, 289, 292, 293, 295, 305, 310, 324, 332, 367, 396
Kochevérov, Aleksandr Serguiêievitch – 46, 49
Komissarjévskaia, Vera – 77, 121, 293
Komissarjévski, Teodor – 49 n. 2, 50 n. 7
Koonen, Alisa – 373
Korolénko, Vladímir – 92, 216, 367
Kotliareevskaia, Vera Vassílievna (Puchkarióva) – 182, 302, 310, 367
Kramsákov – 103
Krilóv, Ivan A. – 93 n. 2, 254
Kúchnir, Aleksander – 365
Kulíguin (personagem de *As Três Irmãs*) – 144 n. 2, 286
Kuznetsov, Pavel Verfolomeievitch – 68
Lady Macbeth (personagem de *Macbeth*) – 11, 161
Laertes (personagem de *Hamlet*) – 336, 397

Lanskói, Vladímir – 67, 68
Lenda do Grande Inquisidor, A (Dostoiévski) – 102
Lênin, Vladímir Ilitch – 349
Leonídov, Leonid Mirónovitch – 262, 270, 274, 282, 283, 309, 367
Leóntiev, Iaakov Leontievitch (pseudônimo Chtcheglov) – 143 n. 1
Lérmontov, Mikhail Iurevitch – 164, 353
Levitan, Isaak – 280
Lilina (pseudônimo de Maria Petrovna Aleksiéieva) – 79 n. 1, 83, 96 n. 2, 115 n. 4, 116, 123 n. 2, 126, 148 n. 2, 159, 171 n. 4, 173, 204, 209, 248 n. 4, 251, 262, 263 n. 2 e 3, 275 n. 2 e 3, 277, 305, 329, 353, 367, 396
Lisístrata (Aristófanes) – 353
Liubímovka (casa de campo de Stanislávski) – 218, 219, 221, 234 n. 1, 273
Liubóv, Andreievna Raniévskaia – 255, 256, 261, 275, 277, 282
Loeb, Louis 376
Lopákhin (personagem de *O Jardim das Cerejeiras*) – 256, 257, 262, 270, 271, 274, 276, 289
Lugné-Poe, Aurélien-Marie – 358 n. 1
Lújski (Kalújski) – 114, 126, 159, 167, 193, 198, 200, 204, 239, 244, 256, 257, 270, 292, 310
Lyceum Theatre – 376
Luká (personagem de *No Fundo*) – 219, 236, 239 n. 3 Mácha (personagem de *A Gaivota*) – 77, 79, 83 n. 1, 96, 97, 257
Mácha (personagem de *As Três Irmãs*) – 17, 144 n. 2, 159 n. 2, 165, 166, 167, 168, 171, 172, 174, 257
Macbeth (Shakespeare) – 320
Maeterlinck, Maurice – 13, 39, 192 n. 2, 227 n. 4, 289, 335, 367, 383. Ver também *Pássaro Azul, O; Cegos, Os*
Magnus, Maurice – 320, 367, 391
Maiakóvski, Vladímir – 383, 403

Malíchkin, Aleksander – 356
Mallarmé, Stéphane – 384
Malva (Górki) – 92, 199, 101
Mámin-Sibiríak, D.N. – 92, 93 n. 3
Mámontov, Sávva Ivánovitch – 54, 303
Manuílovka – 142, 143
Mardjánov, Konstantin Aleksandrovitch – 330
Márkov, P. – 357
Matkovski, Adalbert – 48, 50 n. 13
Mês no Campo, Um (Turguêniev) – 30, 265 n. 4, 325 n. 1, 332
Meierhold, Olga Mikháilovna – 64, 65 n. 1, 69, 71, 367
Meierhold, Vsiévolod Emílievitch – 13, 17, 18, 23, 34, 38, 61, 64, 65 n. 1 e 3, 66 n. 7, 67, 69, 71, 73, 79, 81, 98, 105, 107, 108, 109, 114, 115, 116, 128, 136, 144, 148, 150, 156, 157, 160, 163, 166, 171, 176, 178, 180, 181, 186, 189, 193, 196, 197, 198, 199 n. 4, 205, 207, 209, 212, 213, 236, 288, 289, 297, 298, 299 n. 1 e 2, 300, 302 n. 1, 312, 353, 326, 363, 365, 367, 377, 393, 397, 403
Méiningen, George II (Duque de Méiningen) – 35, 36, 50 n. 10, 64, 65 n. 5, 375, 379
Mélikhovo – 57, 102, 103, 107 n. 1, 113
Meu Companheiro (Górki) – 245
Mercador de Veneza, O (Shakespeare) – 55, 59, 64
Michael Kramer (Hauptmann) – 181
Mikhail Iégorovitch Psárov (Dárski) – 65 n. 7
Minha Vida na Arte (Stanislávski) – 68 n. 5, 377, 381, 402
Miroliúbov, V.S. (pseudônimo Mírov) – 89
Missão Administrativa, Em (Tchékhov) – 196
Molière – 63, 64, 344. Ver também *Sabichonas, As*; *Tartufo*
Monge Negro, O (Tchékhov) – 196
Morózov, Sávva Timoféievitch – 137 n. 1, 139, 204, 209, 210, 213, 222, 232, 234 n. 2, 244, 256, 264, 265, 270 n. 5, 277, 292, 294 n. 3, 302 n. 1, 367
Morte de Ivan, o Terrível, A. (A. K. Tolstói) – 56 n. 3, 150 n. 2, 157
Moskvín, Ivan Mikhailovitch – 38, 61 n. 4, 67, 68, 69, 79, 82, 83, 151, 160, 176, 209, 236, 239, 244, 246, 250, 256, 262, 271, 274, 289, 310, 324
Muito Barulho por Nada (Shakespeare) – 63
Munt, Olga Mikháilovna – 13, 65 n. 1
Munt, Ekaterina Mikháilovna – 71 n. 2, 212 n. 1
Musset, Alfred de – 376. Ver também *Não se Brinca com o Amor*
Natacha (personagem de *As Três Irmãs*) – 158, 161, 162, 167, 170, 171 n. 4, 173 n. 2, 274
Nemiróvitch-Dântchenko, Vladímir Ivánovitch – 13, 14, 15, 19, 23, 25, 27, 36, 39, 40, 43, 44, 46, 49 n. 1, 50 n. 18, 53, 55, 56, 57, 58, 62, 66, 71, 72, 73, 76, 77, 78, 79, 81, 84, 86, 94, 96, 98, 100, 101 n. 1, 105, 116 n. 3, 117, 120, 121, 122, 124 n. 3, 127 n. 1, 128, 129, 130 n. 4, 131, 137, 138, 144, 147, 148, 164 n. 1, 169, 184, 195, 197, 205 n. 1, 208, 210 n. 1, 213, 215 n. 1, 217 n. 2, 221, 224, 227, 228, 232 n. 1 e 8, 234, 239 n. 2, 242 n. 1, 241, 244, 246, 248, 250, 251 n. 2, 252, 253, 257, 261, 263, 265 n. 5, 266, 269 n. 1, 270 n. 3, 273, 277, 282, 283, 284, 286, 292, 293, 294, 295, 297, 299, 300, 301, 304 n. 2, 306, 307, 308, 318, 329, 330, 332, 343, 345, 347 n. 2, 349, 350, 354, 356, 357, 358, 363, 364, 367, 373, 384, 393, 398, 399, 400, 401. Ver também *Sonhos, Nos*
Nemiróvitch-Dântchenko, Ekaterina Nikoláievna – 127 n. 1, 130, 132, 363, 364, 367
Neskútchnoe (fazenda) – 43, 57, 62, 248, 292, 297, 300

Nicholson, William – 375, 377
Nietzsche, Friedrich – 104, 179
Níjni-Nóvgorod – 79, 88, 90, 92,93, 97, 102, 104, 133, 135, 186, 187, 191
Nil (personagem de *Os Pequenos Burgueses*) – 15, 189, 191, 198, 199 n. 2, 200, 201, 214, 230
Nina (personagem de *A Gaivota*) – 76, 77, 79
No Fundo (Górki) – 204 n. 2, 236 n. 1 , 242, 245, 246, 247, 248, 263, 266, 267, 271, 287, 295 n. 1, 303, 350, 351, 352
Noite de Reis (Shakespeare) – 63
Ofélia (personagem de *Hamlet*) – 336, 397, 398
Ognióv, Nikolas – 356
Olga (personagem de *As Três Irmãs*) – 159, 171, 173 n. 1
On the Art of the Theatre (Gordon Craig) – 28, 314 n. 3, 391
Ostróvski, Aleksander Nikoláievitch – 55, 68 n. 2, 150 n. 1 e 3, 270 n. 1, 331. Ver também *Donzela da Neve, A*
Otelo (Shakespeare) – 65 n. 3
Ovsiánikov – 103
Passagem, De. Também com o nome *Cidade de Roma, Na* – 58 n. 2
Pássaro Azul, O (Maeterlinck) – 39, 335, 336 n. 2, 349
Pato Selvagem, O (Ibsen) – 181, 252
Péchkov, Aleksiéi Maksímovitch (pseudônimo Górki) – 88, 89 n. 4, 91, 94, 97, 101, 102, 105, 134, 135, 140, 143, 151, 186, 187, 189, 191, 193, 201, 217, 219, 294, 295, 300, 361
Péchkova, Ekaterina Pávlovna – 291, 367
Peer Gynt (Ibsen) – 320, 392
Pequenos Burgueses, Os (Górki) – 15, 189 n. 1, 199 n.2, 200, 214 n.1, 215
Pertchíkhin (personagem de *Os Pequenos Burgueses*) – 189, 198
Petróvna, Natália (personagem de *Um Mês no Campo*) – 324
Pieatnitski, Konstantin – 239, 367
Pichtchík (personagem de *O Jardim das Cerejeiras*) – 257, 274
Piotr (personagem de *Os Pequenos Burgueses*) – 189, 190, 215
Píssemski, Aleksei F. – 68 n. 2. Ver também *Arbitrários, Os*
Platónov, Aleksandr – 69, 81, 82
Poder das Trevas, O (Tolstói, Lev) 133, 224, 225, 234, 263, 267
Poliónov, V – 280 n. 2
Pólia (personagem de *Os Pequenos Burgueses*) – 190 n. 1, 201
Polônio (personagem de *Hamlet*) – 397
Pórcia (personagem de *Júlio César*) – 63, 64, 248
Potápenko, I. N. – 92, 93 n. 3
Prêmio Puchkin – 113
Primeiro Estúdio – 345 n. 1, 349
Prokófiev, Serguei Serguiêivitch – 138
Prúdkin, M. I – 357
Pryde, James – 375, 377
Psárov, Mikhail Iégorovitch (Dárski) – 65 n. 7
Púchkino – 59, 61 n. 1 e 2, 69, 71, 221, 223 n. 2
Purcell, Henry – 377
Quando Despertarmos de Entre os Mortos (Ibsen) – 144, 145, 148 n. 1, 229
Raiévskaia, Evguiênia Mikhailovna – 79, 121, 212
Raniévskaia, Liubov Andréievna (personagem de *O Jardim das Cerejeiras*) – 255, 256, 261, 275, 277, 282
Rei Lear (Shakespeare) – 318
Reinhardt, Max – 400
Rímski-Kórsakov, Nikolai – 150
Rode – 163, 167
Roksánova, Maria Liudomírova (Petróvskaia) – 79. 81, 82, 96, 103 n. 2, 186, 192, 212

Romeu e Julieta (Shakespeare) – 375
Rosmersholm (Ibsen) – 293
Rossolímo, Grigori – 112, 367
Rovetta, Gerolamo – 58 n. 2
Rubek (personagem de *Quando Despertarmos de Entre os Mortos*) – 229
Ruskin, John – 377
Sabichonas, As (Molière) – 61 n. 3
Sakhalína, Ilha de – 113
Samárova, Maria Aleksandrovna – 118, 121, 163, 171, 204, 209, 219
Sânin, Aleksandr Akímovitch (Schonberg) – 58 n. 3, 152 n. 2, 166, 171, 176, 198, 209, 212, 213, 226, 236
Sátin (personagem de *No Fundo*) – 15, 234, 235, 239
Savítskaia, M.G. – 250, 151, 160, 163, 170, 171 n. 1, 173
Savrásov, A. – 280 n. 3
Sávvutchka (apelido de Sávva Morózov). Ver Morózov, Sávva
Schonberg. Ver Sânin
Schnitzler, Arthur – 303
Schuíski, Andrei (personagem de *Tsar Fiódor*) – 69, 83, 246
Schultz, Vladímir Nikolaievitch – 48, 49
Schwöhrer – 290
Semar, John – 28
Serebriakóv, Aleksander (o Professor, personagem de *Tio Vânia*) – 121, 123 n. 1
Serlio, Sebastiano – 377
Shakespeare, William – 16, 64, 65 n. 4, 66 n. 7, 102, 150, 248, 250 n. 1, 322 n. 1, 323, 374, 375, 394. Ver também *Hamlet; Júlio César; Mercador de Veneza, O; Noite de Reis; Tempestade, A; Sonho de uma Noite de Verão; Rei Lear; Macbeth; Muito Barulho por Nada; Otelo, Romeu e Julieta; Henrique IV*
Shelley, Percy Bysshe – 102
Shilock (personagem de *O Mercador de Veneza*) – 65, 67

Silvano, O (Tchékhov) – 93 n. 1, 128 n. 2
Símov, Víktor Andréievitch – 59, 65, 69 n. 1, 82, 209, 248, 250 n. 2, 274
Sino Submerso, O (Hauptmann) – 49, 50 n. 16, 64, 80
Skitálets, Stepan Gavrilovitch – 231
Slaviánski Bazar – 14, 19, 44
Sociedade de Arte e Literatura – 35, 50 n. 2 e 17, 55, 61 n. 1, 65 n. 3, 138
Sokolóvski, Nikolái Nikoláievitch – 124 n. 1
Solitários, Os (Hauptmann) – 105, 115, 124, 136, 140, 156, 157, 171, 174, 199 n. 4, 230, 236, 252
Solness, o Construtor (Ibsen) – 178
Sólntsev – 59
Sologúb, Fiódor – 50 n. 2
Solovióva, Vera Vasilievna – 246
Solotsóv, Nikolai N. – 47, 50 n. 6, 203
Sonho de uma Noite de Verão (Shakespeare) – 320
Sonhos, Nos (Nemiróvitch-Dântchenko) – 184 n. 2, 195 n. 4, 197 n. 3, 208, 224
Solióni (personagem de *As Três Irmãs*) – 158, 160, 163, 164, 167, 171
Sônia (personagem de *Tio Vânia*) – 116, 119, 120 n. 2, 123 n. 2, 274
Sonnenthal, Matkovski – 48
Sórin (personagem de *A Gaivota*) – 73, 79, 82, 96
Stakhóvitch, Aleksiei Aleksandróvitch – 209, 212, 231, 232 n. 3, 305, 310, 329, 367
Stanislávski (pseudônimo de Konstantin Serguiêievitch Aleksieiev) – 11, 13, 14, 15, 16, 17, 18, 19, 23, 25, 26, 27, 32, 33, 34, 35, 36, 37, 38, 39, 40, 44, 46, 49 n. 2, 50 n. 3 e 8, 53, 56 n. 2, 57, 58, 62, 65, 66, 73, 76, 77, 79, 81, 83, 84, 97, 100, 105, 114, 117, 135, 137, 138, 144, 147, 159, 161, 162, 165, 176, 177, 178, 182, 184, 189, 200, 203, 205, 207, 214, 218,

219, 222, 224, 228, 232, 234, 238, 239, 243, 246, 248, 253, 255, 257, 258, 259, 263, 266, 270, 271, 273, 274, 275, 276, 278, 279, 281, 283, 289, 292, 293, 295, 297, 299, 300, 301, 302, 303, 305, 306, 307, 308, 309, 310, 312, 313, 314, 315, 3117, 318, 320, 321, 322, 323, 324, 325, 329, 330, 332, 335, 336, 338, 339, 340, 345, 347, 349, 353, 354, 355, 357, 358, 361, 362, 363, 364, 365, 367, 371, 372, 373, 374, 379, 380, 381, 382, 383, 384, 385, 386, 387, 388, 389, 390, 391, 392, 393, 394, 395, 396, 397, 398, 399, 400, 401, 402, 403. Ver também *Minha Vida na Arte*

Stárkov (personagem de *Tsar Fiódor*) – 69

Stern, Ernest – 400

Stockmann, Peter (personagem de *Um Inimigo do Povo*) – 179, 195 n. 2

Strauch, dr. – 217, 218

Strindberg, August – 102, 104. Ver também *Senhorita Júlia*

Sudakóv, Ilia Iakovlievitch – 357

Sudbínin, Serafim Nikolaievitch – 159, 160, 163, 195, 212

Sudermann, Hermann – 303

Sulerjítski, Leopold – 23, 236, 278, 308 n. 1, 310 n. 1, 323 n. 2 (c. 249), 329, 335, 336, 338, 339, 340, 343 n. 2, 345 n. 2, 349, 367, 373, 401

Sumbátov, Príncipe (pseudônimo de Aleksander Iújin) – 55, 77, 88, 245, 367

Suvorin, Aleksiei – 86, 295 n. 1, 367

Taganróg – 84 n. 1, 103, 104 n. 3, 112, 113

Taírov, Aleksander – 393, 403

TAM. Ver Teatro de Arte de Moscou

Tartufo (Molière) – 59, 63

Tatiana (personagem de *Os Pequenos Burgueses*) – 189, 190, 198

Tchaikóvski, Piotr Ilitch – 288

Tchebutíkin (personagem de *As Três Irmãs*) – 158, 164, 165, 171

Tchékhov, Anton Pávlovitch – 13, 15, 16, 17, 23, 26, 27, 36, 37, 39, 40, 55, 57, 72, 73, 78, 80, 81, 82, 84, 86, 88, 89, 90, 91, 93, 94, 97, 100, 101, 102, 103, 104, 106, 107, 108, 109, 110, 111, 112, 114, 115, 118, 120, 123, 125, 126, 127, 128, 129, 130, 131, 132, 133, 135, 136, 137, 140, 142, 143, 144, 146, 147, 148, 151, 152, 154, 155, 156, 158, 159, 160, 161, 162, 164, 165, 166, 167, 168, 169, 172, 173, 174, 176, 178, 180, 184, 186, 187, 189, 190, 191, 192, 193, 195, 196, 197, 198, 200, 204, 209, 210, 212, 213, 214, 215, 216, 217, 218, 219, 224, 236, 238, 239, 241, 243, 244, 245, 247, 250, 251, 252, 253, 254, 255, 257, 258, 259, 261, 262, 269, 270, 271, 273, 275, 276, 277, 278, 279, 280, 281, 284, 288, 289, 290, 291, 292 n. 5 e n. 2 , 294 n. 2, 323, 331, 344, 354, 367, 379, 383, 392. Ver também *Gaivota, A; Tio Vânia, Três Irmãs, As; Jardim das Cerejeiras, O; Dama com o Cachorrinho, A; Silvano, O; Ivanóv; Duelo, O; Enfermaria Número 6; Monge Negro, O; Missão Administrativa, Em; Urso; Demônio da Floresta, O*

Tchékhov, Michael – 345 n. 3, 373

Tchékhova, Evguiênia – 184, 367

Tchékhova, Maria Pávlovna – 97, 100, 126, 137, 152, 173, 216, 255, 289, 290, 367

Tchélkach (Górki) – 245

Tchírikov, Evguiêni Nikolaievitch – 231

Tchúlkov, Gueorgui – 133

Théâtre D'Orange – 376

Teatro Aleksandrínski – 36, 91 n. 2, 184 n. 1

Teatro Chtchukin – 82

Teatro de Arte de Moscou (TAM) – 12, 13, 14, 15, 16, 19, 20, 21, 23, 24, 25, 31, 32, 33, 35, 36, 37, 39, 40, 49 n. 1, 65 n. 6, 91n. 1, 98 n. 1, 103 n. 1, 129 n. 2, 134 n. 1, 139 n. 1, 140, 178 n. 1, 199 n. 4, 210 n. 1, 223 n. 4, 227, 236 n. 1, 248

n. 1, 265 n. 1, 295 n.1 , 349 n. 1, 350 n.
1 352 n. 1, 356, 357, 358 n. 1, 359, 371,
372, 373, 378, 383, 384, 385, 386, 389,
390, 391, 392, 393, 395, 396, 398, 399,
403

Teatro de Arte de Moscou Acessível a Todos – 223 n. 4

Teatro Estúdio da rua Povarskaia – 15, 297 n. 1

Teatro: História e Técnica (Meierhold) – 312 n. 1

Teatro Korch – 46, 50 n. 4 e 5

Teatro Imperial – 56

Teatro Lessing – 48

Teatro Mali – 59, 100, 101 n. 1, 103, 133, 135, 172 n. 1, 227, 236, 265 n. 3, 286, 288 n. 3, 302

Teatro Omon – 196, 210 n. 1

Teatro Paradiz – 48

Teatro Vieux Colombier – 347 n. 1

Telechov – 192

Teliéguin (personagem de *Tio Vânia*) – 116

Tempestade, A (Shakespeare) – 102, 320

Tentação de Santo Antônio, A (Flaubert) – 102, 382

Terry, Ellen – 374

Tetiériev (personagem de *Os Pequenos Burgueses*) – 190, 198, 200, 201, 205, 212, 215, 230

The Mask (Gordon Craig) – 28, 291

Théâtre des Champs-Elysées – 358 n. 1

Tikhomeirov, Iossafát Aleksândrovitch – 119, 163, 164, 201, 226, 230, 265 n. 2, 268, 367

Tíkhonov, A. N. – 181, 182 n. 2, 193

Tio Vânia (Tchékhov) – 90, 91, 93, 94 n. 1, 96, 100, 101 n. 1, 106, 108, 111, 112 n. 2, 114, 115, 117, 120, 122, 123, 124, 125, 126, 128 n. 2, 131, 132, 133, 135, 140, 157, 165, 168, 174, 192, 236, 247, 258, 275 n. 3, 303, 323, 394

Tolstói, Aleksiei Konstantínovitch – 56 n. 3,
86 n. 1, 96, 112 n. 1, 247 n. 1, 377. Ver também *Tsar Fiódor Ioánnovitch; Morte de Ivan, o Terrível, A; Tsar Borís*

Tolstói, Lev – 101, 134 n. 2, 135, 214 n. 1. Ver também *Frutos da Ilustração; Poder das Trevas, O*

Trem Blindado (Ivanóv, Vsiévolod) – 356

Trenióv, K. – 356

Treplióv, (personagem de *A Gaivota*) – 71 n. 1, 76, 77, 78, 79, 81, 95, 97, 105, 199

Três (Górki) – 245

Três Irmãs, As (Tchékhov) – 15, 27, 40, 130, 144, 152, 156, 158, 160, 167, 168, 169 n. 1, 173, 199 n. 4, 236, 254, 260, 275 n. 3, 288 n. 2, 351, 352

Trigórin (personagem de *A Gaivota*) – 73, 79, 82, 83 n. 2, 95, 97, 103, 132

Trofímov (personagem de *O Jardim das Cerejeiras*) – 257, 275

Tsar Fiódor Ioánnovitch (Tolstói,A. K.) – 14, 61, 69, 82, 150 n. 2, 230, 247 n. 1, 252, 350, 351, 352

Tsar Borís (Tolstói, A . K.) – 56 n. 3

Turguêniev, Ivan Sergueievitch – 244, 263. Ver também *Mês no Campo, Um*

Tuzenbákh (personagem de *As Três Irmãs*) – 40, 164, 165, 167, 171, 199

Uriel Acosta (Karl Gutskóv) – 64 n. 1

Urso (Tchékhov) – 203

Vakhtângov, Evguiêni Bagratíonovitch – 344, 345, 367, 373, 403

Vária (personagem de *O Jardim das Cerejeiras*) – 255, 257, 261, 262, 271, 274, 275, 289

Varvára (personagem de *Os Veranistas*) – 286

Vassilíssa (personagem de *No Fundo*) – 217, 219

Velde, Henry van – 377

Verchínin (personagem de *As Três Irmãs*) – 159, 163, 166, 167, 168, 171, 172

Veranistas, Os (Górki) – 284 n. 1, 286, 287, 295 n.

Veselóvski – 100
Vichniévski, Aleksandr Leonídovitch – 79, 81, 82, 96, 103, 116, 121, 122, 124, 126, 129, 132, 135, 144, 146, 160, 168, 171, 204, 209, 216, 219, 223, 231, 244, 247, 253, 255, 256, 270, 274, 292, 293, 310, 332, 367
Vikings (Ibsen) – 344
Virúbov, A. A. – 344
Wagner, Richard – 377
Zavádski, G. – 357

TEATRO NA PERSPECTIVA

O Sentido e a Máscara
  Gerd A. Bornheim (D008)
A Tragédia Grega
  Albin Lesky (D032)
Maiakóvski e o Teatro de Vanguarda
  Angelo M. Ripellino (D042)
O Teatro e sua Realidade
  Bernard Dort (D127)
Semiologia do Teatro
  J. Guinsburg, J. T. Coelho Netto e Reni C. Cardoso (orgs.) (D138)
Teatro Moderno
  Anatol Rosenfeld (D153)
O Teatro Ontem e Hoje
  Célia Berrettini (D166)
Oficina: Do Teatro ao Te-Ato
  Armando Sérgio da Silva (D175)
O Mito e o Herói no Moderno Teatro Brasileiro
  Anatol Rosenfeld (D179)
Natureza e Sentido da Improvisação Teatral
  Sandra Chacra (D183)
Jogos Teatrais
  Ingrid D. Koudela (D189)
Stanislávski e o Teatro de Arte de Moscou
  J. Guinsburg (D192)
O Teatro Épico
  Anatol Rosenfeld (D193)
Exercício Findo
  Décio de Almeida Prado (D199)
O Teatro Brasileiro Moderno
  Décio de Almeida Prado (D211)
Qorpo-Santo: Surrealismo ou Absurdo?
  Eudinyr Fraga (D212)
Performance como Linguagem
  Renato Cohen (D219)
Grupo Macunaíma: Carnavalização e Mito
  David George (D230)
Bunraku: Um Teatro de Bonecos
  Sakae M. Giroux e Tae Suzuki (D241)
No Reino da Desigualdade
  Maria Lúcia de Souza B. Pupo (D244)
A Arte do Ator
  Richard Boleslavski (D246)
Um Vôo Brechtiano
  Ingrid D. Koudela (D248)
Prismas do Teatro
  Anatol Rosenfeld (D256)
Teatro de Anchieta a Alencar
  Décio de Almeida Prado (D261)
A Cena em Sombras
  Leda Maria Martins (D267)

Texto e Jogo
    Ingrid D. Koudela (D271)
O Drama Romântico Brasileiro
    Décio de Almeida Prado (D273)
Para Trás e Para Frente
    David Ball (D278)
Brecht na Pós-Modernidade
    Ingrid Dormien Koudela (D281)
João Caetano
    Décio de Almeida Prado (E011)
Mestres do Teatro I
    John Gassner (E036)
Mestres do Teatro II
    John Gassner (E048)
Artaud e o Teatro
    Alain Virmaux (E058)
Improvisação para o Teatro
    Viola Spolin (E062)
Jogo, Teatro & Pensamento
    Richard Courtney (E076)
Teatro: Leste & Oeste
    Leonard C. Pronko (E080)
Uma Atriz: Cacilda Becker
    Nanci Fernandes e Maria T. Vargas (orgs.) (E086)
TBC: Crônica de um Sonho
    Alberto Guzik (E090)
Os Processos Criativos de Robert Wilson
    Luiz Roberto Galizia (E091)
Nelson Rodrigues: Dramaturgia e Encenações
    Sábato Magaldi (E098)
José de Alencar e o Teatro
    João Roberto Faria (E100)
Sobre o Trabalho do Ator
    Mauro Meiches e Silvia Fernandes (E103)
Arthur de Azevedo: A Palavra e o Riso
    Antonio Martins (E107)
O Texto no Teatro
    Sábato Magaldi (E111)
Teatro da Militância
    Silvana Garcia (E113)
Brecht: Um Jogo de Aprendizagem
    Ingrid D. Koudela (E117)
O Ator no Século XX
    Odette Aslan (E119)
Zeami: Cena e Pensamento Nô
    Sakae M. Giroux (E122)
Um Teatro da Mulher
    Elza Cunha de Vincenzo (E127)

Concerto Barroco às Óperas do Judeu
    Francisco Maciel Silveira (E131)
Os Teatros Bunraku e Kabuki: Uma Visada Barroca
    Darci Kusano (E133)
O Teatro Realista no Brasil: 1855-1865
    João Roberto Faria (E136)
Antunes Filho e a Dimensão Utópica
    Sebastião Milaré (E140)
O Truque e a Alma
    Angelo Maria Ripellino (E145)
A Procura da Lucidez em Artaud
    Vera Lúcia Felício (E148)
Memória e Invenção: Gerald Thomas em Cena
    Sílvia Fernandes (E149)
O Inspetor Geral de Gógol/Meyerhold
    Arlete Cavaliere (E151)
O Teatro de Heiner Müller
    Ruth Cerqueira de Oliveira Röhl (E152)
Falando de Shakespeare
    Barbara Heliodora (E155)
Moderna Dramaturgia Brasileira
    Sábato Magaldi (E159)
Work in Progress na Cena Contemporânea
    Renato Cohen (E162)
Stanislávski, Meierhold e Cia
    J. Guinsburg (E170)
Apresentação do Teatro Brasileiro Moderno
    Décio de Almeida Prado (E172)
Da Cena em Cena
    J. Guinsburg (E175)
O Ator Compositor
    Matteo Bonfitto (E177)
Ruggero Jacobbi
    Berenice Raulino (E182)
Papel do Corpo no Corpo do Ator
    Sônia Machado Azevedo (E184)
O Teatro em Progresso
    Décio de Almeida Prado (E185)
Édipo em Tebas
    Bernard Knox (E186)
Depois do Espetáculo
    Sábato Magaldi (E192)
Em Busca da Brasilidade
    Claudia Braga (E194)
A Análise dos Espetáculos
    Patrice Pavis (E196)
Do Grotesco e do Sublime
    Victor Hugo (EL05)

O Cenário no Avesso
  Sábato Magaldi (EL10)
A Linguagem de Beckett
  Célia Berrettini (EL23)
Idéia do Teatro
  José Ortega y Gasset (EL25)
O Romance Experimental e o Naturalismo no Teatro
  Emile Zola (EL35)
Duas Farsas: O Embrião do Teatro de Molière
  Célia Berrettini (EL36)
Marta, A Árvore e o Relógio
  Jorge Andrade (T001)
O Dibuk
  Sch. An-Ski (T005)
Leone de'Sommi: Um Judeu no Teatro da Renascença Italiana
  J. Guinsburg (org.) (T008)
Urgência e Ruptura
  Consuelo de Castro (T010)
Pirandello do Teatro no Teatro
  J. Guinsburg (org.) (T011)
Canetti: O Teatro Terrível
  Elias Canetti (T014)
Idéias Teatrais: O Século XIX no Brasil
  João Roberto Faria (T015)
Três Tragédias Gregas
  Guilherme de Almeida e Trajano Vieira (S022)
Édipo Rei
  Trajano Vieira (S031)
Teatro e Sociedade: Shakespeare
  Guy Boquet (K015)
Eleonora Duse: Vida e Obra
  Giovanni Pontiero (PERS)
Linguagem e Vida
  Antonin Artaud (PERS)
Ninguém se Livra de seus Fantasmas
  Nydia Licia (PERS)
O Cotidiano de uma Lenda
  Cristiane Layher Takeda (PERS)
História Mundial do Teatro
  Margot Berthold (LSC)
O Jogo Teatral no Livro do Diretor
  Viola Spolin (LSC)
Dicionário de Teatro
  Patrice Pavis (LSC)
Jogos Teatrais: O Fichário de Viola Spolin
  Viola Spolin (LSC)

Este livro foi impresso na
LIS GRÁFICA E EDITORA LTDA.
Rua Felício Antonio Alves, 370 – Jd. Triunfo – Bonsucesso
CEP 07175-450 – Guarulhos – SP – Fone: (011) 6436-1000
Fax.: (011) 6436-1538 – E-Mail: lisgraf@uninet.com.br